남명학파의 지역적 전개 ②

산청지역의 남명학파 I

남명학연구총서 13—남명학파의 지역적 전개 ②

산청지역의 남명학파 I

The Nammyung School in Sancheong I

엮은이 남명학연구원
펴낸이 오정혜
펴낸곳 예문서원

편집 유미희
인쇄 및 제책 주) 상지사 P&B

초판 1쇄 2022년 1월 20일

출판등록 1993년 1월 7일(제307-2010-51호)
주소 서울시 성북구 안암로 9길 13, 4층
전화 925-5913~4 ㅣ 팩스 929-2285
전자우편 yemoonsw@empas.com

ISBN 978-89-7646-469-9 93150
ⓒ 南冥學研究院 2022 Printed in Seoul, Korea

YEMOONSEOWON 13, Anam-ro 9-gil, Seongbuk-Gu, Seoul, KOREA 02857
Tel) 02-925-5913~4 ㅣ Fax) 02-929-2285

값 42,000원

남명학연구총서 13

남명학파의 지역적 전개 ②

산청지역의 남명학파 Ⅰ

남명학연구원 엮음

예문서원

서 문

남명학연구원에서는 그동안 남명학 관련 우수저작물을 모아 남명학연구총서를 출간해 왔다. 2006년 『남명 사상의 재조명』을 시작으로, 2008년에는 『남명학파 연구의 신지평』을 펴냈고, 이후에는 남명 문인 관련 연구물들을 집적했다. 대상이 되었던 남명 문인으로는 덕계德溪 오건吳健과 수우당守愚堂 최영경崔永慶, 내암來庵 정인홍鄭仁弘, 한강寒岡 정구鄭逑, 동강東岡 김우옹金宇顒, 망우당忘憂堂 곽재우郭再祐, 부사浮査 성여신成汝信, 약포藥圃 정탁鄭琢, 개암介庵 강익姜翼 등이 있었다. 그러나 300년이 넘는 긴 기간 동안 핍박과 곡절을 겪으며 여러 연원가淵源家들이 학문적·사상적 정체성正體性의 혼란을 경험한 결과로 자료가 많이 민멸泯滅되고 왜곡歪曲되었는데, 이로 인해 연구하는 것에 어려움이 있었음도 사실이다.

남명선생의 학문과 사상에 대한 공감대는 상당한 부분을 지역에 근거를 두고 있으며, 지역 인물들의 강력한 연대 위에 구축되었다. 지역을 기반으로 활동해 온 인물들을 종합적으로 살펴보는 것은 어려운 상황에서도 '남명학'의 요체要諦가 어떻게 수용되고 전승되었는지를 이해하는 기초가 된다. 이러한 문제의식을 바탕으로 연구원에서는 2019년에는 합천지역 남명학파에 관한 연구 결과들을 출간했고, 이번에는 산청지역 남명학파 관련 연구 결과들을 모은 총서를 출간하게 되었다. 물론 아직은 공통의 문제의식으로 전체를 망라한 결과물이라고 하기에는 부족한 점이 있다. 그럼에도 훌륭한 연구물들을 한 책에 모은 것을 계기로 부족한 점을 발견하고 보완하는 등 남명학 연구가 더욱 정밀해지고 외연이 확대되는 기반이 될 것임은 믿어 의심치 않는다.

산청지역은 남명선생이 61세 이후 세상을 떠날 때까지 주로 머물던 곳이다. 이 지역 인물들의 의식意識과 일상日常에서 중요한 한 부분을 차지했던 선생의 묘소와 만년의 강학처인 산천재山天齋, 남명학의 본산인 덕천서원德川書院도 여기에 있다. 또한 이 지역에서 『남명집』, 『학기유편』 등 선생의 저술이 지속적으로 편집·간행되었고, 남명학에 자부심을 가지고 학문활동을 해 온 인물들도 꾸준히 배출되었다. 산청지역에서 남명선생과 교유한 대표적 인물로는 안분당安分堂 권규權逵, 청향당淸香堂 이원李源 등이 있고, 문인으로는 수문首門의 반열班列에 있는 오건吳健을 필두로 20여 명이 있으며, 『덕천사우연원록』에 등재된 남명 사숙인私淑人은 60여 명에 이른다.

인조반정을 기점으로 남명학은 집권 세력의 지속적인 폄훼貶毁와 질시疾視를 받았으나 조선 말기까지 그 명맥을 이어 온 중심에 산청지역 남명학파가 있었다고 해도 지나친 말은 아니다. 산청山淸이 있어 엄혹嚴酷한 풍설風雪 속에서도 선생의 학문과 기상이 청청靑靑하게 계승될 수 있었던 것이다. 이 총서의 발간을 계기로 남명학과 남명학파 연구가 한 차원 더 높아지기를 감히 기대해 본다.

2021년 12월

남명학연구원 원장 박병련 삼가 씀

제1장 산청지역 남명학파의 규모와 동향

박 소 희

1. 머리말

경남 산청은 조선시대 산음현, 단성현(속현 단계), 진주 덕산동 등에 해당된
다.[1] 특히 덕산동은 남명이 우거했던 곳이자 사후에는 문인들을 중심으로
덕천서원이 건립되었던 곳이다. 그러다 보니 이 일대는 항상 남명의 문인들이
모여들었고 재전문인들이 양성되어 덕천서원의 원생이 되기도 했다.[2] 따라서
산청지역은 흔히 진주와 더불어 남명학의 본산지라는 인식을 가지고 있다.

산청은 조선 전기부터 사림파의 영수인 김종직과 그의 문인들이 자주
찾던 곳이다. 이들은 지리산을 오르며 중앙정계의 혼탁함을 씻어 내고 자신의
수양을 다져 나갔다. 그리고 4대 사화를 거치며 유배·은거 등 다양한 이유로
산청에 정착했다. 경상도의 사림파 계보는 남명과 퇴계로 이어졌고, 우도에서
는 남명이, 좌도에서는 퇴계학이 전수되어 학파가 형성되기에 이르렀다.

우도의 남명학파는 임진왜란이 일어나자 스승의 가르침을 실천하기 위해

---

1) 이상 특별한 경우를 제외 하고 산음·단성을 포괄할 때는 '산청지역'이라고 기술하였다.
2) 산청지역 남명학파의 규모를 파악함에 있어 『덕천원생록』이나 『덕천사우연원록』을 참
고할 수 있다.

창의하였다. 이는 광해군 즉위 후 집권 세력의 명분이 되어 주었다. 다만 이후 인목대비폐위와 영창대군사사사건 등을 계기로 남명학파 내부는 분열되기 시작한다. 이는 산청지역 문인들에게도 해당되었다. 대표적으로 1614년(광해군 6) 정온鄭蘊이 「갑인봉사소甲寅封事疏」를 계기로 옥에 갇혔을 때, 정온을 신구伸救하는 상소가 단성 유림들의 주도하에 올라갔다. 이에 반해 합천·고령 등지의 정인홍 문인들은 상소에 동참하지 않고 오히려 중단할 것을 요구했다. 그러나 폐모살제의 논리는 결국 인조반정으로 이어졌고, 대북 계열의 많은 인물들이 처형당하거나 유배형에 처해졌다. 이후 경상우도 남명학파는 정인홍을 비롯한 대북의 흔적을 지워 가며 생존을 모색해 갔다. 산청지역 남명학파는 이러한 일련의 과정과 그 궤를 함께하고 있다.

2. 남명학파 형성 이전의 산청

1) 산청지역 재지사족의 존재 양태

현재 산청지역은 조선시대 강성현江城縣(속현 丹溪)과 산음현山陰縣(부곡 皆品)에 해당된다. 이 지역 재지사족의 존재 양태는 다음 표와 같이 『세종실록지리지』와 『신증동국여지승람』을 통해 대략적으로 살펴볼 수 있다.

먼저 단성을 살펴보자. 고려시대 이래로 형성된 토성은 대체로 상경종사하여 재경관인이 되거나 낙향하여 재지사족이 되는 경우, 또는 그대로 토착하여 향직鄕職을 세습해 가는 경우가 있다. 단성의 토성들 중 상경종사하여 사족화한 가문으로 강성현의 강성문씨와 속현의 단계하씨가 확인된다.[3]

---

3) 이하 강성문씨, 단계하씨의 사족 과정은 이수건, 『영남 사림파의 형성』(영남대학교 출판부, 1979), 116·138쪽을 참고하였다.

강성문씨는 먼저 고려 인종 대 벌족閥族 가문인 최정崔精의 어머니가 강성문씨였다. 또 고려 말 급제한 문익점文益漸의 선세先世를 보면, 문극검文克儉(檢校軍器監) – 문윤각文允恪(三司右使) – 문숙선文叔宣(문과급제) – 문익점(左諫議大夫)이 있다. 문익점의 외조는 영동정令同正을 지낸 함안조씨 조진주趙珎柱였다. 이렇게 문익점의 가계는 선대부터 상경종사하여 관료가 되었고 문익점이 목화를 전래·보급한 공로로 그의 자손들까지 녹용錄用되었다. 문익점의 동생 문익부文益孚도 1371년(공민왕 20) 여택재麗澤齋 재생으로 급제하여 지밀직사를 지냈다.

<표1> 조선 전기 단성의 성씨

	『세종실록지리지』 강성현	『신증동국여지승람』 단성현
토성	강성: 文·宋·呂·李 속현 단계: 李·河·徐·余·史·宋	단성: 文·宋·呂·李·曹·河(晉州河)·周(草溪周)·金(龍宮·金海·桂城·松林) 단계: 李·河·徐·余·史
내성	河(晉州來)	宋(投化)
속성	周(草溪來)·金(龍宮來)·金(松林來)·金(桂城來)·卓(本未詳)·金(金海來)	卓

　문익점은 이색李穡, 우현보禹玄寶 등과 교유하는 한편 조선 건국에는 반대하는 입장이었다. 그러다 보니 조선 개국 이후 건국 세력들에게 그의 평가는 그리 우호적이지 못했다. 『고려사』에 기록된 문익점 관련 기사를 통해 그 일면을 확인할 수 있다.

문익점이 이색, 이림李琳, 우현보 등에게 의탁하여 병이라 칭하고 서명하지 않고 있다가 이튿날 빨리 서연에 나갔다.…… (문익점은) 날마다 경연에 나와서는 아첨으로 우물쭈물하여 충직한 체하면서 순순히 전하의 비위를 맞출 뿐이요, 간곡하게 간하는 절조가 없이 굽실거리며 덮어놓고 모두 "예! 예!" 합니다.4)

조선 건국 초기 1406년(태종 6) 문익점의 동생이던 문익하文益夏의 둘째 아들 문가학文可學이 역모사건에 연루되면서 강성문씨의 세는 급격히 기울게 된다. 문익점의 형 문익겸文益謙 계열은 손자 대에 거창으로 이거해 갔고, 문익점 가문은 장자 계열을 제외한 나머지 자손들이 강원도, 경기도, 전라도 등으로 뿔뿔이 흩어졌다. 이렇게 강성의 토성이던 문씨들은 조선 건국 초기 다른 지역으로 이거하면서 그 세勢가 급격히 약화되었다. 그나마 있던 장자 계열의 자손도 결국은 서자로 이어지다가 절손되었다.5)

강성현의 속현이던 단계하씨는 하성河成(主簿同正) – 하희보河希甫(別將同正) – 하공정河公正(檢校大將軍) – 하현河玄(保勝將軍) – 하윤河胤(都染令同正) – 하지백河之伯(天牛衛常訓別將) – 하담河澹(문과급제) – 하강지河綱地·하위지河緯地 ·하소지河紹地6)로 이어지는 가문이다. 시조 하성 이후 조선시대 사육신인 하위지까지 이어져 온다. 이 가계는 지백 대까지 무관직을 역임하다가 담 대에 문과에 급제하였으나 이내 선산으로 이주하였다.

이렇게 강성현의 토성은 그 세가 미약했던 것으로 보이며 상대적으로 인근 읍의 성씨들이 많이 옮겨 왔다. 가령 『세종실록지리지』 강성현의 내성來姓으로 기록된 하河(晉州來), 속성에 주周(草溪來)·김金(龍宮來·松林來·桂城來·金海來)·탁卓(本未詳)이 있었다.7) 또 고려 말 어지러운 세상을 피해 김해허씨

---

4) 『고려사』, 권111, 열전, 「文益漸傳」.
5) 김준형, 『조선후기 단성 사족층 연구』(아세아문화사, 2000), 337쪽.
6) 하위지, 『丹溪先生遺稿』, 附錄, 「世系」.
7) 내성은 그 자의로 타지방에서 들어온 경우로, 고려 초 이래 「古籍」에도 토성과 함께 기재되어 있었다. 속성은 대체로 각 읍 성씨조의 맨 마지막에 기록되어 있고 내성 다음에 기재되었다. 내성은 고려 초부터 형성된 반면, 속성은 고려 후기 내지 여말선초에 형성되었으리라고 보고 있다. 속성은 고려 후기 이래 北虜南倭와 격심한 사회변동에 따라 토성 이족의 유망으로 군현과 각종 임내의 향리 등이 부족하게 되자 이를 보충 내지 읍 간의 조정을 한 결과 본격적으로 형성되어 갔다. 그러나 내성 중에도 향리가 있어 내성은 이주성씨, 속성은 향리라고 단정 구분 지을 수는 없다.(이수건, 『한국중세 사회사연구』, 일조각, 1984, 97~98·106쪽)

허옹許邕·경주최씨 최숭崔崇 등이 단성에 은거했고, 이 성씨들이 매개가 되어 타 성씨가 이주해 오기도 했다. 이는 당시 남귀여가혼男歸女家婚에 의해 신랑이 결혼 후 처가에 정착했기 때문이다.

그런데 이들 내성·속성은 1530년(중종 25) 만들어진 『신증동국여지승람』에서 탁씨를 제외하고 모두 토성과 같이 기록되어 있다. 적어도 16세기 전반 내성·속성은 토성과 비등할 정도로 성세姓勢의 변동이 있음을 짐작할 수 있다.[8]

산청지역의 토성도 다음 표와 같이 『세종실록지리지』에서 확인되나 상경종 사하여 사족화한 가문은 나타나지 않았다. 그만큼 토성의 세가 약했던 것으로 보이는데, 이는 기존 토성들이 『신증동국여지승람』에서 모두 내성에 기록되어 있는 것에서도 알 수 있다. 대신 『연조귀감掾曹龜鑑』에 조달인曹達仁·심승원沈承源이 확인되고, 개품부곡의 토성이던 오씨는 임진왜란을 전후한 시기 오세걸吳世傑·오대용吳大容·오명섭吳明燮·오일섭吳一燮 등이 향리를 지냈다.[9]

<표2> 조선 전기 산음의 성씨

	『세종실록지리지』 산음현	『신증동국여지승람』 산음현
토성	尹·徐·曹·沈·余 개품부곡: 曹·吳	
내성	宋·陳 개품부곡: 宋	尹·徐·曹·沈·余·宋·陳 개품부곡: 曹·吳·宋
속성	崔·楊(향리) 개품부곡: 陳(향리)	崔·楊 개품부곡: 陳

---

8) 탁씨는 여전히 속성으로 남아 있고 내성에 투화한 송씨가 새로 추가되었다.
9) 이수건, 앞의 책(1979), 139쪽.

이 지역 역시 관찬사료에는 나타나지 않지만 인근 재지사족들의 이주는 계속되었다. 진양강씨 강한姜漢은 아버지 강이경姜利敬이 1468년(예종 1) 남이南怡옥사사건으로 피화된 것을 계기로 산음에 이거하였다. 연일김씨 김주金柱·여흥민씨 민안부閔安富·함양오씨 오덕수吳德秀·경주최씨 최연崔淵은 고려 멸망을 계기로 입향하였다.[10]

이상 16세기 전반까지 단성·산음 지역에 이거해 온 성씨는 다음 표[11]와 같다.

<표3> 16세기 전반까지 단성·산음 지역의 이거 성씨

지역	수	성씨
단성	32	초계주씨, 개성김씨, 남평문씨(강성문씨), 진양강씨(姜思近), 진주강씨(姜壽命, 姜銓), 안동권씨(權金錫), 상산김씨(金後), 안동김씨(金重侃), 진주류씨(柳潤), 밀양박씨(朴秦), 밀양손씨(孫瞬), 청송심씨(沈潾), 남원양씨(梁思貴), 단양우씨(禹庸), 무송윤씨(尹江), 파평윤씨, 광평이씨(李處仁), 성주이씨(李叔淳·李季淳·李義淳), 안구이씨(李權), 여주이씨(李賢孫), 장수이씨(李商卿), 전의이씨(李昌年), 함안이씨(李翕), 합천이씨(李云皓), 경주정씨(鄭珊), 영일정씨(鄭保), 경주최씨(崔崇), 신창표씨(表癭), 진주하씨(河允源, 河恒), 면천한씨(韓世英), 김해허씨, 장수황씨(黃回)
산음	21	진양강씨(姜漢, 姜胛), 경주김씨(金利貞), 금산김씨(金璣), 김해김씨(金鐶), 안산김씨(金益粹), 영일김씨(金柱), 용궁김씨(金寶), 여흥민씨(閔安富), 반남박씨(朴苟), 분성배씨(裵夏), 밀양손씨(孫曦), 야성송씨(宋克相), 함양오씨(吳德秀), 단양우씨(禹義舜), 경주이씨(李宗元), 인천이씨, 나주임씨(林郁), 진양정씨(鄭巨烈), 창녕조씨(曺俊, 曺仁勴), 경주최씨(崔淵), 진주하씨(河楫)

* ( ) 안의 인명은 입향조

10) 산청군지편찬위원회, 『산청군지』(산청군, 2006), 219쪽.
11) 산청군지편찬위원회, 앞의 책(2006), 214~215·219쪽. 이 성씨들 중에는 또다시 타읍으로 이거해 가거나 절손되어 그 세가 미약해진 가문도 있고, 계속 정착·확대되어 번성하는 가문도 있었다. 단성의 경우 세가 미약해진 가문으로는 역모사건으로 이거해 간 강성문씨, 타 성씨의 유입을 이끌었던 초계주씨, 김해허씨, 단양우씨, 여주이씨 등이 있었고, 확대·번성한 가문으로는 안동권씨, 성주이씨, 합천이씨, 밀양박씨 등이 있었다.

2) 산청지역 사림파와 학문적 분위기

고려 말 도입된 성리학은 신진사대부의 학문적·정치적 이념이자 조선 건국의 통치 이념이 되었다. 유교적 수양의 핵심은 윤리도덕을 통한 실천윤리였고, 건국 초기부터 관학의 교재로『소학』이 채택, 주자가례가 보급되기 시작했다. 학문적 이해도가 높아질수록 조선의 성리학자들은 도덕적 실천을 중요시했다. 그러던 중 1453년(단종 1) 계유정난이 일어나자 불사이군不事二君의 절의를 지킨 많은 선비들이 목숨을 잃거나 유배, 또는 은거하였다.

정몽주의 손자인 정보鄭保 역시 사육신의 무죄를 주장하다가 화를 입었다. 정보의 서출 누이가 한명회의 첩이었는데 정보가 성삼문 등의 무죄를 말했다가 한명회로부터 화를 당한 것이다. 그나마 정몽주의 후손이라 사형은 면하고 연일로 유배되었다가 단성으로 이배 후 정착하게 된다. 이 외에도 여주이씨 이현손李賢孫이 단종의 양위 이후 단성에 둔거했고, 성주이씨 이숙순李叔淳·이계순李季淳·이의순李義淳 형제 역시 단종복위사건 이후 단성에 정착했다. 그 매개는 이의순의 처가였는데, 처부가 일찍이 단성에 정착해 있던 초계주씨 가문의 주윤정周允挺이었다.[12]

한편 세조가 왕위에 오르는 데 공을 세운 이들은 공신으로 책봉되고 훈구 세력으로서 성종 대까지 권력을 키워 나갔다. 성종 집권 초기는 세조의 비였던 정희대비가 7년간 수렴청정을 하면서 훈구집권세가 보다 더 강화되었던 시기였다. 이에 성종은 친정 이후 사림파를 통해 훈구 세력을 견제해 나갔다. 김종직金宗直을 필두로 한 사림 세력들은 지방 중소지주층으로 훈구대신들과 연결고리가 없었고 성리학적 이론으로 무장해 있었다. 특히 사림의 종장인 김종직이 1470년(성종 1) 함양군수로 부임하면서 인근에는 그의 문인들이 배출

---

12) 김준형, 앞의 책(2000), 43~45쪽.

되기 시작했다. 광해군 대 문묘에 배향된 정여창, 김굉필도 1472년(성종 3) 김종직의 문인이 되었다.

김종직과 산청의 인연으로는 지리산 유람을 꼽을 수 있다. 1472년(성종 3) 김종직은 유호인俞好仁, 한인효韓仁孝, 조위曺偉 등 문인들과 함께 함양에서 출발해 지리산 여행을 떠났다. 등산은 현 산청군 금서면 방곡리 근처에서 쑥밭재-하봉-중봉-천왕봉-향적사香積寺-세석평원細石平原-영신사靈神寺-한신계곡-백무동百巫洞의 코스로 6일간 유람하였다. 김종직은 이 과정을 『유두류록遊頭流錄』으로 남겼다. 그는 지리산을 답방하고 제자들에게 혼돈한 세상 속에서 옳지 않은 일에는 휘말리지 말 것을 당부하였다.

이후 그의 문인 김일손도 1489년(성종 20) 정여창과 지리산을 유람하고 『속두류록續頭流錄』을 지었다. 이들은 함양에서 산청 경호강을 따라 단성을 거쳐 단속사斷俗寺를 방문했다. 그리고 법계사法界寺를 지나 천왕봉에 당도한 뒤 향적사, 의신사義神寺, 신흥사新興寺 등을 거쳐 하산했다.[13] 김일손은 다음과 같이 지리산 탐방의 목적을 '견문을 높이려 함'이라고 기록하고 있다.

선비가 어느 한 지방에서 태어나 박처럼 매여 있는 것은 운명이다. 기왕에 천하를 두루 구경하여 견문을 쌓지 못하였으면 제 나라 안의 산천이라도 탐방하여 알아두는 것이 마땅하다. 생각건대, 사람의 일이란 어기길 좋아해서 노상 뜻을 두고도 이루지 못하는 경우가 십중팔구는 된다…… 두류산은 진주 경내에 있다. 진주에 도착해서는 날마다 신발을 준비하였으니, 두류산의 산수 경치와 원학猿鶴이 모두 나의 선유仙遊의 대상이기 때문이다.[14]

---

13) 박언정, 「15~6世紀 智異山遊覽錄 硏究: 金宗直의 「遊頭流錄」, 金馹孫의 「續頭流錄」, 曺植의 「遊頭流錄」을 중심으로」(동국대학교 교육대학원 석사학위논문, 2004), 9~13쪽.
14) 김일손, 『濯纓先生文集』, 「續頭流錄」.

이렇게 15세기 후반 산청지역은 영남 사림파의 지리산 유람 시 필수 코스가 되었다. 이들은 지리산을 오르며 어지러운 속세를 한탄하거나, 또는 견문을 넓혀 나갔다. 그러는 동안 중앙정계에서는 사림 세력들이 성리학적 명분을 토대로 훈구대신들의 전횡을 비판했고, 이는 곧 4대 사화로 이어졌다.

사화기 산음은 대체로 유배지 또는 은거지로 많이 언급되고 있다. 김종직의 문인이었던 신창표씨 표연말表沿沫은 1498년(연산군 4) 무오사화에 연루되어 산음현으로 유배되었고, 이후 초곡동草谷洞에 우거하였다.[15] 표연말은 함양군 우명리 출신으로, 그의 둘째 아들 표빙表憑은 단성으로 이거하였다. 『운창지』에는 표빙의 외가가 단성이어서 이거해 왔다고는 하나, 아마 아버지 대에 산음과의 인연으로 인근 고을인 단성에 이주했을 것으로 짐작된다.[16] 그리고 1504년(연산군 10) 갑자사화 때는 정침鄭沈이 산음으로 정배되기도 했다.[17] 이 외에 안산김씨 김익수金益粹, 경주이씨 이종원李宗元은 연산군 대 폭정을 피해 산음에 은거하였다.[18]

한편 이 무렵 산음에는 전술하였듯이 남이옥사사건을 계기로 입향한 강한이 거주하고 있었다. 강한은 1496년(연산군 2) 진사시에 합격하고 이후 어머니가 돌아가시자 산청 필봉산 아래에 서재를 짓고 학문에 매진하였다. 그는 김굉필의 문인이던 모재慕齋 김안국金安國과도 교유하였는데, 1517년(중종

---

15) 당시 실록 내 사신이 논한 글에 의하면, "표연말은 효행이 있었고, 부모가 죽자 재산을 모두 형제에게 주면서 말하기를, '나는 이미 과거에 올랐으니 반드시 성상의 은혜를 입을 것이나, 너희들은 생활이 매우 어려우니 이것을 가지고 살라'고 하니, 고을 사람들이 칭찬하였는데, 이때에 죄를 받자 사람들이 애석해하였다"고 한다.(『성종실록』, 성종 9년 5월 9일 기사)

16) 『운창지』에는 홍문관직제학 표빙이 丁校理의 외손으로 도산면 고읍대촌에 들어왔다고 하나 『신창표씨대동보』에는 표빙의 외조가 성산이씨 호군 從林으로 기록되어 있다.(김준형, 앞의 책, 2000, 322쪽)

17) 『연산군일기』, 연산군 10년 4월 1일 기사.

18) 산청군지편찬위원회, 앞의 책(2006), 219쪽.

12)에는 김안국이 강한을 찾아와 함께 시를 지으며 서재 아래 경관을 감상하기도 했다.[19] 김안국은 경상도관찰사 시절 도내 각 향교에 『소학』을 보급하고 각종 언해서와 향약 시행을 통한 향촌 교화에 힘쓴 인물이다. 나아가 다음과 같이 중종에게 주자의 『동몽수지童蒙須知』를 원자 교육에 도입하자고 주장한 바 있다.

> 경상도관찰사 김안국이 『동몽수지』를 산음현山陰縣에서 간행하였는데, 이 책은 어린 이가 할 일을 발췌한 것으로, 음식·의복 등 일용의 일이 모두 기록되었으니, 이 책으로 원자를 가르치기를 청합니다.[20]

『동몽수지』는 대체로 소학을 배우기 전 아동들의 공부 교재이다. 이 『동몽수지』가 산음현에서 간행된 것은 바로 강한에 의해서였다. 조선 전기 대표 서예가로도 이름나 있던 강한이 글을 쓴 뒤 서책으로 간행하여 교과서로 사용한 것이다. 강한은 동계 정온의 외증조로서, 후대에 정온이 『동몽수지』의 발문을 썼는데, 여기에는 이 책이 안음에서 발간되었다고 한다. 아마 16세기 초반 산음과 안음 등 이 일대에서 책으로 간행되었던 것으로 보인다. 이를 통해 향촌 내 성리학적 학문 분위기가 크게 진작되고 있음을 알 수 있다.

　그러나 강한 사후부터 남명 조식이 덕산으로 이거해 올 때까지 산음 일대의 학문적 구심점이 될 만한 인물은 없었던 것으로 보인다. 산음현 덕천리 출신[21]이던 오건은 19세 때 '궁벽한 고을'에서 자신이 홀로 터득한 공부에 잘못된 점은 없는지 함양에 있던 양희梁喜와 함께 학문을 토론하였다고 한다. 21세

---

19) 김안국, 『慕齋先生集』, 권1, 詩, 「姜高山漢林亭」.
20) 『중종실록』, 중종 12년 윤12월 14일 기사.
21) 덕계의 5대조인 吳仁彦이 거창에서 산음현 石畓村으로 이거해 왔고 증조부 吳宗闓이 다시 덕천리로 옮겨 왔다.(오건, 『德溪集』, 「年譜」)

되던 때에는 함양의 노진盧禛이 찾아와 함께 논변을 나누었다는 데서 산음지역의 학문적 분위기를 짐작할 수 있다.

한편 15세기 후반 단성에는 강문회姜文會[22])가 연산군의 폭정을 피해 관직을 버리고 낙향해 있었다. 강문회는 1469년(예종 1) 증광시에 병과로 급제한 뒤 성종 때에는 사표師表로 추앙될 만큼 학덕이 높았던 인물이다. 단성으로 낙향한 뒤에는 진주의 어득강魚得江·김수경金守敬 등 많은 문인을 양성하였다. 강문회의 아들 강현姜顯도 1517년(중종 12) 별시 문과에 급제하고, 사간원정언·형조판서·경연특진관經筵特進官 등을 지냈다. 강현은 대간으로 있으면서 이언적, 황헌 등과 함께 척신이던 김안로를 논박했던 인물이다.[23]) 이 가문은 강현 대까지만 단성에 거주하고 이후에는 자손들이 화성, 진주 등지로 이거해 갔다.[24])

합천이씨 이도남李圖南(1496~1567) 역시 중종~명종 때의 문신으로, 동래부사, 첨지중추부사 등을 지냈다. 관직에서 물러난 후에는 단성으로 내려와 어머니를 봉양하였다. 이도남이 단성에 들어온 배경은 군수 개성김씨 김등金滕의 손자인 김구노金龜老 딸과 결혼하면서부터였다. 이도남은 중앙관직에 있으면서 이언적과도 교유가 잦았다. 다음과 같이 이언적이 이도남의 시[25])에 차운한 것을 보면 두 사람의 친분을 확인할 수 있다.

좋은 날에 맑은 못을 함께 보니 즐거운데 　　　　澄潭勝日喜同臨
먼 물줄기 처마 앞에 이르러서 더욱 깊네 　　　　源遠軒前更淨深

---

22) 晉陽姜氏 關西公派로 『진양강씨족보』에 의하면 조부 姜思近, 아버지 姜國興의 묘가 단성에 있는 것으로 보아 이미 조부 때인 14세기 말부터 단성에 살고 있었을 것으로 추정된다.(김준형, 앞의 책, 2000, 316쪽)
23) 『중종실록』, 중종 32년 10월 27일 기사.
24) 김준형, 앞의 책(2000), 58쪽.
25) 이언적, 『晦齋集』, 권2, 율시 절구, 「次大鵬韻」.

달을 짝해 아침저녁 한가로이 소요할 제 　　　　　　　伴月逍遙朝復暮
바위 위의 무심한 흰 구름이 함께하네 　　　　　　　白雲巖上共無心

이후 이 가문은 이도남의 첫째아들 광전光前만 단성에 남았고, 광전의
장자 천경天慶이 남명의 문인이 되었다.

이처럼 16세기 전반까지 산청·단성 지역은 4대 사화를 거치면서 은거,
또는 유배 온 사림파의 영향 아래 성리학이 조금씩 뿌리내리고 있었다. 김굉
필, 정여창 등 이름난 학자들의 가르침은 문인들에게 전수되고, 또다시 재전문
인들에게 전해지면서 성리학에 대한 탐구는 더욱 심화되어 갔다. 남명 조식
역시 정여창을 '천령天嶺의 유종儒宗'이라 했고 김굉필에 대해서는 「한훤당화
병발寒暄堂畵屛跋」을 지어 존경의 마음을 표했다.[26]

3. 산청지역 남명학파의 규모

1) 산청지역 남명학파의 형성

1526년(중종 21) 남명 조식은 부친상을 계기로 서울에서 고향인 삼가로
내려왔다. 1530년(중종 25) 어머니를 모시고 김해 탄동炭洞으로 이거, 산해정山
海亭을 짓고, 43세 때인 1543년(중종 38)에는 이언적과 이림李霖이 유일遺逸로
천거하였으나 나아가지 않았다. 1547년(명종 2)에는 모친상을 마치고 고향인
삼가로 이거, 1551년(명종 6) 덕계 오건이 찾아와 배움을 청했다. 이후에도
진주의 하항河沆, 고령의 김면金沔, 합천의 정인홍鄭仁弘을 비롯하여 많은
이들이 찾아와 학문을 배웠다.

---

26) 이상필, 앞의 책(2003), 30쪽.

1561년(명종 16) 조식은 삼가에서 덕산동德山洞(현재 산청군 시천면)으로 이거하고 산천재山天齋를 지어 후진을 양성했다. 당시에는 덕산동이 진주목 소속의 살천부곡薩川部谷이었는데, 조식이 이거하기 전에는 화전민적 생활을 하는 산촌민이 몇 집 있을 뿐이었다. 그러다 16세기부터 이 일대가 본격 개발되기 시작했다. 당시 사족들은 학문에 매진하기 위해 읍치에서 멀리 떨어지고 자연을 접할 수 있는 곳을 이상적 주거지로 선호했다.[27] 『진양지』에 의하면 살천부곡은 읍치로부터 70리 떨어져 있었다.

남명이 쓴 『유두류록』에 의하면, 그는 총 11번이나 두류산을 유람했다고 한다. 그 최종 목표는 바로 두류산의 한쪽 귀퉁이를 빌려 일생을 마칠 장소로 삼으려 한 것이었다.[28] 이처럼 조식이 이거해 온 뒤 산청지역은 그의 문인들로 가득한 곳이 되었다. 이들은 남명 사후 스승의 추숭사업을 진행하는 한편 학문 정신을 이어받아 하나의 학파로 형성·발전해 나갔다.

산청지역 인물 중 남명과 종유하거나 문인으로 활동한 사람은 다음 <표 4>[29]와 같다.

남명 종유인과 문인은 산음의 함양오씨(3인), 단성의 안동권씨(7인)·합천이씨(4인)·성주이씨(2인)·경주정씨·밀양박씨·진양정씨·기타(각 1인), 덕산의 창녕조씨(2인)·전의이씨(1인)로 총 23인이다.

표에 의하면 산음에서는 오직 함양오씨 덕계 오건 가문만 3명이 확인된다. 오건은 남명이 덕산으로 이거하기 전 이미 문인이 되었으므로 이 가문에서도 자연스레 남명의 문인이 배출되었던 것으로 보인다. 여기서 오현은 오한의 형이며 덕계 오건이 사촌 형이다. 오한은 어린 시절 덕계에게 배우고 만년에

---

27) 이수건, 『영남학파의 형성과 전개』(일조각, 1995), 79~80쪽.
28) 이상필, 앞의 책(2003), 21쪽.
29) 이상필, 앞의 책(2003), 85~92쪽; 『栢谷實記』 등을 참고하여 정리하였다. 조선시대 덕산은 진주목 소속이지만 현재 행정구역을 기준으로 하여 표에 포함시켰다.

<표4> 산청지역 남명 종유·문인

이름	생몰연대	본관	거주지	출처
吳健	1521~1574	함양	산음	『산해사우연원록』
吳侃	?~?	함양	산음	『덕천사우연원록』
吳僩	1546~1589	함양	산음	『산해사우연원록』; 오건의 문인이기도 함.
權逵	1496~1548	안동	단성	『덕천사우연원록』, 권2, 「從遊 續錄」
權世倫	1542~?	안동	단성	『산해사우연원록』
權文著	?~?	안동	단성	『덕천사우연원록』
權文顯	1524~1575	안동	단성	『덕천사우연원록』
權文任	1528~1580	안동	단성	『산해사우연원록』
權文彦	1530~1592	안동	단성	『덕천사우연원록』
權濟	1548~1612	안동	단성	『덕천사우연원록』; 『덕천원생록』(1609)
李源	1501~1568	합천	단성	『덕천사우연원록』, 권2, 「從遊」
李光坤	1528~?	합천	단성	『산해사우연원록』; 『栢谷實記』, 「交遊列傳」
李光友	1529~1619	합천	단성	『덕천사우연원록』; 『덕천원생록』(1609)
李天慶	1538~1610	합천	단성	『덕천사우연원록』; 『덕천원생록』(1609)
李曇	1524~1600	성주	단성	『덕천사우연원록』
李晁	1530~1580	성주	단성	『산해사우연원록』; 『栢谷實記』, 「交遊列傳」
鄭構	1522~?	경주	단성	『산해사우연원록』
朴寅亮	1546~1638	밀양	단성	『덕천사우연원록』
姜濂	1544~1606	진양	단성	『덕천사우연원록』
金松	?	?	단성	『栢谷實記』, 「交遊列傳」; 『鼎山志』
曹次石	1552~1616	창녕	덕산	『덕천사우연원록』
曹次磨	1557~1639	창녕	덕산	『덕천사우연원록』
李濟臣	1510~1583	전의	덕산	의령 → 덕산으로 이거; 『栢谷實記』, 「交遊列傳」

남명의 문인이 되었다.[30)]

　단성지역의 안동권씨 가문은 조식의 아버지 조언형曺彦亨이 권금석權金錫의 묘갈을 지어 준 것을 계기로 두 가문 간의 세교가 이어졌다. 권금석에게는 네 아들이 있었는데 3자子 권시준權時準의 손자가 권세륜이며, 4자子 권시득權

---

30) 오한, 『守吾堂實紀』, 附錄, 「墓碣銘」.

時得의 아들 권규權逵는 남명과도 각별한 사이였다.[31] 권규의 아들 권문현·권문임·권문언과 조카 권문저가 남명의 문인이다. 권제는 권문현의 아들이다.[32] 이후 이 가문에서는 남명의 사숙문인을 비롯하여 남명을 제향하는 덕천서원에서도 높은 비중으로 원생, 원임을 배출하게 된다.

합천이씨 가문은 단성 입향조인 이운호李云皓의 첫째 아들 이사방李斯昉 계열에서 이원이 남명과 종유했다. 남명은 이원을 보고 "네 가지가 같은 벗"이라고 칭했는데, 바로 같은 해(1561)에 경상도에서 태어나, 마음이 같고, 덕이 같은 것이다.[33] 이원의 아들이 이광곤이며 조카가 이광우이다. 그리고 이운호의 셋째 아들 이사민李斯政 계열에서 이천경이 남명의 문인이다. 이광곤·이광우는 사촌 간으로 함께 『심경』, 『근사록』을 읽으며 공부하다가 1550년(명종 5) 남명을 배알하고 문인이 되었다.[34] 이천경은 1560년(명종 15) 가을 남명을 만나러 덕천에 갔다는 기사가 「연보」에서 확인된다.[35] 대략 남명이

---

31) 이상필, 「덕천서원을 이끈 강우의 가문들」, 『남명학연구』 55(경상대학교 남명문화연구원, 2017), 50~51쪽. 이 둘은 남명이 상중에 있을 때 권규가 조문한 것을 계기로 종유하기 시작했다. 1545년(인종 원년)에는 신해정을 방문해 남명과 함께 강론하였고, 권규가 졸한 뒤에는 남명이 묘소에 찾아가 곡하였다.(하우선, 『덕천사우연원록』, 권2, 「從遊 續錄」)

32) 안동권씨 가문의 남명 문인(출처: 김준형, 『조선후기 단성사족층 연구』, 아세아문화사, 2000, 345쪽 재인용)

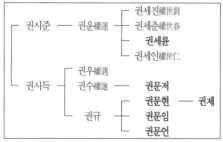

33) 하우선, 『덕천사우연원록』, 권2, 「從遊」.
34) 이광우, 『竹閣先生文集』, 권2, 부록, 「年譜」.
35) 이천경, 『日新堂先生文集』 上, 先系錄, 「年譜」. 다만 『남명집』에는 1561년(명종 16) 덕산으로 이거했다고 기록되어 있어 연도상 차이는 있다.

덕천(덕산)으로 이거할 무렵 문인이 되었던 것으로 보인다.

성주이씨 이담·이조는 전술하였듯이 단종복위사건 이후 단성에 들어온 이의순의 손자들이다. 이조는 1561년(명종 16) 남명이 덕산으로 이거해 온 해에 문인이 되었고[36] 이담은 3년 뒤 형 이조와 함께 남명을 배알하고 문인이 되었다.[37]

이 외에 정구는 박인량의 손위 처남으로 둘은 1561년 겨울 덕산에서 남명에게 『주자가례』를 배웠다.[38] 강렴은 약관의 나이에 예물을 가지고 남명이 있는 산천재로 찾아가 학문을 배우고 문인이 되었다.[39] 김승은 『백곡실기栢谷實記』 「교유열전交遊列傳」에 "김숭金崧의 자는 준부峻夫로 단성에 살았는데 남명 조식의 제자이다"라고 기록되어 있다.[40]

한편 덕천서원이 위치한 덕산에서는 남명 아들 조차석·조차마와 이제신이 확인된다. 이제신은 의령 모아동 출신으로 남명이 거주하던 삼가 토동과는 10리 거리여서 날마다 뇌룡정과 계부당을 왕래하며 공부를 배웠다. 조식이 덕산으로 이거하자 스승을 따라 덕산으로 들어와 매일 같이 곁에서 모시고 공부를 배웠다.[41]

이렇게 형성된 남명의 문인들은 스승과 함께 지리산을 유람하기도 하고 강론을 펼치기도 했다. 1564년(명종 19)에는 남명과 오건이 지리산 덕산사를 방문하였고, 1566년(명종 21)에는 오건·노진·강익 등 여러 문인들과 자곡사智谷寺에서 강론을 펼쳤다.[42] 1569년(선조 2)에는 오건·이광우·정구 등이

---

36) 이조, 『桐谷先生實紀』, 「桐谷先生年譜」. 이조의 아들은 정온을 신구하기 위해 우도 유림들의 상소를 모아 상경했던 李惟說이다. 그 과정이 『서행일기』로 남아 있다.
37) 하우선, 『덕천사우연원록』, 권4, 「門人續錄」.
38) 하우선, 『덕천사우연원록』, 권4, 「門人」·「門人續錄」.
39) 하우선, 『덕천사우연원록』, 권4, 「門人續錄」.
40) 자료의 부족으로 언제 어떤 계기로 문인이 되었는지는 알 수 없다.
41) 鄭載圭 撰, 「墓碣銘 幷序」(최석기 외, 『남명 조식의 문인들』, 보고사, 2012, 18~19쪽).

덕산의 남명을 찾아가 경전을 강론하고 돌아왔다.[43)

남명은 문인들에게 '경의지학敬義之學'을 통한 학문의 실천을 강조했다. 이는 곧 '경으로써 안을 곧게 하고 밖을 바르게 한다'는 의미이다. 남명이 송파자松坡子에게 보낸 편지에는 맹자의 말을 인용하여 '학문하는 도는 놓아 버린 마음을 구하는 것이고 이것이 경敬을 주로 하는 공부'라고 하였다. 그리고 글의 말미에 남명이 매번 공부하는 사람들에게 일러 주는 말이라고 하였다.[44) 그의 학문적 사상이 제자들에게도 그대로 전해지고 있음을 알 수 있는 대목이다. 또 남명이 선조에게 올린 상소에서는 '안을 곧게 하고 밖을 바르게 하는 데는 반드시 경敬을 위주로 해야 하며 사람의 일을 외면하고 하늘의 이치만 이야기하는 것은 입가의 이치이니, 강론만 잘하면 된다고 말해선 안 된다'고 하였다.[45)

즉 남명은 수신修身공부에 힘써 안을 곧게 한 다음, 바깥으로는 생활 → 가정 → 사회로 확장해서 배움을 실천해야 한다고 보았다.[46) 그의 이러한 사상을 전수받은 문인들은 임진왜란이라는 국난을 맞이했을 때 붓 대신 칼을 쥐고 전쟁터로 나아가게 된다.

2) 산청지역 남명학파의 확대

1572년(선조 5) 남명이 세상을 떠나고, 그의 학문과 사상을 전수받은 문인들은 또다시 재전문인을 길러내며 남명학을 계승해 갔다. 남명 문인 중 가장

---

42) 조식, 『南冥集』, 「年譜」.
43) 박이장, 『龍潭集』, 「年譜」.
44) 조식, 『南冥集』, 권2, 書, 「示松坡子」; 한상규, 「남명학 강의: 남명교육사상의 이해(3)」, 『선비문화』 10(남명학연구원, 2006), 91쪽.
45) 『선조실록』, 선조 1년 5월 26일 기사.
46) 채휘균, 「남명학파의 형성과 문인 활동」, 『교육철학』 제15집(한국교육철학회, 1997), 458쪽.

대표되는 인물로는 오건, 최영경, 하항, 정인홍, 정구, 김우옹 등이 있다. 우도의 유림들은 이들을 통해 남명학을 배워 나갔다.

오건은 문인 중 좌장 격으로, 남명 생전부터 가장 먼저 학문적 명성을 알렸다. 그러다 보니 남명 사후 많은 이들이 오건에게 남명학을 배우고자 모여들었다.[47] 『덕천사우연원록』의 문인 중 가장 첫머리에 그의 이름이 나오는 이유도 이 때문일 것이다. 산청지역 오건의 문인으로는, 단성에서는 도경효都敬孝(都希齡 子)·이하생李賀生·한대립韓大立, 산음에서는 오건 가문의 오한吳僩·오장吳長(오건·하항·정인홍·김우옹·정구 문인), 이삼정李三正 등이 있다. 오건은 남명 몰후 2년밖에 더 살지 못했지만, 성주향교 교수와 훈도 시절 정구와 김우옹이 문인이 되면서, 우도 유림들에게 남명학을 전파, 확산시키는 매개 역할을 해 주었다.[48]

서울에서 태어난 최영경은 남명의 높은 풍모를 듣고 덕산까지 찾아와 문인이 되었다. 남명은 최영경을 한 번 보고서 세상에 뛰어난 인물이라며 인정해 주었다고 한다.[49] 최영경은 남명의 장례 직후 곧바로 하항·하응도·손천우·류종지 등에게 남명 제향 서원의 건립을 주장했는데, 서원의 규모와 배치, 건물명은 모두 최영경의 주관 아래에 이루어졌고 이 과정에서 하항도 많은 협조를 하였다.[50] 이처럼 초기 덕천서원의 기틀을 마련한 최영경은 안타깝게도 1589년(선조 22) 정여립모반사건(기축옥사)에 연루되어 생을 마감했다. 이후 1611년(광해군 3) 덕천서원에 추가 배향되었다. 그의 문인으로는 단성의 이하생李賀生(오건·최영경 문인)·이유성李惟誠(최영경·하항 문인) 등이 있다.

---

47) 남명학연구원, 『덕계 오건과 수우당 최영경』(예문서원, 2009), 194쪽.
48) 남명학연구원, 앞의 책(2009), 218·220쪽. 정구, 김우옹은 남명의 문인이자 덕계의 문인이다.
49) 하우선, 『덕천사우연원록』, 「門人」.
50) 정우락·김학수·최석기·이상필·조재모·원보영, 『덕천서원』(한국학중앙연구원출판부, 2018), 75~76쪽.

하항은 1556년(명종 11) 19세의 나이로 형 하락河洛과 함께 남명을 배알했다.51) 그는 동문인 최영경이 기축옥사로 옥에 갇히자 상소를 들고 대궐 앞에 나아가 신원을 청한 바 있다.52) 하항의 제자 중 대표적 인물로 진주의 하수일河受一이 있으며, 산청지역에서는 단성의 김경근金景謹, 이유성李惟誠(최영경·하항 문인)53) 등이 있다. 그리고 하수일 문인에는 인조반정 이후 덕천서원을 친남인화로 이끈 하홍도河弘度가 있는데, 하홍도 문인으로 단성의 이정필李廷弼, 산음의 강징정姜徵鼎, 덕산의 조계曹暕·조안曹晏 등이 있다.

남명 제자 중 중앙정계에 큰 파장을 끼친 인물로 단연 정인홍을 꼽을 수 있다. 그는 광해군 집권기 대북의 영수이자 남명학파의 상징 인물이었다. 그러나 이 시기 대북의 폐모살제에 있어 정구 등이 전은론을 내세우며 반대하자 북인 내부에도 분열이 생기기 시작했다. 정인홍 문인 중 반대했던 사람으로는 강대수姜大遂·정훤鄭暄·정온鄭蘊·박인朴絪 등이 있다. 임해군 옥사나 폐모살제에 동조했던 이들은 인조반정 이후 모두 처벌을 받았고 경상우도 남명학파는 침체기에 들어갔다. 산청지역 정인홍 문인으로는 단성의 한대기韓大器, 산음의 박문영朴文楧이 있으며, 정인홍의 문인이던 박인의 제자로는 산음의 홍기범洪箕範이 확인된다.

한편 광해군 대 정인홍과 노선을 달리했던 한강 정구는 남명과 퇴계, 덕계에게 수학했던 인물이다. 당시 한강의 동문 중에는 조목·김성일·류성룡 등이 상주·안동에서, 최영경·하항·정인홍 등이 진주·합천에서 강학의 장을 열고 있었다. 정구는 남인 계열 학자들의 종장 역할을 하면서 성주 인근은 물론 상주·안동의 학자들도 급문하게 되었다.54) 특히 인조반정 이후 우도의

---

51) 이상필, 앞의 책(2003), 99쪽.
52) 하우선, 『덕천사우연원록』, 「門人」.
53) 사재명, 「수우당 최영경 문인의 형성과 강학」, 『남명학연구논총』 12(남명학연구원, 2003), 72쪽.

학자들도 정인홍의 흔적을 지워 나가며 정구를 매개로 남인화하는 경우가 많았다. 산청지역 정구의 문인에는 단성의 권도權濤·권준權濬·권집權潗· 권극량權克亮·권극중權克重·이시분李時馩, 산음의 박문영朴文楧·오장吳長 ·우희길禹熙吉 등이 있다. 이 중 안동권씨에서 권준을 제외하고는 모두 장현 광의 문인이기도 하다.

정구와 함께 성주지역 대표 학자인 김우옹은 남명의 외손서다. 그는 15세에 오건이 성주 훈도로 왔을 때 문인이 되었고, 24세에 남명에게서 학문을 배웠 다. 27세에는 오건·노진·강익 등과 함양 남계서원의 강회에 참석한 바 있다.55) 김우옹의 『급문록及門錄』을 보면, 56명의 문인 중 산청지역 문인으로 는 단성의 이호李瑚·이영李瑛, 산음의 박문영·오장 등이 있다.

이처럼 남명학은 남명 문인에서 재전제자로 이어졌다. 또 사승관계를 맺지 않더라도 산청의 유림들은 진주의 덕천서원과 남명 문인을 제향하는 서원에 출입하며 사숙인으로서 남명의 사상을 이어갔다. 여기에 남명학이 가학家學 으로 전수되면서 시대를 내려올수록 남명학파의 범위는 더욱 확대되어 갔다. 산청지역 남명학파 관련 서원을 살펴보면 <표5>와 같다.

이 중 덕천서원에는 여덟 시기의 『덕천원생록』이 남아 있다. 여기서 원생들 의 지역적 분포는 마지막 시기로 갈수록 진주·단성으로 좁혀지고 있었다. 따라서 『덕천서원원생록』에서 산음·단성·덕산 지역 원생들을 살펴보면 산청지역 남명학파의 규모를 짐작할 수 있을 것이다.56)(<표6>)

---

54) 이상필, 앞의 책(2003), 144쪽.
55) 김우옹, 『東岡先生文集』, 附錄, 권5, 「年譜」.
56) 이 표는 필자가 직접 원생록에 기재된 1,477명 중 본관과 거주지가 확인되는 인물 1,143 명을 대상으로 확인하여 작성하였다. 자세한 내용은 박소희, 「17세기 덕천서원 원생의 구성과 변화양상: 덕천원생록을 중심으로」, 『민족문화논총』 76(영남대학교 민족문화연 구소, 2020) 참고.

\<표5\> 산청지역 서원 사우 현황

서원명	제향자	건립시기	사액시기	위치
德川書院	曺植·崔永慶	1576년(선조 9)	1609년(광해군 1)	진주 덕산동
西溪書院	吳健	1606년(선조 39)	1677년(숙종 3)	산음
西湖祠	吳長·吳僩	1701년(숙종 27)	–	산음
道川書院	文益漸·權濤	1612년(광해군 4)	1787년(정조 11)	단성
浣溪書院	權濤·權克亮	1614년(광해군 6)	1788년(정조 12)	단성
培山書院	李源·李光友	1788년(정조 12)	–	단성
文山書院	權逵·權文任	1843년(헌종 9)	–	단성
清谷鄕祠	李天慶	–	–	단성
杜陵祠	金湛·李晁·權克亮	–	–	단성

\<표6\> 『덕천원생록』에 기록된 산청지역의 성씨

		1609년	1623년	1629년	1634년	1642년	1650년	1657년	1671년	총 횟수
단성	경주정씨	–	–	–	1	–	–	–	–	1
	경주최씨	–	–	1	1	3	2	2	1	10
	남원양씨	1	1	1	2	2	1	–	–	8
	무송윤씨	–	–	–	–	1	–	–	–	1
	면천한씨	–	–	–	–	–	–	–	1	1
	밀양박씨	–	1	–	–	3	3	2	1	10
	상산김씨	–	1	1	–	2	1	3	1	9
	성산이씨	–	–	–	1	–	–	–	–	1
	성주도씨	–	1	2	3	2	2	1	–	11
	성주이씨	3	5	4	4	5	4	3	2	30
	안동권씨	4	6	8	7	9	8	6	14	62
	장수이씨	–	2	1	1	1	2	–	–	7
	장수황씨	–	–	–	–	1	1	–	–	2
	전의이씨	–	–	–	–	–	–	3	–	3
	진양하씨	–	–	–	–	–	–	–	1	1
	진주류씨	–	–	1	2	5	4	2	1	15
	청송심씨	–	–	1	1	1	1	1	–	5

	합천이씨	3	2	3	3	3	3	1	1	19
	해주정씨	–	–	–	–	1	1	–	–	2
산음	반남박씨	–	–	–	1	2	2	–	–	5
	울산김씨	1	1	1	–	1	1	–	–	5
	전주류씨	–	–	–	1	1	1	–	–	3
	진양강씨	–	–	–	1	1	1	–	2	5
	진양정씨	–	–	–	–	1	1	–	–	2
	함양오씨	1	–	–	–	–	–	–	–	1
덕산	진양하씨	–	–	1	–	3	2	1	–	7
	문화류씨	–	1	–	–	–	–	–	–	1
	창녕조씨	1	1	3	3	4	5	1	1	19
합계		14(8%)	22(11%)	28(16%)	31(15%)	52(22%)	46(19%)	27(24%)	26(21%)	246

각 시기별 산청지역 원생은 전체 원생 대비 첫 시기 8%에서 21%로 증가했음을 알 수 있다. 가문별로는 단성의 안동권씨－성주이씨－합천이씨·창녕조씨(조식 후손) 순으로 나타났다. 대체로 이들 가문은 남명의 종유·문인 표에서도 비중이 높았는데, 남명의 사상이 재전문인 또는 가학으로 전승되며 더욱 확대되어 간 것으로 해석된다.

한편 함양오씨의 경우 1609년(광해군 원년) 오건의 아들 오장吳長이 확인되나 이후로는 원생록에 입록되지 않았다. 오장은 1601년(선조 34) 덕천서원이 중수될 때 상량문을 지었고 서원과 가까운 산음에서 대대로 살고 있었다. 이 가문에서 원생이 확인되지 않은 것은 아마 1606년(선조 39)부터 산음에 서계서원西溪書院(오건 제향)이 건립되었고 18세기 남명 문인 오한과 오장을 제향한 서호사西湖祠가 건립되면서 문중 원사로 출입처를 옮긴 것으로 생각된다.

단성에서는 도천서원이 건립되어 문익점·권도를 제향하였다. 본래 도천서원에는 1702년(숙종 28) 이원과 이원의 조카 이광우가 추향되었다가 1787년(정조 11) 서원이 사액된 후 배산서원을 건립하여 위패를 옮겨 갔다. 이원은 조식과 종유인이었고 이광우는 남명의 문인이다. 권도와 권극량은 남명·퇴계 양 문하에서 수학한 정구의 문인으로 완계서원에 제향되었다. 청곡향사의 이천경, 두릉사의 이조도 모두 남명의 문인이다. 19세기로 들어오면 남명의 종유인 권규와 남명 문인인 권문임을 제향하는 문산서원까지 건립되었다.

서원은 제향과 강학의 기능을 가지고 있다. 그리고 제향자는 서원의 성격을 대표하는 상징 인물이다. 즉 인조반정 이후 중앙정계로의 진출이 막힌 상황에서 산청지역의 남명학파는 향촌 내 서원을 기반으로 남명학을 전승해 가고 있었다.

4. 산청지역 남명학파의 동향

1) '경의지학'의 실천–임진왜란 창의

남명이 문인들에게 강조한 '경의'사상은 곧 학문의 실천을 의미함이었다. 경의로 무장한 조식의 문인과 재전문인들은 임진왜란이 일어나자 의병활동을 펼치며 남명의 가르침을 실천했다.

1592년(선조 25) 4월 13일 임진왜란이 시작되었다. 왜군은 총 9번대로 나누어 조선에 상륙했고, 이 중 3번대(구로다)는 동래–김해–성주–무계–지례–김산을 거쳐 추풍령을 넘어 충청도로 향했다. 4번대(모리·시마즈)도 창녕을 점령한 후 성주·개령을 지나 추풍령으로 향했고 6번대(고바야가)·7번대(모리)는 후방을 지키며 북상했다. 여기서 6번대 일부 병력이 서부 경남지역의 중앙 통로라 할 수 있는 함안·의령·삼가·단성·함양을 통해 호남지역으로 진출하려고 했고, 7번대는 경상도를 장악하기 위해 개령에 본거지를 두고 경남 서부지역을 공격하려고 했다. 경남 서부지역은 왜군의 호남 진출 시 중요한 길목으로 특히 진주가 평정되지 않는 한 호남으로의 진격에 큰 어려움이 있었다.[57] 따라서 진주와 인접한 산청 역시 임진왜란으로 많은 피해를 입을 수밖에 없었다.

산청지역 임진왜란 기록은 정경운鄭景雲의 『고대일록』, 김성일의 막료였던 이로李魯가 쓴 『용사일기』, 남원 의병장 조경남趙慶男의 『난중잡록』 등을 통해 확인할 수 있다. 먼저 산청지역의 창의는 1592년(선조 25) 4월 29일 영남 초유사 김성일이 함양에 도착하고 5월 20일 산음에 당도하면서 시작된다. 『난중잡록』에는 다음과 같이 기록하고 있다.

<u>산음현</u> 사람 <u>오장吳長,</u> 의령 사람 이지李旨, <u>단성 사람 김경근金景謹</u> 등이 모두 칼을 집고 김성일을 찾아뵈니, 김성일이 오장 등에게 말하기를, "제군이 은밀히 찾아왔으니 반드시 기이한 계획이 있을 것이다. 한번 들어 보자" 하였다…… 김락金洛(산음현감)이 군사를 모으니 8백여 명에 달했다.[58]

오장은 오건의 아들이자 정구·하항·정인홍·김우옹의 문인이고, 김경근은 하항의 문인이었다. 이들은 왜적을 피해 도망 온 경상감사 김수金睟의 처벌을 주장했다. 당시 모인 군사가 800명에 달했다고 하니 산음 일대의 창의 분위기를 짐작할 수 있다. 5월 22일에는 김면이 열읍에 통문을 보내 기병유사를 정했다. 이때 산음에서는 오현吳俔·오장·임응빙林應聘이 유사로 정해졌고, 단성에는 이로李魯·김경근·이유함李惟諴으로 결정되었다.[59]

---

57) 산청군지편찬위원회, 앞의 책(2006), 221쪽.
58) 조경남, 『亂中雜錄』, 권1, 임진년 5월 20일 기사, 한국고전종합DB 재인용. 김성일, 『鶴峯逸稿』 부록 권2, 文殊誌, 「鶴峯先生 龍蛇事蹟」에는 오장·김경근 등이 김성일을 찾아온 날이 5월 10일로 되어 있다.
59) 정경운, 『孤臺日錄』, 권1, 임진년, 5월 22일 기사. 이후의 내용은 『고대일록』을 중심으로 정리하였다.

5월 25일 도사都事가 최기준崔琦準에게 정병精兵 150명을 거느리고 진주 살천창薩川倉(현재 산청군 시천면)에서 진을 치도록 지시했다. 임시 주둔지로서 이곳이 이용되었던 것이다. 이후 동년 8월 29일에는 합천·삼가·진주·단성의 유생들이 감사 김수의 죄를 청하는 상소를 위해 삼가향교에 모였다.

한편 9월 28일 왜적이 진주 일대로 접근하면서 의령·산음·단성 등지의 피해도 극심했다. 의병군은 진주에 이어 전라도 남원까지 왜적에게 빼앗길 것을 우려하여 남원 의병장 최경회崔慶會에게 도움을 청했다. 이에 최경회가 군사 1,000여 명을 거느리고 산음으로 왔다. 『학봉일고鶴峯逸稿』에 의하면, 이때도 전라도 의병군의 주둔지는 진주 살천창이었다. 당시 오장은 살천창의 거리가 진주와 너무 멀어 다음과 같이 우려를 표했다.

오장이 공(김성일)에게 진언하기를, "왜적들의 기세가 치성하여 장차 곧장 쳐들어올 기세이니, 호남의 군사들은 의당 단성에 주둔해 있으면서 왜적들을 꺾어야 합니다. 살천창은 지리산 아래에 있어서 본주와의 거리가 너무 멀어 성원聲援이 서로 미치지 못할 것입니다. 이것은 호남의 군사들로 하여금 스스로 피란하게 하는 것이니, 무슨 소용이 있겠습니까" 하였으나, 공이 듣지 않았다. 조종도가 또 말하자, 공이 말하기를, "내가 어찌 단성에 주둔시킬 생각을 하지 않았겠는가. 그러나 그 고을의 수령이 어두워서 창고 곡식을 모조리 잃었으니, 만약 호남의 군사들이 이곳에 머물러 있으면 반드시 이웃 고을로 하여금 자공을 하게 해야 할 것이다. 살천창에 쌓여 있는 군량이 두어 달은 지탱할 수 있다. 참으로 최경회가 잘 지휘하기만 한다면, 진양晉陽의 외원外援이 될 수 있고 단성의 내응內應이 될 수도 있다. 또 흩어져 나와서 산을 뒤지는 왜적들을 막을 수도 있을 것이다" 하였다.…… 호남의 군사들이 살천창으로 갔다.[60]

---

60) 김성일, 『鶴峯逸稿』, 부록, 권2, 문수지, 「鶴峯先生 龍蛇事蹟」; 한국고전종합DB 재인용. 정경운의 『孤臺日錄』에는 10월 2일 경상도감사 김성일이 전라 좌우 의병 및 여러 장수에게 구원을 청하여 우의병장 崔慶會가 의병을 이끌고 산음·단성으로 향했다고 한다.

이처럼 오장은 김성일에게 호남 군사의 주둔지를 단성으로 할 것을 청하였다. 그러나 단성 창고는 이미 곡식을 모두 잃은 상태였다. 이에 두어 달 분량의 군량미가 남아 있던 살천창을 주둔지로 정한 것이다. 이는 진주성전투 무렵 단성 내 사정을 엿볼 수 있는 대목이다.

산음지역은 진주와 거창을 오가는 길목에서 임시 주둔지의 역할을 했는데, 이는 "초모관 곽간郭赶이 산음으로 향했다"거나, "도사 김영남金穎男이 산음을 출발해서 사근沙斤에 도착했다가 곧바로 거창으로 향했다", "순찰사 이빈李贇과 전라병사 최원崔遠이 산음에 주둔하여 적의 동정을 살폈다" 등을 통해 확인할 수 있다.[61]

10월 6일 마침내 진주성전투가 시작되었다. 정경운은 당시 상황을 "적들이 진주지역으로 들어가는데, 앞뒤가 백여 리에 걸쳐 있었다"고 한다. 왜적은 군사를 나누어 사방에서 공격했고 최경회 부대가 단성에 주둔했을 때 적병이 갑자기 들이닥쳐 장수와 군사가 놀라서 무너지고 말았다. 이때 왜적이 단성을 불태웠는데, 합천가장陜川假將 김준민金俊民이 쳐서 쫓아냈다.[62]

3일 뒤 최경회 부대와 합천 부대가 단성에서 합세하여 진주로 전진했다. 얼마 가지 못했을 때 앞서 가던 자가 이미 많은 왜적이 이곳까지 들이닥쳤음을 보고 했다. 당시 단성의 상황은 아래와 같이 처참했다.

준민이 놀라 일어나 보니 단성 청고개靑古介로부터 단계에 이르기까지 산과 들의 마을을 한꺼번에 분탕질하여 불길이 하늘에 가득하고 포성이 땅을 진동한다.…… 곧 단성으로 달려가니 엎어진 송장이 길에 서로 잇달았다. 전라 의병장은 이미 물러가고 남은 왜적이 분탕질을 하다가 우리 군이 돌진하는 것을 보고 물러갔다.[63]

---

61) 정경운 『고대일록』, 1592년 12월 6일·29일·1593년 6월 20일 기사.
62) 조경남, 『亂中雜錄』, 권2, 임진년 10월 6일 기사.
63) 조경남, 『亂中雜錄』, 권2, 임진년 10월 9일 기사.

이처럼 단성은 왜적의 피해가 극심했다. 1593년(선조 26) 6월 25일 『고대일록』 기사에 의하면, 왜적들이 사방에서 출몰하여 분탕질을 일삼았고, 단계·삼가 등지에는 왜적들로 가득 차 있었다고 한다. 7월 5일에는 적들이 진주 덕산동에 서도 분탕질을 했다.

이는 1597년(선조 30) 정유재란 때에도 마찬가지였다. 10월 9일 진주에 있던 왜적들이 산음 지국동智國洞을 약탈했고 10월 23일 기사에는 곤양·진주· 단성·산음 지방 각 촌락에서 벼를 거두어들이는 왜적의 수효를 헤아릴 수 없을 정도라고 하였다. 이 무렵 산음 사람 중 배의중裵義重이 전쟁을 피해 함양에 와 있다가 조경남 부대의 향도가 되기를 자원하였다. 산청지역은 이듬해 2월부터 8월까지 진주 사천에 있던 왜적이 산음·함양을 경유하여 인근 지역을 계속 침범했다.[64] 이 과정에서 산음·단성 지역은 많은 피해를 입었다.

이상 임진왜란기 산청지역에서 의병활동을 전개한 이들은 아래와 같다.[65]

산음: 오장·오현·임응빙·민효은閔孝誾·배기수裵祺壽·배무중裵武重·배세겸裵
世謙·배의중裵義重·안신갑安信甲·임춘계林春桂·이경립李敬立·이의립李
義立·한규韓珪·한홍례韓弘禮·한홍지韓弘智·임천林芊·이각李殼·홍성해
洪成海

단성: 김경근·이유함·이유눌·권세인權世仁·권세춘權世春·권심權深·권제權濟·
권집權潗·권극행權克行·김경눌金敬訥·김응규金應圭·김응호金應虎·김준
민金俊民·도이경都以敬·류보춘柳報春·박인량朴寅亮·이유길李惟吉·양사

---

64) 조경남, 『亂中雜錄』, 권2, 정유년 11월 24일 기사; 『亂中雜錄』, 권3, 무술년 2월 8일·
21일, 3월 3일·11일, 4월 8일, 7월 15일, 8월 기사.

65) 『孤臺日錄』; 『亂中雜錄』; 『龍蛇日記』; 『龍蛇世講錄』; 『火旺入城同苦錄』; 『산청군지』
(서계서원, 1958); 『嶠南誌』; 『성주이씨대동보』(성주이씨대종회, 2011); 『안동권씨대동
세보1—복야공파』(안동권씨대종회, 2021); 산청군지 편찬위원회, 『산청군지』(산청군,
2006), 224~228쪽.

원梁士元·양흠梁欽·이경림李慶林·이삼로李三老·이인희李仁禧·한대박韓大朴·한대유韓大猷·한진韓璡

이러한 의병활동은 전란이 끝난 후 향촌사회의 복구를 주도하고 지역사회를 영도하는 명분이 되어 주었다. 이를 뒷받침해 주는 자료로 『단성향안』이 있다. 향안에는 1621년(광해군 13) 16명을 시작으로 1707년(숙종 33)까지 301명이 입록되어 있다. 이 중 의병으로 창의한 인물들은 1621년(광해군 13)과 1625년(인조 3) 향안에서 확인된다.

두 시기 입록자 25명의 성관을 보면, 성주이씨 6명, 안동권씨 5명, 합천이씨·진주류씨 각 4명 순으로 많았다. 여기서 의병활동을 한 사람은 박인량(본관 밀양), 권극행(본관 안동), 이유눌·이유열(본관 성주)·한대박(본관 면천)이다. 이 중 입록 비중이 가장 높은 안동권씨나 성주이씨 가문은 의병에 참여한 이들과 직간접적으로 연결되어 있고 다른 가문들도 서로 혼인관계를 맺고 있다. 이를 통해 볼 때, 25명의 향안 입록자 가운데 의병활동에 직접 참여했거나 간접으로 참여한 비율은 72%에 이른다. 이것은 남명학맥과 의병활동 어부가 조직에 참여할 수 있는 전제 조건이었음을 보여 주는 대목이다.[66]

2) 북인집권기 정온 신구를 위한 단성 유림의 활동

의병으로 창의했던 남명학파는 광해군 집권기 중앙정계로 진출하였고, 당색적으로는 북인의 입장을 견지하고 있었다. 그러나 이 시기 인목대비폐위와 영창대군사사사건 등을 계기로 북인 내부는 정인홍의 대북 계열과 여기에 반대한 정구, 정온 등의 계열로 분열되어 갔다. 특히 정온은 영창대군사사사건

---

66) 윤인석, 「17세기 丹城縣 엘리트의 조직 형성과 인적네트워크: 丹城鄕案을 중심으로」, 『대동문화연구』 87(성균관대학교 대동문화연구원, 2014), 70~78쪽.

직후인 1614년(광해군 6) 2월 21일 충언을 하지 못한 죄로 사직하겠다는 「갑인 봉사소」를 올림으로써 옥에 간히게 된다.[67]

이에 경상우도 유림들은 정구를 신구하기 위한 상소를 준비하는데, 단성의 유림들이 주도하고 진주·의령·삼가·함양·함안·안음·성주 등의 사림들도 참여했다. 이 과정에서 합천·고령 유생들의 반대도 있었고 도리어 정온에게 화가 미칠까 염려되어 말리는 이들도 있어 한양까지 올라갔다가 결국 되돌아오고 말았다. 당시 단성지역에서 참여한 자는 소두 이유열을 비롯하여, 이각(陪疏)·이은·권도·권준·권집·권극행·김응규 등이며,[68] 산음에서는 오장, 우희길 등이 확인된다. 이유열의 『서행일기』를 통해 일련의 과정을 살펴보면 다음과 같다.[69]

제일 먼저 정온을 신구하기 위한 논의는 권도의 어머니 장례 날에 이루어졌다. 산음의 오장·박문영과 박명부朴明榑, 강극신姜克新 등이 정온이 갑인봉사소로 죄를 얻었으니 신원소를 올려 구제하자는 것이었다. 당시 모인 손님이 60~70명 정도 되므로 이 자리에서 열읍 선비들에게 진소陳疏할 것을 결정한 것이다. 열읍 통문은 오장이 지었고 회의할 장소는 의령으로 결정되어 5월 10일 이유열은 이은과 함께 의령으로 향했다.

5월 11일 합천에서 상소를 그만두라는 통문을 의령향교로 보내왔다. 이유열이 향교에 도착했을 때는 동향 출신인 권극행·김응규 등을 포함하여 이미 50여 명이 모여 있었다. 이후 장덕경張德卿 집으로 이동하였는데 하협河悏·한몽인韓夢寅(한몽삼)·강극신 등 10여 인이 모여 있었다. 12일 아침 유사에 우희길(산음), 성람(창녕)이 정해졌고 소두에는 이명호李明怘가 거론되었으

---

67) 『광해군일기』, 광해군 6년 2월 21일 기사.
68) 김준형, 앞의 책(2000), 76쪽.
69) 성주이씨 동곡파종회, 『三梧實紀·附梅軒實紀』(동양인쇄사, 1997), 100~168쪽.

나 사양하자 이유열이 소두가 되었다. 그리고 합천에서 보내온 통문을 회람했는데, 그 내용은 이미 문신文臣들의 변호로 왕의 노여움이 조금 풀렸는데 이때 진소한다면 정온에게 해가 될 수 있으므로 진소를 말리는 내용이었다.

5월 13일 소원疏員과 재소원裁疏員을 뽑고 조카 이각李殼과 이회일이 지은 소초 2건을 가져왔다. 택소원擇疏員이 취합하여 이회일의 상소를 위주로 윤색·보완하였다. 다음 날 산음에서 오장이 지은 소초도 도착했다. 이유열은 오장의 초안을 쓰자고 주장했지만 그 내용이 과격하다 하여 일부 시비가 발생, 택소원과 성여신 등은 이회일의 상소를 쓰고자 했다. 더 이상 시일을 지체할 수 없어 15일 마침내 이회일의 상소로 정해졌다. 제목은 한몽인이 짓고 노척盧脊이 필사하였다. 오후에 태수 이문란李聞蘭이 만나기를 청하며 술자리를 베풀어 주었는데, 어떤 이가 말하기를 이 자리는 권준權濬이 이끌었다고 했다. 그날 밤 배소拜疏하기로 하고 예복을 정제한 뒤 서명하였다. 상소문은 이간李衎이 읽었다.

16일 권준·이각과 함께 의령향교를 떠나 삼가향교에서 하룻밤을 머물렀다. 박창룡朴昌龍과 이덕립李德立이 수행하고 정시남鄭是南이 배소하기 위해 진주에서 왔다. 19일 권집·이각도 왔으나 비가 내려 떠나지 못했다. 21일 정시남과 삼가의 조계장曺啓長·박광업朴光業이 따라나섰다.[70] 합천 객사에 도착하였으나 이 지역 유림들은 한 명도 나와 보지 않았다. 당시 합천 유림의 입장을 명확히 알 수 있는 대목이다. 22일 고령향교에 도착했을 때 안음현 오덕홍吳德泓·성효규成孝圭, 삼가인 이봉일李奉一도 기다리고 있었다. 성효규는 이유열을 불러 정릉鄭䅻(정인홍 손자)이 이미 서울로 편지를 보내 상소를 방해했다고 알려 주었다. 정릉의 편지에는 안음·단성의 선비들은 정온과

---

70) 의령에 있을 때 배소할 임원들이 모이지 않고 소두 혼자 상소장을 들고 갈 수는 없다 하여 이덕립, 박창룡이 따라나섰고 이때에 조계장, 박광업이 함께 수행했다.

친한 자가 많으므로 상소 역시 공론이 아니라는 내용이었다.

23일 성주에 도착하니 고을 사람들 4~5명이 의령으로 가던 길에 고령에서 소를 올리지 않기로 했다는 소문을 들었다고 했다. 배소원은 박명윤朴明允이 었으며 상소에 '수노기언雖怒其言'이라는 4자字를 '수극혁연雖極赫然'으로 고칠 것을 제안하였다. 24일에는 개령에 도착하니 함양군수 이대기, 정경운, 노일盧佾 등이 상소문의 내용이 거칠고 간략하여 서울 사람들에게 웃음거리가 될지 모르니 수정하라고 편지를 보내왔다. 상소문 초안도 함양에서 함께 보내왔다. 이대기, 정경운 등은 정인홍의 문인이었다. 이유열은 정시남을 시켜 상소장을 들고 개령으로 먼저 들어갈 것을 지시했다. 그리고 자신은 합천인 문경호를 만나 상소문 초안을 논의했다. 25일 객사에서 함양군수가 보내준 상소문 초안을 반영하여 보완하였다.

26일 오덕홍과 성효규가 편지를 보내왔다. 여기에도 좌상(정인홍)의 뜻이 상소를 정지시키는 데 있다고 하니 이를 거스른다면 소두에게 좋지 않은 일들이 많을 것이라고 했다. 그러나 이유열은 상소를 중지하지 않았다. 28일 상주에서 아침을 먹고 김지복金知復이 소초疏草를 보자고 청해 왔다. 이에 소를 보여 주었으나 이회일의 상소는 잘 보지도 않고, 함양의 상소는 깊이 읽으며 칭찬을 하였다. 이때에 이르러 소초 두 개를 모두 베껴 가는 사람이 많았다. 29일 상주 객사에서 진탁陳琢이 필사하고 30일 동참한 상주 사람의 이름도 서명하였다.

이후 문경-충주-금탄-도원촌-벽사-여주·광주를 거쳐 6월 6일 강상촌에 도착했다. 그리고 다음 날 상소를 올리기로 했으나 정온의 아들 정창시가 찾아와 이를 말렸다. 이튿날 성균관을 비롯하여 형효갑, 윤선, 오여은 등이 모두 상소를 중단할 것을 알려왔다. 형효갑은 이이첨이 정온의 신원을 위해 힘쓰고 있다는 내용의 편지까지 가져왔다. 이들은 모두 정인홍의 문인이자 대북 계열의 핵심 인물이었다. 결국 이유열은 상소를 올리지 않기로 결정했다. 6월 13일 도내에 그간의 사정을 알리는 통문을 보내고 14일 한강 도착, 이후 판교-개천-천안-직덕원-소개-연산 마고촌-전주-임실-함양을 거쳐 집으로 돌아왔다.

약 두 달 여정의 서행일기는 광해군 집권기 북인의 분열과 산청지역 유림들의 입장을 구체적으로 보여 주고 있다. 또 경상우도 내 지역별 입장 차이를 확인할 수 있는 좋은 자료이다. 여기서 합천·고령 지역은 정인홍의 문인이 많았던 곳이다. 따라서 내암의 의견에 반대한 정온을 신원하는 데에는 절대 동의할 수 없었다. 일례로 무민당 박인 역시 정인홍의 의견에 반대하자 고령 유림들이 스승을 배신한 '횡의지배橫議之輩'로 지목한 바 있다.[71]

<표7> 이유열의 서행일기 일정

날짜	내용
5월 10일	정온 변호를 위한 상소문 논의로 의령 방문.
5월 11일	합천사람이 의령 會所로 상소를 그만둘 것을 알려옴.
5월 12일	유사에 禹希吉·成攬, 소두에 이유열 결정. 합천 통문 회람.
5월 13일	疏員과 裁疏員을 뽑아 상소문 초안 2건을 가져옴.
5월 14일	산음에서 오장이 지은 상소문 초고를 가져옴.
5월 15일	최종 상소는 이회일의 것으로 정해짐. 배소 및 서명.
5월 16일	권준·이각과 함께 삼가향교에서 하루 묵음.
5월 17일	역모죄로 삼가에 귀양와 있던 權韠가 찾아옴.
5월 18일	朴規·金子長·尹晛이 찾아옴.
5월 19일	집에서 사람과 말, 여행 준비물을 챙겨 보내옴.
5월 20일	권집, 이각이 향교에서 종일 바둑을 둠.
5월 21일	정시남과 삼가의 曹啓長·朴光業이 따라감. 합천향교에 도착.
5월 22일	고령향교 도착. 성효규가 정릉(정인홍 손자)이 서울로 방해하는 편지를 보냈다고 알림.
5월 23일	성주 도착. 성주 李明龍이 상소가 취소되었다는 소식을 들었다고 함.

---

71) 한국학중앙연구원, 『古文書集成 29—龍淵書院篇(I)』, 辨誣錄, 「高靈通文」.

5월 24일	개령 도착. 함양군수 이대기, 정경운, 盧佋 등이 상소문을 수정하라고 편지를 보냄.
5월 25일	함양군수가 보내온 상소문 초안으로 보완함.
5월 26일	오덕홍과 성효규가 상소 중지를 제안함.
5월 27일	함양 상소문을 베낄 적임자를 찾지 못함.
5월 28일	상주에서 金知復이 함양의 소초를 칭찬함.
5월 29일	상주 객사에서 陳琢이 필사. 상주 사람들의 이름도 적으려 하였으나 난감해 함.
5월 30일	黃庭幹 외 10여 명 서명. 함창 이동. 배소원은 조극신 동생ㆍ張弸翰.
6월 1일	문경 도착. 安保驛(현 충주 수안보면 안보리)에서 숙박.
6월 2일	충주 수교촌에서 조식. 충원현감 姜翼文과 그 아들이 疏草를 보고 감탄함.
6월 3일	金灘(충주 용탄동 아래)에서 상선. 桃源村에 도착. 배를 매고서 누워 잠.
6월 4일	檗寺(경기도 여주 신륵사) 아래에서 하선.
6월 5일	여주와 광주에 들림. 순찰사 鄭大護가 여주로 들어옴. 김안국 제향 서원 방문.
6월 6일	江上村(경기도 양평) 도착. 다음날 상소를 올리기로 기약. 鄭昌詩(정온 子)가 상소를 말림.
6월 7일	성균관 유생의 진사가 소두가 되었으므로 성균관 사람들도 와서 인도하게 했으나 상소는 불가하다 함.
6월 8일	성균관에서 진사 邢孝甲이 상소를 중단하라고 함. 정창시가 간청함.
6월 9일	정창시 간청. 尹銑이 상소를 중지하라고 함(裵大維와 吳汝穩이 윤선에게 미리 알림).
6월 10일	윤선과 오여은을 만남. 정창시가 형효갑의 편지를 가져옴.
6월 11일	형효갑이 편지를 통해 이이첨을 만나 정온 구원을 힘쓰고 있다고 알림.
6월 12일	상소문을 올리지 않기로 결정. 하성이 정온의 온전함을 정인홍ㆍ이이첨 덕분이라 함.
6월 13일	윤선을 만남. 도내에 상소를 올리지 못한 연유를 통문으로 보내고자 함.
6월 14일	노자로 받은 포목을 정창시에게 주어 정온을 돌보는 데 쓰라고 함. 한강 도착.
6월 15일	張弸翰이 와서 李瓚吾가 소를 중단하라고 했음을 알림. 관교(경기도 성남)에서 아침을 먹고 갈천(경기도 화성)에서 쉼. 靑回(경기도 평택) 주막에서 묵음.
6월 16일	价川(경기도 안성)에서 아침을 먹고 천안 주막에서 묵음. 전 산음현감 李惟幹과 아들이 보러 옴.
6월 17일	稷德院(충남 천안시 광덕면)에서 아침을 먹고 弓院(충남 공주)에서 쉼.
6월 18일	少介(충남 공주 신기동 소재 고개)에서 아침을 먹고 尼山 石橋에서 쉼.
6월 19일	連山 馬顧村(충남 논산) - 礪山 南院(전북 익산) - 安甫村.
6월 20일	全州 塞墻 - 任實 新村.
6월 21일	큰 비로 시골 농가에서 투숙.
6월 22일	큰 비로 물이 넘쳐 힘들게 건너 樊樹에 도착.
6월 27일	남원(25일), 引月(전북 남원, 26일)에서 숙박 후 함양 도착.
6월 28일	박문영의 집에서 아침을 먹고 저녁에 집으로 돌아옴.

3) 『남명집』훼판사건과 남명학파의 분열

광해군 집권기 북인정권의 폐모살제론과 회퇴변척론은 남·서인으로부터 공격의 여지를 주었고 이는 곧 인조반정으로 이어졌다. 정인홍은 공개 처형당했고, 폐모살제와 회퇴변척에 찬성한 대북 세력은 중앙정계에서 완전히 사라졌다. 남아 있는 경상우도 사림들은 정인홍과 관련된 흔적을 지워가기 시작했고 그 과정에서 일어난 대표적 사건이 1651년(효종 2) 덕천서원의 『남명집』훼판사건이다. 당시 원장 윤승경尹承慶이 진주·단성의 사람들을 모아놓고 사건을 논의할 만큼 남명학파 내 단성 유림의 입지는 높았다고 볼 수 있다. 다만 이 사건을 해결하는 과정에서 훼판 주도에 반대했던 진주의 하명河洺을 비롯, 단성에서는 덕천서원 원장을 지낸 권극유權克有가 서인화하였고 단성 유생 최경은 송시열로부터 『남명집』산개刪改의 방침을 받았다.[72] 덕천서원 내부에서는 하홍도를 중심으로 친남인화하는 부류와 하명과 같이 서인화한 부류로 분열의 양상이 나타났다.

이러한 현상은 덕천서원뿐만 아니라 우도지역 내에서도 일어나고 있었다. 조식·퇴계 양 문하에서 수학한 정구는 이때 이미 남인의 영수로 활약하고 있었다. 따라서 우도 남명학파의 일부는 정구를 매개로 남인화해 갔다.

단성지역에서는 정구의 문인으로 안동권씨 권집·권도·권준과 성주이씨 이시분 등이 확인되며, 권집·권도는 장현광의 문인이기도 하다. 이후 권도의 증손 권계형權繼亨을 비롯하여 권덕휘權德輝-권중도權重道 부자父子는 이현일의 문인이 되었다. 이현일-이재로 이어지는 퇴계학파는 18세기로 접어들면서 대산 이상정에게로 전수되었다. 단성에서는 권필충權必忠·권알權烷·권흔權俒[73]과, 의성김씨 김수오金壽五, 팔거도씨 도길모都吉謨, 합천이씨 이항

---

72) 『남명집』훼판사건의 자세한 전말은 오이환, 『南冥學派 硏究』(남명학연구출판부, 2000) 참고.

무李恒茂가 이상정의 문인이 되었다.

이들은 선조의 현양사업에 있어 스승에게 문자를 청하기도 했다. 이상정은 권필충의 청으로 권도의 행장을 써 주었다. 남명과 종유했던 권규의 후손 권혼과 청향당 이원의 후손 이항무는 각각 1782년(정조 6) 『안분당실기安分堂實紀』의 서문과 이원의 행장을 스승에게 청했다.[74)

1781년(정조 5) 대산 이상정이 별세한 뒤로는 영남 남인 내 정종로의 입지가 두드러져 '좌대산 우입재'라 불리고 있었다.[75) 단성에서는 안동권씨 권경權褧과 진주류씨 류상경柳象經·류의삼柳宜三·류의화柳宜華가 정종로의 문인이 되었다.[76) 권도의 6세손인 권경은 정종로를 직접 찾아가 '간자干字'를 가지고 스승과 시를 짓기도 하고 완계서원(권도 제향)의 당호와 문루 등의 이름을 모두 스승에게 부탁했다.[77) 이처럼 단성에서는 주로 권도의 후손들이 정구를 시작으로 영남 남인계 인사들의 문인이 되어갔다.

한편 서인계로 전향하는 경우도 있는데, 산음에서는 청송심씨 심제沈梯가 송시열 문인이 되었고, 여흥민씨 민백휴閔百休는 송환기의 문인이 되었다. 단성에서는 안동권씨와 성주이씨 충의위공파와 동곡공파에서 서인계 문인이 배출되었다. 본래 단성에는 병자호란 이후 김장생 문인이던 오국헌吳國獻[78)

---

73) 권필충은 권도의 次子 克殼―斗興(3子)―嶷亭―大中(4子)의 아들이고, 권알은 의형의 첫째 아들 大仁의 손자이다. 권혼은 권규―권문임(남명 문인)의 7세손이며, 이항무는 남명 문인인 죽각 이광우의 동생 李光孝의 후손이다. 이항무는 이원의 묘갈명을 퇴계 후손 李守貞에게 받았다.

74) 권규, 『安分堂實紀』, 「序文」. 그러나 이상정이 별세하면서 동생 이광정이 서문을 써 주었다.

75) 우인수, 『조선 후기 嶺南 南人 硏究』(경인문화사, 2015), 334~338쪽.

76) 정종로의 문인록은 1975년 우산선생기념사업회에서 나온 『愚山史積大觀』 내 「及門諸子錄」만 남아 있다. 당대 기록이 아니라는 한계는 있지만, 정종로 문인에 대한 대략적인 실체를 밝힐 수 있다는 점에서 의미가 있다. 권경은 권도의 장자 克重―斗陽(3子)―哲亭(2子)―大徠―必度의 次子이다.

77) 정종로, 『입재집』, 권4, 詩, 「權景章 褧 來留過歲 共賦干字」; 『입재집』, 권5, 詩, 「丹城浣溪書院 卽權東溪腏享之所 而祠與堂齋門樓之號 東溪之孫褧 皆要余命之 故聊此吟贈」.

이 외가를 매개로 이거해 와 있었다. 이후 오국헌의 아들 오건휘吳建輝와 앞서 기술한 권극유의 장자 권익權釴이 송시열 문인이 되었다.[79] 문인록에는 없지만 단성에서 서인계를 지향한 인사들은 정치적 주요 사건에 있어 동참하는 모습을 보이는데, 대표적 사건으로 1701년(숙종 27) 김장생을 비판했던 김간金侃의 처벌 상소가 있다. 김간 처벌 상소는 경상우도에서 약 223명이 연명하였고 단성에서는 17명이 참여하였다.[80] 주요 가문으로는 안동권씨 권극유의 손자들과 해주오씨 오국헌의 두 아들, 성주이씨에서는 남명 문인 이조의 둘째 아들 유눌의 증손자 등이 확인된다.

18세기에도 이들 가문의 노론화는 계속되었다. 특히 권도의 차자 극효克斅의 4세손인 권필칭權必稱은 김원행・송명흠의 문인이 되어 동생 권필리權必履와 조카 권엽權燁・권영權煐까지 송명흠의 문인이 되었다. 또 권극유의 후손 권사약權思若과 성중性中은 송환기의 문인이 되었다. 성주이씨에서는 이봉흥李鳳興이 김원행을 직접 찾아가 문인이 되었고, 봉흥의 세 아들 우집佑緝・우헌佑憲・우복佑復이, 또 앞서 기술한 김간 처벌 상소에 동참했던 이유눌의 증손자 이윤수李胤壽의 집안에서 이약렬李若烈이 송환기의 문인이 되었다.[81]

5. 맺음말

이상 산청지역 남명학파의 규모와 동향에 대해 살펴보았다. 산청지역은

---

78) 『華陽淵源錄』; 김장생, 『沙溪全書』, 권47, 附錄, 「문인록」.
79) 송시열, 『華陽淵源錄』; 송준길, 『同春堂集 續集』, 권12, 附錄7, 「문인록」.
80) 朴太古, 『景陽齋集』, 권4, 附錄, 「沙溪金先生卞誣疏錄」. 명단은 權處亨, 權汝亨, 權會亨, 權必亨, 朴恒泰, 梁天翰, 吳達輝, 吳建輝, 李胤星, 李胤壽, 李胤善, 李胤胄, 李胤錫, 李受泰, 鄭洪宇, 鄭洪濟, 鄭舜錫이다.
81) 김원행, 『渼湖集』; 송명흠, 『櫟泉先生文集』; 송환기, 『性潭宋先生門人錄』.

사림파의 영수인 김종직과 김굉필, 정여창의 흔적이 지리산에 남아 있고 사화기 유배·은거해 온 사림들이 정착한 곳이기도 했다. 그 토대 위에 남명이 덕산으로 이거하여 많은 문인을 양성했다.

산청지역 남명의 문인은 대체로 단성에 집중되어 있었다. 산음에는 덕계 오건 가문이, 덕산에는 남명의 아들만 확인되지만, 단성에는 안동권씨·합천 이씨·성주이씨·경주정씨·밀양박씨·진양정씨 등이 확인되었다. 그리고 1572년(선조 5) 남명 몰후, 그의 학문과 사상을 전수받은 문인들은 또다시 재전문인을 길러내며 남명학을 계승해 갔다. 남명 문인 중 가장 대표되는 인물로는 오건, 최영경, 하항, 정인홍, 정구, 김우옹 등이 있다. 우도의 유림들은 이들을 통해 남명학을 배워 나갔다.

또 사승관계를 맺지 않더라도 우도의 유림들은 덕천서원을 출입하며 사숙인으로서 남명의 사상을 이어갔다. 여기에 남명학이 가학으로도 전수되면서 시대를 내려올수록 남명학파의 범위는 더욱 확대되어 갔다. 이는 덕천서원에 소장된 여덟 시기의 『덕천원생록』을 통해서도 확인하였다. 『덕천서원원생록』은 시기를 내려올수록 진주·단성으로 지역적 범위가 집중되는 양상을 보이고 있다.

이렇게 확대된 남명학파는 임진왜란이라는 국난을 만났을 때 의병으로서 나라를 구하는 데 앞장섰다. 특히 산청지역은 진주·거창과 인접하여 의병군의 임시 주둔지로서 역할을 했고, 진주성전투와 맞물려 왜적의 노략질 피해가 컸던 지역 중 하나였다. 그러나 이 와중에도 오장·권제·권집·김경근 등 많은 이들이 의병활동을 전개해 갔다.

한편 광해군 집권기 대북정권의 폐모살제론은 다른 당으로부터 많은 반대를 받았고 같은 북인 내부에서도 분열을 일으켰다. 여기서 단성지역은 정온을 신구하기 위한 상소를 들고 한양까지 상경했으나 대북 계열의 반대로 결국은 되돌아올 수밖에 없었다. 아마 이러한 전력 덕분에 인조반정 이후에도 이 지역의 피해는 크지 않았던 것으로 보인다.

이처럼 광해군 집권기 북인 정권의 폐모살제론과 회퇴변척론은 남·서인으로부터 공격의 여지를 주었고 이는 곧 인조반정으로 이어졌다. 남아 있는 우도 사람들은 내암의 흔적을 지우기 시작했다. 그 대표적 사건이 덕천서원 내 『남명집』(임술본) 훼판사건이다. 훼판 이후 서원은 친남인화의 모습을 보이기 시작했다. 단성 유림들 중에서는 정구 문인 권도를 시작으로 그 후손들이 남인화했다. 반면 덕천서원 원장을 지낸 안동권씨 권극유가 『남명집』(임술본) 훼판사건을 계기로 서인화했고, 이 가문에서는 이후로도 계속하여 서인계 문인이 배출되었다. 또 성주이씨 가문에서 남명 문인인 이조의 후손 등이 서인화의 모습을 보여 주었다.

‖ 이 글은 『민족문화논총』 79집(영남대학교 민족문화연구소, 2021)에 수록되었던 것이다.

제2장 안분당 가문의 형성과 전개

허 권 수

1. 서론

조선은 유교를 지도이념으로 하여 통치되어 온 나라다. 조선시대에는 출사 出仕를 하거나 초야草野에 있거나를 막론하고 지식인들은 누구나 유교를 철저히 공부하여 그것을 행동에 반영하려고 노력하였다. 그래서 유교가 사회 각 분야에 끼친 영향은 말할 것도 없고, 개개인 의식구조나 행동방식에도 크게 침투하였다. 조선의 문화는 유교에 바탕을 둔 문화라고 할 수 있다.

유교를 철저히 공부하여 이를 생활화한 양반선비들이 유교문화를 주도하는 계층이었다. 이 계층을 일반적으로 유림儒林이라고 부르는데, 이 유림들은 각각의 유교문화를 중시하는 각 가문에서 배출된 유자들로 구성되어진다. 유교문화가 지배하는 사회에서 많은 유자를 배출하여 유림사회에 많은 기여를 하고 영향력을 행사하는 가문을 좋은 가문, 곧 양반가문으로 인정해 왔다.

17세기 인조반정 이후로 사환仕宦하기가 어려워진 경상도, 특히 경상우도 慶尙右道지역에서는 후기로 오면 올수록, 사환보다는 문한文翰과 조신操身 등을 기준으로 하여 유림사회에서 각 개인 유자의 위상이 결정되었고, 이런 유자의 배출 정도에 따라서 각 가문의 위상이 결정되었다. 이런 기준에서 경상우도지역을 대표할 만한 가문이 여러 곳 형성되어 존재해 왔다. 주로 단성丹城 일대에 세거해 온 안분당安分堂 권규權逵(1496~1548)의 후손들로 이루어진 안분당 가문은 그 가운데 중요한 위치를 차지하는 한 가문이다.

안분당은 조선 중기의 학자로서 남명 조식(1501~1572) · 퇴계 이황(1501~1570)과 도의지교의 관계에 있는 비중 있는 인물이었다. 그의 아들 권문임權文任과 손자 권제權濟가 문과에 급제하는 등, 그 후손들은 혁혁한 문한文翰과 환업宦業 등으로 경상우도지역 유림사회에서 중요한 위상을 유지해 왔다. 이로 인해서 안동권씨 여러 파들 가운데서도 안분당파라는 독자적인 일파를 형성하였다.

본고에서는 안분당이라는 인물의 가계, 생애, 학문사상을 고찰하여 밝히고, 안분당의 후손들에 의해서 형성된 안분당 가문이 어떻게 형성되었고, 어떻게 확대 · 변화되었으며, 오늘날 어떤 형태로 남아 있는지를 구명하고자 한다. 이를 통해서 나아가 경상우도지역의 전반적인 유교문화를 밝히는 데 부분적이라도 기여하고자 하는 의도에서 이 글을 쓴다.

2. 안분당의 전기적 고찰

1) 가계

안분당 권규의 자는 자유子由, 안분당은 그 호인데, 송나라 소강절邵康節의 「안분음安分吟」에서 그 말을 취해 온 것이다.

본관은 안동安東인데, 그 시조 권행權幸은 본래 신라 왕성王姓인 김씨金氏였다. 929년(경순왕 3) 견훤甄萱이 고창古昌(오늘날의 安東)을 포위했을 적에 권행은 김선평金宣平, 장정필張貞弼과 함께 고려 태조 왕건을 도와 견훤을 격파하여, 왕건의 왕업의 기틀을 닦는 데 결정적인 공헌을 했다. 이런 까닭으로 왕건이 특별히 '권'씨 성姓을 하사하고, 삼한벽상공신三韓壁上功臣에 책록하고, 삼중대광三重大匡 태사太師에 임명하였다. 권행 때문에, 안동의 백성들은 전화를 면할 수 있었고 또 안동이 군에서 부府로 승격되었기 때문에 이 권행 등 삼태사三太師의 공을 경모하여 안동부에 묘우를 지어 오늘날까지 향사해 오고 있다.[1]

고려 후기에 이르러 권행의 십이대손 권한공權漢功은 호가 일재一齋인데, 삼중대광三重大匡 도첨의정승都僉議政丞을 지냈고, 추성동덕협찬공신推誠同德協贊功臣에 책록되었으며, 예천부원군醴泉府院君에 봉해졌고, 시호는 문탄文坦이다.

권한공의 아들은 권중달權仲達인데, 대광보국大匡輔國 지밀직사사知密直司事를 지냈고, 추성정책안사공신推誠定策安社功臣에 책록되었으며, 화원군花原君에 봉해졌고, 시호는 충헌忠憲이다. 권중달은 고려 말기의 시문詩文의 대가 목은牧隱 이색李穡의 장인丈人이다.[2]

권중달의 막내 손자인 권집덕權執德은 중훈대부中訓大夫 군기시정軍器寺正을 지냈는데, 조선 태종조에 한양으로부터 비로소 삼가현三嘉縣 대병大幷으로 옮겨와 살았다.[3]

권집덕의 셋째 아들 권촌權村은 문과에 급제하여 양산군수梁山郡守를 지냈다. 권촌은 곧 안분당의 고조高祖이다.

권촌의 맏아들 권계우權繼祐는 진사에 합격하여 사용司勇을 지냈다. 권계우

---

1) 李滉, 『陶山全書』, 권59, 35장, 「安東府三功臣廟增修記」.
2) 『安東權氏安分堂派譜』, 권1, 2장.
3) 『三嘉續修邑誌』, 권1, 姓氏條. 『嶠南誌』, 권64, 5〜6장, 「三嘉縣篇」, 蔭仕條.

는 삼가현에 인접한 단성현丹城縣 단계丹溪로 옮겨 살았는데, 단계에 세거하던 무송윤씨茂松尹氏 가문의 판중추부사判中樞府事를 지낸 윤변尹汴의 딸에게 장가들어 처향妻鄕으로 입거하였기 때문이다.[4] 권계우의 자손들은 단계를 중심으로 하여 단성현 일대의 각지로 뻗어나갔다.

그 맏아들 권금석權金錫(1447~1585)은 자가 연옹鍊翁인데 1467년(세조 13)에 진사에 합격하여 전옥서봉사典獄署奉事로 재직 중 한양에서 세상을 떠났다. 남명의 아버지 조언형曹彦亨이 그 아들 권시민權時敏과 절친한 관계에 있었으므로, 그 묘갈을 지었다.[5]

권금석의 셋째 아들[6] 권시득權時得은 무과에 급제하여 내금위사직內禁衛司直을 지냈다. 이분이 안분당의 아버지이다. 동계파東溪派의 파조派祖인 동계東溪 권도權濤, 묵옹파黙翁派의 파조인 묵옹黙翁 권집權濈, 상암파霜嵒派의 파조인 상암霜嵒 권준權濬은, 권시득과 형제간인 참봉 권시준權時準의 증손들이다.

안분당의 어머니는 여흥민씨驪興閔氏로 목사牧使를 지낸 민욱정閔旭禎의 따님이다. 민욱정은 고려 말기에 예의판서禮儀判書를 지낸 민안부閔安富의 증손인데, 민안부는 고려가 망하자 두문동杜門洞에 들어갔다가 나중에 산음현 대포리大浦里에 숨어 살았다.[7]

안분당은 셋째 아들인데, 위로 권우權遇, 훈도訓導를 지낸 권수權遂 두 형과 아래로 아우 권준權遵이 있다.

안분당 자신은 단계리에서 태어났지만, 그가 21세 때 포은圃隱 정몽주鄭夢周의 현손인 참봉參奉 정완鄭浣의 딸과 결혼함으로 인해서, 처가가 있는 단성현 원당리元堂里 내원당內元堂 마을로 이주를 하게 되었다. 내원당 마을에는

---

4) 李時馪, 『雲窓誌』, 新等八坊考證 第三坊.
5) 『安東權氏安分堂公派譜』, 권1, 5~6장, 「奉事公碣文」.
6) 『安東權氏安分堂公派譜』, 권1, 「世系別圖」.
7) 『嶠南誌』, 권54, 6장, 「山淸篇」, 人物條.

원래 개성김씨開城金氏인 울산군수蔚山郡守를 지낸 김등金滕이 살고 있었는데, 정완이 김등의 손녀에게 장가들면서 이 마을로 옮겨 와 살게 되었고, 안분당이 정완의 딸에게 장가들어 이 마을로 옮겨 살게 된 것이다.[8] 그러나 언제 옮겨 살았는지는 정확하게 알 수 없다. 『화산세기花山世紀』에 들어 있는 「안분당연보」에 의하면 안분당이 30세 때 현의 남쪽 원당동源塘洞으로 옮겨 산 것으로 되어 있고, 『안분당실기安分堂實紀』에 들어 있는 「안분당연보」에 의하면 32세 때 옮겨 산 것으로 되어 있다.

원당元堂 팔방八坊 가운데서 제오방第五坊을 이름하여 '입석立石'이라고 하는데, 시내 위에 서 있는 돌이 있기 때문에 이렇게 부른 것이다. 사대부들 가운데서 유정幽靜한 것을 좋아하는 사람들이 간혹 그곳에서 살았다.[9] 안분당 이후 입석리는 안분당 자손들이 특히 많이 세거하는 곳이 되었다.

단성의 수청동水淸洞은 권극행權克行의 아버지 권심權深이 처음으로 자리 잡은 이후로 권극행이 후손들이 세거하는 곳이 되었다. 권극행의 조부 권문저權文著는 안분당의 제이자第二子인데, 안분당의 둘째 형 권수權邃의 앞으로 출계하였다. 권극행의 두 아우 권극평權克平, 권극명權克明의 후손들도 주로 이곳에 세거하게 되었다.[10]

2) 안분당의 생평

안분당 권규는 1496년(연산군 2) 10월에 단성현 단계리에서 태어났다. 태어나면서부터 자질이 뛰어났고, 소년시절부터는 재예가 출중하여 우뚝이 두각을 드러내었다.

---

8) 朴明圭・金俊亨・鄭震英, 「嶺南의 儒林文化」(미원문화재단 연구과제 결과보고서, 1997).
9) 李時馪, 『雲窓誌』, 元堂八坊考證.
10) 李時馪, 『雲窓誌』.

7세 때(1502), 계부季父로부터 『소학』을 배웠는데, 가르치는 말이 떨어지자마자 곧바로 그 내용을 경건하게 실천해 나갔으니, 발을 뻗고 앉거나 용모를 함부로 하는 일이 없었다. 의젓하여 뭇 아이들과 어울려 놀지 않았고 늘 부모의 곁을 떠나지 않았다. 부모의 뜻을 받들어 화락和樂하고 즐겁게 하는 것을 목표로 하였다.

11세(1506) 때, 『대학』을 배웠는데, 책을 읽고 외우는 일에 있어서 어른들이나 스승의 권유 없이도 스스로 날마다 정해진 일과가 있었다.

17세(1512) 때, 경사자집經史子集의 여러 책에 두루 통달하였다. 정밀精密한 말이나 오묘奧妙한 뜻은 반드시 깊이 궁구하고 분명하게 분변한 뒤에라야 그만두니, 조예造詣가 날로 깊어졌다. 부지런히 학문을 쌓아 나가는 중에 아버지의 명으로 과거를 위한 공부도 아울러 하였다.

19세(1514) 때, 정자, 주자 등이 지은 성리학 관계의 전적을 읽었다. 세속의 비리鄙俚한 책은 한 번도 눈에 댄 적이 없었다.

21세(1516) 때, 포은圃隱의 현손인 정완鄭浣의 딸에게 장가들었다. 25세(1530) 때, 겨울에 단성 배양리培養里에 살던 청향당淸香堂 이원李源과 함께 단속사斷俗寺에서 글을 읽었다.

30세(1525) 때, 원당동源塘洞으로 옮겨 살았다. 동부洞府가 깊숙하여 소요하는 즐거움이 있기 때문이었다.[11] 또 다른 이유로는 거기에 처가가 있었기 때문이었다. 당시까지는 남녀균분상속男女均分相續의 제도가 실행되고 있었기 때문에, 처가로부터 분배 받은 전장田莊, 노비奴婢 등이 원당동에 있었으리라 짐작할 수가 있다.

안분당이 31세(1526) 때 퇴계가 내방하였다. 이때 퇴계는 의령宜寧 걸음이

---

11) 『花山世紀』, 권2, 3장, 「安分堂年譜」.

있었다가 먼저 배양에 이르렀다. 청향당으로부터 안분당이 새로 복거하는 곳을 듣고서 청향당의 안내를 받아 안분당을 찾아왔다. 서로 경서의 뜻을 강론하였다.

부친상을 당한 남명 조식을 삼가현 관동冠洞의 여막으로 찾아가 조문하였고, 그 뒤 소상小祥, 대상大祥, 담제禫祭 때도 역시 찾아가 조문하였다. 남명의 부친 조언형曹彦亨은 안분당의 부친과 친구이고, 또 일찍이 조부 봉사공奉事公의 묘갈명을 지었기 때문에 더욱 정중하게 조문을 하였던 것이다. 돌아와서 말하기를, "조건중曹楗仲은 거상居喪하는 절차가 예법으로 보나 슬퍼하는 마음으로 보나 모두 지극하여 『의례儀禮』에 비추어 보아도 하나도 맞지 않은 것이 없다. 그 학문의 힘은 진실로 속일 수가 없도다"라고 칭찬하였다.

35세 되던 해(1530)에 부친 사직공司直公이 병이 깊어 여러 달 동안 계속 낫지 않자, 안분당은 침식을 돌보지 않고 밤낮으로 정성을 다하여 약시중을 들었으나, 결국 세상을 떠나게 되었다. 안분당은 지나치게 슬퍼하다가 몸을 상하여 거의 생명을 잃을 지경에 이르렀다. 거상하는 절차는 하나같이 모두 『주자가례朱子家禮』에 맞았다.

복服을 마치고는 세상사와 관계를 끊고 모친을 봉양하면서 독서하며 심오한 뜻을 연구했다.

38세(1533) 되던 해 가을에 향시에 합격하였다. 이때 청향당도 함께 합격하였다. 이 이전에도 여러 차례 합격하였으나, 기록이 남아 있지 않아 연대를 고증할 수가 없다. 이듬해 봄에 복시에 응시하였으나 합격하지 못했다. "사람의 본분이 되는 일상생활에 필요한 이륜彝倫 가운데 마땅히 행해야 할 바가 많은데, 어찌 꼭 명리에 마음을 치닫게 해야만 하겠는가?"라고 탄식하고는, 모친에게 아뢰어 허락을 얻어 과거를 포기하였다. 안분당이 향시에 여러 번 응시한 것도 모친의 뜻을 어기지 않으려고 억지로 응시한 것이지, 꼭 벼슬길에 나서야겠다는 욕심을 가져서 그런 것은 아니었다.

40세(1535) 때, 그윽하게 속세와 떨어져 있어 조용히 지내기에 좋은 원당동에다 집을 한 채 짓고는 안분당이라는 편액을 걸었다. 그러고는 소강절의 「안분음」을 써서 벽에 걸어 두고서, 자신의 지향하는 바를 표방하여 「안분설安分說」이라는 글로 지었다.

안분당이라고 이름 붙인 서재 속에서 날마다 거처하면서 밤늦게까지 단정하게 앉아 책을 읽으며 늙음이 장차 닥쳐온다는 것을 알지 못하였다.

41세 때 모친의 회갑연回甲宴을 마련하였다. 안분당은 시를 지어 이날의 감회를 읊었고, 많은 사람들이 안분당의 시에 화답을 했지만, 다 없어져 전하지 않는다. 다만 이때 9세이던 아들 권문임權文任이 지은 시는 사람들의 입으로 전해져 오늘날 남아 있다.

42세(1537) 때, 모친상을 당하였는데, 상례를 치르는 절차가 부친상 때와 꼭 같았다. 복服을 다 마치자, 새벽에 일어나 가묘에 참배하였고, 물러나 조용히 앉아 성현의 책을 보았다. 심성心性을 연구한 공부와 잠심수양潛心修養하여 스스로 터득한 깊은 경지가 어떠했는지 짐작할 수가 있겠다.

46세(1541) 때, 안분당은 뜰에다 홰나무 한 그루를 심으면서, "나의 자손 가운데 반드시 흥기하는 사람이 있을 것이다"라고 했다.[12] 그 뒤 과연 아들 권문임權文任과 손자 권제權濟가 문과에 급제하고, 손자 권설權渫은 무과에 급제하여, 그 홰나무 아래에서 잔치를 여는 경사가 있었다.[13]

47세(1542) 때 종질 선원仙院 권세륜權世倫이 와서 배웠다. 권세륜은 선생이 세상을 떠나자 제문을 지어 제사를 올렸는데, 안분당을 흠앙하는 마음이 매우 간절했다.

---

12) 李時馪, 『雲窓誌』.
13) 『花山世紀』, 권1, 8장, 「安分堂遺事」.

50세(1545) 때, 김해의 산해정山海亭으로 남명을 방문하여 여러 경서의 의문 나는 뜻을 강론하였다. 돌아와서 사람들에게 말하기를, "남명은 벽립만인壁立 萬仞의 기상이 있고, 또 그 함양涵養하는 공부는 오로지 경의敬義 두 글자에 있으니, 진정한 학문이다"라고 감탄했다. 이때 남명은 아직도 그 기상이나 학문이 그렇게 크게 이름 나지는 않았는데, 안분당이 며칠간 같이 강론해 보고서 그 학문의 조예와 특징을 정확하게 파악하였으니, 그 통찰력이 대단하 다고 할 수 있다. 남명은 안분당을 추중하여 외우畏友로 여겼다.

51세(1546) 때, 유일遺逸로 천거되어 참봉參奉에 제수되었지만, 나아가지 않았다. 기묘사화己卯士禍 이후 어진 사류들이 소인간신배小人奸臣輩들에게 몰려 몸을 희생하는 경우를 목도하였고, 바로 앞 해에 을사사화乙巳士禍가 일어나 많은 사류들이 죽임을 당하거나 유배되었기 때문에 더욱 벼슬에 나갈 뜻이 없었다.

이 해 가을에 의령 가례촌嘉禮村으로 퇴계를 방문하였다. 이때 퇴계가 의령 처가에 와서 머무르고 있었기 때문이다. 여러 날 동안 학문을 강론하다가 헤어졌다. 헤어진 뒤 퇴계는 「제안분당시題安分堂詩」에 차운한 시를 보냈다. 그 시는 이러하다.

선비의 갓 쓰고서 한평생 잘못 보낸 신세,	儒冠已誤百年身
웃으며 서로 쳐다보니 귀밑머리 허옇구려.	一笑相看兩鬢銀
긴밀한 관계 이루어지니 잠깐 만나도 오랜 벗 같고,	密契既成傾蓋舊
깊은 우정은 흰머리라 하여 서먹할까 어찌 걱정하리오?	深情寧患白頭新
산에서 나물 캐고 물에서 낚시하니 내 분수에 달갑고,	採山釣水吾甘分
도道를 즐기며 가난을 편안히 여겨 그대 진실하게 살게나.	樂道安貧子任眞
여기서부터 강가 벌판까지 십 리 길이 되는데,	從此江郊十里路
복건幅巾 쓰고 명아주 지팡이 짚고 자주 왕래하기를.	幅巾藜杖往來頻[14]

세속적인 온갖 견루牽累를 벗어나 참된 본성을 지키면서 유유자적하게 살아가는 유학자의 고아한 모습이 잘 나타나 있다.

이 해에 아들 권문임에게 명하여 남명의 문하에 가서 집지執贄하고 배우도록 했다.

청향당의 조카 죽각竹閣 이광우李光友가 특별히 왔기에 강학하였다.

53세(1548) 때, 몸이 파리해지는 병을 얻어 점점 위독해지더니, 이 해 10월 17일에 정침에서 세상을 떠났다. 부고가 나가자, 알고 지내던 원근의 인사들이 모두 "학덕을 갖춘 큰 인물이 세상을 떠났도다"라고 탄식하였다.

남명은 조문하러 와서 곡하고, 평소에 교분이 두터웠던 친구인 안분당을 위해서 묘지를 잡아 주었고, 하관할 때 직접 임혈臨穴하여 곡하며 영결하였다.[15] 많은 친구들 가운데서도 남명이 안분당을 관계가 아주 밀절한 친구로 생각하고 있었다는 것을 이런 점에서 알 수가 있다. 안분당의 묘소는 입석촌立石村 뒤 건좌乾坐의 언덕에 있다. 안분당이 세상을 떠난 지 24년 뒤에 부인이 세상을 떠나 안분당의 묘소 아래에 장사지냈다.

안분당은 관작이 혁혁하거나 문장으로 이름을 날린 그런 인물은 아니고, 안분지족하면서 위기지학에 침잠하여 자락自樂하던 군자라 할 수 있다. 그래서 그 기상이 신뜻한 것은 마치 광풍제월光風霽月과 같았고, 순수하기는 정금미옥精金美玉과 같았던 것이다. 평생 벼슬에 나간 적 없이 초야에서 지냈지만, 그 명성은 원근에 널리 알려져 나라 안에 모르는 사람이 거의 없었다.

안분당 사후 후손들이나 인근의 유림들이 조정에 증직이나 시호를 요청한 적이 없었는데, 이는 안분당의 명리에 대해서 담박했다는 사실을 충분히 이해했기 때문일 것이다.

---

14) 『花山世紀』, 권1, 부록, 「題安分堂」(李滉 作).
15) 『花山世紀』, 권2, 8장, 「安分堂年譜」.

안분당은 남명뿐만 아니라, 퇴계 이황과도 도의지교를 맺었다. 퇴계의 초취初娶 악장岳丈인 진사 허찬許瓚은 의령 가례에 집이 있었고, 재취再娶 악장인 봉사奉事 권질權礩은 안의현安義縣 영승촌迎勝村에 우거했기 때문에, 경남지방을 8차 방문한 적이 있었다.16) 퇴계가 원당동으로 안분당을 방문한 적이 있고, 또 안분당이 의령 가례촌으로 처가에 와 머물던 퇴계를 방문한 적도 있었다.

3) 안분당의 학문사상

안분당은 남명, 퇴계 등과 도의지교를 맺고 학문을 강론한 것을 볼 때 그 학문의 수준이 어떠했는가를 충분히 짐작할 수 있다. 그의 학문은 성현들이 남긴 사서오경에 기본하여, 당시 숭상되던 정자, 주자 등 송유들의 리학理學 관계 전적을 읽었다는 것은 「연보」 등을 통해서 알 수 있다. 안분당이 저술한 글은 본래 적지 않았으나, 정유재란丁酉再亂 때 다 불타 없어지고 말았다. 그래서 그의 학문과 사상의 전모를 정확하게 구명하기가 어렵다.

선생의 아름다운 말과 훌륭한 행적은 많지 않은 것이 아니었다. 정유재란 때 온 집안이 현의 북쪽 골짜기로 피난을 갔다. 그런데 왜구가 갑자기 들어 닥쳐 손부孫婦17) 강씨姜氏는 정절을 지키다가 죽었고, 남녀들은 다 달아나 숨었다. 집안에 소장하고 있던 문적은 남김없이 싹 다 없어졌다.18)

현재로서 안분당이 지은 유일한 글로는 「안분설安分說」의 일부가 남아 있는데, 그 글은 이러하다.

---

16) 許捲洙, 「慶南 소재의 退溪遺跡에 대한 小考」, 『慶南文化研究』 제18집.
17) 原文에는 '宗孫婦'로 되어 있으나 夫君 權澤은 宗孫이 아니다.
18) 『安分堂實紀』, 17장.

강절康節 소邵 선생의 「안분음」이라는 시에 가로되, "자신의 분수를 편안하게 여기면 욕됨이 없고, 기미를 알면 마음이 절로 한가롭게 된다네. 비록 인간세상에서 살지라도, 도리어 인간세상을 벗어날 수 있으리"라고 하였다. 세상의 즐거운 일로는 자신의 분수를 편안하게 여기는 것보다 더 나은 것이 없다. 아성 맹자께서 이른바 "일찍 죽거나 오래 살거나 할 것 없이 다 자기 몸을 닦아서 기다리는 것이 자신의 명운을 세우는 것이다"라고 하셨다. 지금 사람들은 자기의 명운이 어디에 있는지도 알지 못하고서, 부귀영화를 마치 힘으로 얻어 올 수 있는 것으로 생각하여, 그것을 얻으려고 급급하지만, 이미 자기 분수 밖의 일이다. 가소롭도다.(이하 缺)[19]

안분당은 참으로 세속적인 명리·영달을 완전히 초월한 학덕이 완숙한 경지에 도달했음을 알겠다. 사람들이 제도적으로 만든 인작人爵보다는 사람이 태어날 때 하늘로부터 받은 천작天爵이 훨씬 더 가치 있고 보람차다는 것을 다른 사람들보다 훨씬 앞서 깨달은 것이다. 자신의 바깥에 있는 것보다는 자기 마음속에 있는 인의仁義, 덕德 등을 더 중시하였고, 아는 것보다는 자신을 수양하는 것을 더 중시하였다. 증자曾子가 말한, "저들이 그 부유함을 가지고서 하면 나는 나의 인仁으로써 하고, 저들이 자기의 관작을 가지고서 하면 나는 나의 의義로써 하겠다. 내가 어찌 위축될 것이 있겠는가?"라는 정신과 같은 것이라 할 수 있다.

"자기의 분수를 아는 것이 가장 즐겁다"라고 말할 수 있는 것은, 마음이 광명정대하여 조그마한 물욕도 개재하지 않았다는 것을 알 수 있다.

이런 마음으로 살았기 때문에 안분당은 출처의 대절에 조금도 흠을 남기지 않았고, 또 국가와 민생을 완전히 등지고서 자기 한 몸만을 깨끗이 간직하여 명절만을 얻으려는 그런 인물도 아니었다. 사화 등등으로 목숨을 잃거나 귀양가는 그런 부류의 사람들이나, 세상과 인연을 끊고, 깊은 산속에서 살아가

---

19) 『花山世紀』, 권1, 1장, 「安分堂遺文篇」.

는 부류들이나, 특이한 행실로 세상 사람들의 이목을 끌려는 부류들과는 동일선상에서 이야기할 수가 없다. 평생 벼슬하지 않고 이굴理窟에 침잠해 지내던 송나라 소강절邵康節의 인생관과 상통하는 데가 없지 않다.

안분당은 실천적 치학 방법을 이렇게 제시하였다.

> 배우는 사람의 실천적인 공부는 모름지기 '정靜'자 위에서 해 나가야 합니다. 그러나 한쪽으로 차우치는 병통이 있기 때문에 결국은 그 무게를 '경敬'자로 돌려야 합니다.[20]

'정靜'과 '경敬'과 공통되는 개념도 있지만, '경敬'은 동動과 정靜을 다 포괄할 수가 있고 더 마음의 활동에 따라서 어디서나 작용할 수가 있다. 그래서 공부하는 사람에게 '경敬'이 관건이므로, '경敬'에 비중을 많이 두도록 안분당이 자신의 견해를 피력하였다.

안분당의 종질로서 안분당이 47세 때 제자로 입문한 권세륜權世倫은 동시대에 직접 안분당을 모시고서 같이 살면서 가르침을 받았다. 그가 안분당 영전에 올린 제문에서, 안분당이 도道가 높은 군자였다는 것을 이야기하였다.

> 하늘을 즐기고 명命을 아시고, 도道가 높고 덕德이 이루어졌습니다. 가슴속은 산뜻하여 광풍제월과 같고, 기상은 순순하여 정금양옥精金良玉과 같았습니다. 정말로 우리 아저씨는 진실한 군자이십니다. 이제는 적막하여 덕스러운 교육을 직접 받기가 어렵습니다. 누구를 우러러 모셔야 될 것인가 하는 한결같은 슬픔은, 세월이 오래 되면 오래될수록 더욱 간절해집니다.[21]

이 제문도 완전하게 남아 있지는 않지만, 안분당과 동시대에 살면서 직접

---

20) 『花山世紀』, 권2, 「安分堂墓誌銘」(姜蘭馨 撰).
21) 『安分堂實紀』, 14장, 「祭文」.

가까이서 본 사람이 지었다는 데서 문헌적 가치가 매우 크다고 할 수 있다. "도道가 높았다", "진실한 군자다"라는 말은, 그 당시 모든 선비들이 조신에 많은 정성을 들이고 있던 분위기였으므로 누구에게나 감히 함부로 쓸 수 없는 말이었다. 더구나 자기의 당숙에게 이런 칭송하는 말을 한 것은, 객관적인 인정을 받지 못하는 경우라면, 다른 사람들의 비난이나 조소를 면할 수 없는 말이다. 안분당의 도道가 확실히 높았고, 그 학덕이 군자의 경지에 이르렀음을 대부분의 사람들이 인정했다는 것을 알 수가 있겠다.

"누구를 우러러 모셔야 될 것인가" 하는 말에서, 권세륜이 자신의 큰 스승을 잃고 정신적으로 방황하고 있는 모습을 볼 수 있다. 그 당시 쟁쟁한 학자들이 많이 있었지만, 쉽사리 돌아가신 스승을 잊고서 새롭게 스승으로 모실 만한 인물을 찾기 어려울 정도로 안분당이 그에게 끼친 영향이 크고 인상이 깊었다는 것을 알 수 있다. 권세륜은 사마시에 합격한 사람이라는 점을 감안할 때, 그 학문적 조예가 깊었다는 것을 짐작할 수 있다. 이런 인물이 직접 동시대에 살면서 보고 배웠으므로, 안분당에 대한 평가는 어느 누구가 남긴 기록보다 정확하고, 신빙성이 있다고 할 수 있다.

동시대에 살면서 안분당을 직접 본 사람이 남긴 또 다른 글은, 셋째 아들 권문임이 지은 묘갈명이다. 그러나 이 묘갈명은 너무나 간략하여 안분당의 행적에 관한 내용은 "네 아들에게 시서詩書로써 가르쳤다"라는 것뿐이라서, 안분당의 행적을 아는 데는 큰 도움이 되지는 않는다.

3. 안분당 가문의 형성과 위상

엄밀한 의미로는 본래 양반가문이 되려면 대대로 실직實職의 벼슬을 해야만 양반가문이 될 수 있다. 거기다가 국가와 민족을 위해서 큰 공을 세운 인물이 나오면 더욱더 양반가문으로서의 위상이 높아질 수 있었다.

그러나 후대로 내려오면서 벼슬하기가 쉽지 않았기 때문에 자기 당대에는 벼슬하지 못해도 조상 가운데 벼슬한 사람이 있으면 그 후손들은 양반이라고 생각하고 행세하였다. 인조반정 이후로 경상우도지역은 환로宦路에 진출하기가 용이하지 않았으므로, 이 지역의 양반가문은, 조선 후기에 이르면, 대개 먼 조상 가운데서 벼슬한 인물만 있을 뿐, 문과급제자는 아주 드물었고, 소과도 많지 않았다.

그래서 이 이후로는 양반가문으로 위상을 유지해 나가는 방법으로 다음 몇 사례가 있었다.

첫째, 문한文翰을 갖추었다. 집안에서 학자나 이름난 시인, 문장가가 배출되어야 했다. 그러기 위해서는 가문마다 서당을 갖추고, 집안 자제들을 공부시키기에 정성을 쏟았다. 그 결과 집안에서 학자나 문장가가 배출되어 저술을 남기면, 집안의 힘을 기울여서 편집·간행하여 관계있는 집안에 반질頒帙하였다.

둘째, 유림사회에서 크게 활약하는 것이다. 향교에 출입하여 향교 일에 영향력을 미치거나, 대현을 향사하는 서원에 출입하여 주도적인 위치에 서는 것이다.

셋째, 이름난 대선생과 관계를 맺어 가문의 자제들을 제자로 입문시키기도 하고, 또 조상들의 행적을 천양闡揚하는 데 필요한 비문碑文, 묘지명, 행장이나 조상들의 문집에 필요한 서발문자序跋文字, 정대亭臺의 기문, 상량문上樑文 등을 아주 이름난 대선생에게 받는 것이다.

넷째, 지체 있는 가문과 혼인을 맺어서 가문의 위상을 유지해 나가는 것이다.

다섯째, 집안 자제들의 처신이 올발라 사회적으로 모범이 되고, 효열의 행실이 있어 원근에 널리 알려지면 가문을 선양하는 데 크게 도움이 되었다.

문한文翰을 갖추는 것은 하루아침에 될 수 있는 일이 아니다. 또 문한이 상당한 수준에 이르러야 유림사회에서 위상을 확보하여 영향력이 있게 된다. 유림사회에서 위상을 확보해야만 이름 있는 대선생과 관계를 맺을 수 있고, 혼인도 문한이 있는 양반가문과 할 수 있는 것이다. 이런 이유로 하여, 조선 후기에 이르면, 문한이 양반가문을 유지하는 데 가장 필요한 요건이 되었다. 곧 많은 학자, 선비들이 배출되는 가문이 양반가문으로서 유림사회의 인정을 받을 수 있는 것이다.

주로 단성현에서 세거해 온 안분당파 가문은, 특히 문한이 찬연燦然한 가문이다. 택재澤齋 유잠柳潛은 권씨權氏가문을 다음과 같이 소개했다.

우리 고을은 땅이 좁아 꼭 말 정도만 한데, 권씨들이 좋은 동네에 터 잡고 있는 것이 거의 반을 넘는다. 3,400년을 지나는 동안 문과, 무과, 소과에 이름이 든 사람이 6~70명에 이르니, 그 얼마나 번성한가?[22]

물론 단성에 사는 권씨가 모두 다 안분당파는 아니지만, 안분당파에 속하는 인물이 삼분의 일 정도 차지한다 해도, 각종 과거 급제자수는 대단히 많은 것이다.

1) 문한文翰과 유행儒行

안분당의 후손 가운데서 문한과 학문으로 이름난 인물을 연대순으로 들면, 다음과 같다.[23]

---

22) 柳潛, 『澤齋集』, 부록, 「丹邱姓苑」, 511쪽.
23) 安分堂의 둘째 아들 權文著는 安分堂의 둘째 형 權遂의 앞으로 入養하였지만, 그 후손들은 실제로 安分堂의 후손이므로 다 포함시켰다.

권문현權文顯은 안분당의 장남으로서 자字는 명숙明叔, 호는 죽정竹亭이다. 아우 권문임權文任과 함께 남명의 문하에서 수학하였는데, 일찍부터 문장으로써 이름이 있었다. 열아홉 번이나 향시에 합격했으나, 끝내 문과에는 급제하지 못했다. 시문집을 남겼다.

권극태權克泰는 안분당의 증손인데, 덕德을 지니고서 산수자연 속에 묻혀 지냈다. 아들 다섯을 잘 가르쳐 모두 대단한 명망이 있었다.

권극행權克行은 안분당의 증손자로서 자는 사중士中, 호는 지정池亭이다. 생원에 합격하였는데, 문장과 행의로 세상에 널리 알려졌다. 시문집을 남겼다. 정유재란丁酉再亂 때 대구지역을 다니다가 「주변루상량문籌邊樓上梁文」을 지었는데, 당시 경상감사 한준겸韓浚謙이 보고서 칭찬하였으나, 천거하여 등용하지는 못했다. 권극행이 자신의 명운을 슬퍼하여 「비명부悲命賦」를 지었는데, "여섯 번 초시에 합격해도 급제하지는 못했고, 두 번이나 창의를 했지만, 공훈은 없다네"라는 내용이 있다.[24]

권극익權克益은 안분당의 증손으로 자는 사겸士兼이다. 천성이 강직·강개하였는데, 명나라가 망한 이후로는 은거하며 스스로 지절을 지켰다.[25]

권황權鐄은 안분당의 현손인데, 처음 이름은 권대유權大有, 자는 자건子建, 세상에서 양전처사陽田處士라고 불렀다. 문한과 학행이 있었다. 갈암葛庵 이현일李玄逸과 도의지교를 맺었고, 자질들을 그 문하에 가서 수학하도록 하였다.

권덕휘權德輝는 안분당의 5대손으로 권극태權克泰의 손자다. 자는 천장天章, 호는 만오재晚悟齋이다. 갈암 이현일의 문인인데, 문한과 행의를 갖추려고 스스로 면려하였고, 잠箴을 지어 자신을 경계하였다. 노봉蘆峯 아래에다 띳집

文翰과 학문이 있는 후손일지라도, 文科·武科 급제자, 司馬試 합격자, 蔭仕者 등은 해당 부분에서 다룬다.
24) 柳潛, 『丹邱姓苑』, 559~560頁.
25) 丹城鄉校 편, 『丹城鄉誌』, 192頁.

을 짓고서 자질들을 가르쳤다. 밀암密庵 이재李栽가 그의 「팔영시八詠詩」에 차운하여 그를 찬미하였다.

권인형權認亨은 안분당의 5대손으로 권문저權文著의 현손이다. 성품이 심정沈精하였는데, 수신을 잘하였고 독서를 부지런히 하였다. 부모 섬기기에 그 정성을 다하였다.[26]

권중화權重和는 권덕휘의 아들로 권중태權重泰의 아우이다. 자는 여중汝中, 호는 노헌蘆軒이다. 문한과 행의가 일찍 이루어졌다. 소산小山 이광정李光靖과 도의지교를 맺었다.

권중원權重遠은 권중화의 아우로, 자는 여욱汝勗, 호는 국포菊圃이다. 수양하여 신중히 처신하였으므로 사람들이 참된 은자로 인정하였다.

권중려權重呂는 권중화의 아우로서 자는 여대汝大, 호는 소헌昭軒, 어려서부터 영오穎悟하였고, 학행이 있었으며, 문사에 능했다. 시문집을 남겼다.

권중만權重萬은 안분당의 6대손으로 권문임의 5대손이다. 자는 인경仁卿, 호는 수중당守中堂이다. 갈암 이현일의 문인으로서 학문에 연원이 있었다. '위선최락爲善最樂'(착한 일을 하는 것이 가장 즐겁다)이라는 네 글자를 벽에다 써 붙여 놓고서, 보면서 자성自省하였다. 문산서당文山書堂을 지어 후진들을 교육하였다.

권대성權大成은 안분당의 6대손으로 권인형의 아들이다. 천성이 순후하고 효우를 근본으로 삼았다. 문사에 힘을 쏟았고, 시문집을 남겼다. 형제 네 사람이 모두 온공자애溫恭慈愛하니, 사람들이 사락당四樂堂이라고 불렀다.

권대필權大弼은 권대성의 아우로서 효우가 출중하였고, 행신이 반드시 예법에 맞았다.

---

26) 丹城鄕校 편, 『丹城鄕誌』, 196頁.

권희權僖는 안분당의 7대손으로, 자는 희보熙甫, 호는 옥천玉川이다. 경서와 사서를 널리 보았고, 문장이 아주 뛰어났는데, 의례에 더욱 힘을 쏟았다. 거상을 잘하였고, 임천林泉에 은거하면서 제자들을 양성하였다. 시문집을 남겼다.

권집權僻은 안분당의 7대손으로, 자는 경래敬來, 호는 계옹溪翁이다. 착한 일을 즐거하고 의리를 좋아하며, 임천에 은거하였다.

권흔權俒은 안분당의 7대손으로 처음 이름은 담儋, 자는 대수大叟, 호는 남창南窓이다. 형제 3인이 한 언덕에다 상체헌常棣軒을 짓고 우애 있게 함께 지냈다. 대산 이상정의 문인으로 문장과 행의로 사림의 추중推重을 받았다. 시문집을 남겼다. 판서判書 이승보李承輔가 그의 묘갈명을 지었다. 권흔이 지은 「병잠屛箴」은 이러하다.

보고 듣고 말하고 움직이는 것이, 모두 마음으로 말미암아 밖으로 나타나는 것. 마땅히 하지 말아야 할 것은 하지 말아야지, 사물에 끌리면 마음을 녹여 버린다네. 성현聖賢이 훈계訓戒를 내리되 한결같이 예禮로써 규제하였다네. 이를 회복하고 이를 살펴서, 선사先師를 대해야겠네.[27]

깊이 있는 공부가 없으면 지어낼 수 없는 글로서, 심성을 수양하는 방법을 제시해 주고 있다.

권수경權守經은 안분당의 8대손으로 자는 사여士汝, 호는 구봉龜峰이다. 문한과 행의가 있었으나, 은거하여 벼슬하지 않았다. 시문집을 남겼다.

권득일權得一은 안분당의 8대손으로 권성權鋮의 현손이다. 처음 이름은 효일孝一, 자는 원백源伯이다. 효우가 출중하였고, 가문의 명성을 떨어뜨리지

---

27) 柳潛, 『丹邱姓苑』, 562頁.

않으려고 노력하였다. 여러 사우들과 신안서사新安書社를 이건하여 후진들을 교육하였다. 시문집을 남겼다.

권도일權道一은 권득일의 아우로서, 자는 도원道源, 호는 삼묵재三黙齋이다. 효우가 독실하였고, 덕행이 있었다. 누추한 시골에 거처하면서도 도道를 즐기며 자신의 분수를 지켰다. 시문집을 남겼다.[28]

권문일權文一은 안분당의 8대손으로 권길權佶의 아들이다. 태어나면서부터 영오穎悟하였고, 문사가 크게 이루어지고 필법이 해정楷正하였다. 불행이 일찍 세상을 떠나자 사람들이 애석하게 여겼다. 그에 관한 기록을 모은 실기가 편집되어 있다.

권해추權海樞는 권수경의 아들로서 자는 자행子行, 호는 자와自窩이다. 문장에 능했고, 예禮를 좋아하였다.

권국추權國樞는 안분당의 9대손으로 자는 무약武若, 호는 수졸당守拙堂이다. 시문집을 남겼다.

권달전權達銓은 안분당의 9대손으로 자는 경담景澹, 호는 양계陽溪이다. 미호渼湖 김원행金元行의 문인이다. 그의 이름과 자를 모두 김원행이 지었고, 또 '필가이성인위학必可以聖人爲學'(반드시 성인을 배울 수 있다)이라는 일곱 글자를 써 주었다. 부고를 듣고서 원근의 지구知舊들이 탄식하면서 말하기를, "어진 사람이 요절하였구나! 어진 선비가 죽었구나! 우리 고을에 뜻을 둔 선비들은 누구를 따라 배우며 누구를 본보기로 삼겠는가?"라고 했다. 남긴 시문은 화재를 만나 다 없어졌다.

권호명權顥明은 안분당의 9대손으로 권길의 손자이다. 자는 견지見之, 호는 죽하竹下이다. 자질이 온아溫雅·영민穎敏하였다. 10세 때 어른들이 운자를

---

28) 丹城鄕誌編纂委員會 편, 『丹城鄕誌』, 202頁.

불러 시를 짓게 했더니, "곁에 있는 분들 시 짓는 게 느리다고 말하지 마소서. 마음은 시냇가 푸른 버들가지 사이에 있다네"(傍人莫道詩成遲, 心在溪邊綠柳枝)라고 즉각 지어내어, 좌중의 사람들을 경탄하게 만들었다. 성리학에 힘을 쏟아 조예造詣가 정심하였다. 세상에서 삼옥三玉이라고 일컬었는데, 사람 됨이 옥玉과 같고, 문장이 옥玉과 같고, 글씨가 옥玉과 같다 해서, 그렇게 부른 것이다. 헌종憲宗 때 문산사文山祠를 창건하였다. 시문집을 남겼고, 성재性齋 허전許傳이 그의 묘정비墓庭碑를, 사촌沙村 박규호朴圭浩가 묘갈명을 지었다.

권덕명權德明은 안분당의 9대손으로 권성權鍼의 5대손이다. 박학하고 독행하였고, 경의에 복응服膺하였다. 시문집을 남겼다.

권기수權基修는 권중도權重道의 후손인데, 호는 구호鳩湖이다. 재예才藝가 절륜絶倫하고 문장이 섬부贍富하다. 「생조시生朝詩」와 「십충시十蟲詩」가 인구人口에 회자膾炙되었다.

권헌두權憲斗는 안분당의 10대손으로 권해추權海樞의 아들인데, 호는 남호南湖이다. 호학불권好學不倦하였다. 시를 읊으며 유유자적하게 지냈다.

권헌무權憲武는 안분당의 10대손으로 권희權僖의 증손이다. 재예와 학문이 있었고, 효우가 독실하였다. 형 권헌문權憲文이 강릉江陵 임소任所에서 세상을 떠나자, 수천 리를 달려가 고향으로 반장返葬하니, 고을 사람들이 칭찬하였다. 수직壽職으로 도정都正을 받았다.

권헌중權憲重은 안분당安分堂의 10대손으로 권길權佶의 현손이다. 자는 인로仁老, 호는 탄수炭叟이다. 날마다 장사숙張思叔의 「좌우명座右銘」을 외우며 수신修身하였다. 마음이 탄솔坦率하였으며 다른 사람들과 진실하게 사귀었고, 세속의 변화에 흔들리지 않았다. 시문집을 남겼다.

권헌각權憲覺은 안분당의 10대손으로 권성權鍼의 6대손이다. 자는 은용殷用, 호는 만성晩醒이다. 은거隱居하며 독학篤學하였는데, 문한과 행의가 아울러 갖추어졌다. 시문집을 남겼다.

권헌기權憲璣는 안분당의 10대손으로 자는 여순汝舜, 호는 석범石帆이다. 백운동칠현白雲洞七賢 가운데 한 사람이다. 시문집詩文集을 남겼는데, 회봉晦峯 하겸진河謙鎭이 그 서문을 썼다. 겸산兼山 권규집權奎集이 그의 행장行狀을, 추범秋帆 권도용權道溶이 그의 유사遺事를 지었다.

권재항權在恒은 안분당의 11대손으로 자는 치현致弦, 호는 일포逸圃이다. 효행이 있었고, 시문집을 남겼다.

권천규權天奎는 안분당의 11대손으로 권길의 현손이다. 지행이 명결하였고, 학문에 잠심하여, 가문의 명성을 떨어뜨리지 않으려고 노력하였다. 자기 본성대로 처신하여, 물욕이 없었다.

권상주權相柱는 안분당의 11대손으로, 자는 치정致貞, 호는 죽헌竹軒으로 학문과 행의가 있었다. 사촌沙村 박규호朴圭浩가 그의 행장을 지었다.

권상찬權相纘은 안분당의 11대손으로 자는 중경中慶, 호는 우석于石이다. 효우가 출천出天하였고, 독지호학篤志好學하여, 선업先業을 잘 계승하였다. 어려서는 중부仲父인 석범石帆 권헌기權憲璣에게서 배웠고, 나중에 사미헌四未軒 장복추張福樞의 문인이 되었는데『숙야잠집설夙夜箴集說』을 받았다. 후산后山 허유許愈, 면우俛宇 곽종석郭鍾錫 등을 종유從遊하였다. 사우士友들의 추중을 받았고『남명집』중간의 일에 참여하였다. 시문집을 남겼는데, 척와瘍窩 권택용權宅容이 그의 행장을 지었다.

권상직權相直은 안분당의 11대손으로, 자는 경오敬五, 호는 경산敬山이다. 학행이 있어 명망이 높았다. 단계端溪 김인섭金麟燮, 후산后山 허유許愈, 면우俛宇 곽종석郭鍾錫, 회당晦堂 이성렬李聖烈 등을 따라 배웠고, 시문집을 남겼다. 조카인 척와瘍窩 권택용權宅容이 그의 행장을 지었다.

권상정權相政은 권상직權相直의 아우인데, 자는 형오衡五, 호는 학산學山이다. 후산后山 허유許愈, 면우俛宇 곽종석郭鍾錫의 문인門人이다.29) 거주하는 마을 뒤에 상우정尙友亭을 지어 후진들을 교육하였다. 시문집을 남겼다.

권규집權奎集은 안분당의 12대손으로 권문임權文任의 후손이다. 자는 학규學揆, 호는 겸산兼山이다. 성품이 강방剛方하였고, 문학이 섬부贍富하였는데, 특히 시와 부를 잘 지었다. 일찍부터 공령문功令文을 익혀 경향간京鄕間에 이름을 날렸다. 사우들이 모두 경외하였다. 후산后山 허유許愈의 문인이다. 시문집을 남겼다.

권정용權正容은 안분당의 12대손으로, 자는 문중文中, 호는 춘파春坡인데, 자품資稟이 탁락卓犖하였고, 문장이 일찍부터 성취되었다. 시문집을 남겼는데, 면우俛宇 곽종석郭鍾錫이 그 서문을 썼다.30)

권찬용權燦容은 안분당의 12대손으로 자는 태영泰永, 호는 매오梅塢이다. 효우가 출천出天하였고, 재예가 명민하였고, 문행이 찬란하여, 사우들의 추중을 받았다. 시문집을 남겼다.

권수용權銖容은 안분당의 12대손으로 권문임의 후손이다. 자는 자행子行, 호는 용계龍溪이다. 후산 허유, 면우 곽종석의 문인이다.31) 시문집을 남겼는데, 술암述菴 김학수金學洙가 그 서문을 지었다.

권태정權泰珽은 안분당의 12대손으로 권상찬權相纘의 아들이다. 자는 응선應善, 호는 성재惺齋이다. 가정의 가르침을 따라 문예가 숙성夙成하여 사우들의 추중을 받았다. 시문집을 남겼다.

권우용權宇容은 안분당의 12대손으로 자는 도언道彦, 호는 노암蘆菴이다. 추범秋帆 권도용權道溶의 문인이다. 효성이 지극하였고, 선대의 사업에 관심

---

29) 權宅容, 『惕窩集』, 권3, 48장, 「先考學山府君言行略述」.
30) 嶠南誌, 권55, 10~13장, 「丹城篇」.
31) 權宅容, 『惕窩集』, 권3, 40장, 「龍溪權公行狀」.

이 많았다. 사직단社稷壇 중수에 공이 많았다. 시문집을 남겼는데, 물재勿齋 권복근權復根이 그의 행장을 지었다.

권도용權道溶은 안분당의 12대손으로 권문임의 후손이다. 자는 호중浩仲, 호는 추범秋帆 또는 오은졸부吳隱拙夫이다. 후산 허유, 면우 곽종석, 대계大溪 이승희李承熙 등의 문인으로, 고금의 학문에 널리 통했고, 많은 문인들을 양성하였다. 풍부한 저술을 남겼다. 독립운동에 공이 많았다.

권보용權輔容은 안분당의 12대손으로, 자는 성가聖可, 호는 명은明隱이다. 시문집을 남겼는데, 술암述菴 김학수金學洙가 서문을 썼다.

권창용權昌容은 안분당의 12대손으로 자는 극도克度, 호는 송강松岡이다. 추범秋帆 권도용權道溶의 문인이다. 문원서당文元書堂이 퇴락하자, 이건하여 양직재養直齋로 개명하였다. 사직단을 중수할 것을 발의하였다. 야옹계野翁契 를 창설하여 선비들과 학문을 강마하였다.

권병용權邴容은 안분당의 12대손으로 처음 이름은 도용道容, 자는 영일英一, 호는 갈헌葛軒이다. 재예才藝가 출중하였고, 학문을 좋아하였고, 문장에 능했다. 효우가 지극하였고, 종사에 관심이 많았다. 시문집을 남겼다.

권경용權慶容은 안분당의 12대손으로 자는 자선子宣, 호는 해사海蓑이다. 학문이 정심精深하고 인품이 고매高邁하여, 향내鄕內 여러 서당의 초빙을 받아 강학하였다. 문인들이 지란계芝蘭契를 결성하여 매년 입석立石에서 계회 契會를 열어 그의 학덕學德을 추모하고 있다. 시문집을 남겼다.

권택용權宅容은 안분당의 12대손으로 자는 안선安善, 호는 척와惕窩이다. 회봉晦峯 하겸진河謙鎭의 문인인데, 자신도 많은 문인들을 가르쳤다. 시문집을 남겼는데, 연민淵民 이가원李家源이 그 서문을 썼다.

권재호權載浩는 안분당의 13대손으로 권문임의 후손이다. 자는 양언養彦, 호는 외헌畏軒이다. 학문에 힘썼고 행실이 돈후하였다. 시문집을 남겼다.

권재욱權載旭은 안분당의 13대손으로 자는 익구益九, 호는 송호松湖이다. 어려서부터 문학에 뜻을 두었고, 어진이를 높였고 사우들을 좋아하였다. 선대의 사업에 정성을 다하였다. 시문집을 남겼다.

권진경權震慶은 안분당의 14대손으로 권재호의 아들이다. 자는 응뢰應雷, 호는 수당修堂이다. 단성향교丹城鄉校 전교典校로 있으면서 향교鄉校 중수에 공이 많았다.

안분당의 후손으로서 유행儒行을 갖춘 인물을 들면, 다음과 같다.

퇴암退菴 권중도權重道는 안분당의 6대손으로 권덕휘權德輝의 아들이다. 갈암 이현일의 문인인데, 갈암이 광양光陽에서 유배생활을 할 때 광양으로 직접 찾아가서 집지執贄하고 제자가 되었다. 갈암이 해배解配되어 안동安東 금양錦陽에서 강학할 때 여러 차례 찾아가 학문을 토론하였다. 독학篤學·역행力行하였고, 특히 성리학을 깊이 연구하였다.『노산자경록蘆山自警錄』,『금양기선록錦陽記善錄』,『낙민언경록洛閩言敬錄』등을 저작하였고, 시문집을 남겼다. 물천勿川 김진호金鎭祜가 일찍이 이르기를, "『낙민언경록』은 성학聖學의 강령綱領이고, 존양存養하는 중요한 법도法道다"라고 칭찬하였다.[32] 당시 사람들이 "반령半嶺의 유종儒宗이다"[33]라고 매우 추중하였다. 사림에서 향사하자는 논의가 있었다. 밀암密庵 이재李栽, 제산霽山 김성탁金聖鐸 등과 교분이 두터웠다. 김성탁이 그의 묘갈명과 문집 서문을 지었고, 니계尼溪 박내오朴來吾가 그 행장을 지었다.

권길權佶은 안분당의 7대손으로 호는 경모재敬慕齋이다. 재식才識이 통민通敏하였는데, 경서와 사서에 잠심하였다. 특히『소학』읽기를 좋아하였고, 지극한 행실이 있었다. 일에 임하여 판단을 잘했는데, 고을 사람들의 집회에

---

32) 柳潛,『丹邱姓苑』, 560頁.
33) 權宅容,『惕窩集』, 권3, 79장,「處士權公墓表」.

다투는 소리가 있으면 그 자리에 권길이 없다는 것을 알았다 한다.[34] 학문과 행의로 유림에서 추중을 받았고, 동몽교관童蒙敎官에 증직贈職되었다. 시문집을 남겼다. 척암拓菴 김도화金道和가 그의 묘갈명을 지었다.[35]

이 밖에 안분당의 후손으로 권세용權世容, 권규용權珪容, 권수용權壽容 등이 면우俛宇 곽종석郭鍾錫의 문인이다.

학자는 일생 동안 온축蘊蓄한 학문을 시문을 통해서 발휘한다. 선조가 남긴 시문을 후손들이 문집 형태로 편집·간행하여 연원가淵源家에 반질頒帙함으로써 자기 가문의 학문과 문한을 유림사회에서 공인을 받게 된다. 그래서 한 가문의 위상은, 문집을 낸 인물의 숫자와 그 질質과 량量에 의해서 좌우된다.

안분당의 후손들이 남긴 문집의 숫자는 여타 가문보다 월등하게 많다. 이는 곧 안분당의 가문은 학문과 문한이 아주 번성하여, 여타 가문보다 뛰어났다는 것을 증명해 준다.

문집을 남긴 후손들을 보면 다음과 같다. 그들의 행적은 앞의 여러 장에서 대부분 소개되었기에, 중첩을 피하기 위해서 호와 성명만 밝힌다.

원당源塘 권문임權文任, 죽정竹亭 권문현權文顯, 지정池亭 권극행權克行, 경모재敬慕齋 권길權佶, 퇴암退菴 권중도權重道, 소헌昭軒 권중려權重呂, 권대성權大成, 옥천玉川 권희權僖, 남창南窓 권흔權俒, 구봉龜峰 권수경權守經, 성경재誠敬齋 권득일權得一, 삼묵재三默齋 권도일權道一, 치와癡窩 권이일權以一, 수졸당守拙堂 권국추權國樞, 권호명權顥明, 권덕명權德明, 둔와遯窩 권헌정權憲貞, 탄수炭叟 권헌중權憲重, 권헌각權憲覺, 우석于石 권상찬權相纘, 석범石帆 권헌기權憲璣, 일포逸圃 권재항權在恒, 경산敬山 권상직權相直, 학산學山 권상정權相政, 직암直菴 권재규權在奎, 겸산兼山 권규집權奎集, 해사海簑 권경용權慶容, 갈헌葛軒 권병용權邴容, 매오梅塢 권찬용權燦容, 용계龍溪 권수

---

34) 柳潛, 『丹邱姓苑』, 566頁.
35) 『嶠南誌』, 권55, 11장, 「丹城篇」.

용權銖容, 송파松坡 권충용權忠容, 성재惺齋 권태정權泰珽, 노암蘆菴 권우용權宇容, 춘파春坡 권정용權正容, 잠산潛山 권세용權世容, 추범秋帆 권도용權道溶, 명은明隱 권보용權輔容, 척와惕窩 권택용權宅容, 외헌畏軒 권재호權載浩, 송호松湖 권재욱權載旭 등.

또 여러 사람의 시문을 모아 세고世稿 형식으로 편찬해 낸 책으로는,『화산세기花山世紀』와『영가세고永嘉世稿』가 있는데, 이 책 속에는 안분당安分堂, 죽정 권문현, 원당源塘 권문임, 권문언, 원당源堂 권제, 청천晴川 권심權深, 권홍權泓 등이 지은 시문과 부록문자가 실려 있고, 끝에는 권택權澤의 부인 열부 강씨의 사행事行이 붙어 있다. 『영가세고』는『화산세기』의 속편에 해당되는 책인데, 권극익權克益, 균헌筠軒 권성權鋮, 인묵재忍默齋 권덕규權德揆, 권중항權重恒, 경모재敬慕齋 권길權佶, 성경재誠敬齋 권득일權得一, 삼묵재三黙齋 권도일權道一, 권문일權文一, 죽하竹下 권호명權顥明, 권병명權秉明, 석남石南 권헌석權憲錫, 탄수炭叟 권헌중權憲重, 권헌형權憲亨, 권헌기權憲驥, 권상태權相泰, 송와松窩 권헌상權憲相, 둔와遯窩 권헌정權憲貞, 권용규權龍奎, 권상대權相大, 직암直菴 권재규權在奎, 귤포橘圃 권문규權文奎, 권창규權昌奎, 권상순權相淳 등의 시문 및 부록문자가 들어 있다.

이 밖에 남긴 시문을 일실佚失하여, 관계된 자료를 모아 실기 형식으로 편집·간행되어 있는 인물은 다음과 같다.

안분당 권규, 원호源湖 권건權鍵, 수중당守中堂 권중만權重萬, 계옹溪翁 권집權佶, 와실蝸室 권여추權輿樞, 죽헌竹軒 권상주權相柱 등.

안분당의 후손 가운데서 조사된 것만 쳐도 문집이 40종이나 되고, 실기가 6종이나 된다. 학문과 문한이 얼마나 번성했는지를 알 수 있다. 안분당을 시발로 해서 한 가문의 학문과 문한을 좋아하고 즐기는 전통이 확고히 수립되어 면면히 계승되어 왔다는 사실을 증명할 수 있다.

2) 과거와 사환

안분당 자신은 과거에 급제하여 출사하지 않았지만, 그 자손들 가운데는 문과, 무과, 소과에 합격한 인물이 많았고, 출사한 사람이 많았다. 과거하여 출사함으로 인하여 가문의 명성을 선양하여 그 위상을 높이는 데 결정적인 역할을 하였다.

안분당의 자손들 가운데서 먼저 문과에 급제한 사람의 명단과 그들의 행적을 고찰하면 다음과 같다.

권문임權文任은 안분당의 제삼자第三子로서 자字는 여숙與叔, 호號는 원당源塘이다. 1562년(명종 17) 진사에 합격하였고, 1576년(선조 9) 문과에 급제하여, 벼슬은 통훈대부通訓大夫 예문관검열藝文館檢閱을 지냈다. 19세 때 남명 조식의 문인이 되어 경의敬義에 바탕한 실천 위주의 가르침을 받았다. 위인이 단중端重하여 아무렇게나 말하거나 웃지 않으므로 남명이 그를 경중敬重하였다. 효우가 특별하였고, 자질들에게 문학과 덕행으로써 가르쳤다. 덕계 오건과 도의지교를 맺었다.[36]

그러나 과거에 급제했을 때의 나이가 이미 49세였는데, 향년 53세로 세상을 떠났으므로, 관직이 예문관검열에 그치고 말아 자신의 온축한 바를 발휘할 기회를 만나지 못하였다.

문집『원당문집源塘文集』을 남겼고, 문산서원文山書院에 배향되었다. 성재性齋 허전許傳이 그의 묘갈명을 지었다. 그가 지은 「동강방자릉시桐江訪子陵詩」

---

36) 權文任, 『源塘文集』, 19張, 「埋誌文」.

는 선비의 출처대절을 밝힌 시로써, 남명의 「엄광론嚴光論」과 서로 표리의 관계에 있는 중요한 작품이다.37)

권제權濟는 안분당의 장손으로서, 자는 치원致遠, 호는 원당源堂이다. 남명 문하에서 수학하여 경의의 지결을 얻어 들었고, 나중에 입재立齋 노흠盧欽에게서 배웠다. 1591년(선조 24) 44세 때 문과에 급제하였는데, 간이簡易 최립崔岦, 부용당芙蓉堂 성안의成安義, 송정松亭 하수일河受一, 노파蘆坡 이흘李屹 등과 동방이었다. 홍문관정자弘文館正字, 박사博士, 저작著作, 예조좌랑禮曹佐郎, 고부군수古阜郡守 등직等職을 역임하였다. 임진왜란 때는 창의하여 여러 차례 군공을 세웠다.38)

권헌팔權憲八은 안분당의 10대손이고, 퇴암退庵 권중도權重道의 현손으로, 자는 공간公幹이다. 1834년(순조 34)에 문과에 급제하여, 사헌부지평司憲府持平으로 있으면서 임금으로부터 「척사륜음斥邪綸音」 한 통을 하사받았다. 황산도 찰방黃山道察訪 등을 지냈는데, 치적治績이 있었고, 관아에 있으면서도 식구들이 직접 베를 짤 정도로 근검하게 지냈다.39)

권구락權龜洛은 안분당의 8대손으로 자는 성숙成叔이고 경례經禮에 밝았다. 1837년(헌종 3)에 문과에 급제하여 통훈대부通訓大夫 사헌부감찰司憲府監察을 지냈는데, 내전內殿에서 윤음綸音을 내려 가상히 여겼다.40)

안분당의 후손 가운데서 무과에 급제한 사람은 다음과 같다.

안분당의 손자인 권설權渫은 무과에 급제하여 선전관宣傳官을 지냈다.

권덕제權德齊는 안분당의 5대손으로 무과에 급제하여 첨지중추부사僉知中樞府事를 지냈다.41)

---

37) 權文任, 『源塘文集』, 23장, 「謹書桐江詩後」(9대손 憲璣 작).
38) 許愈, 『后山集』, 권16, 7∼9장. 『嶠南誌』, 권55, 5장, 「丹城篇」.
39) 『嶠南誌』, 권55, 6장, 「丹城篇」. 『丹邱姓苑』, 562頁.
40) 『嶠南誌』, 권55, 6장, 「丹城篇」. 『安東權氏安分堂公派譜』, 권1, 29장.

권중후權重垕는 안분당의 6대손으로 1726년(영조 2) 무과에 급제하여, 효력부위권관效力副尉權管을 지냈다.[42)

권의일權宜一은 안분당의 8대손으로 1776년(영조 52)에 무과에 급제하여, 통훈대부通訓大夫 흥해현감興海縣監, 절충장군折衝將軍 경상우도병마우후慶尙右道兵馬虞候를 지냈다.

권사명權思明은 권의일權宜一의 아들로서 순조純祖 때 무과에 급제하여, 선전관宣傳官을 지냈다. 성품이 웅위雄威하고 총영聰潁이 절륜絶倫하였다.[43)

권사린權思麟은 안분당의 9대손으로 자는 자인子仁인데, 무과에 급제하여 영장營將을 지냈다.

권승하權升夏는 안분당의 후손으로 자는 경록景錄인데, 무과에 급제하여, 공주영장公州營將을 지냈다.

권사성權思性은 절충장군折衝將軍 첨지중추부사僉知中樞府事 겸兼 오위도총부五衛都摠府 장군將軍을 지냈다.

권택하權宅夏는 안분당의 10대손으로 무과에 급제하였다.

권사유權思惟는 권시명權是明의 아들로 무과에 급제하여, 총관總管을 지냈다.

권헌문權憲文은 안분당의 10대손으로 권의일權宜一의 손자이다. 헌종 때 무과에 급제하여 여러 벼슬을 거쳐 병사兵使에 이르렀고, 가는 곳마다 치적이 있었다. 문학에도 뛰어났다.[44)

안분당의 후손 가운데서 음사蔭仕한 사람은 다음과 같다.

안분당의 제이자第二子인 권문저權文著는, 자는 찬숙粲叔인데, 음사로 장사랑將仕郞 화릉참봉和陵參奉을 지냈다.

---

41) 『安東權氏安分堂公派譜』, 권1, 20장.
42) 『安東權氏安分堂公派譜』, 권1, 13장.
43) 『嶠南誌』, 권55, 8장, 「丹城篇」.
44) 『嶠南誌』, 권55, 8장, 「丹城篇」.

권추權錘는 안분당의 현손으로서 상의원별좌尙衣院別坐를 지냈다. 형인 부호군副護軍 권건權鍵과 함께 모두 덕행이 있어 향당의 추중을 받았다.[45]

안분당 후손 가운데서 사마시 합격자는 다음과 같다.

권극행權克行은 안분당의 증손자로서 훈도訓導 권심權深의 아들이다. 자는 사중士中, 호는 지정池亭이다. 생원生員에 합격하였는데, 문장과 행의行義로 세상에 널리 알려졌다. 임진왜란 때 부자가 함께 창의하여 훈공이 있다. 문집을 남겼다. 농산農山 장승택張升澤이 그의 묘갈명을 지었다.[46]

권성權鏚은 안분당의 현손으로서 호는 균헌筠軒인데 숙종 때 생원에 합격하였다. 천성이 순후하고 효우가 출중하였다.[47]

권덕형權德亨은 안분당의 5대손으로 호는 남은南隱인데, 진사에 합격하였다.[48]

권시명權是明은 안분당의 8대손으로 자는 성칙性則인데, 나중에 이름을 기중起中으로 바꾸었다. 생원에 합격하였다. 유문룡柳汶龍이 그의 덕행을 찬미한 이런 시를 지어 주었다.

안분당이 끼친 운치韻致 이 사람에게 남아 있나니,	安翁遺韻此人存
깨끗하고 깨끗한 그 마음씨에 강직한 그 말씨.	濯濯其心夫夫言
이득 보고서 어찌 조금이라도 마음 변했던가?	見得何曾移寸尺
행하거나 그만두는 것 시속 변화 따르려 하지 않았네.	行休不肯逐寒暄[49]

---

45) 『嶠南誌』, 권55, 7장, 「丹城篇」.
46) 丹城鄕校 編, 『丹城鄕誌』, 189頁.
47) 『嶠南誌』, 권55, 9장, 「丹城篇」.
48) 『安東權氏安分堂公派譜』, 권1, 29장. 東溪 權濤의 증손인 景林堂 權德亨이 있는데, 동명이인이다.
49) 柳潛, 『丹邱姓苑』, 565頁.

안분당의 풍모風貌를 간직한 후손으로서, 깨끗하고 시속의 변화에 영합하지 않고 살아가는 곧은 행신을 부각시켜 읊었다.

권헌정權憲貞은 안분당의 10대손으로서 권호명權顯明의 아들이다. 자는 학로學老, 호는 둔와遯窩이다. 1844년(헌종 10)에 생원에 합격하였다. 자품資稟이 독후하고, 학문이 박흡博洽하고, 덕행이 있었다. 의장義莊을 설치하여 어려운 사람들을 구제하는 일을 했다. 임술壬戌 민란 이후 삼정책三政策을 지었다. 문집을 남겼다.[50]

권재규權在奎는 안분당의 11대손으로서 권호명의 손자이다. 호는 직암直菴이다. 고종 때 진사에 합격하였다. 자품이 뛰어나고 문장이 일찍이 이루어졌다. 남명처럼 성성자惺惺子라는 방울을 차고 다니며 자신을 반성하였고, 벽위에 '근勤'·'근謹' 두 글자를 써 붙여 두고, 늘 조신操身을 신중히 하였다. 성재性齋 허전許傳의 문인이다. 성재가 일찍이 그를 방문하여 "참된 유가의 자제다"라고 칭찬하였다. 시문집을 남겼다.[51] 『단성연계안丹城蓮桂案』의 서문을 지었다.

이 이외에 안분당의 후손으로서 여러 통로를 거쳐 관직을 얻은 인물은 다음과 같다.

안분당의 제사자第四子 권문언權文彦은 선교랑宣敎郞을 지냈고, 효행으로 통정대부通政大夫 공조참의工曹參議에 증직되었다.

안분당의 손자 항렬에서, 권혼權混은 승의랑承議郞을 지냈고, 인조조에 행의行誼로 통정대부通政大夫 공조참의工曹參議에 증직되었다. 권침權沉은 찰방을 지냈다. 권심權深은 산음훈도山陰訓導를 지냈다. 권홍權泽은 선무랑금정도찰방宣務郞金井道察訪을 지냈다. 권택權澤은 선무랑宣務郞을 지냈다. 권함權

---

50) 『嶠南誌』, 권55, 10장, 「丹城篇」. 柳潛, 『丹邱姓苑』, 566頁.
51) 『嶠南誌』, 권55, 10장, 「丹城篇」.

涵은 승사랑군자감봉사承仕郎軍資監奉事를 지냈다.

안분당의 증손 항렬에서, 권극창權克昌은 통덕랑通德郎을 지냈다. 권극형權克亨은 유행儒行이 있어 영조 때 호조좌랑戶曹佐郎에 증직되었다. 권극태權克泰는 호가 이암霧菴으로, 승훈랑承訓郎을 지냈는데, 호조좌랑戶曹佐郎에 증직되었다.

안분당의 현손 항렬[52]에서, 권건權鍵은 호가 원호源湖이며 유행儒行으로 알려졌는데, 용양위부호군龍驤衛副護軍을 받았다. 권탁權鐸은 선무랑소촌찰방宣務郎召村察訪을 지냈다.

안분당의 5대손 항렬에서, 권덕여權德興는 호가 문강文岡으로 통덕랑通德郎을 지냈다.

안분당의 7대손 항렬에서, 권길權佶은 호가 경모재敬慕齋인데, 학행으로 동몽교관童蒙教官에 증직되었다. 재식才識이 통민通敏하고, 경서와 사서에 잠심하였다. 시문집을 남겼고, 척암拓菴 김도화金道和가 묘갈명을 지었다. 권척權倜은 권성權鋮의 후손으로 호가 자지당自知堂인데, 천성이 염담恬淡・영오潁悟하였다. 효행으로 동몽교관童蒙教官에 증직되었다. 권당權儻은 통정대부通政大夫를 지냈다.[53] 권일權佾은 수직壽職으로 절충장군첨지중추부사折衝將軍僉知中樞府事를 받았다.

안분당의 8대손 항렬에서, 권정일權禎一은 통덕랑通德郎을 지냈다. 그 아우 권상일權祥一 역시 통덕랑을 지냈다.[54]

권헌무權憲武는 수직으로 도정都正을 받았다.

권정하權貞夏는 음사로 통덕랑을 지냈다.

---

52) 安分堂의 第二子 權文著는 安分堂의 중형 앞으로 양자를 나갔으므로, 그 후손들은 현손 이하는 여기에 포함시키지 않는다.
53) 『安東權氏安分堂公派譜』, 권1, 21장.
54) 『安東權氏安分堂公派譜』, 권1, 26장.

인조반정 이후 영남 남인으로서 관계 진출이 용이한 일이 아니었다. 그런데도 한 가문에서 문과급제자 4명, 무과급제자 11명, 사마시 합격자 6명, 음사로 진출한 사람이 2명, 그 외 여러 가지 통로를 거쳐 관함을 얻은 사람 21명이 배출되었으니, 안분당의 후손들은 현조의 명성을 실추시킴 없이 찬연한 가문으로 발전시켜 나갔다고 말할 수 있다.

3) 충효열행

조선시대에는 가문의 위상을 평가하는 데 있어서 그 가문에서 충절, 효행, 정렬貞烈을 갖춘 인물이 얼마나 많이 배출되었는가 하는 점이 중요한 척도가 되었다. 안분당 후손 가운데서 충절, 효행, 정렬을 갖춘 인물을 소개하면 다음과 같다.

먼저 충절로는, 안분당의 손자인 권제權濟를 들 수 있다. 1592년 왜적이 대거 침략해 오자 팔도가 다 무너지고, 백성들이 다 피난 갔을 때, 망우당忘憂堂 곽재우郭再祐, 송암松菴 김면金沔, 존재存齋 곽준郭䞭 등이 창의하였는데, 권제는 약간의 가동과 함께 수백 명의 의병을 일으켜 화왕산성을 지키던 곽재우에게로 달려가 여러 가지 작전을 도와 공을 세웠다.[55] 그리고 여러 의병장들 사이에서 활약하여 영천 형산강 전투에서 여러 차례 공을 세웠다. 그러나 권제는 이미 문과에 급제한 상태에서 자신의 입으로 자기의 공훈을 말하지 않았기 때문에 포상이 미치지 않았다.[56]

권심權深은 임진왜란 때 망우당 곽재우와 함께 창의하였고, 그 아들 권극행도 창의하였다.

추범秋帆 권도용權道溶은 일본강점기에 「항일포고문抗日布告文」을 짓는 등

---

55) 權顥明, 『竹下遺稿』, 권2, 10장, 「從先祖佐郎公遺事小識」.
56) 許愈, 『后山集』, 권16, 8장, 「佐郎源堂權公墓碣銘」.

독립운동을 하다가 옥고를 치렀는데, 해방 후 독립유공자로 뽑혀 대통령표창
이 추서되었다.

안분당의 후손 가운데 효행으로 알려진 인물은 다음과 같다.

권홍權泓은 권문임의 아들이다. 효성이 지극했는데, 생부 권문언權文彦의
병이 위독하자 손가락을 갈라 피를 내어 입에 흘려 넣어 소생시켰다. 갈암
이현일이 그의 묘표를 지었다.[57]

권척權倜은 9세 때 어머니를 잃었는데, 어른처럼 슬퍼하여 몸이 파리하였
다. 연달아 부친상을 당했는데, 슬피 울부짖으면서 발을 구르면서 예제대로
다하니, 사람들이 옥계玉溪 노진盧禛의 효행에 비교하였다. 후산 허유가 그의
행장을 지었다.

권주한權柱漢은 권중도의 손자로, 호는 경재敬齋이다. 효행으로 이름이
났는바, 도적이 그 문 앞을 지나가면서 서로 경계하기를, "효자의 마을이다.
들어가지 말라"고 하였다.

권사추權思樞는 권중려權重呂의 증손으로 호는 진천進泉이다. 천성이 지극
히 효성스러웠는데, 부모를 섬김에 있어서 부모의 뜻과 몸을 다 같이 봉양하
니, 향리에서 칭찬하였다.

권상주權相柱는 권혼權俒의 현손으로 일찍이 부모를 잃었는데 형제간에
우애가 돈독하였고, 제사를 정성껏 모셨다.

열행으로, 안분당의 손부이자 권택權澤의 부인인 강씨를 들 수 있다.
정유재란 때 온 집안이 고을의 북쪽 골짜기로 피란 갔을 때, 왜적이 갑자기
들어 닥쳐 강씨가 정절을 지키다가 죽임을 당했다. 나라에서 정려를 내렸다.[58]

밖으로는 임진왜란 같은 국난을 당하여 창의하고, 평소에는 부모에게 효성

---

57) 『嶠南誌』, 권55, 14장, 「丹城篇」.
58) 『安分堂實紀』, 17장. 『嶠南誌』, 권55, 15장, 「丹城篇」.

을 다하고, 형제간에 우애 있게 지내고, 부녀자는 정렬을 지키는 사람이 나온 유교의 가르침을 철저히 따르는 전형적인 가문이라 할 수 있겠다.

4) 사우관계

한 가문의 자제들이 문한과 학문을 갖추려면, 학덕이 높은 선생을 따라 배워야 하고, 또 유익한 벗들과 교유하면서 학문을 강마하고, 덕행을 권면해야만 한다.

안분당은 퇴계, 남명, 청향당 등과 도의지교를 맺고서 학문을 강마하였다. 그리고 그 아들 권문현, 권문임, 권문언과 손자 권제는 남명의 문하에 출입하였다.[59]

권문임은 덕계 오건과 도의지교를 맺었고, 1565년 오건과 양성헌養性軒 도희령都希齡과 함께 남명을 배종하여 지곡사智谷寺와 단속사斷俗寺 등지에서 며칠 동안 놀면서 학문을 강론하였다. 남명이 세상을 떠나자, 권문임은 제문을 지어 들고 가서 남명에게 제를 드렸는데, "선생의 기상은 하늘의 해, 달, 별에서 나누어져 나왔고, 학문은 정자와 주자를 계승하였습니다"라고 하였다.[60]

권문현權文顯은 청향당淸香堂 이원李源, 성재惺齋 금난수琴蘭秀와 함께 뇌룡정雷龍亭의 강학하는 자리에 참석하여, 리기理氣에 대해서 토론한 적이 있었다.[61]

권문언權文彦은 형들을 따라서 남명의 문하를 출입하면서, 경의지학에 대해서 듣고서 깊은 감명을 받았다.

---

59) 德川書院 편, 『德川師友淵源錄』, 권3, 4.
60) 德川書院 편, 『德川師友淵源錄』, 권3, 14장.
61) 德川書院 편, 『德川師友淵源錄』, 권4, 6장.

이 밖에 안분당의 손자인 권심權深, 권홍權澤이 남명의 사숙인으로 남명의 학통을 이었다.[62]

권심의 아들인 권극행權克行은 임진왜란 때 망우당 곽재우를 도와 찬획贊劃한 바가 많았다. 1614년 대북파大北派의 전횡을 저지하려다가 광해군으로부터 극형을 당할 위기에 몰린 동계桐溪 정온鄭蘊을 구제하기 위해서, 사호思湖오장吳長 등과 함께 노력했다.[63]

권황權鎤은 퇴계학통의 적전인 갈암 이현일과 도의지교를 맺었고, 자질들을 갈암의 문하에 나가서 배우도록 인도하였다.

만오재晩悟齋 권덕휘權德輝는 갈암 이현일의 문인이다. 갈암의 아들인 밀암密庵 이재李栽가 그의 「팔영시八詠詩」에 차운하여 그를 찬미하였다.

만오재의 아들인 퇴암退菴 권중도權重道도 갈암 이현일의 문인이다. 그리고 갈암의 아들인 밀암 이재, 갈암의 제자인 제산霽山 김성탁金聖鐸 등과 교분이 두터웠다. 김성탁이 그의 묘갈명과 문집 서문을 지었다.

수중당守中堂 권중만權重萬 역시 갈암의 문인이다.

남창南窓 권흔權俒은 대산 이상정의 문인이다. 권흔은 그 선조인 안분당이 서세한 지 200여 년이 지난 뒤에 문적이 없어진 가운데서도 전해들은 자료들을 모아 『안분당실기安分堂實紀』한 부部를 만들어서 대산에게 보이고는, 안분당의 행장을 지어 줄 것을 요청하였다. 그러나 대산은 병으로 앓다가 이 일을 마치지 못하고 세상을 떠나게 되었다. 대산이 세상을 떠나자, 권흔은 몇 백 리 길을 멀다하지 않고 달려와 조문하였다.[64] 권흔은 대산이 세상을 떠난 뒤에 그 아우인 소산小山 이광정李光靖에게서 『안분당실기』의 서문을

---

62) 德川書院 편, 『德川師友淵源錄』, 권5.
63) 德川書院 편, 『德川師友淵源錄』, 권5, 16장.
64) 李光靖, 「安分堂實紀序」.

받았다.

　노헌蘆軒 권중화權重和는 소산 이광정과 도의지교를 맺었다. 이광정 역시 퇴계학파의 대표적인 학자이다.

　양계陽溪 권달전權達銓은 미호 김원행의 문인이다. 김원행은 농암農巖 김창협金昌協의 손자이자 노론계열의 학자로, 우암 송시열의 적전이다. 권달전이 노론 쪽의 학자에게 배우게 된 사실은 매우 드문 일인데, 우암 쪽과 가까운 강루江樓에 사는 권씨權氏들의 주선에 의한 것으로 추정된다.

　직암直菴 권재규權在奎는 성재性齋 허전許傳의 문인이다. 허전은 근기남인 계열의 학자로 기호지방에서 퇴계의 학통을 계승한 대표적인 학자인데, 김해 부사金海府使로 부임하여 강학함으로써, 경상좌도지방의 학문에 많은 영향을 끼쳤다.

　우석于石 권상찬權相纘은 사미헌四未軒 장복추張福樞의 문인이다. 사미헌은 여헌旅軒 장현광張顯光의 후손으로서 예학과 성리학에 조예가 깊은 조선 후기 의 학자였다. 권상찬은 또 후산 허유, 면우 곽종석의 문하에도 출입하였다. 후산 허유와 면우 곽종석 등은 조선 말기의 대학자였다.

　경산敬山 권상직權相直은 단계端磎 김인섭金麟燮, 후산 허유, 면우 곽종석 등을 따라 배웠다.

　학산學山 권상정權相政은 후산 허유와 면우 곽종석을 따라 배웠다.

　겸산兼山 권규집權奎集은 후산 허유의 문인이다.

　용계龍溪 권수용權銖容은 후산 허유, 면우 곽종석의 문인이다.

　추범秋帆 권도용權道容은 후산 허유, 면우 곽종석, 대계大溪 이승희李承熙의 문인이다.

　안분당이 당대의 최고 학자인 퇴계, 남명과 도의지교를 맺은 것처럼 후손들 이 관계를 맺은 스승이나 친구들이 모두 당대의 제일류의 학자들이었다.

인조반정 이후 조선 철종·고종조까지는 주로 경상좌도의 대학자들을 다른 지역으로 찾아가 스승으로 삼은 경우가 많은데, 이는 인조반정 이후로 경상우도의 학문이 침체했음을 말해 주는 것이다. 조선 말기에 와서는 경상우도지역에서 단계端溪 김인섭金麟燮, 후산 허유, 면우 곽종석 등 대학자들이 굴기하였기 때문에 이들을 스승으로 삼은 경우가 많았다.

안분당은 타고난 천자天資로 학문과 덕행을 갖추었는데, 거기에다 퇴계와 남명과 도의지교를 맺고서 서로 강마함으로써 한 단계 더 성장할 수 있었고, 유림에서의 위치도 더욱 높고 확고하게 될 수 있었다. 그 후손들은 이러한 안분당 같은 현조가 이루어 놓은 가학의 기반 위에서 그 학문적 전통을 잘 계승하여, 유림사회에서 안분당 가문이라는 한 이름 있는 집안을 형성하여 유지해 나왔던 것이다.

4. 유림사회에서의 역할

안분당의 후손들 가운데는 많은 학자와 선비들이 배출되었는데, 이들은 그 학문을 바탕으로 유림사회에서 다방면으로 많은 활약을 하여 안분당 자손으로서의 존재가 부각되었다.

조선시대에 사족들은 향당의 강상綱常을 유지하고 풍속을 바로잡기 위해서 향회鄕會를 설치·운영했는데, 이 향회를 통해서 사족들의 여론을 모아 수령을 견제하고 향리들을 규찰하면서 자신들의 영향력을 행사하였다. 여기에 참여한 인사들의 명단이 향안이다. 어떤 가문의 인물이 향안에 얼마나 많이 올랐느냐에 따라서, 유림사회에서 그 가문이 어떤 위상을 갖고 있는가를 알 수 있는 척도가 될 수 있다. 안분당의 후손으로서, 1621년부터 1707년까지

12번에 걸쳐 작성된 단성향안丹城鄕案에 오른 인물은, 안분당의 손자 권홍權泍을 위시해서, 권극행權克行, 권극창權克昌, 권극령權克寧, 권진남權震南, 권두인權斗寅, 권극태權克泰, 권두일權斗一, 권정남權鼎南, 권태남權泰南, 권혜權鏸, 권건權鍵, 권황權鐄, 권성權鋮, 권열權說, 권현權鉉, 권상權鋿, 권추權錘, 권담權譚, 권인權認, 권탁權鐸, 권덕원權德元, 권덕규權德揆 등 모두 23명이다.65) 이 기간에 단성향안에 오른 인물은 모두 303명인데, 그 가운데 안동권씨는 68명이고, 안분당의 후손은 23명이 올라 있다. 단성현에서 동일성씨로서는 안동권씨가 가장 많고, 안동권씨 가운데서도 상암공파霜嵒公派 16명, 동계공파東溪公派 10명, 묵옹공파黙翁公派 8명보다 안분당의 후손들이 월등하게 많다. 이는 안분당의 후손들이 단성현의 유림사회에서 가장 영향력 있는 가문으로의 위치를 확고히 하였음을 증명해 주는 것이다.66)

안분당 후손 가운데서, 강우지역의 중심 되는 서원인 덕천서원德川書院의 원임을 맡은 인물로는, 퇴암退庵 권중도權重道, 수중당守中堂 권중만權重萬, 권성락權成洛, 남창南窓 권흔權俒, 권호명權顥明, 권덕명權德明, 권헌성權憲成, 직암直菴 권재규權在奎 등이 있다.

안분당의 후손으로『덕천서원원생록德川書院院生錄』에 오른 인물은, 권제權濟, 권극창權克昌, 권극태權克泰, 권건權鍵, 권성權鋮, 권덕화權德華 등이 있다.

안분당의 후손으로『산해사우연원록山海師友淵源錄』에 오른 남명의 문인으로는 안분당의 제삼자第三子인 권문임이 있다.『덕천사우연원록德川師友淵源錄』에 올린 남명의 문인으로는 권문임, 권문현, 권문언, 권문저, 권제가 있다.『덕천사우연원록德川師友淵源錄』에 오른 남명을 시숙한 인물로는 권심,

---

65) 安分堂의 둘째 형인 權邃의 후손들로 이루어진 訓導公派는 실제로 安分堂의 第二子 權文著의 후손으로, 모두 安分堂의 血孫이기 때문에 다 포함시켰다.
66) 朴明圭・金俊亨・鄭震英,「嶺南의 儒林文化」(미원문화재단, 1977).

권홍, 권극행, 권극태, 권건, 권혼, 권성이 있고, 이 밖에『덕천사우연원록德川師友淵源錄』에는 오르지는 못했지만 사숙한 인물로는 권중도, 권흔, 권헌정, 권헌기, 권상찬[67], 권상정, 권도용 등이 있다.

이 가운데 권중도는『남명연보』편찬에 참여하여 견해를 개진하였다. 그는 주담珠潭 김성운金聖運 등이『남명연보』를 산개하면서 낙천洛川 배신裵紳이 지은 남명의「행록」을 삭제하려고 했을 때, 그에게 다음과 같은 서한을 보내어 개인적인 의견으로 산개刪改하는 것을 반대하였다.

'요순堯舜을 노래하고 삼대三代를 읊조렸다'라는 내용은 다른 행장 등에는 없는 것이고, 낙천이 이런 내용을 기록한 것은 보지 않고 그렇게 말하지는 않았을 것인데, 어찌『연보』에서 산거할 수가 있겠소?

남명의『학기學記』에 들어 있는 "무극無極은 형이상적인 것이고, 태극太極은 형이하적인 것이다"라는 내용은, 전사傳寫할 때 발생한 오류이므로『학기』중의 "무극은 태극의 오자이고, 태극은 음양의 오자이다"라고 주장하였다. 잘못된 것을 그대로 두어 후학들의 의혹을 야기시킬 필요가 없다고 주장했다.[68]

그리고 1702년 덕천서원의 강당인 경의당敬義堂을 중수했을 때, 권중도는 그「중수기」를 지었다. 그 당시 덕천서원을 출입하는 수많은 쟁쟁한 학자·선비들이 있었는데도 그 가운데서 권중도가「중수기」를 지었다는 것은 그의 학문, 문장, 인망이 어떠했는가를 단적으로 말해 주고 있는 것이다.

권헌정은 덕천서원 원임으로 있으면서, 여러 유생들과 강회를 열고, 또

---

67) 李相弼,「南冥學派의 形成과 展開」(高麗大學校博士學位論文, 1998).
68) 權重道,『退庵集』, 권2,「答金大集」.

『남명집』을 간행하여 세상에 널리 배포하였다.[69]

권상정은 덕천서원의 사우를 중건할 때 그 「상량고유문上樑告由文」을 지어 덕천서원 흥체興替의 역사를 죽 밝혔다.[70] 또 남명의 후손 현재弦齋 조용상曹庸相이 동강 김우옹이 지은 「남명행장」 가운데서 여러 곳에 대해서 곡해하야 불만을 갖고 있는 것에 대해서 일일이 깊이 있는 바른 해석을 하여 주었다.[71] 그리고 『남명편년』의 오루誤漏에 대해서 지적하였다. 곧 안분당이 을사乙巳년 (1545)에 남명을 산해정으로 방문하여 학문을 강토한 사실이 빠진 것과, 그 아들 권문임을 남명에게 수학하도록 한 연도가 병오丙午년(1546)인데도, 잘못 을사년조에 들어 있다는 것을 지적하였다.

추범 권도용은 조선 말기와 일본강점기에 유림 및 언론계에서 크게 활약한 인물이다. 그는 후산 허유, 면우 곽종석, 대계 이승희 등을 따라 배웠고, 조선 말기의 애국계몽운동의 중심인물인 백암白巖 박은식朴殷植, 면우 문하의 동학인 위암韋庵 장지연張志淵 등과 교분이 두터웠다. 그는 덕천서원의 원래 제도를 회복하기 위해서 유림들에게 지지를 호소하는 「청복덕천서원원제통문請復德川書院院制通文」을 지었다.[72] 『퇴계언행록退溪言行錄』 가운데, 남명을 두고 "장주莊周의 학문을 주창했다", "보는 바가 장주와 한가지다", "학문상의 공부가 없다", "어찌 도리를 참되게 알겠는가?"라는 등등 폄하한 내용이 있는데, 이에 대해서 권도용은 「의통擬通」이라는 글을 지어, "정말 이런 말을 했다면, 남명이 어떻게 남명이 될 수 있겠는가? 퇴계의 말이 너무 심하다. 그러나 『언행록』은 제자들이 기록한 것이기 때문에 혹 지나친 말이 있는 것이니, 퇴계의 본의는 그렇지 않았을 것이다"라고 두 학파 간에 야기될

69) 權憲貞, 『遯窩遺稿』, 권4, 附錄, 「家狀」.
70) 權相政, 『學山集』(筆寫本), 권3, 12~13장, 「德川書院祠宇上樑告由文」.
71) 權相政, 『學山集』(筆寫本), 권2, 22~25장, 「答曺彛卿」.
72) 權道溶, 『秋帆文苑』, 권12.

수 있는 언쟁의 소지를 해소하려고 노력을 했다.

1920년대에 남명 후손들과 노론 계열의 인사들에 의해서 미수眉叟 허목許穆이 지은 남명신도비의 내용을 문제삼아 이를 넘어뜨리고 우암尤庵 송시열宋時烈이 지은 신도비를 세우려고 쟁론이 일어났을 때, 권도용은 미수가 지은 비문의 내용에 문제가 없으니 넘어뜨려서는 안 된다는 태도를 취하였고, 남명 후손들의 견해를 반박하는 글을 지었다.

그리고 권도용은 조선 말기, 일본강점기를 살아가면서, 유교를 개혁하여 현실에 맞게 하려고 적극적으로 노력하였다. 진암眞菴 이병헌李炳憲의 공자교孔子敎운동에 적극적으로 관심을 갖고 참여하였다. 1921년에 지은 「안의향교학규安義鄕校學規」 및 1926년에 지은 「문산서당학규文山書堂學規」 등의 글은 유교의 교육제도를 새롭게 바꾸려는 그의 구상이 담겨 있다. 또 「유교대동론儒敎大同論」이란 글을 지어, 유교는 다른 종교가 갖고 있는 미신적인 요소는 없고 세계의 전 인류가 함께 어울려 살 수 있는 그런 가르침이라는 것을 밝혀 이야기했다.

안분당의 후손들은 덕천서원 이외에도, 영천서원瀯川書院, 신계서원新溪書院, 구천서원龜川書院 등에도 참여해 왔다.

안분당의 후손들은 또 향화나 향교 등지에서 여러 행사에 참여하여 향민들을 유교적 교리를 통해서 교화시켜 나갔다. 권호명은 고을의 노소 현자들을 향교로 초청하여 향음주례를 행하거나 강회를 열 때, 그 의절儀節을 읽었고[73] 1832년 『단성읍지丹城邑誌』를 편찬하는 일에도 참여하였다.[74]

권호명의 아들인 권헌정은, 당시의 단성현감 이휘부李彙溥가 수민당壽民堂에서 고을의 유림을 모아 향음주례를 행할 때 그 의절은 도산陶山에서 베껴

---

73) 權憲貞, 『遜窩遺稿』, 권3, 「先考竹下處士府君行狀」.
74) 『永嘉世稿』, 권14, 「竹下公年譜」.

온 것이었는데, 현감이 권헌정에게 의절을 읽는 역할을 맡겼다.[75] 의절을 읽는 역할은 곧 그 의식을 주재한 것으로서 현감으로부터 그 학문과 덕망을 인정받은 것이라고 할 수 있다. 이휘부는 퇴계의 10대손으로『퇴계집』의 내용을 보충한『도산전서陶山全書』편찬을 주재하는 등 퇴계의 후손들 가운데서 그 영향력이 대단하였다. 권헌정을 인정한 것에는 퇴계와 안분당 사이의 선대의 세의도 많이 참작이 되었을 것임을 짐작할 수 있다. 권헌정은 나중에 이휘부가 영천군수로 옮겨 간 뒤 그에게『안분당실기』의 발문을 지어 달라고 요청하였고, 이휘부가 발문을 지었다.[76]

안분당의 후손 가운데서 권덕일, 권성락, 권헌형, 권여추 등은 향교의 도유사都有司, 장의掌議로서 향교의 운영에 참여하였다.[77]

강누리江樓里 인근에는 전란을 겪은 이후로 오래도록 서당이 없었는데, 숙종조에 나이든 인사들이 현감에게 건의하여 여덟 마을에서 나오는 세금을 거두어서, 그것을 운영해 가지고서 신안서사新安書社를 건립하기에 이르렀다. 그 뒤 여러 곳으로 옮겨 다니다가, 영조 때 가곡嘉谷의 양지쪽에다 옮겨 다시 건립하였는데, 이 일에 안분당의 후손인 권길이 참여하였고, 「신안영당개기문新安影堂開基文」, 「신안영당상량문新安影堂上樑文」, 「신안서사중수기新安書社重修記」 등의 글을 지었다.[78] 권길이 「신안서사중수기」를 지었다는 것은, 그가 매우 주도적인 역할을 했고, 또 그 학문과 문장이 같이 일을 추진한 유림들 사이에서 인정받고 있었다는 것을 알 수 있다.

지리산 백운동白雲洞에는 남명의 유촉遺躅이 있어 남쪽지방의 유림들이 돌에다 글을 새기고, 백운정사白雲精舍를 지으려고 하여, 1887년 백운동유계

---

75) 權憲貞, 『遯窩遺稿』, 권3, 「李侯鄕飮酒禮序」.
76) 『安分堂實紀』, 27장.
77) 朴明圭・金俊亨・鄭震英, 「嶺南의 儒林文化」.
78) 權佶, 『敬慕齋集』, 권2, 「新安書社重修記」.

白雲洞儒契를 결성하였다. 그 뒤 1929년에 이르러 안분당 후손들의 재사인 경강정사敬岡精舍에서 속계續契를 개최했는데, 안분당 후손으로서 이 계안에 든 인물은 권상찬, 권규집 등이 있다.

안분당과 남명과의 밀절한 관계와 안분당의 후손들이 사는 곳이 덕천서원과 가까운 이유로 안분당의 후손들은, 경상우도지역의 남명학파에서 크게 역할을 하였다.

그러나 안분당의 후손들은 남명학파 안에서 안주하지 않고, 경상좌도지역의 대학자 및 기호지역의 학자들과도 관계를 맺고서 학문적 교류를 하였다. 또 향회, 향교의 활동에도 적극적으로 참여하여 활동함으로써, 자신의 발전은 물론 가문의 명예를 실추시키지 않으려고 부단히 노력해 왔다.

5. 가문의식과 전통

조선시대에 지체 있는 가문은 세상에 잘 알려진 선조를 정점으로 하여 결속을 함으로써 그 가문을 다른 성씨들과의 차별성을 부각시켜, 가문의 성원들에게 정신적인 우수한 전통을 이어 나가도록 했다. 이렇게 하기 위해서는 현조를 향사하는 서원이나 사우를 건립하여, 유림의 공의를 얻어 매년 향사하기도 하고, 또 집안의 자제들을 올바르게 교육하기 위한 제도를 마련하기도 하고, 족보를 정기적으로 편간하기도 하고, 조상이 남긴 시문 유고를 편간하여 연원가淵源家 및 서원 등 관계기관에 반급하거나, 집안에서 필요로 하는 비지류문자碑誌類文字나 문집·실기의 서발序跋 등을, 유명한 인물의 글을 받음으로써 가문의 위상을 높이기도 했다.

안분당 후손들이 중심이 되어 추진된 문산서원文山書院 건립의 과정은 이러하다.

단성의 사람들 사이에서 안분당을 철향腏享하자는 논의가 수백 년 동안 있어 오다가 1843년(헌종 9)에 이르러 안분당의 장구지소杖屨之所인 문산에다 안분당의 사우를 건립하여, 그 이듬해 향사를 하고, 그 아들 원당 권문임을 배향하였다. 그 뒤 1858년(철종 9)에 이르러 온 고을의 선비들 사이에서 사우를 서원으로 승격시키자는 공의가 일제히 일어났다. 그 다음 해 온 고을의 선비들이 예조禮曹 및 감사監司에게 건의하였고, 의절은 다 갖추어졌다. 이 일에 있어서 죽하 권호명이 시종 노력하였고, 그 의절을 직접 주재하였다.79)

그러나 권호명은 서원으로 인가를 받기 전에 세상을 떠나게 되었다. 그러자 그 아들 권헌정이 그 뜻을 이어 정성을 다하여 도유들의 공론을 모아 예조에 다시 건의하여, 예조로부터 "사액서원이 아니므로, 감영이나 고을의 지원을 받도록 하라"는 회답을 받았다.80) 그러나 그 10년 뒤인 1868년(고종 5)에 대원군의 서원훼철 조치가 있었기 때문에 문산서원은 서원으로서 기능을 한 시기가 극히 짧았으므로, 유림사회에서 거의 그 존재가 알려질 겨를이 없었다.

안분당 후손 가문의 실질적인 교육기관으로서의 역할을 한 것은 문산서당이었다. '문산文山'이라고 이름을 붙인 것은 지명을 따른 것이었다. 문산서당이 처음으로 세워진 것은 1690년(숙종 16)인데, 권황이 그의 회갑년에 창건하였다.81) 집안 자제들이 학업을 익히는 장소로 쓰는 동시에, 원근에서 양식을 싸 가지고 책을 지고 오는 사람들이 머무르며 공부할 수 있도록 받아 주었다.

---

79) 權憲貞, 『遯窩遺稿』, 권3, 「先考竹下處士府君行狀」.
80) 權文任, 『源塘文集』, 부록, 「道狀」. 權憲貞, 『遯窩遺稿』, 권4, 부록, 「家狀」.
81) 權相直, 『敬山集』, 「文山書堂實錄」. 그러나 權俒의 「文山書堂重創記」(『南窓集』, 권2) 기록에 의하면 權重萬이 1721년(景宗 1)에 마을의 여러 부형들과 함께 세운 것으로 되어 있다.

문 앞에 있는 논을 사들여 서당을 운영하는 데 필요한 비용으로 충당하였다. 권황이 세상을 떠난 뒤로는 한동안 폐허가 되어 있었다.

그 뒤 1744년에 중수하였고, 1764년에는 중창을 하였다. 1778년(정조 2)에 화재로 소실되었다가, 그 다음 해에 옛날 터의 뒤쪽 한 계단 높은 곳에다 이건하였다. 마루 양쪽에 익실翼室을 붙여 좌우의 재齋로 삼았는데, 왼쪽은 경덕헌景德軒, 오른쪽은 읍매헌挹梅軒이라고 명명하였다. 경덕헌이라고 이름 붙인 것은 남명을 우러러 경모한다는 뜻이고, 읍매헌이라고 한 것은 단속사斷俗寺 앞의 정당매政堂梅를 서당 섬돌 앞에다 옮겨 왔기 때문이었다.[82]

그 뒤 1846년(헌종 12) 권흔의 증손 권헌진이, 권여추, 권재중 등과 의논하여 중건하였다.[83] 이 서당의 운영에 참여한 유림들의 유계儒契를 만들었는데, 그 계안契案이 여러 차례 작성된 적이 있었다.

1904년(광무 8)에 이르러 권상직이 여러 일족들과 중창하였고, 그 다음 해에 권상직이 다시 권장용 등과 힘을 합쳐 문간채 3칸을 건립하였는데, 가운데는 대문으로 하고, 서쪽은 마구간으로 동쪽은 창고로 만들었다.[84]

또 궁벽한 마을이라 자제들이 책을 얻어 보기가 어렵다는 점을 감안하여 온 가문의 힘을 합하여 경서와 사서史書 수백 권을 사서 서당의 서실에 소장하여 자제들이 마음대로 열독할 수 있게 하였다.

또 원근 각지의 유림들이 동천이 좋은 이곳을 찾아 문산서당에서 유숙하면서, 이 지역의 인사들과 논학·영시詠詩하는 경우가 많았다. 이런 모임이 있을 때 여러 사람들이 읊은 시를 모은 『문산재창수록文山齋唱酬錄』 등이 남아 있어 그 당시의 분위기를 짐작할 수 있다.

---

82) 權偍, 『南窓集』, 권2, 「文山書堂重創記」.
83) 『守中堂實紀』, 권하, 「文山書堂重修記」(郭鍾錫 작).
84) 權相直, 『敬山遺稿』, 76~77장, 「文山書堂實錄」.

문산서당 운영과 함께 일족의 교육과 단합을 위해서 시행되었던 것이, 동약洞約, 동계洞契이다. 안분당이 원래 이주했던 내원당內元堂 마을에서는 1750년경에 동규洞規와 동안洞案 등이 마련되어 운영되었는데, 동민洞民들 간에 상부상조하려는 목적에서였다. 안분당의 후손들이 사는 구인동九印洞에 서도 동계가 시행되어 왔는데, 중간에 흉년이 계속되는 바람에 흐지부지되었 다가, 1760년에 이르러 권길이 부친의 명에 의하여 다시 옛날 동계를 손질하여 새로운 규약을 만들고 토지를 사들여 기금도 만들고, 매년 강회도 열었다.

입석리立石里의 입석본동계立石本洞契는 1770년경에 상부상조의 목적으로 결성되었다. 중간에 제대로 운영되지 않다가, 1870년에 권정팔·권헌기 등에 의해서 다시 시행되었다.[85]

이런 동약·동계 등의 운영은 유교적인 사회교육활동으로 결국 송나라 남전여씨藍田呂氏의 향약의 정신을 계승한 것으로, 유교문화의 보급·유지에 많은 영향을 끼쳤는데, 안분당의 후손들이 집성촌을 이루고 살던 입석리와 구인동 등에서는 비교적 모범적으로 실시되었다고 할 수 있다.

『안분당실기』의 편찬 작업 역시 가문의 위상을 높이고 후손들이 명조의 후손이라는 자긍심을 갖도록 하려는 목적에서 추진된 것이었다. 안분당이 남긴 시문과 그의 행적에 관한 문적은 정유재란 때 모두 불타 없어져 버렸다. 이런 상태에서 6대손 권중도가 남아 있는 자료를 수집하여 「가전실록家傳實錄」 을 지었다. 이를 바탕으로 하여 권길과 권흔이 『안분당실기』 편찬에 착수하였 다. 권길이 1780년(정조 4) 그의 친구 박내오에게서 안분당의 행장을 받았고, 1782년 권흔이 이광정에게서 실기의 서문을 받았다. 1843년 문산서원이 이루 어지자, 권호명이 지은 「묘우상량문廟宇上樑文」, 현직 현감 최우형崔遇亨이

---

85) 朴明圭·金俊亨·鄭震英, 「嶺南의 儒林文化」.

지은 「봉안문奉安文」, 전前 현감縣監 장석우張錫愚가 지은 「상향축문常享祝文」, 현직 현감 이원구李源龜가 지은 「승향고유문陞享告由文」 등의 글이 추가되었다. 그리고 이 일을 주재했던 권호명이 지은 『안분당실기』 추서追叙를 추가하였다.

이 이후 권헌정이 지은 「강사상량문講舍上樑文」, 「근서선조행록후謹書先祖行錄後」, 권정립權正立, 권박용權璞容, 전 현감 이휘부李彙溥, 이원구李源龜 등이 지은 발문이 추가되었다. 조선 말기 권규집이 성재性齋 허전許傳, 대사헌大司憲을 지낸 강난형姜蘭馨에게 부탁하여 받은 안분당묘갈명安分堂墓碣銘이 추가되었다. 다시 『안분당실기』와 『원당집源塘集』을 합본하고 다시 권재규가 발문을 붙여 책을 만들었다가, 1882년에 비로소 목판본으로 간행하였다.[86]

이 밖에 안분당 가문의 재사·누정은 다음과 같다.

경강정사敬岡精舍는 입석立石에 있는데 1567년에 건립하여 몇 차례 중건하였다. 안분당의 재사齋舍이다. 지금의 건물은 해방 이후 새로 건립한 것으로 중재重齋 김황金榥이 그 기문을 지었다.

경추재敬楸齋는 단성 구인동에 있는데, 1843년에 건립되었다. 그 뒤 1987년 중건되었다. 안분당의 증손 권극익을 위해서 건립한 재사이다.

삼연재三然齋는 단성 사월리 내원에 있는데, 1900년에 건립되었다. 안분당 증손 권극태를 위한 재사이다. 도현규都炫圭가 그 기문을 지었다.

자암서당紫巖書堂은 입석에 있는데, 1904에 중건하였다. 안분당의 현손 권상權鋿의 서당이다. 곽종석이 그 기문을, 김진호金鎭祜가 상량문을 지었다.

염수재念修齋는 단성 구인동에 있는데, 1939년에 건립되었다. 안분당의 7대손 권길을 위한 재사이다.

---

86) 朴明圭·金俊亨·鄭震英, 「嶺南의 儒林文化」. 이 이외에 金俊亨 교수가 개인적으로 立石里에 대해서 조사한 자료들이 여러 곳에서 참고가 되었다.

여재당如在堂은 입석에 있는데, 1950년에 건립되었다. 안분당 현손 권삽權鈒을 위해서 건립한 집이다. 권택용權宅容이 그 기문을 지었다.

쌍괴정雙槐亭은 단성 사월리에 있는데, 1942년에 건립되었다. 안분당이 두 그루의 홰나무를 심은 일을 기념해서 건립한 집이다. 권도용이 그 기문을 지었다.

내소정來蘇亭은 입석에 있는데, 1958년에 건립되었다. 안분당의 7대손 권흔을 위한 재사이다. 권도용이 그 기문을 지었다.

수당정修堂亭은 단성 강루에 있는데, 1990년에 건립되었다. 안분당의 14대손 권진경을 위한 정자인데, 하동근河東根이 그 기문을 지었다.[87]

안분당의 유적을 표방하기 위하여, 1988년 권영달, 권상현 등이 여러 일족들의 힘을 규합하여 경강정사敬岡精舍 옆에 안분당의 유적비를 세웠다. 비문은 퇴계의 후손인 연민淵民 이가원李家源이 지었다. 이 유적비의 건립은 안분당의 학덕을 세상에 천양하고, 후손들의 자긍심을 높일 수 있는 계기가 되었다.

우리나라 역사상 맨 먼저 족보를 편찬한 성씨가 안동권씨인데, 1476년(성종 7)에 성화보成化譜 2권이 나온 뒤, 1588년 무자보戊子譜, 1605년 을사보乙巳譜, 1654년 갑오보甲午譜, 1701년 신사보辛巳譜, 1734년 갑인보甲寅譜, 1794년 갑인보甲寅譜가 나왔다. 그 뒤 1960년 사직공파보司直公派譜가 편찬되었고, 1992년 안분당공파보安分堂公派譜가 편찬되었다. 안분당 후손들만 수록하여 파보를 만든 데는 사정이 없지 않았지만, 안분당 후손들의 보책譜冊이란 긍지를 지금까지 갖고 있다고 할 수 있다.

문내의 일족 가운데서 강상綱常에 죄를 얻지 않게 교육함은 물론, 다른 가문의 성원들보다 더 윤리도덕적으로 수준 높게 살 수 있도록 서로 권면하는

---

87) 丹城鄕誌編纂委員會, 『丹城鄕誌』(1991).

전통이 안분당의 후손들 사이에서는 강렬했는데, 이 역시 가문의식이 발로한 현상이라고 할 수 있다.

6. 결론

지금까지 안분당 권규를 중심으로 그의 생애와 학문사상, 그의 후손들로 이루어진 이 가문의 형성과 전개 과정을 다방면으로 고구해 보았다. 안분당은 타고난 뛰어난 천자로 학문과 덕행을 갖추었는데, 거기다 퇴계와 남명과 도의지교를 맺고서 서로 강마함으로써 두 대학자의 추허推許를 받은 당대의 최고학자의 대열에 든 인물이었다. 이로 인하여 안분당은 유림에서의 위치도 더욱 높고 확고하게 될 수 있었다.

안분당의 후손들은 주로 단성 입석리 일대에 집성촌을 이루고 살면서, 명조名祖 안분당의 학문과 덕행을 가문의 전통으로 삼아 그 가문의 명성을 추락시키지 않겠다는 정신을 갖고 450여 년 동안 살아오면서, 학문, 문한文翰, 유행儒行, 사환仕宦, 과거科擧, 충효열忠孝烈 각 방면에서 경상우도 일원에서 명실상부한 양반가문을 유지해 왔다. 안분당 후손들은 조선왕조가 망할 때까지, 문과급제자 4명, 무과급제자 11명, 사마시 합격자 6명, 음사로 진출한 사람이 2명, 그 외 여러 가지 통로를 거쳐 관함을 얻은 사람 21명이 배출되었으니, 안분당의 후손들은 현조의 명성을 실추시킴 없이 찬연한 가문으로 발전시켜 나갔다고 말할 수 있다.

문한과 유행을 갖춘 인물이 많이 배출되었고, 이들은 문집 40종, 실기 6종, 세고世稿 2종 등 풍부한 저술을 남겼다. 단성향안에 오른 안분당의 후손들의 숫자는, 향안에 오른 전체 인물 숫자 303명 가운데 23명을 차지하였다.

이는 다른 어떤 가문에서도 볼 수 없는 대단한 현상이다. 그만큼 안분당의 후손들 가운데는 많은 인재가 있었다는 것을 증명해 준다.

안분당이 당대의 최고 학자인 퇴계, 남명과 도의지교를 맺은 것처럼, 후손들이 관계를 맺은 스승이나 친구들이 모두 당대의 제일류의 학자들이었다. 인조반정 이후 조선 철종·고종조까지는 주로 경상좌도의 대학자, 갈암 이현일, 대산 이상정 등을 찾아가 스승으로 삼은 경우가 많았는데, 이는 인조반정 이후로 경상우도의 학문이 침체했음을 말해 주는 것이다. 조선 말기에 와서는 경상우도지역에서 단계端磎 김인섭金麟燮, 후산后山 허유許愈, 면우俛宇 곽종석郭鍾錫 등 대학자들이 굴기하였기 때문에, 다시 이들을 스승으로 삼은 경우가 많았다.

또 문산서당, 문산서원 등 가문의 자제들을 배양할 수 있는 교육기관도 충실하게 운영하였고, 동약·동계 등을 운영하면서 가문의 위상 유지와 결속을 위해서 노력해 왔다.

안분당의 후손들은 대대로 덕천서원 등 여러 서원과 단성향교 등의 유림사회의 활동에 적극적으로 참여하여 주도적인 역할을 수행해 왔다.

안분당의 후손들은 이러한 안분당 같은 현조가 이루어 놓은 가학의 기반 위에서 그 학문·덕행의 전통을 잘 계승하여, 유림사회에서 안분당 가문이라는 한 이름 있는 집안을 형성하여 유지해 나왔던 것이다.

∥ 이 글은 『남명학연구』 9집(경상국립대학교 남명학연구소, 1999)에 수록되었던 것이다.

제3장 법물리 상산김씨 가문의 형성과 전개

허 권 수 · 정 진 상

1. 서론

고려 말기에 주자학이 수입되었는데, 이를 처음으로 연구한 집단이 신흥사 대부들이었다. 이들은 이성계李成桂 등 무신 세력과 힘을 합쳐 조선을 건국하였다. 이에 따라 주자학은 조선의 통치이념으로서 중요한 위치를 차지하게 되었고, 학문, 사상, 예법, 생활양식 등 각 방면에 걸쳐 막대한 영향을 끼치게 되었다. 이러한 현상은 조선 후기로 갈수록 더욱 강화되어, 주자학을 바탕으로 한 독특한 조선의 양반문화를 형성하게 되었다. 조선의 양반문화는 지역에 따른 특수성이 나타나게 되었고, 더 나아가 각 가문은 각 가문 나름대로의 독특한 양반문화를 형성하여 보존해 왔다. 조선의 양반문화는 학문, 사상 등 조선의 고급문화의 주류를 이루고 있다.

우리나라의 이러한 전통적인 양반문화가 조선 말기에 접어들어 외세가 침입하자 변질되기 시작하여, 나라가 망하고 왜인의 통치하에 들어감에 따라 대대적으로 계획적으로 파괴되기 시작했다. 아울러 새로 들어온 문물과 생활양식이 양반문화와 정면충돌을 일으켜 양반문화를 잠식하여, 양반문화의 본래 면목을 거의 찾아보기가 어렵게 되었다. 해방 이후 서양문화의 무분별한 수입과 한국전쟁으로 인한 혼란으로 양반문화는 세력을 잃었고, 1970년대의 가정의례준칙의 공포와 새마을운동을 거치면서, 얼마간 남아 있던 양반문화 마저 급속히 사라지게 되었다. 그리하여 양반문화는 현실생활과는 아무런 관계가 없는 구시대의 유물로 취급되어 완전히 뒷전으로 밀려났다.

그러나 지금 현대문화의 소용돌이 속에서 살아가는 한국 사람들의 뇌리에는 아직도 양반문화에 대한 의식이 강하게 남아 있고, 자신이 양반가문 출신임에 대해서 은연중에 자긍심이 강하다. 오늘날 종친회가 더 활성화되어 가고, 족보의 편찬이 더 활발하게 진행되고 있는 사실이 이를 단적으로 증명해 준다.

본 연구는 경상남도 산청군山淸郡 신등면新等面 법물리法勿里의 상산김씨商山金氏 가문을 연구 대상 지역으로 삼아서, 조선시대에 양반가문이 어떻게 형성되어 변천되어 왔으며, 나라가 망하고 왜인의 지배를 받고, 해방과 한국전쟁을 거치는 동안 어떻게 양반문화가 변모하여 왔으며, 현대문화 속에서는 어떤 양상으로 남아 있는가를 밝히려는 것이다.

법물리의 상산김씨를 연구 대상 지역으로 삼은 이유는, 고려 말기부터 600여 년 동안 한 마을에서 동족부락을 이루고 살아 왔고, 지금도 동족마을을 그대로 유지하고 있는 양반가문이기 때문이다.

연구의 방법은 주로 이 가문 출신 학자 문인들이 남긴 문집을 토대로 문헌적 연구를 하고, 동시에 현지답사 및 이 가문 출신 인사들 가운데 과거의 문화에 대하여 소양을 갖추고 있는 분들과의 면담을 통하여 자료를 수집하고 분석·정리하였다.

2. 가문의 형성과 가문의식

1) 가문의 형성

경남 산청군 법물리(조선시대 丹城縣 法勿)에 세거해 오고 있는 상산김씨는 고려 말 부제학副提學을 지낸 김후金後가 처음으로 입거하였다.

오늘날 남아 있는 기록으로 확인할 수 있는 법물리 최초의 거주자는 고려 말 이부전서吏部典書였던 허옹許邕이다. 허옹은 고려왕조가 어지러워지자 벼슬을 버리고 '단계丹溪의 계상溪上'에 처음으로 복거하였다가 다시 이곳으로 옮겨 왔다고 한다.

김후金後(1365~1397)는 자가 각부覺夫, 호가 단구재丹邱齋 또는 은락재隱樂齋인데, 포은 정몽주의 문인이고, 고려 말 홍건적 퇴치에 공이 큰 원수 김득배金得培의 삼종손三從孫으로 그에게서 어려서 글을 배웠다. 그 뒤 음서蔭叙로 출사하여 군기시직장軍器寺直長, 시강원경력侍講院經歷 등을 지낸 뒤, 1389년 (공양왕 원년)에 문과에 급제하여 통정대부通政大夫 보문각직제학寶文閣直提學을 지냈다. 정몽주가 살해되자 만시를 지어 슬퍼하였고, 고려가 망한 뒤 운곡耘谷 원천석元天錫, 복애伏崖 범세동范世東 등과 함께 동지계同志契를 결성하여 고려를 위해 절개를 지켰다.

김후는 조정이 어지러워지자 어버이 봉양의 편의를 위해서라는 핑계로 김해부사金海府使로 나갔다가 28세 되던 1392년에 고려가 망하자 처향인 단성으로 이거하였다.

상산김씨는 본래 경주김씨와 같은 혈통으로 경순왕의 후예였는데, 고려 중기에 경순왕의 15대손인 보윤甫尹 김수金需가 상산군商山君에 봉해짐에 따라서 상산김씨로 새로 설관設貫하게 되었다. 그 이후로 김후까지 대대로 잠조簪組가 혁혁하였다. 김수의 아들은 대장군大將軍 김도金鞱이고, 김도의

아들은 시중侍中 김식金湜, 김식의 아들은 시중侍中 김희일金希逸, 김희일의
아들은 시강원侍講院 한림翰林 김문도金文道, 김문도의 아들은 전교典敎 김걸
金傑, 김걸의 아들은 응교應敎 김유응金逌應, 김유응의 아들은 한림翰林 김지연
金之衍, 김지연의 아들은 병부전서兵部典書 김감金鑑인데, 바로 김후金後의
고조高祖다. 증조는 병부전서兵部典書 김실金實, 조부는 전교제학典敎提學 김
유화金有和, 부친은 전교규정典敎糾正 김경생金慶生이다. 김후의 선조들은 조
선시대의 영의정에 상당한 시중侍中이 둘, 조선시대의 판서判書에 상당한
전서典書가 둘, 대장군大將軍 하나, 그 밖에는 예문관藝文館, 보문각寶文閣,
성균관成均館 등 문한文翰과 교육을 관장하는 청요직淸要職인데, 모두 세상
사람들이 부러워하는 자리다.

김후의 선조들을 볼 때 중앙에서 인정받는 혁혁한 가문임을 알 수 있다.
이러한 가문의 후예지만, 거주하는 지역을 옮겨 타 지역으로 이거하면 그
위상을 인정받기가 쉽지 않다. 그러나 김후의 경우는 이미 이 지역에 기반을
잡고 있던 처가와 처외가의 위상에 힘입어 단성지역에 입거하자마자 명문양
반으로 공인을 받았다. 그의 부인은 안동장씨安東張氏로 전서典書 장강張綱의
딸이었고, 장강은 이 지역에 세력을 형성하고 있던 전서 허옹許邕의 사위였기
때문이다.[1]

그리고 김후는 고려왕조를 위해서 불사이군의 지조를 지켰고, 우리나라
특히 영남의 학자들에게 존경을 받는 성리학의 개산조開山祖이자 대문학가이
고 충신인 정몽주의 문인으로서, 성리학을 강명講明하는 데 힘을 썼다.[2]
또 그가 역임한 보문각寶文閣 직학사直學士는 비록 품계는 4품에 불과하지만,

---

1) 金楷, 『重齋文集』 後集, 19권, 54·55장, 「通政大夫寶文閣直提學金海府使丹丘齋先生
　金公墓碑」(重齋先生文集刊行委員會, 1988).
2) 鄭源鎬, 『嶠南誌』, 55권, 4장, 丹城人物條(오성사, 1985).

보문각의 실제적인 책임자로서 왕에게 경서經書를 강의하고 시문을 창수하는 중요하면서도 영예로운 자리이다. 거기에다 그의 아들이 문과에 올라 청요직을 지냈고, 손자 세 사람 모두 중앙관계에서 사환하였고, 그의 두 딸은 영의정 이거이李居易의 아들 판서判書 이백신李伯臣과 대사간大司諫 양사귀梁思貴의 아들인 판관判官 양준梁峻에게 출가하는 등 중앙관계의 권세 있는 고관들과 혼인관계를 맺고 있다. 이런 여러 가지 정황으로 인하여 그가 28세의 젊은 나이에 처향에 췌거贅居하였지만, 그의 후손들은 어렵지 않게 단시일에 명문의 지위에 오를 수 있었던 것이다.

그가 호를 단구재丹邱齋라고 한 것은, 단성에서 땄겠지만, 그 속에는 두 가지 의미가 함축되어 있다. 단구(邱는 丘와 음과 訓이 같지만 孔子의 이름 자인 '丘'자를 피하여 '邱'자를 주로 쓴다.)는 초나라 굴원의 「원유遠游」에 처음 나오는 말로 '신선이 사는 곳으로 낮이나 밤이나 밝다'고 한다. 내가 사는 곳은 이성계 등 무력을 가진 자들이 고려를 찬탈하여 세운 조선과는 관계가 없는 '신선세상'이라는 의미를 함축하고 있다. 다른 하나의 의미는 '일편단심을 지키는 사람이 사는 언덕'이라는 의미로 자신의 출처대절出處大節이 반영된 그런 호號라고 볼 수 있다.

그의 후손은 대부분 법물리에 살아오고 있고, 일부는 거동巨洞 등 법물리 주변 마을에 살고 있고, 멀리는 진주, 창원, 마산, 김해 등지에 살아오고 있다. 법물리에 사는 김후의 후손은 가장 많았을 때는 200호에까지 이르렀으나, 지금은 대부분 떠나 서울, 부산, 대구, 진주 등지에 가서 살고 있다. 후손의 총수는 1500명 정도에 이른다고 한다.[3]

---

3) 金相朝 씨(73세)씨 증언. 金相朝 씨는 金後의 후손으로 法勿里에서 태어났다. 어려서 서당에서 漢文을 배우다가, 집안 어른들의 허락을 받지 못한 상태에서, 10세 때부터 小學校에 입학하여 졸업을 하였다. 그 뒤 공무원, 교사, 육군 장교 등을 거쳐, 梁山, 統營, 泗川, 咸陽 등지의 군수를 지냈다. 국사에 조예가 깊어 다년간 경상대학교에서 국사

2) 가문의식

법물리의 상산김씨들은 한 마을에서 600여 년을 살아오면서 이 지역에서 이름 있는 가문으로 위치를 확고히 하였고, 이 점에 대한 또 자신들의 긍지가 대단하였다. 항와恒窩 김성탁金聲鐸의 「독세고유감讀世稿有感」이란 시에 그 긍지가 잘 나타나 있다.

삼족재三足齋의 문장은 백세百世에 향기롭고,
대하재大瑕齋의 절의節義는 천추에 빛나네.
성인聖人의 학문에 밝고 나라 위해 죽으니,
두 대의 어짊과 충성 나란히 아름답도다.[4]

삼족재三足齋 김준金浚의 문장과 그 아들 대하재大瑕齋 김경근金景謹의 충절을 천추에 빛날 업적으로 여겨 대단한 자부심을 갖고 있음을 알 수 있다. 학문과 충절을 아울러 갖추기가 어려운데 부자간에 두 가지를 다 갖추었으므로 대단한 자부심을 느꼈던 것이다.

더욱이 대하재에 대해서는 다음과 같이 말하였다.

저의 선조 대하공大瑕公은 인물, 문장, 덕행, 도의가 당세에 들림이 있었습니다. 그리고 큰 난리를 당해서 백의의 신분에 혼자의 힘으로 왜적을 꾸짖고 굽히지 않았으니, 그 영걸스런 기풍과 의연한 공훈은 족히 천고에 떨칠 만했습니다. 한스러운 것은 자손이 한미하여 만에 하나도 포숭襃崇하여 세상에 알리지 못했습니다.

를 강의하기도 하였고, 이 지역의 가문, 人物, 典籍 등에 대하여 해박한 지식을 갖고 있다. 문중 일에 관심이 많아 「舊丹城縣 法勿禮里 洞案攷」 등 法勿里에 관계된 여러 편의 글을 썼다. 본 연구에서 여러 가지 증언으로 많은 도움을 주었다.
4) 『恒窩集』, 2권, 9장.

대하재는 인물과 문장, 덕행과 도의가 당시에 이미 널리 알려져 있을 정도의 훌륭한 인물이었는데도 자손들이 한미하여 세상에 선양하여 흡족한 평가를 받지 못하고 있음을 안타까워하면서, 자손 된 책임을 다하지 못하는 것을 부끄러워하고 있다.

그 남긴 글과 옛 유적은 병화兵火에 타버려 수습할 길이 없으니 자손 된 사람은 울음을 삼키면서 통탄해하는 바입니다. 단지 가승家乘에 유전해 오는 것을 모아 실기 한 권을 만들었습니다.

또 이 가문은 선비가 가장 많은 것으로써 조선 말기에 이 지역에서 알려져 있었다.

대개 물천선생勿川先生이 서울 냉천冷泉의 허성재許性齋와 한포寒浦의 이한주李寒洲의 의발衣鉢을 전수 받고서부터 이 지역의 배우는 사람들을 다스렸으니, 김씨 일문이 가장 많았다고 한다.[5]

이 가문에는 본디부터 선비들이 많았지만, 특히 물천勿川 김진호金鎭祜가 성재性齋 허전許傳, 한주寒洲 이진상李震相의 문하에 출입하여 그 지결旨訣을 얻은 뒤 인근의 배우려는 사람들을 가르치니, 이 가문의 학문이 더욱더 흥성興盛하였던 것이다.

조상의 현창과 직접 관련되는 것은 아니지만 양반이 신분의식을 드러내는 중요한 방식 중에 하나는 자신이 거주하는 마을을 들이대는 것이다. 아직까지도 촌로들은 사람을 처음으로 만나면, 먼저 성씨와 관향을 물은 다음 어느 마을에 사는지를 잇따라 묻는다. 진짜 양반인지를 확인하기 위한 절차이다.

5) 『弘菴集』, 부록, 4장, 「墓碣銘」.

조선 말기에 위보僞譜가 성행한 데다가 양반의 거주지역은 반촌班村이라 하여 동족부락을 이루고 있었다. 양반의 거주지역이 아닌 곳은 여러 성씨들이 이런 저런 연유로 섞여 거주하는 것이 일반적이다. 양반들은 이런 마을들을 민촌民村이라고 불렀다. 물론 유력한 두서너 개의 양반가문이 한 마을에서 병존하여 있는 경우도 있었다. 그러나 대부분의 경우 하나의 유력한 양반가문이 마을의 중심에 있고, 그 주위에 몇 개의 민촌이 반촌을 둘러싸고 있는 것이 보통이었다.

상산김씨가 대성을 이루고 있는 산청군 신등면 법물리의 경우는 비교적 규모가 큰 반촌이다. 일제강점기 때의 조사를 보면 1935년 당시에 150호의 동족마을이었다.6) 현재에도 약 80호의 동족마을을 유지하고 있다. 근처에는 이교梨橋 등의 민촌이 있었는데, 법물리의 상산김씨 가문은 민촌에 사는 사람들에 대해 지배권을 가지고 있었다. 해방 직후까지도 이 마을의 양반들은 나이가 어려도 민촌의 사람들에게 낮춤말을 쓸 정도로 확연한 반상구별의식이 있었다. 민촌에 사는 사람들도 모두 노비나 하인인 것은 아니었다. 이들 중에 많은 사람들은 어엿한 양반가문의 족보를 가지고 있고 자신들의 조상이 양반이라는 의식이 있기는 하지만, 양반으로서의 가문을 유지하지 못할 정도로 몰락해서 양반 대우를 받지 못하였다.

동족마을에 다른 성씨가 거주를 하는 일은 그 마을에 예속되어 있는 노비들을 제외하고는 극히 드문 일이었다. 예외적으로 이 마을 양반가문의 여자와 혼인관계를 통하여 다른 성을 가진 양반이 처족의 마을에 들어오는 경우가 간혹 있었다. 그렇지 않은 경우에는 일족 지배하에 있는 반촌의 분위기에서 견디기 힘들었을 것이다.

---

6) 『朝鮮の聚落』, 459면.

법물리는 아직도 동족마을을 유지하고 있으나 이웃의 민촌에 대한 실질적인 지배권은 거의 남아 있지 않다. 신분제가 철저하던 과거에는 생각할 수도 없었던 일이지만, 요즈음에는 과거의 민촌에 살던 사람들과 통혼을 하고 있고, 지역의 행정적인 일에서도 지배 종속관계라기보다는 대등한 지위에서 협조관계를 맺고 있는 것으로 보인다. 이는 신분제의 해체의 과정에서 나타나는 자연스런 귀결이라 할 수 있겠다.

3. 가문의 위상제고

전통사회에 살던 사람들은 개인의 명예 못지않게 가문의 명예를 대단히 중시하였고, 가문의 위상을 제고하여 명문으로 공인 받으려고 다방면으로 노력하였다. 과거에 합격하고 사환仕宦하여 가문을 빛내려고 노력하였고, 학문과 시문 실력으로 지식인 사회에서 인정받으려고 노력하였으며, 향촌의 유림사회에서 주도적인 역할을 하려고 노력하였다. 그리고 영향력 있는 저명한 학자나 문인들과 사우관계師友關係를 맺어 자신의 성가聲價를 높이려고 하였고, 자신도 어느 정도 연령이 되면 스승으로서 제자들을 양성하였다. 서원, 사우祠宇, 누정 등을 건립하여 조상을 현창하고 유림들의 관심을 끌려고 노력하였다. 조상이 남긴 시문이 있으면 이를 문집으로 간행하여 유림사회에 보급함으로써 학문하는 가문임을 알리려고 노력하였다. 가문의 단합을 도모하고, 후대들의 교육에 정성을 들여 사환자仕宦者, 학자, 문인이 많이 배출되고, 패륜적悖倫的인 사건이 발생하지 않도록 여건을 마련하였다. 집안에 필요한 묘도문자墓道文字, 문집서문文集序文, 기문記文, 상량문上樑文 등을 비중 있는 저명한 학자에게 받아 가문의 성가聲價를 높이려고 하였다. 명문가와 혼인을 맺어 가문의 위상을 높이려고 노력하였다. 관혼상제 등 전통예절을 엄격히 준수하고, 특히 빈객의 접대를 잘하여 가문의 좋은 소문이 전파되도록 노력했다.

1) 등과登科와 출사

김후金後에 의해서 형성되어 이 지역의 양반명문으로 부상한 법물리의 상산 김씨는 그 아들 김장金張이 문과에 올라 사간원좌정언司諫院左正言, 예문관검열 藝文館檢閱, 대교待敎 등직을 역임하였다. 그의 관직은 6품직을 넘지 못했지만, 모두가 다 청요직이다. 예문관검열은 한림翰林이라 하여 학문과 문장을 고루 갖춘 사람이 선발되어 들어가는 관직으로, 가장 영예로운 자리이다.

김장의 세 아들도 모두 문과에 올랐는데, 장자 김극용金克用은 사간원사간 司諫院司諫을 지냈고, 차자 김이용金利用은 사헌부지평司憲府持平을 지냈고, 삼자 김정용金貞用은 성균관박사成均館博士 겸兼 선전관宣傳官을 지냈다. 모두 고관은 아니더라도 국왕에게 간언을 하거나 관리들을 규찰하거나 유생들을 교육하는 중요한 중앙관직이었다.

이들 이후로 문과에 급제한 이 가문의 인물로는, 김이용의 손자 김훤金暄, 김정용의 손자 김달생金達生, 김수돈金守敦, 김이용의 증손 김렴, 김경눌金景訥 의 후손인 김인섭金麟燮 등 모두 9명이었다.

무과에 급제한 인물로는, 김달생金達生의 아들인 김녹돈金祿敦, 김달생의 손자인 김경눌金景訥 · 김경인金景訒 형제, 김경눌의 아들인 김응호金應虎 등 모두 4명이었다.

소과에 급제한 인물로는 김윤생金潤生, 김정용의 아들인 김광려金光礪 · 김 광범金光範 형제, 김윤생金潤生의 현손인 김용정金用貞, 김극용金克用의 아들인 김처권金處權, 김광범金光範의 아들인 김익돈金益敦, 김익돈의 아들인 김하金濱·김람金灠 형제, 김달생金達生의 아들인 김준金浚, 김응두金應斗의 아들인 김석金碩, 김석의 손자인 김돈金敦, 김일金鎰의 아들인 김언보金彥寶, 김성렬金聲列의 아들 김재현金在鉉 등 모두 13명이다.

사환한 이로는 문과를 거쳐 출사한 인물과 최종 관직을 보면, 김수돈金守敦은 예문관검열藝文館檢閱, 김훤金暄은 찰방察訪, 김렴金濂은 예문관검열藝文館檢閱, 김인섭金麟燮은 통정대부通政大夫 사헌부장령司憲府掌令 등이 있다.

무과에 급제하여 출사한 인물과 최종 관직을 보면, 김녹돈金祿敦은 군수郡守, 김준민金俊民은 현령縣令, 김경눌金景訥은 현감縣監, 김경인金景訒은 판관判官, 김경호金景虎는 첨정僉正 등이 있다.

음서로 출사한 인물과 최종 관직을 보면, 김징金澂은 부사직副司直, 김충金沖은 군수郡守 등 모두 2명이 있다.

충훈으로 증직贈職된 인물과 관직을 보면, 김경근金景謹은 사헌부감찰司憲府監察, 김준민金俊民은 병조판서兵曹判書에 추증되었다.

임진왜란 때 공을 세운 김경근에게 관직이 추증되기를 가문에서 오래전부터 바라왔고, 조선 말기에 와서 관직을 추증 받아 그 억울함은 풀었으나, 관직이 공훈에 미치지 못함을 안타까워하고 있다. 조선 고종 때 이 가문의 인물인 매하梅下 김기주金基周의 「상성재선생서上性齋先生書」를 보면, 다음과 같은 기록이 있다.

선숙조先叔祖 대하공大瑕公의 일은 삼가 들으니, 이조에서 그 높은 충성을 복계覆啓하여 임금님에게 반드시 알려져서, 추증을 입기에 이르렀습니다. 잔약한 후손들의 수백 년 동안의 억울한 마음을 하루아침에 시원하게 펴 주었으니, 이승과 저승에 감격하기 그지없고, 영광스러워 저 세상을 빛나게 할 것입니다. 다만 숙조의 평소의 절의와 문장, 인물과 풍의는 당시 사람들이 남대南臺를 받을 것으로 생각했는데, 겨우 감찰의 자리에 그쳤습니다.[7]

대하재의 공훈에 비해서 추중된 벼슬이 미흡하다고 생각할 만큼, 대하재에 대한 이 가문의 추앙의 정도는 대단하였다. 그 학행으로 봐서 생존 시에 사헌부지평司憲府持平에 바로 추중 받을 만한 정도가 되는데도 추중된 관직이 감찰監察에 그쳐 서운한 마음을 온 가문의 사람들이 모두 품었지만, 300여 년 동안 품어 온 억울한 심정만은 풀 수 있었다고 토로하고 있다.

대하제의 분황의식焚黃儀式은 인근의 유림들이 운집한 가운데서 거행했는데, 자손들로서는 감격스럽고 기쁜 일이었던 것이다[8]. 이 일로 인해서 인근의 유림사회에서 가문의 위상을 제고시킬 수가 있었다.

영남지방은 고려 말 길재吉再가 관직을 버리고 선산善山으로 귀은歸隱하여 학문 연구와 제자 양성을 한 이래로 학문하는 경향이 풍미하였다. 그러자 중앙 관직의 대부분은 훈구파들이 독점하다시피 하였다. 길재의 제자인 김숙자金叔滋의 아들인 점필재佔畢齋 김종직金宗直이 문과에 급제하여 중앙관계에 진출하여 예조판서를 지내고, 조선시대 관직 가운데서 가장 영예로운 직책인 대제학의 물망에 여러 차례 오르는 등 관계에서 상당히 득지得志하였다. 그의 영향으로 그의 영남의 제자들이 대거 조정에 진출하였다. 이들은 조정에서 훈구파의 견제의 대상이 되었다. 그러다가 무오사화로 인하여 김종직의 제자들은 일망타진 되니, 영남 인물들의 출사가 거의 없었다.

그 뒤 회재晦齋 이언적李彦迪, 퇴계退溪 이황李滉 등에 의하여 영남 인물들의 중앙관계 재진출이 성공하였다. 동시대의 남명 조식은 여러 차례 국왕의

---

7) 『梅下集』, 3권, 8장.
8) 『白下集』, 4권, 1장, 「叔祖大瑕齋先生焚黃告由文」.

징소徵召를 받았으나, 끝내 관직에 나가지 않았다. 그의 문인 정인홍 등에 의해서 광해조에 잠시 조정을 주도하다가 1623년 인조반정으로 인하여 영남, 특히 경상우도(대개 오늘날의 慶尙南道 서부지역) 인물의 관계 진출의 길은 완전히 막혔다. 그 뒤 1728년 정희량의 난으로 인하여, 이 지역 사람들의 관계 진출은 더욱 어렵게 되었다. 그래서 인조반정 이후 경상우도에 세거하는 양반가문 출신의 인물들은 사환하기가 어려워, 사환한 인물이 거의 없게 되었다.

법물리의 상산김씨 가문도 이러한 현상이 여실히 드러난다. 문과급제자가 중종 때 김림 이후로 조선 후기 헌종 때 김인섭 한 사람뿐인 것을 보면 알 수 있다. 이런 정황에서 고관대작은 아니지만, 이 정도로 사환한 인물을 배출한 것은 진주晋州를 중심으로 한 경상우도지역에서는 비교적 그 수가 많은 것으로, 가문의 자랑이고 가문의 위상을 높이는 작용을 하였다.

법물리 출신인 김상조金相朝 씨, 김동렬金棟列 씨, 계속 그 마을에서 거주하면서 인지재仁智齋의 유사有司를 번갈아 맡고 있는 김동진金棟珍 씨, 김성배金聲培 씨, 김돈희金敦熙 씨 등과 면담9)을 해 본 결과, 이들은 다른 가문과 비교할 때 조금은 더 명문이라고 생각한다고 답하였는데, 그 이유 중의 하나가 대과·소과에 급제한 인물이 많다는 것이었다.

2) 조선祖先의 현창

조선시대부터 지금까지 우리나라 양반가문에서는 조선을 현창하기 위한 사업을 많이 해 오고 있다. 현창사업은 대개 다음과 같다. 조상을 기념하기 위한 서원, 사우, 누정 등의 건립, 조상의 묘소에 비갈碑碣 등 석물石物을 설치하는 일, 조상이 남긴 시문이나 관계 자료를 수집하여 문집이나 실기를

---

9) 1997년 5월 12일 1차 면담, 8월 26·27일 2차 면담, 10월 30일 3차 면담.

편찬하여 세의가 있는 가문에 반포하는 일 등을 들 수 있다.

법물리의 상산김씨 가문도 이런 경향에서 예외가 아니다. 이 가문은 많은 인물이 배출된 것에 비해서는 서원, 사우는 거의 없다. 이는 이 가문 사람들의 겸양의 도리를 아는 것이라고 볼 수 있는 것으로서, 이 가문의 사람들은 서원에 향사되는 인물의 학문과 덕행의 기준을 아주 높게 잡았던 결과이었다. 이 가문에는 주로 학자들이 생전에 강학과 독서에 실제로 활용했던 재실, 서당, 정사 등이 대부분이다. 이것은 이 집안의 경제적 사정과도 밀접한 관계가 있다고 하겠다.

이 가문에는 토지를 대규모로 소유한 대지주는 출현한 적이 없었다고 한다. 가장 많은 토지를 소유한 집이 논 400두락, 형편이 괜찮은 집은 100두락, 보통 10두락에서 20두락 사이로 선비로서 생계를 겨우 유지하는 정도의 형편인 집이 많았다고 한다.

양반가문임을 나타내는 대표적인 건축물은 조상을 향사하거나 후학에게 강학하는 재실이나 누정이다. 재실이나 누정은 전통적인 건축양식에 따라 일정한 규모를 갖춘 건축물인데, 이는 가시적인 것으로서 양반가문의 위세를 드러내는 데 중요한 역할을 한다.

단구재 김후의 재실인 은락재隱樂齋, 삼족재三足齋 김준金浚의 재실齋室인 호산재虎山齋, 상산김씨의 집안 서당인 인지재仁智齋, 집안의 서당으로 가술可述에 있는 구양재龜陽齋, 집안의 강학지소인 남당재南塘齋, 대하재 김경근을 기념하기 위한 법천서당法川書堂, 김응호金應虎를 기념하기 위한 청양재靑陽齋, 괴정槐亭 김상삽金尙鈒[10]을 기념하기 위한 괴음정槐陰亭, 단계端磎 김인섭金麟燮을 봉사奉祀하는 두곡서당杜谷書堂, 물천勿川 김진호金鎭祜를 봉사하는

---

10) 『상산김씨제학공파보』(1928)에는 鈒이 '鍪'으로 되어 있다.

물천서당勿川書堂, 부암博巖 김응두金應斗를 기념하는 부암정사博巖精舍, 서간
西磵 김재순金在洵을 기념하기 위한 서간정西磵亭, 기헌幾軒 김기용金基鎔을
기념하기 위한 기양정사岐陽精舍 등이 있다.

원래 누정樓亭과 재사齋舍가 이보다 훨씬 더 많았으나 대원군 때 훼철된
것도 있고, 자연이 퇴락한 것 가운데는 직계후손들의 재력이 못 미쳐 결국
없어진 것도 있고, 직계후손들의 경제적 어려움으로 인해서 해체하여 재목을
매각한 경우도 있다고 한다.

상산김씨 가문의 재사와 누정을 도표로 나타내면 <표1>과 같다.

<표1> 상산김씨 재실, 누정 일람표

명칭	연도	위치	용도 / 대상인물	비고
隱樂齋	1677	新等 坪地	齋舍/金後(丹丘齋)	商山金氏 중시조
仁智齋	1816/1852	新等 坪地	書堂	장서 5천 권
杜陵書院	1713	新等 杜谷	書院/金湛 李滉	毁撤, 墟址
虎山齋	1810	新等 長川	齋室/金浚(三足齋)	
興雲亭	1810	新等 長川	墓閣/金達生(水晶堂)	
南塘齋	1840	新等 勿山	商山金氏 講學之所	
麗澤堂	1889	新等 坪地	書堂	性齋 許傳
勿山影堂	1891	新等 坪地	祠堂	性齋 許傳
勿川書堂	1914	新等 坪地	書堂/金鎭祜(勿川)	1984년 移建
傅巖精舍	1899	新等 坪地	書齋/金應斗(傅巖)	重建
靑陽齋	1904	新等 坪地	書齋/金應虎	
法川書堂	1915	新等 坪地	書堂/金景謹(大珉齋)	
龜陽齋	1923	新等 巨洞	書塾	1996년 개축
杜谷書堂	1930	新等 杜谷	書堂/金麟燮(丹溪)	
西磵亭	1935	新等 坪地	齋室/金在洵(西磵)	1989년 重修
臨溪齋	1995	新等 坪地	書齋/金鍾晧	
丹丘館	1993	新等 坪地	齋室/商山金氏	

가장 오래된 건물인 은락재隱樂齋는 상산김씨 제학공파의 파조인 단구재 김후를 위한 재실로서 상산김씨 문중의 재실이다. 때때로 문집이나 족보 편찬의 일이나 문중회의의 장소로 사용되기도 하였다.

인지재仁智齋는 1816년에 창건되고 37년 후인 1852년에 중수되어 지금까지 잘 관리되고 있는 상산김씨 문중의 대표적인 재실齋室로, 문중의 도서관 기능을 했다. 본래 3000권 있던 장서가 많이 흩어져 없어졌지만, 지금도 약 1천여 권이 소장되어 있다. 또한 인지재 장서절목藏書節目을 정하여 일정한 규정에 따라 도서의 관리가 이루어졌다.[11]

재사, 누정, 서당 등이 지어지면 그 관리를 위해 위토位土가 있어야만 했다. 위토는 고지기에 의해 경작되었는데, 고지기는 평상시에 재실을 관리하고 소작료는 행사가 있을 때의 비용으로 제공하였다. 고지기는 세습되는 것이 보통이었다. 그러나 산업화 이후 고지기가 점점 사라져 지금은 완전히 없어졌다. 최근에는 재실 관리를 알가의 사람들이 맡아서 하고 있다. 인지재의 경우 창건 이후 1902년까지 재실에 딸린 토지가 130두락에 이르렀고,[12] 지금도 여기에 딸린 재산이 논 10두락과 기금 2천만 원 정도가 된다고 한다.

물천서당은 물천이 강학하던 서당으로, 1914년 처음 지을 때에는 마을에서 좀 떨어진 곳에 있었다가, 1984년에 건물을 뜯어 마을의 북쪽 어귀로 옮겨서 지었다. 사용과 관리의 편리함을 위해 이건했다고 한다. 그러나 정작 건물을 옮겨 왔지만, 유학을 공부하는 학자들이 대부분 세상을 떠났기 때문에, 실제로 거의 쓰이지도 않고, 관리도 이전보다 도리어 더 힘들게 되었다고 한다.

현재의 재실의 관리는 과거와 비교해 볼 때 많이 소홀해진 편이다. 과거에는 재실은 거기서 늘 거처하는 사람이 있어 건물의 관리가 저절로 되었으나,

---

11) 『勿川集』, 「仁智齋藏書節目」.
12) 『仁智齋 齋誌』.

최근에는 1년에 한 차례 묘사墓祀가 있을 때만 사용하기 때문에 따로 관리인을 두지 않으면 금방 훼손되기 쉽다. 재실에 딸린 토지를 경작하게 하고 관리를 맡기기도 하지만, 지금은 토지를 경작하기를 원하는 사람을 구하기 어렵다고 한다. 그래서 평소에는 마루에 먼지가 쌓이는 등 관리가 거의 안 되고 있다. 건물의 보존을 위해 따로 조치를 취하지 않으면 안 되게 되었다. 지방 관청에서 역사적 가치가 있는 건물에 대해서는 문화재로 선정하여 관리하지 않으면 안 될 상황이다.

이러한 관리가 어려운 사정임에도 불구하고, 임계정臨溪亭과 같은 경우는 극히 최근에 조선祖先을 위해서 서재를 새로 지었다. 이는 경제력이 있는 자손이 조선을 위해서 서재를 지은 것인데, 양반가문의 위세를 나타내기 위한 수단으로서 아직도 재사, 누정 등이 그 기능을 잃지 않고 있음을 보여 주는 사례라고 말할 수 있다. 다만, 임계정의 경우는 겉모습은 전통적인 건축 양식을 따르고 있지만 실내 구조는 현대식의 주거공간으로 실용적인 편리함을 많이 고려하였다. 그렇게 함으로써 건물의 사용을 통한 관리의 편이성을 고려한 것으로 보인다.

상산김씨 문중 사업의 하나로 자손들로부터 많은 성금을 모아, 최근에 건립한 단구관丹丘館은 양반가문 의식이 아직 강하게 남아 있음을 보여 주는 중요한 사례라고 볼 수 있다. 상산김씨 문중에서 광범위한 모금을 통해 건축비용을 조성하여 1993년에 완공한 단구관은 마을의 뒤편의 산기슭에 위치하고 있는데, 규모로 볼 때 상산김씨의 재실 중 가장 큰 건물이다. 매년 정기적으로 열리는 묘사를 위해 특별히 지었다.

이 가문의 조선祖先들의 비갈에 쓰인 글을 보면, 단구재 김후의 묘소에는 중재重齋 김황金榥이 묘비명을 지었다. 한대기韓大器는 김준金浚의 전傳을 지었다. 성재性齋 허전許傳은 대하재 김경근의 묘비명, 소산小山 김석金碩,

묵재默齋 김돈金墩, 해기海寄 김령金欐 등의 묘갈명을 지었다. 만성晩醒 박치복朴致馥은 정헌靜軒 김덕룡金德龍의 묘갈명을 지었다. 후산后山 허유許愈는 둔재遯齋 김복문金復文의 묘갈명을 지었다. 면우俛宇 곽종석郭鍾錫은 김준민金俊民의 신도비명과 지지헌知止軒 김기섭金麒燮, 용강龍岡 김상순金相洵, 여재餘齋 김대순金大洵, 효자孝子 김우金瑀의 묘갈명을 지었다. 소눌小訥 노상직盧相稷은 은암隱巖 김탕金宕, 송계松溪 김국현金國鉉의 묘갈명을 지었다. 소와素窩 허찬許巑은 김준민金俊民의 아들 김봉승金鳳承의 묘갈명을 지었다. 심재深齋 조긍섭曺兢燮은 매려梅廬 김재현金在鉉의 묘갈명을 지었다.

재사에 걸린 글을 보면, 인지재중수기仁智齋重修記는 곽종석이 지었고, 물천서당勿川書堂에는 박치복朴致馥, 곽종석, 하겸진河謙鎭 등 당시 명망 있던 학자들의 글이 걸려 있다.

상산김씨 가문은 조선 후기 이후 중앙관직에서 소외되어 있었던 만큼 학문과 문집의 발간에 특별한 관심을 보여 많은 유학자들을 배출하고 문집 발간에 정성을 쏟음으로써 양반가문으로서의 위상을 유지하고자 노력했다.

보통의 경우 개인 문집은 한 인물의 사후에 제자들이 유문을 모아 편집하고 직계 자손이 비용을 부담하여 발간한다. 물론 아주 저명한 학자의 경우에는 유림이나 제자들이 갹출하여 문집을 발간하는 경우도 있다. 편집체례編輯體例는 대체로 『주자대전』을 따르며, 시詩, 소차疏箚, 서書, 서序, 기記, 발跋, 잡저雜著, 제문祭文, 축문祝文, 묘도문자墓道文字, 행장行狀과 부록附錄 등으로 구성되어 있는데, 대부분의 문집의 경우 시詩와 서書가 압도적으로 많은 양을 차지하고 있다. 조선 후기 경상우도의 학문적인 경향, 유림들의 동향, 사유체계, 생활양식 및 향토사의 자료로서의 가치가 크다.

상산김씨 가문의 경우 한말에서 일제강점기에 이르는 기간에 문집 발간이 활발했다. 그리고 최근에 와서도 수십 년 전에 작고한 조선祖先의 문집을 발간하는 일이 계속되고 있는데, 『평곡집平谷集』, 『수재집修齋集』, 『회천유집 晦川遺輯』, 『남파유고南坡遺稿』 등이 그러한 사례에 속한다.

이 가문의 인물들이 남긴 개인 시문집을 보면 다음과 같다. 김담金湛의 『급고재집汲古齋集』, 김뉴金紐의 『박재집璞齋集』, 김석金碩의 『소산집小山集』, 김돈金敦의 『묵재집黙齋集』, 김이표金履杓의 『상우당집尙友堂集』, 김홍도金弘道의 『단구시선丹邱詩選』, 김재현金在鉉의 『매려유집梅廬遺集』, 김인섭金麟燮의 『단계집端磎集』, 김진호金鎭祜의 『물천집勿川集』, 김기용金基鎔의 『기헌집幾軒集』, 김충섭金忠燮의 『야당집野堂集』, 김대순金大洵의 『여재유고餘齋遺稿』, 김성탁金聲鐸의 『항와집恒窩集』, 김기주金基周의 『매하집梅下集』, 김기요金基堯의 『소당집小塘集』, 김재식金在植의 『수재집修齋集』, 김진문金鎭文의 『홍암집弘菴集』, 김영달金永達의 『의당유고毅堂遺稿』, 김영시金永耆의 『평곡집平谷集』, 김영우金永宇의 『임당정유록林塘亭遺錄』, 김영규金永奎의 『존곡유고存谷遺稿』, 김승주金昇柱의 『회천유집晦川遺輯』, 김상준金相峻의 『남파유고南坡遺稿』, 김용구金容九의 『성암유고誠菴遺稿』, 김홍징金弘徵의 『성극당집省克堂集』, 김종희金宗禧의 『매계집梅溪集』, 김정섭金廷燮의 『죽암집竹菴集』, 김국현金國鉉의 『송계집松溪集』, 김약한金躍漢의 『성암집惺庵集』 등이 있다.

시문집을 남기지 못한 조상들이 남긴 시문을 모아 김인섭이 『상산세고商山世稿』를 편찬하였고, 실기로는 김경근의 『대하재실기大瑕齋實紀』가 있다. 『상산세고』의 편찬은 김인섭이 하였지만, 이는 온 가문의 장기간의 열망이 결집된 것이고, 또 그 간행을 위해서 가문에서 재물을 모아 이 일을 도우려고 하였다.

요즈음 단계선생端磎先生을 뵈었더니, "선집先集을 왜 빨리 간행하여 오래도록 전하도록 하지 않느냐?"라고 말씀하시기에, 제가 "집안 부형들에게 알린 그런 뒤에 도모하겠습니다"라고 대답했습니다. 이는 절름발이가 자기의 힘을 헤아리지 않고서 망령되이 용감한 사람 노릇 하는 것입니다. 형님께서는 일찍이 선조들의 아름다운 행실과 뛰어난 절개가 날로 인멸되어 남아 있지 않은 것을 걱정하여, 여러 집에서 전해 오는 것을 채집하여 한 권의 책으로 만들자고 하셨습니다. 이는 실로 삼백 년 동안 여기에 눈을 돌릴 겨를이 없었던 일입니다. 그러나 오직 우리 후손들이 기력과 분수가 점점 약해져 성대한 뜻을 만에 하나도 받들지 못하게 되겠습니다. 지금 완성하지 못하면 나중에는 엄두를 낼 수가 없습니다. 그래서 이제 편지로써 형님에게 알리니, 이 뜻으로써 문중의 자손들을 깨우치는 것이 어떻는지요?

제가 생각하기에는, 재물 모으는 방법으로는 곡식으로 하는 것이 제일 좋을 것입니다. 지금 추수가 다 끝났으니, 곡식은 집집마다 있을 것입니다. 그 가세의 우열의 등급에 따라서 몇 말, 몇 섬씩 모은다면, 누가 "안 된다"고 하겠습니까? 한번 모여서 충분히 논의하여 이 일을 잘 마치기를 바랍니다.13)

『상산세고』뿐만 아니라, 집안의 학자 한 개인의 시문집도 문중에서 비용을 부담하여 간행한 경우가 있었다. 성재 허전의 제자인 매하 김기주의 문집인 『매하집梅下集』을 간행할 적에 문중에서 돈을 내어 도왔다.

지금 가는 규석逵錫은 기용基鎔의 죽은 삼종형三從兄 매하공梅下公 휘諱 기주基柱 자字 성규씨聖規氏의 아들입니다. 가지고 간 책자는 매하공梅下公의 유고遺稿입니다. 공이 세상을 떠난 것이 지금 33년이 되었는데도, 원고가 아직도 보자기 속에 있습니다. 이는 그 아들이 마음에 하루도 편할 수 없는 일이요, 곁에서 보는 사람들도 답답해하는 바입니다. 몇 년 전에 문중에서 돈을 내어 어렵게 어렵게 장차 목판에 새겨서 후세에 오래 전하기를 도모하는 바입니다.14)

---

13) 『恒窩集』, 3권, 7·8장, 「與族兄半厓翁」.
14) 『幾軒集』, 2권, 11·12장, 「上俛宇先生書」.

문중의 학자가 지은 글을 상자 속에 사장시키지 않고 간행하여 세상에 널리 영원히 전해져 그 이름이 없어지지 않도록 문중에서 공동으로 도왔던 것이다. 글을 숭상하고 학자를 높이는 가문의 정신이 전해지고 있는 증좌證佐라 하겠다.

누정을 짓고, 비갈을 세우고, 문집을 간행하여 세상에 반포하는 일 등은 조선祖先을 현창하여 훌륭한 점을 영원히 세상에 널리 알리려는 목적에서 하는 일이다. 훌륭한 조상이 많이 있다는 것은 바로 양반가문임을 입증할 수 있는 것이다.

3) 족보의 편찬

족보는 양반이 자신의 혈통이 양반 신분임을 나타내는 가장 중요한 지표이다. 족보를 발간하는 목적은 "조상을 섬기기 위해서"[15]라고 명분을 내세우지만, 실은 양반가문에 대한 소속의식을 갖도록 하고 족보에 등재된 사람들이 양반 신분임을 드러낼 수 있는 중요한 장치이다. 그래서 족보 발간이 계획되면 족보에 실릴 단자單子와 함께 발간비용을 갹출하는데, 여기에 대한 협조는 잘되고 있다. 그만큼 양반가문의식에서 비롯되는 족보에 대한 관심이 높은 것이다.

법물리에 세거하는 상산김씨는 제학공파提學公派에 속하는데, 이 가문에서 족보를 최초로 편찬한 것은 1685년(숙종 11, 乙丑)으로, 편찬을 주도한 사람은 찰방察訪 김윤장金潤章이다. 그 뒤 1710년(숙종 36, 庚寅)에 다시 편찬하였는데, 편찬자는 현감縣監 김경뢰金慶賚이다. 1751년(영조 27, 辛未)에 김치룡金致龍이 편찬하여 초고를 다 만들었으나 간행되지는 못했다가, 1763년에 이르러 서울

---

15) 『勿川集』, 「商山金氏族譜序」, 229쪽.

에 사는 일가들과 합의가 되어, 전체 족보 4책 가운데 합록合錄하였다. 그 뒤 1824년(순조 24, 甲申)에 각 도에 사는 각 파가 합의하여 대동보 8권을 만들었다. 법물리의 상산김씨는 제학공파로 분류된다.

1879년(고종 16, 己卯)에 서울에서 대동보를 편찬하려고 하였으나, 법물리, 진주, 창원 등지에 사는 제학공파는 의견이 맞지 않아 참여하지 않았다. 이때 제학공파는 김인섭이 전담하여 은락재隱樂齋에서 파보派譜를 편찬하였다. 이때는 우리나라의 사서나 제가의 문집 가운데 있는 상산김씨 조상에 관계된 기록을 다 발췌하여 족보의 권수에 실어, 후손들로 하여금 조상의 내력과 원류를 일목요연하게 알도록 만들었다.16) 당시 창원과 거창에 있는 후손들은 의견이 일치되지 않아 이 파보에도 단자를 내지 않았다.

가장 최근에 발간된 상산김씨 대동보는 1970년 경술보庚戌譜이고 제학공파 파보는 1998년에 발간된 무인보戊寅譜이다.

이 이후 50년 주기로 대동보와 파보를 번갈아 편찬하기 때문에 지금까지 대개 20년 혹은 30년 간격으로 족보가 편찬되어 오고 있다. 1997년 8월 26일에도 파보를 편찬하기 위해서 인지재仁智齋에서 종회를 개최한 바 있다.

양반가문의 족보에 대한 관심은 예로부터 지대한데, 요즈음에 와서는 그 관심이 줄어들기는커녕 오히려 커지고 있다. 또한 이번에 간행되는 파보의 경우는 후손들이 족보를 실제로 이용할 수 있도록 기왕의 족보와는 달리 한자로 된 것을 그대로 두지만 새로 등재되는 인명은 국한문 혼용을 하고, 서문과 같이 한문으로 된 것은 토를 달고 띄어쓰기를 한다. 특기할 만한 것은 과거에는 딸들의 경우 족보에 단지 사위의 이름만을 등재하고, 부인의 경우는 본관과 부친 성명만을 썼지만, 이번 족보부터는 딸의 경우에도 사위의

---

16) 『恒窩集』, 4권, 14 · 15장, 「商山世譜跋」.

이름과 함께 등재하기로 결정했다. 이 사안에 관해 족보편찬위원회에서는 한 사람의 반대도 없었다고 한다.17)

4) 혼인을 통한 가문 유지

법물리의 상산김씨들은 단성 향내의 대성인 안동권씨, 성주이씨, 인근 삼가현에 거주하는 파평윤씨, 김해허씨 등과 혼인관계를 맺어 왔다. 가문의 위상을 제고한 특기할 만한 혼인을 들면 다음과 같다.

이 가문의 위상을 제고하는 데 가장 큰 작용을 한 혼인은 만호萬戶 김행金行 이 남명 조식의 사위가 된 것이다. 학자로서 재야사림의 영수로서 국왕도 함부로 부르지 못하는 남명은 당시 조야에서 비중이 대단했고, 그의 제자들이 임진왜란 때는 대부분 창의를 하여 구국의 대열에 섰으며, 이 지역 학자들의 학통도 대부분 남명에서 비롯되었다.

김행의 두 딸이 동강 김우옹과 망우당 곽재우에게 각각 출가한 것도 이 가문의 위상을 높이는 데 크게 작용을 하였다. 김우옹은 남명의 고족으로서 퇴계의 문하에도 출입하여 한강 정구와 함께 양강兩岡으로 일컬어지는 학자로, 중앙관계에서 이조참판을 역임하였다. 곽재우는 의병장으로서 너무나 잘 알려져 있다.

이 밖에 충강공忠康公이라는 시호를 받은 동계東溪 권도權濤, 이조참판을 지낸 지족당知足堂 박명부朴明榑 등이 이 가문에서 취처娶妻하였으니, 혼인을 통해서 가문의 위상이 제고되었다고 할 수 있겠다.

---

17) 김상조 씨의 증언, 1997년 10월 30일.

4. 가문의 기반

1) 경제적 기반

양반이 사士를 업으로 하면서 양반 신분의 문화를 유지하기 위해서는 일정한 물질적 기초가 필요하다. 농업사회인 조선시대에 양반 신분의 중요한 경제적 기반은 토지와 노비였다. 상산김씨 가문의 토지와 노비 소유의 변화를 구명하면 그 경제적 기반을 알 수 있겠지만 자료의 제약으로 몇 가지 방증 자료를 통해 추정해 볼 수밖에 없다.

먼저 인구의 변화에 주목해 볼 필요가 있다. 상산김씨 가문은 법물리를 중심으로 세거해 왔기 때문에 인근의 토지가 한정되어 있는 한, 인구의 변화는 경제적 기반을 상대적으로 드러내 주는 지표가 될 수 있기 때문이다. 앞에서 본 바와 같이 상산김씨 가문이 법물리에 거주하기 시작한 것은 조선 초기였다. 이때에는 물론 다른 성씨가 거주하고 있었지만, 상산김씨로서는 단독 가구로 시작한 셈이다. 이후 가문이 퍼져 상산김씨는 법물야면의 평지리, 거동, 당촌 등 여러 마을에 거주하기 시작하였는데, 1678년 호적 대장에는 14호, 1717년에는 15호, 1732년에는 29호, 1762년에는 32호, 1789년에는 45호, 1825년 호적대장에는 55호로 나타나고 있다.[18] 이처럼 상산김씨 가문은 조선 후기에 가구의 수가 계속 증가하였다. 일제강점기에 실시한 한 조사에 의하면 신등면 평지리의 총 호수 211호 중 150호가 상산김씨 가문이었다.[19] 이 시기에는 상산김씨 가문은 평지리에 집중하여 동족부락을 형성한 것으로 보인다. 평지리 상산김씨의 인구는 해방 직전까지 계속 증가하다가 한국전쟁 이후부터 이농으로 감소하기 시작하여 현재는 약 80호가 거주하고 있다.

---

18) 『丹城縣戶籍臺帳』.
19) 善生永助, 『朝鮮の 聚落』(朝鮮總督府, 1935), 459면.

다음에 토지와 노비 소유의 변화를 보자. 상산김씨의 입향조인 김후가 처음 법물리에 자리 잡았을 때에는 중소지주로서의 경제적 기반을 가지고 있었던 것으로 보인다. 일반적으로 재지사족은 토성이족土姓吏族에서 분화되어 왔는데, 이들은 조선 초기의 전시과田柴科 체제가 붕괴되면서 소정의 읍리전邑吏田 외에 사유지를 확대하거나 관노비를 영점하여 재지사족으로서의 경제적 기반을 마련해 갔다. 또 재지사족은 이족과 분화하는 과정에서 본관지本貫地를 떠나 상경종사上京從仕하면서 관직을 매개로 토지와 노비를 획득하기도 하였고, 아직 개간되지 않은 산간벽지를 개간하여 새로운 근거지를 마련하기도 하였다. 이렇게 하여 마련된 농장은 자녀들에게 상속됨으로써 재지사족의 경제적 기반이 되었던 것이다. 상산김씨 가문의 경우도 이러한 일반적인 과정을 통하여 경제적 기반을 마련한 것으로 보인다.

법물리에 자리를 잡은 초기에 상산김씨가의 경제적 기반이 구체적으로 어떠했는지를 정확히 알 수는 없지만, 1480년(성종 11)에 작성된 상산김씨가의 재산상속 문서를 통해서 그 대략을 짐작할 수 있다. 다음의 표는 입향조인 김후의 손자인 김정용金貞用의 재산을 세 남매가 부모 사후에 서로 의논하여 분배하고 이를 문서로 남겨 놓은 것이다.

<표2> 1480년 상산김씨 한 가문의 재산 규모[20]

구분 \ 분배인		光䂖묫	韓健妻묫	光䉙묫	故裵哲令妻묫	합계
노비	노	10명	11명	14명	2명	37명
	비	16명	12명	13명	1명	42명
	합계	26명	23명	27명	3명	80명(유모 1명 포함)
토지	논	73두락	73두락	72두락	19두락	237두락
	밭	半日耕	半日耕	半日耕		1.5일경
기타		瓦家1座	瓦家1座	瓦家1座		瓦家 3좌

20) 정진영, 「유교문화—단성현 법물야면의 商山金氏가를 중심으로—」에서 재인용.

김정용의 재산의 규모는 노비 80명과 토지 237두락의 논과 1.5일경의 밭, 그리고 기와집 3채였다. 이 같은 재산규모는 상산김씨 가문이 초기에는 상당한 경제적 기반을 가지고 있는 전형적인 재지사족이었다는 것을 말해 주고 있다. 또 <표2>에서 볼 수 있는 바와 같이 부모의 재산은 자녀들 사이에 철저하게 균분상속되었다는 사실이다. 이러한 자녀균분상속의 관행은 세대가 갈수록 양반가문의 경제적 기반이 약화될 수 있는 가능성을 나타내고 있고, 실제로도 이러한 분할 상속으로 인하여 후기로 갈수록 경제적 기반이 취약해지기도 하였던 것으로 보인다.

조선 후기, 특히 18세기 이후는 조선 봉건체제가 해체기에 접어든 시기였다. 그 변화의 양상 중 중요한 것으로는 농업의 발달과 상품화폐경제의 발전, 그리고 신분제의 변동을 들 수 있다. 이러한 변동은 향촌사회에서의 양반 신분의 지배를 위협하는 것이었다. 이 시기에 상산김씨 가문도 이전의 양반 신분을 유지할 수 있는 경제적 기반을 점차 상실해 갔던 것으로 보인다.

17세기와 18세기의 신분제의 동요 양상을 당시 법물야면의 호적대장을 통해 살펴본 것이 <표3>이다.

<표3> 법물야면 신분 구성의 변화[21]

W	양반호	중인호	평민호	천민호	합계
1678년	13	4	37	46	100%
1762년	23	12	59	6	100%

약 1세기 간에 일어난 신분 구성의 변화의 특징은 양반, 중인, 평민호의 증가와 천민호의 감소로 요약할 수 있다. 이러한 상황에서 상산김씨 가문의

---

21) 『丹城縣戶籍臺帳』.

노비 소유도 이전 시기와 비교해 볼 때 격감했다고 할 수 있다. 토지 소유에 대해서는 구체적인 자료가 없어 정확히 알 수 없지만, 1862년 단성 농민항쟁에서 상산김씨 가문이 주도적인 역할을 했다는 점을 미루어 보면, 이미 경제적으로는 거의 영향력이 없었음을 알 수 있다. 이미 조선 후기에는 다른 지역의 대다수 양반 신분과 마찬가지로, 상산김씨가의 경우도 중소지주로서의 경제적 기반을 상실한 것으로 보인다. 상산김씨 가문 중에서 대토지 소유자는 거의 없었던 것으로 보인다. 추수 기준으로 400석 정도 하는 집이 가장 부유한 경우였으며 대체로 20~30석을 수확하는 정도였다.

그리하여 한말과 일제강점기에 이 가문에서 "옛 어른들이 몸소 농사일을 하는 것을 꺼려하지 않았다"거나 "끼니를 걸러 가며 공부하는 경우가 있었다"는 증언[22]을 미루어 보면, 상산김씨 문중에서 유학儒學을 업으로 하는 선비들도 농경에 직접 종사하는 경우도 없지 않았던 것으로 보인다.

양반 중에서도 지주로서 양반문화를 유지할 수 있는 물질적 기반을 가진 경우가 일제강점기까지 있었지만, 이러한 경우도 해방 후 농지개혁으로 양반의 경제적 기반이 완전히 소멸되었다.[23] 그러나 상산김씨 가문의 경우는 조선 후기 이래 대지주로서의 경제적 기반을 가진 경우는 없었기 때문에 농지개혁 자체가 직접적으로 큰 의미를 가지는 것은 아니었다. 농지개혁으로 사유의 토지를 분배 당한 경우는 거의 없고, 다만 재실에 딸린 약간의 토지가 분배되는 정도였다.

한편 갑오개혁 때 법제적으로 사노비가 해방되어 노비가 차지하는 사회적 비중은 현저히 약화되었지만, 사회적 신분으로서의 노비는 해방 전까지 끈질기게 잔존했다. 그러나 이러한 현상은 신분제의 마지막 유제遺制라고 해야

---

22) 金相朝 씨의 증언, 1997년 10월 30일.
23) 정진상, 「해방 후 신분제 유제의 해체」, 『사회과학연구』(경상대 사회과학연구소, 1996).

할 것이다. 대체로 이러한 유제마저도 해방 후 농지개혁과 전쟁으로 잔존하던 노비가 대부분 외지로 나가면서 노비를 통한 양반 신분의 유지기반이 완전히 허물어졌다.[24] 법물리의 경우 1970년대까지도 노비가 존재한 특이한 사례도 있었지만, 해방 후에는 노비의 존재가 거의 소멸되었다.

요컨대 법물리 상산김씨 가문의 경우는 처음 법물리에 정착할 때에는 중소지주로서의 경제적 기반을 가지고 있었으나 조선 후기부터 인구의 증가 등으로 전형적인 양반 신분의 문화를 유지할 수 있는 경제적 기반을 거의 상실했던 것으로 보인다.

2) 정치사회적 기반

양반이 향촌사회에서 지배신분으로서의 권위를 유지하기 위한 정치사회적 자원 가운데서 대표적인 것이 관직과 학문이었다. 이 외에 전쟁이나 농민항쟁 등 정치사회적 변동의 과정에서 수행한 역할도 고려할 필요가 있다. 이러한 점들에서 보면 법물리 상산김씨 가문은 조선 초기 이래 정치사회적 기반이 커다란 부침을 겪었다. 여기서는 조선 초기와 후기, 구한말, 일제강점기, 그리고 해방 후에 겪은 상산김씨 가문의 정치사회적 기반의 변화를 추적해 보고자 한다.

상산김씨 가문이 법물에 정착하기 시작한 초기에는 경제적으로도 중소지 주로서의 물질적 기반을 가지고 있었을 뿐 아니라, 얼마 동안은 관료로의 진출을 통해 정치사회적으로도 상당한 기반을 가지고 있었다. 조선왕조시기 에 관료로 진출하는 통로는 과거였는데, 적어도 임진왜란 이전까지는 상산김 씨 가문에서 지속적으로 과거합격자를 배출하였다. 『교남지嶠南誌』 인물편에

---

24) 정진상, 앞의 글 참조

실린 과거합격자만 하더라도 문과文科 8명 등 많은 과거합격자를 내었다. 그러나 네 차례의 사화를 거친 이후 영남의 사림파, 특히 경상우도의 사림파가 관직 진출에서 배제됨으로써 임진왜란 이후에는 단계 김인섭이 문과에 급제한 것을 제외하면 생원 진사가 몇 있을 뿐 과거합격자가 급격히 줄어들었다. 관직을 통한 정치사회적 영향력의 행사라는 측면에서 보면, 상산김씨 가문은 조선 중기 이후에는 매우 취약한 기반을 가지고 있었다고 할 수 있다.

임진왜란에서 상산김씨 가문의 토왜討倭활동은 양반가문으로서의 권위를 높이는 데 중요한 계기가 되었다. 임진왜란 기간 중 단성은 이웃하고 있는 진주성을 중심으로 활동하던 왜적들의 침입이 잦았다. 상산김씨 가문의 많은 사람들은 때로는 관군으로 때로는 의병으로 활발한 토왜활동을 벌였다.

김준민은 선조조에 무과에 급제하여 임진왜란 당시 거제현령을 맡고 있었는데 정인홍 의병부대의 의병장이 되어 단계, 단성 지역에 침략한 왜적을 격멸하는 데 공을 세웠다. 그는 1593년 6월 26일 제2차 진주성전투에서 장렬히 전사하였고, 나중에 형조판서에 추증되어 진주 창렬사彰烈祠에 제향되었다.

김경눌은 선조조에 무과에 급제하여 선전관宣傳官 무안현감務安縣監 등을 지냈는데, 임진왜란 당시에는 관찰사 김수金睟의 군관軍官으로 있으면서 의병장 곽재우와의 갈등을 조정하여 관군과 의병이 화합하는 데 힘썼다.

김경근은 김경눌의 형으로 각재覺齋 하항河沆의 문인이었는데, 왜란이 일어나자 단성의 권제權濟와 집안 조카 김응호金應虎 등과 함께 단성에서 의병을 일으켰다. 관찰사 김수는 그를 단성 의병장에 임명하였다. 이후 정유재란기에 선영을 돌보기 위해 성주에 갔다가 단성으로 돌아오는 길에 삼가三嘉 토동兎洞에서 왜적들을 만나 항전하다가 전사하였다. 고종조에 경상도 성주에 사는 진사進士 정건화鄭建和 등 수백 명의 탄원으로 사헌부감찰司憲府監察의 증직贈

職이 내려졌다.[25]

　김명윤金命胤은 무과武科를 거쳐 대구판관大邱判官, 진주목사晉州牧使, 제주
목사濟州牧使를 역임하고 임진왜란에 공을 세워 사후에는 병조판서에 추증되
었다.

　김응호는 김경눌의 아들로서 훈련첨정을 역임하였고, 임진왜란 당시에는
곽재우 휘하의 의병으로 활동하였다.

　이처럼 상산김씨 가문의 여러 인물들이 임진왜란 시기에 관군이나 의병으
로 활동하여 충절을 지킴으로써 가문의 명예를 유지하는 데 크게 기여하였다.
이러한 토왜활동은 상산김씨 가문이 조선 후기에는 관직으로의 진출이 미미
하였는데도 여전히 향촌사회에서 양반가문으로서의 권위를 유지하는 데 중
요한 기반이 되었다.

　임진왜란에서의 상산김씨 가문의 활동은 임진왜란 이후 향촌사회의 지배
력을 강화하기 위한 수단으로 작성한 향안에 잘 반영되고 있다. 향안은 조선
후기 향촌사회에서의 양반 신분을 확인하는 자료라고 할 수 있는데, 향안에
등재된 향원은 향청을 통해 향리를 규제하고 수령을 견제함으로써 향촌사회
의 지배에 일정하게 참여하고 있었다.

　법물리가 속해 있었던 단성에서는 임진왜란 이후인 1621년에 향안이 처음
작성되었다. 단성향안의 최초 입록자는 16명이었는데, 상산김씨 문중에서는
임진왜란 때 활동한 김경눌이 올라 있다. 이후 17세기 간에 작성된 향안
속에 매번 상산김씨 문중의 인물들이 입록되었다.

　1862년 단성농민항쟁에서 상산김씨 가문의 인물들이 한 역할은 주목할
만하다. 1862년 임술년에 삼남지방三南地方을 휩쓴 농민항쟁은 조선봉건체제

───────────────

25) 『大瑕齋實記』.

해체기의 농민들의 저항운동이었다. 조선시대의 향촌사회 지배구조는 조선 중기까지는 수령과 사족 및 향리의 3자가 균형을 유지하면서 운영되었지만, 조선 후기에는 사족의 영향력이 급속히 약화되면서 수령권守令權이 강화되어 수령守令－이향吏鄕의 수탈구조가 성립되었다.[26] 수령－이향 수탈구조 하에서 부세 운영이 파행적으로 나타난 것이 바로 삼정三政의 문란이었다. 농민항쟁의 원인은 바로 삼정, 즉 전정田政, 군정軍政, 환곡還穀의 문란이었다. 이 중에서도 환곡의 문란이 가장 극심하였다.

단성 농민항쟁에서도 가장 중요한 문제로 떠오른 것은 환곡이었다. 이러한 문제를 해결하고자 적극적으로 나선 것은 상산김씨 가문의 김령金欞과 김인섭金麟燮 부자였다. 이들 부자는 1839년에 세거지 법물리에서 단계로 옮겨와 살고 있었다. 특히 김인섭은 20세(1846, 헌종 12)의 나이로 문과에 급제하여 승문원承文院 권지부정자權知副正字, 성균관전적成均館典籍, 사간원정언司諫院正言 등을 역임하였고, 32세 되던 철종 9년(1858) 이후에는 관직에서 물러나 농업 경영에 힘쓰고 있었다.[27] 따라서 단성의 환곡 문제와 이로 말미암은 향촌사회의 파탄을 누구보다 생생하게 인식할 수 있는 입장에 있었다. 또한 이들 부자는 김씨들의 세거지인 법물리를 떠나 있었지만, 여전히 세거지의 족친과 빈번한 교류를 지속하고 있었다. 따라서 이들은 단성의 유력 가문의 하나인 상산김씨의 종족적 기반과 김인섭의 중앙 관료로의 진출과 학문을 통해 일족을 대표하면서, 단성의 향촌사회를 주도하는 위치에 설 수 있었다.

김인섭은 단성에서 농민항쟁이 발발하기 바로 직전인 1861년 2월에 경상감사인 김세균金世均에게 부세수취賦稅收取라는 구실로 자행되는 이서吏胥, 향임鄕任들의 농민수탈의 실상을 조목조목 상세히 보고하여 이것에 대한 해결책

---

26) 정진상, 「갑오농민전쟁에 관한 사회사적 연구」(서울대 박사학위논문, 1992), 43면.
27) 『端磎集』, 「行狀」.

을 강구해 주기를 요구하였다. 그러나 이후에도 이것에 대한 해결책은 강구되지 않았고, 김인섭은 단성의 여러 사족들과 더불어 감영과 단성현감에게 계속해서 해결을 촉구하였다. 이러한 와중에 현감 임병묵林炳黙이 이무미移貿米 3천 석을 횡령한 사실이 탄로가 났다. 1862년 새해 벽두부터 탐학한 이서들을 성토하는 군중대회가 개최되고, 감사에게 다시 등장等狀을 올리기로 결정하는 등 본격적인 탐학 관리들에 대한 투쟁을 전개해 나갔다.[28] 물론 이러한 과정에서 김령과 김인섭 부자는 주도적인 역할을 하였다. 김인섭은 등장을 작성하였고, 김령은 이것을 감영에 전달하는 대표가 되었다. 이들은 감영의 조치가 미온적임에 따라 보다 적극적으로 탐학한 수령과 이서들을 규탄하여 읍폐邑弊를 바로잡고자 농민들을 동원하였다. 관속官屬들도 또한 여기에 대항하였다. 이러한 과정에서 김령을 비롯한 많은 사족들이 크게 다치게 되고, 사족을 중심으로 한 군중들의 시위가 더욱 격화되었다. 마침내 현감은 감영으로 도망하였고, 이속들 또한 흩어져 읍정邑政은 완전히 마비상태가 되었다.[29]

이러함에도 불구하고 중앙에서는 탐학한 수령을 파면하는 데 그칠 뿐, 적극적으로 사태를 해결하려고 하지 않고 있었다. 그러다가 진주에서 농민들의 항쟁이 일어나고 안핵사按覈使 박규수朴珪壽가 파견됨으로써 비로소 문제화되기 시작하였다. 그러나 박규수는 단성이나 진주에서의 문제가 모두 이 지역의 사족들이 조종하고 주도한 것으로 파악하여 도리어 영남사족들을 극렬히 비난하기에 이르렀다. 중앙에서 파견된 선무사宣撫使 이참현李參鉉도 단성의 문제를 적극적으로 해결하기보다는 적당히 무마하고자 하였다. 결국 사족들은 그들이 줄기차게 요구하였던 여러 문제들에 대해 아무런 해결책도 얻을 수 없었다. 더욱이 신임 수령인 이원정은 이전의 이서들을 다시 불러들임

---

28) 『端磎集』, 「上禁府原情狀草」.
29) 정진영, 앞의 글.

으로써 결국 항쟁은 수포로 돌아가고 말았다.

읍폐의 해결은 고사하고 김령과 더불어 항쟁에 참여하였던 많은 사족들이 구금되었고, 급기야는 김인섭이 체포되어 서울로 압송되어 의금부義禁府에 구속되기에 이르렀다. 김인섭은 사건의 내용과 전말을 설명하였는데, 30대의 곤장을 맞고 풀려날 수 있었다. 그러나 보다 적극적으로 활동하였던 김령의 경우에는 전라도全羅道 임자도荏子島에서 1년간 유배생활을 하게 되었다. 수령 임병묵 또한 탐학한 죄로 함경도 온성穩城으로 유배되었다.

김령 등에 의해 주도되었던 단성에서의 농민항쟁은 성공하지는 못하였지만, 다른 한편에서는 사족이 농민의 이해를 일정하게 대변함으로써 그리고 관으로부터 핍박받음으로써 농민들의 절대적인 신임과 지지를 받을 수 있는 계기를 마련하였다. 이것은 향촌사회에서 부정되어 가는 사족의 권위를 되세우는 것이 되었으며, 이후 오랫동안 향촌사회에서 상산김씨 가문은 영향력을 유지하게 되었다. 단성의 농민들은 김령과 그 아들 김인섭의 농민항쟁 주도를 고맙게 여겨, 김령이 임자도로 귀양 갈 적에는 각종 물자를 갹출하여 노자로 쓰게 했고, 신안강변新安江邊의 적벽赤壁에 김령의 공적을 기리는 마애비磨崖碑를 만들었으며, 나중에 김령의 집에 토지까지 사 주는 등 자기들의 억울함을 대변해 준 것을 대단히 고맙게 여겼다.

개항 이후 서구 자본주의의 침투는 조선사회의 양반 신분의 지위를 크게 위협하였다. 서울의 집권관료들은 서구의 물결에 나름대로 대응했지만, 향촌사회의 양반 신분은 구래의 권위를 지키려고 안간힘을 썼다. 그것은 위정척사운동과 의병투쟁으로 나타났다. 특히 1894년 일본군의 침략 하에서 추진된 갑오개혁에서 유교적 교양으로 관리를 임용하던 과거제가 폐지되고 새로운 관리임용제도가 시행됨으로써 양반유생들은 결정적인 타격을 받게 되었다. 개화파 정부는 선거조례選擧條例와 전고국조례銓考局條例를 제정하여 과거의 관리임용제도를 혁신하여 각 아문대신은 먼저 자기 아문에 소속시킬 주임관奏任官과 판임관判任官을 구두시험으로 선발하고 '선장選狀'을 발급하여 전고국에 보내면 전고국에서는 보통시험과 특별시험을 부과하였다. 보통시험은 국문國文, 한문漢文, 사자寫字, 산술算術, 내국정략內國政略, 외국사정外國事情 등의 과목을 부과하고, 특별시험은 선장에 기록된 추천 내용의 사실로써 선발하였다.30) 이러한 새로운 관리임용제도에 대해 양반 유림들은 크게 반발하였다. 특히 일본군의 침략 하에서 구성된 갑오개혁 정부에서 그러한 제도를 시행한 것이 양반 유림의 반발을 산 중요한 요인이 되었다. 그리하여 양반 유림들의 위정척사운동은 더욱 격렬하게 되고, 을미사변과 단발령의 공포와 맞물려 양반유생들의 의병투쟁이 전개되었던 것이다.

법물리 상산김씨 가문의 인사들도 이러한 움직임에 대한 거부감을 당연히 표현하고 있었지만, 이 시기의 의병투쟁에 직접 나선 경우는 없었던 것 같다. 비록 의병투쟁에 직접 나서지는 않았으나, 상산김씨 가문의 유학자들이 유학을 중심으로 하는 도덕적 질서의 타락을 개탄하고 칩거하는 모습을 보임으로써 소극적인 저항을 했다는 사실은 그들이 남긴 문집 곳곳에서 발견된다.31)

을사조약으로 국권이 상실되고 경술국치로 조선이 일본의 식민지로 되자 유학의 전통을 이어 가고자 하는 양반 유림들이 전국 각지에서 의병투쟁을 전개하였다. 한말에 상산김씨 문중에서 유학으로 명성이 높았던 물천勿川 김진호金鎭祜는 을사조약이 체결되자 면우 곽종석과 함께 매국오적賣國五賊을 참수斬首해야 한다는 상소를 올리고 열국의 공관에 대의大義를 담판하고자 상경하려고 하였으나 공관이 이미 폐쇄되었다는 소식을 접하고 중도에서 그만두기도 하였다.32)

---

30) 이광린, 『한국사강좌─근대편』(일조각, 1981), 324~325면.
31) 『修齋集』, 『晦川遺輯』 등 참조.

3·1운동은 일본 식민지지배에 대한 조선 민중의 전면적인 저항이었다. 법물리 상산김씨 가문의 여러 인사들은 3·1운동에 적극 참여하여, 나라가 위기에 처하였을 때에 취해야 할 선비의 자세를 보였다. 일제강점기에 상산김씨 문중을 대표한 유학자인 평곡平谷 김영시金永蓍는 단계에서의 만세시위에서 주도적인 역할을 하였다. 김영시金永蓍는 고종 인산일인 3월 1일에 거사가 있다는 소식을 사전에 알고 큰아들 김상준金相峻을 서울에 보내어 참여케 하여 김상준의 귀향 후 서울에서의 3·1운동 전말을 보고받고 단계 고을의 여러 동지들에게 독립만세운동에 같이 나설 것을 권유하였다. 그는 3월 18일 남부지방에서는 최초로 단계 시장에서 군중들을 모아 만세운동을 벌였다. 1차 만세시위사건으로 김상준과 김동민을 비롯한 12명이 체포되었다. 그러나 그는 이에 구애되지 않고 3월 20일에 재차 만세시위를 주도하여 약 3천여 명이 태극기를 흔들며 독립만세운동을 벌였다. 이에 왜경은 군중에 발포하여 수많은 사상자가 생기고 수십 명이 구금되었는데, 김영시도 구속되어 징역 2년 6월을 받았다.[33]

상산김씨 가문의 이러한 반일 독립운동은 향촌사회에서 가문의 권위를 높이고 양반으로서의 위신을 유지하는 데 커다란 역할을 하였다.

상산김씨 가문의 반일저항은 일제가 패망하여 물러갈 때까지 계속되었다. 일제강점기 말 황국신민화를 추진한 일제의 정책에 맞서 끝까지 창시개명을 거부하였는가 하면, 일제가 추진한 도로개설을 저지하고, 보통학교를 법물리에 세우려는 계획을 무산시켰다. 이러한 저항은 물론 결과적으로는 외세에 저항하는 민족주의적인 성격을 가지는 것이었지만, 상산김씨 가문 인사들의 저항의 직접적인 동기는 유학을 중심으로 하는 도덕적 질서가 외래 문물에

---

32) 『勿川集』.
33) 『平谷集』.

의해 와해되어 가는 현실에 대한 마지막 몸부림이었다고 볼 수 있다. 실제로 상산김씨 가문의 자제들은 신식교육을 받을 기회를 가문의 어른들에 의해 저지당하는 사례가 많았다고 한다.[34]

해방이 되고 급속한 산업화가 이루어지면서 양반 신분의 잔존하던 경제적 기반과 함께 정치사회적 기반도 거의 해체되었다. 유학을 통해 관직에 오를 수 있는 기회는 이미 갑오개혁 때 상실되었다. 학문을 통해 양반의 권위를 유지하려는 노력 또한 신식교육의 보편화로 통로가 막히게 되었다. 유학의 초기 교육과정인 서당교육이 이미 일제강점기 말에 붕괴하기 시작하여 해방 이후에는 거의 자취를 감추었다. 관직과 학문이라는 양반 신분의 정치사회적 기반이 완전히 허물어진 것이다.

5. 유림에의 참여와 역할

1) 유림에서 활약한 인물

법물리의 상산김씨 가문에서는 조선시대에 9명의 문과급제자와 13명의 소과급제자를 배출하여 명문가로서의 위상을 확립하였다. 이 밖에 많은 학자와 문인들을 배출하였고, 유행儒行으로 향촌의 유림사회에서 명망을 얻은 인물이 많이 나와, 조선 말기에는 경상우도지역에서 법물리를 "선비의 연수淵藪", "글 구덩이"라고 일컬을 정도였다.

『교남지嶠南誌』 단성현 유행조儒行條에 재록載錄된 이 가문의 인물이 3명, 문학조文學條에 재록된 이 가문의 인물은 19명에 이른다. 여기서 말하는 문학은 시문과 학문을 말한다. 대소과 급제 및 사환한 인물은 유행과 문학이

---

34) 金相朝 씨의 증언, 1997년 10월 30일.

있어도 여기에 포함시키지 않았다.

여기에 해당되는 인물들의 성명과 두드러진 면모를 보면 다음과 같은데, 먼저 유행조부터 살펴본다.

김담金湛(1560~1626)은 호가 급고재汲古齋인데, 문장과 학문이 한 시대에 이름났다. 사론史論 수십 편을 지었는데, 중국 사신이 보고서 "구양수와 소식의 문장 수준이다"라고 칭찬할 정도였다. 후손들이 그의 글을 수집하여 『급고재집汲古齋集』을 편찬하였다.

김이표金履杓는 호가 상우당尙友堂인데, 기우氣宇가 청고淸高하고 심법心法이 엄밀嚴密하였다. 정재定齋 유치명柳致明의 문인으로서 유치명이 외우畏友라고 칭찬하였고, 성재 허전과도 교유하였다. 많은 제자를 길렀고, 『상우당유고尙友堂遺稿』를 지었다. 인지재仁智齋의 서적 재수집 때 많은 노력을 하였고, 직접 집안 자제들의 교육을 담당하였다.

김진호金鎭祜(1845~1908)는 호가 물천勿川 또는 약천約泉인데, 성재 허전, 만성晩醒 박치복朴致馥, 한주寒洲 이진상李震相의 문인이고, 면우 곽종석과 교유하였다. 천자天資가 강명剛明하고 조예가 정심하여, 학문과 행의行誼로 일방一方의 사표師表가 되었다. 『물천집勿川集』을 지었다.

문학조에는 다음과 같은 인물이 실려 있다.

김숙金潚은 호가 만각재晩覺齋인데, 박학하고 문장을 잘하고 행의가 있었다.

김곤金滾은 호가 양한재養閒齋인데, 경학을 열심히 공부하였고 특히 『주역』에 조예가 깊어 『연기편研幾篇』을 지었다.

김응규金應奎(1581~1648)는 호가 양존재養存齋인데, 숙부인 대하재大瑕齋 김경근金景謹에게 배워 문장과 덕행을 겸비하였고 역학易學에 조예가 깊었다. 친상親喪을 당해서는 여묘하였고, 임진왜란 때는 삼가三嘉에서 창의하였다. 광해조 때는 동계 정온의 무옥을 신변하는 영남 유림의 상소활동에 참여하였다. 그는 원당源堂 권제權躋의 사위이기도 하다.

김복문金復文은 호가 둔재遯齋인데, 총명하고 강기强記하여 덕기德器가 숙성夙成하였고, 시부詩賦에 능하였다.

김확金確(1615~1690)은 호가 유청幼淸인데, 효우가 출천出天하고 기상이 준엄하였다. 간송澗松 조임도趙任道의 문인이다.

김만金磺은 호가 죽포竹圃인데, 학문을 독실히 하였고, 효우로 이름났다. 초야에 숨어 지냈지만 사림의 추중을 받았다. 간송澗松 조임도趙任道와 노파蘆坡 이흘李屹의 문인이다.

김상삽金尙鈒(1621~1686)은 호가 괴정槐亭인데, 은거하면서 문사로 자오自娛하니, 친구들이 한漢나라의 곽림종郭林宗에 견주었다.

김지金墀는 호가 독립와獨立窩인데, 박학하고 의리를 좋아하여, 의창義倉을 설치하고 향약을 실시하여 풍속을 바로잡았다.

김국현金國鉉은 호가 송계松溪인데, 학문을 독실히 하고 덕행이 갖추어졌다. 존주양이尊周攘夷의 의리義理를 엄격히 지켰는데, 시를 지어 비분悲憤의 뜻을 나타내었다. 『송계유집松溪遺集』을 지었다.

김남채金南采는 호가 임와林窩인데, 풍채가 아름답고 문사에 능했고 필법이 정묘하였고, 『임와유고林窩遺稿』를 지었다.

김이구金履龜는 호가 괴은槐隱인데, 재덕才德이 숙성夙成하였다. 어버이가 돌아가시자 과거를 포기하고 은거하면서 수덕하였다.『괴은유고槐隱遺稿』를 지었다.

김기정金基定은 호가 매강梅岡인데, 정재定齋 유치명柳致明의 문인으로서 학문의 지결을 얻어 들었다. 필법에도 능했다.

김창섭金昌燮은 호가 남경南耕인데, 천성이 간항簡亢하여 기개가 있었다. 문장을 지음에 이치에 들어맞았고 필법은 주경遒勁했다. 성재 허전의 문인으로서 위의威儀와 동지動止가 무리에서 뛰어나 스승의 칭찬을 들었다. 『남경유집南耕遺集』을 지었다.

김기섭金麒燮은 호가 지지헌知止軒인데, 경서를 열심히 연구하였고 조행操行을 신중히 했다. 은거하면서 효성을 지극히 하여 어버이가 병이 났을 때 대변을 맛보고 북극성에 빌기도 했다. 흉년이 들면 곡식을 풀어서 빈민들을 구제했다. 허전許傳의 문인으로 『지지헌유고知止軒遺稿』를 지었다.

김기주金基周(1844~1882)는 호가 매하梅下인데, 문예가 숙성하였다. 허전의 문인으로서 경서의 의리를 강정講訂하여 스승의 칭허稱許를 입었다. 『매하문집梅下文集』을 지었다.

김정섭金廷燮은 호가 죽암竹菴인데, 효우로 이름났고, 재예才藝가 출중하였다. 역리易理에 정통하여 발명한 바가 많았는데, 그림으로 그려 해석하였다. 『죽암유집竹菴遺集』을 지었다.

김상순金相洵은 호가 용강龍岡인데, 문장이 숙성하였고 학문이 정독精篤하여 사우들의 추중을 받았다. 『용강유집龍岡遺集』을 남겼다.

김기요金基堯(1854~1933)는 호가 소당小塘인데, 천자天資가 수이粹異하고 실천實踐이 독실하고 문사文詞가 전아典雅하였다. 『소당문집小塘文集』을 지었다.

김대순金大洵은 호가 여재餘齋인데, 물천勿川 김진호金鎭祜의 아들이다. 일찍부터 뜻을 독실히 하여 가정의 학문을 전수받아 문학과 행의로 사우들의 추중을 받았다. 『여재유집餘齋遺集』을 지었다.

이상에서 본 바와 같이 법물리의 상산김씨 가문에서는 많은 학자와 문인들이 나왔다. 이 인근은 물론 전국적으로 이름난 학자와 문인들과 사우관계를 맺어, 자신은 물론 가문의 성가를 높였다. 이 가문에서 가문의 위상을 높이는 데 결정적인 작용을 한 중요한 두 가지 사실을 밝히면 다음과 같다.

삼청당三淸堂 김징金澂은 조선 명종조에 진사에 급제하여 부사직을 지냈는데, 삼가향교에 논 300두락과 노비를 기증하여 유학을 진작시켰다. 이 때문에 삼가향교에서는 그를 위해서 특별히 별묘別廟를 건립하여 매년 춘추로 제사를 지내 온다. 삼가현감三嘉縣監 정우용鄭友容이 특별히 그의 유사遺事를 지어 그의 아름다운 행적을 널리 알렸다.

조선 후기의 근기남인학파를 대표하는 대학자 성재 허전이 1864년부터 김해부사金海府使로 재직하면서 김해 관아에서 강학을 하였다. 이때 이 가문의 단계 김인섭, 물천 김진호, 매하 김기주, 남경 김창섭 등 많은 인물들이 그의 문하에 들어가 공부하게 되었다. 그 뒤 허전이 서거한 뒤, 그의 문집을 법물리의 은락재에서 판각板刻하였고, 허전의 영당을 법물리 뒤쪽의 소당동小塘洞에 건립하였고, 그 옆에 강학을 위한 이택당麗澤堂을 건립하였다. 허전의 영당과 이택당을 건립하는 일은 곧 성재 학통의 적전임을 인정받는 일이 되므로, 법물리의 상산김씨들은 이의 유치를 위해서 적극적으로 나서게 되었다. 이때 허전의 영당을 세우겠다고 나선 가문은 여럿 있었는데, 최후까지 경합을 벌였던 가문으로는 함안에 세거하던 일산一山 조병규趙昺奎 등이 중심이 된 함안조씨咸安趙氏 가문, 밀양에 세거하던 소눌小訥 노상직盧相稷을 중심으로 한 교하노씨交河盧氏 가문이 있었다. 그러나 결국은 법물리에 세우기로 결론이 났는데, 이에는 상산김씨 가문의 물천 김진호와 만회晚悔 김조현金肇鉉의 노력이 가장 컸다.35) 특히 김조현은 건물 재목을 희사함으로 인해서 허전의 영당과 이택당을 유치하게 되었는데, 그의 공헌은 결정적인 것이었다.36)

이 이후로 이택당은 경상우도 유림의 회합會合·강학講學의 중심지가 되었고, 이 영향으로 이 가문의 학문적 열기가 고조되어 갔다. 그래서 이 경상우도의 유림들 사이에서는 이 가문이 세거하는 법물리가 유림사회에 이름이

---

35) 許愈, 『后山集』, 13권, 22~23장, 「麗澤堂記」.
36) 金相朝 씨 증언, 1997년 10월 30일.

높았고, 1890년대 이후부터 자연히 이 가문이 유림의 주도적 역할을 할 수 있게 되어 갔던 것이다.

지금도 이택당의 부속 건물인 장판각藏板閣에는 『성재문집性齋文集』 목판이 1,300여 장 소장되어 있고, 그 옆의 물산영당勿山影堂에는 성재 허전의 진영眞影이 봉안되어 있다.[37] 상산김씨 문중의 선비들은 주로 이택당을 독서와 강학의 장소로 많이 활용했다.

조선 말기 일제강점기를 거쳐 1960년대까지도 그러한 역할은 계속되었다.[38] 근세의 대학자인 중재重齋 김황金榥의 부친인 매서梅西 김극영金克永이 이 마을 부근에 우거한 것도 자식의 대성을 위해서 학자가 많은 이곳 법물리를 고른 것이라고 한다.

단성향교丹城鄕校에는 1621년(광해군 13)부터 기록된 향안鄕案이 남아 전해 오는데, 상산김씨는 21명이 올라 있어 한 가문의 인원으로는 많은 수를 차지하고 있다.

1918년 덕천서원이 훼철된 이후 다시 경의당敬義堂을 중건했을 때, 이 가문의 홍암弘菴 김진문金鎭文이 「경의당중건기敬義堂重建記」를 지었다.[39] 덕천서원은 경상우도에서는 가장 중요한 서원이었는데, 그 강당인 경의당을 중건할 때 김진문이 그 기문을 지은 것은, 그가 당시 덕천서원을 출입하는 유림 가운데 경상우도지역에서 문학으로 추앙을 받고 있는 인물이었기 때문임을 알 수 있다.

---

37) 지금 『性齋文集』 목판은 경상국립대학교 고문헌도서관에 수장되어 있고, 영정은 모 은행에 보관되어 있다.
38) 金相朝 씨 증언, 1997년 10월 30일.
39) 金鎭文, 『弘菴集』, 3권, 1~2장, 「敬義堂重建記」.

2) 유림에서의 사우관계

전통사회에서 유림들의 생활에 있어서 사우관계는 대단히 중요하다. 한 학자의 학문적 경향과 처세의 방법이 사우의 영향을 받아 결정되고, 유림사회에서의 위상도 사우관계로 인하여 정립된다.

법물리의 상산김씨 가문의 위상 정립에 영향을 끼친 것으로 볼 수 있는 영향력 있는 인물로는 남명 조식(1501~1572)을 들 수 있다. 그 이전의 인물들의 사우관계를 밝힐 수 있는 자료는 찾을 수가 없다. 남명의 문인으로는 남명의 사위였던 만호를 지낸 김행金行을 들 수 있다. 김행이 퇴계와 양대 산맥을 이루는 학문적 수준에 있는 남명의 사위가 되어 남명의 문하를 출입함으로 인해서 이 가문에 더 없이 큰 영광이 되었다. 이 이후로 대하재 김경근, 양존재養存齋 김응규金應奎, 둔재遯齋 김복문金復文, 유청幼淸 김확金碻, 괴정槐亭 김상삽金尙鈒, 소산小山 김석金碩, 묵재黙齋 김돈金墩 등이 남명을 특별히 존모하여 사숙한 이 가문의 인물들이다.[40] 김돈은 1764년(영조 40) 진사 박정신 朴挺新과 함께 남명의 문인록인『산해사우연원록』을 교정하고, 그 발문을 지었다.

은암隱巖 김탕金宕은 미수 허목의 문하에 출입하여 널리 배워 덕행이 갖추어졌다.

남명 이후 이 가문 인물들이 큰 스승으로 받들던 인물은, 안동安東 수곡水谷에 세거하던 정재定齋 유치명柳致明이었다. 그는 퇴계학파의 적전을 계승한 당시 영남 제일의 학자이며, 중앙에서 이조참판을 역임하였다. 학봉鶴峰 김성일金誠一, 경당敬堂 장흥효張興孝, 갈암葛庵 이현일李玄逸, 밀암密庵 이재李栽, 손재損齋 남한조南漢朝를 거쳐 온 퇴계학파의 의발衣鉢을 전수 받은 유치명의

---

40) 德川書院 編,『德川師友淵源錄』,「私淑條」(1957).

문인이 된다는 것은 대단한 영예였다. 특히 유치명이 사는 안동 수곡과 거리가 먼 경상우도지방에서는 더욱 그러하였다.

단계端磎 김인섭金麟燮은 출사한 이후로 유치명의 명망을 듣고서, 30세 되던 1856년에 아버지의 소개 서신을 갖고서 안동 수곡으로 유치명을 직접 찾아가 가르침을 청하였다. 그로부터 학문하는 방법과 출처의 대절을 얻어 들었다. 그가 관직에 오래 머물지 않고 향촌에 묻혀 학문 연구에 전념한 데는 유치명의 영향이 크다.[41] 김인섭은 일곱 차례 유치명에게 서신을 올려 예학에 대하여 질의하였고, 소산 김석과 묵재 김돈의 유고 서문을 청하기도 하여, 자신이 유치명의 문하에 출입할 적에 유치명처럼 비중 있는 인물의 글을 청하여 가문의 성가聲價를 높이려고 하였다. 유치명의 『정재집定齋集』에 도 김인섭에게 답하는 서신이 3편 실려 있는데, 출처出處의 대절大節, 효양孝養 의 방법, 주자의 글을 읽고 즐길 것 등을 이야기하고 있다.[42] 1903년 김인섭이 세상을 떠났을 때 유치명의 아들 세산洗山 유지호柳止鎬가 만사挽詞를 보내어 와 그의 죽음을 슬퍼하였을 정도로, 유치명柳致明의 집안에서의 김인섭의 존재는 뚜렷하였다.

이 밖에 상우당尚友堂 김이표金履杓와 매강梅岡 김기정金基定 등이 유치명의 문하를 출입하였다.

법물리의 상산김씨 가문과 가장 밀접한 관계를 가진 대학자는 바로 성재 허전이다. 그는 근기남인학파의 적전을 계승하여 근기지방에 거주하는 남인 을 대표하는 학자였다. 퇴계의 학통이 한강寒岡 정구鄭逑를 거쳐 미수 허목에 이르러 근기지방에 전파되었는데, 허목의 학문은 성호星湖 이익李瀷에게 전수 되었고, 다시 순암順庵 안정복安鼎福, 하려下廬 황덕길黃德吉을 거쳐 성재 허전

41) 金麟燮, 『端磎集』, 16권, 10~20장, 「遠遊錄」.
42) 柳致明, 『定齋集』, 13권, 16~17장. 「答金聖夫」.

에게 전수되었다. 그리고 그의 14대조인 초당草堂 허엽許曄은 퇴계의 문인이고, 13대조인 악록岳麓 허성許筬은 퇴계·남명 양문兩門의 문인이었으므로, 본래부터 영남과 관계가 있었다. 앞에서 언급했지만 1864년 허전이 김해부사로 부임하자, 경상우도지역의 많은 인물들이 그 문하로 모여들었다. 허전의 대단한 학문을 배우는 것도 목적이었지만, 그 이면에는 인조반정 이후 중앙정계의 거물급 인사와 접촉할 기회를 얻지 못해 침체를 면치 못하던 때였으므로, 이 지역의 각 가문의 자제들이 앞을 다투어 몰려들었다. 이때 너무 많은 인물들이 모여들었으므로, 노론 출신의 암행어사 박선수朴瑄壽는 "도당徒黨을 소취嘯聚한다"고 하며 허전을 탄핵하기까지 했다.

이때 허전의 문하를 출입한 인물이 가장 많았던 가문이 바로 법물리의 상산김씨 가문이다. 허전과 가장 밀접한 관계를 맺었던 인물은 단계 김인섭이다. 김인섭은 20세 되던 1846년(헌종 12) 처음으로 허전을 서울에서 찾아뵙고 제자가 되어[43] 그의 집에 머물러 있다가, 명경과明經科에 올라 승문원承文院에서 서사筮仕하였다. 이래로 한평생 허전을 스승으로 섬겼다. 향촌에 퇴거한 이래로는 주로 서신을 통하여 학문을 논하였는데, 여서與書가 16편, 답서가 10편으로 서신왕복이 대단히 활발한 편이었다. 『성재문집性齋文集』에는 김인섭에게 답하는 서신이 4편 실려 있다. 김인섭은 허전 서거 후 제문을 지어 슬퍼하였고, 허전의 행장을 지었다. 스승의 행장을 짓는다는 것은 스승을 가장 잘 아는 수제자임을 증명한다. 김인섭이 지은 행장은 비록 『성재문집』의 부록에 실리지는 못했지만[44] 허전 문하에서 그의 위상이 어떠했는지를 보여

---

43) 『端磎集』, 7권, 8장, 「答許性齋先生」.
44) 보통 하나밖에 없는 行狀인데, 性齋 許傳의 경우에는 行狀이 3종이나 남아 있다. 端磎 金麟燮이 지은 것이 있고, 晩醒 朴致馥이 지은 것이 있고, 小訥 盧相稷이 지은 것이 있다. 『性齋文集』의 附錄에는 盧相稷이 지은 것이 수록되어 있다. 이에서 이 지역 가문 사이에 許傳의 首弟子라는 명예로운 위치를 두고 경쟁이 치열했다는 것을 알 수 있다.

주는 좋은 자료이다. 1888년부터 상산김씨 가문의 재실인 은락재에서 『성재문집』의 간역이 시작되었을 때 만성晩醒 박치복朴致馥과 함께 대교對校하어 이정釐正하는 일을 맡았다.

허전은 김인섭이 부친 김령의 상을 당하자 직접 단계丹溪로 찾아가 문상하였고, 그 부친의 묘갈명을 지어 주었다. 또 김인섭의 거소인 태허루太虛樓에 기문을 지어 주어 그를 면려하였다.[45]

법물리의 상산김씨 가문에서 허전의 문인이 많은데 이는 김인섭이 먼저 관계를 잘 설정해 놓았기 때문이었다.

물천勿川 김진호金鎭祜 역시 허전의 비중 있는 문인이다. 그는 처음에 박치복朴致馥에게 배우다가 스승인 박치복의 주선으로 허전의 문하에 출입하게 되었다. 김진호는 허전에게 올린 서신이 3편 있고, 『성재문집』에는 허전의 답서가 1편 들어 있다. 허전이 서거한 뒤 제문을 지어 슬퍼하였고, 『성재문집』 간행 및 이택당 건립에 주도적인 역할을 하였다.

이 밖에 이 가문에서 허전의 문인이 된 사람은, 김이표金履杓, 김창섭金昌燮, 김성오金聲五, 김성직金聲稷, 김기섭金麒燮, 김성탁金聖鐸, 김상순金相洵, 김조현金肇鉉, 김재현金在鉉, 김정현金正鉉, 김기주金基周, 김우현金友鉉, 김영채金永采, 김수로金壽老, 김기로金基老 등이 있다. 허전의 영당影堂과 이택당을 법물리에 짓게 된 데는 이렇게 많은 제자들이 이곳에 집단적으로 거주하고 있었던 것도 하나의 원인이 되었다.

이 가문의 인물들 가운데는 조선 말기 영남 학계에서 비중 있는 학자인 한주 이진상, 만성 박치복, 후산 허유, 면우 곽종석 등의 문하를 출입한 사람이 많았다.

---

45) 許傳, 『性齋文集』, 13권, 15장.

단계 김인섭, 물천 김진호 등은 평생 많은 제자들을 가르쳤는데, 김인섭의 문인들 가운데서 이름 있는 사람으로는, 유해엽柳海曄, 문국현文國鉉, 조병택趙昺澤, 권대희權大熙, 김성탁金聲鐸 등이 있고, 김진호의 문인 가운데서 이름 있는 사람으로는, 이교우李敎宇, 박헌수朴憲脩, 하경락河經洛, 심학환沈鶴煥, 정종화鄭鍾和, 허철許喆, 이현덕李鉉德, 김기용金基鎔, 김재식金在植, 김영시金永蓍, 김재수金在洙 등이 있다.

이렇게 전국적으로 명망 있는 학자의 제자가 되어 밀절한 관계를 맺은 것이 자신은 물론 가문의 위상을 크게 높이는 데 기여할 수 있었다.

6. 유교문화의 전통

1) 서당교육

우리나라에서는 고구려시대의 경당扃堂으로부터 시작하여 서당교육이 대단히 성행하였다. 서당은 주거하는 공간에서 아주 가까운 거리에 있기 때문에 생활하면서 공부하기에 편리하였다. 그 교육의 수준은 천차만별이지만, 조선시대에는 대체로 『천자문』 등 훈몽서를 배운 뒤, 『십팔사략十八史略』, 『통감절요通鑑節要』, 『소학』 등의 책을 배우고 사서와 삼경을 배우는 것이 보통이다. 수업 연한도 가정형편에 따라서 계속할 수도 있고, 마음대로 중도에 그만둘 수도 있었다. 서당에서 기초를 닦은 뒤 큰 선생을 찾아서 더 높은 과정으로 나가고, 집안에 스승이 없을 경우에는 먼 곳에 있는 스승을 찾아서 가기도 했던 것이다.

양반으로서의 지위를 유지하기 위해서 필수불가결적인 요소가 바로 유학을 중심으로 한 학문에 대한 소양이다. 양반의 자제는 어릴 때부터 마을의 서당에서 수학을 하고, 나이가 들면 더 큰 스승을 찾아가거나, 고을의 향교에 유생으로 등록을 하여 교육과정을 이수한다. 이러한 교육과정은 물론 과거를 통하여 관직에 진출하는 것을 가장 중요한 목표로 하지만, 교육을 받는 것 자체가 양반 신분을 유지하는 중요한 척도가 된다. 유교적 교양의 정도를 나타내는 가장 확실한 지표는 한문을 해독하고 구사할 수 있는 능력이다.

법물리의 선비들은, 자기들의 젊은 자제들에게 일제강점기까지도 신식교육을 거부하고 서당교육을 받도록 하였다. 일본제국주의들이 이 법물리를 양반마을로 간주하고서 보통학교를 법물에 세우려고 했으나 김씨 문중의 반대로 세우지 못하고 이웃 동네에 세워야 했다. 자제들을 보통학교에 보내지 않았던 것은 물론이다. 어릴 때의 기초과정이 끝나면 글재주가 있는 청년들은 단성에 있는 단성향교에서 수업을 받았다. 상산김씨 가문에서는 조선 후기에 향교에서 수업하고 대과에 급제하여 높은 벼슬에 오른 사람은 거의 없지만, 진사 초시 등의 합격자를 많이 배출하였고, 학문의 전통이 강한 마을로 인근에 알려져 있다. 높은 벼슬을 하지 못하더라도 학문이 높으면 양반으로서의 권위가 인정되었던 것이다.

법물리의 상산김씨 가문에는 인지재仁智齋라는 재실을 갖추고서 집안 자제들의 교육하는 서당으로 쓰기도 하고, 강회 및 접빈의 장소로 활용하였다. 당시 인지재라는 이 건물은 이미 영남에 전역에 이름이 날 정도로 유명한 곳이었고, 또 집안 출신의 훌륭한 학자를 스승으로 모시고서 집안의 자제들을 교육을 하였다. 성재誠齋 김상덕金商德의 「인지재배김물천선생仁智齋拜金勿川先生」이라는 시를 보면, 인지재에서의 교육 장면을 비교적 생생하게 묘사하였다.

황매산黃梅山 아래요 단계丹溪의 위에,
영남에 이름난 인지재仁智齋 있네.

위대한 우리 선생 산처럼 중후하게 앉았으니,

여러 학생들 진퇴進退함에 단정한 용모라네.46)

물천 김진호는 성재 허전의 제자로서 당시 유림에서 명망이 높았는데, 이 물천을 함장函丈으로 모시고서 교육하니, 집안의 자제들이 자연히 그 조행操行을 본받아 용모가 단정하게 되었던 것이다. 김상덕은 경주김씨로서 물천의 친구인 면우 곽종석의 제자인데, 인지재로 물천을 찾아뵙고, 이 가문의 교육 현장을 보고서 감복하여 시로 남겼던 것이다.

법물리 상산김씨 가문에서는 서당을 운영하여 집안의 자제들을 교육하였는데, 그 당시 서당의 교육적 분위기는 다음과 같았다.

공은 물러나 집안의 여러 친척들과 함께 즐겁게 서숙書塾에 들어가 경서經書의 뜻을 강론하였는데, 부지런히 힘써 게을리하지 않았다. 족대부族大父 상우당尙友堂은 성격이 엄정嚴正하였는데, 집안의 자질들을 가르치니, 듣고서 따르는 사람이 많았다.47)

이 기록은 김기주金基周(1844~1882)의 묘갈명에 나오는 것인데, 김기주가 어릴 때의 일이니까, 1850년대 후반의 법물리 상산김씨 집안의 서당의 분위기가 이러했음을 알려 주는 것이다. 집안 어른 가운데서 학문이 뛰어난 상우당 김이표를 스승으로 삼아 집안의 자제들을 가르쳤는데, 배우는 자제들의 수가 대단히 많았음을 알 수 있다.

인지재뿐만 아니라 물천 김진호의 물천서당 역시 서당교육의 중요한 장소였다. 이런 전통은 조선 말기를 지나 일인日人들의 강점시기에서도 여전히 계속되었다. 진암振菴 허형許泂이 어릴 때 본 상황을 다음과 같이 기록하였다.

---

46) 金商德, 『誠齋遺稿』, 1권, 3장.
47) 『梅下集』, 5권, 2장, 「梅下墓碣銘」.

내가 열 살 때 돌아가신 형 후암공厚庵公을 따라 법물리의 이택당麗澤堂에서 독서하였
다. 이때 법물에 사는 김씨의 문장과 학문이 융성하여 남쪽지방에서 뛰어났다. 바야흐로
총준聰俊한 자제들을 물천서당에 모으고 문학과 예禮를 교육하였다.[48]

법물리 김씨는 약천옹約泉翁으로부터 영재가 많이 나와 남쪽지방의 문수文藪가 되었다.

법물리 상산김씨의 문장과 학문은 당시 남쪽지방에서 으뜸이었고, 집안에
는 총준한 자제들이 많았는데, 훌륭한 집안의 스승을 따라 성실하게 공부하고
있었음을 알 수 있다.

이 밖에도 독서와 교육에 쓰인 서당이 많이 있었으니, 대하재를 위한 법천서
당이 있었는데, 평곡平谷 김영시金永蓍가 여기서 거처하면서 독서와 강학을
하며 지냈다. 소당정小塘亭은 소당小塘 김기요金基堯의 강학하는 곳이었고,
서간정西磵亭은 서간西磵 김재순金在洵의 정사였고, 기양정사岐陽精舍는 기헌
幾軒 김기용金基鎔의 정사였다. 물계서당勿溪書堂은 수재修齋 김재식金在植의
정사였다.

강학과 독서를 위해서는 서적이 필수품이다. 그러나 옛날에는 서적이 아주
귀했기 때문에 구하기가 여간 어려운 것이 아니었다. 서적을 구비하는 것이
학자를 기르는 첫걸음이었다. 법물리의 상산김씨 가문은 이런 점을 일찍이
터득하여, 마을 안에 있는 인지재에 많은 장서를 비치하고서, 평상시 자제들의
교육에 활용하고, 독서하고 싶은 집안사람들에게 대출을 해 주니, 일종의
문중 도서관의 기능을 해 왔던 것이다. 이 장서의 유래에 대해서 단계 김인섭
이 기록한 글을 보면 다음과 같다.

---

48) 許涧, 『振菴集』, 2권, 95면, 「毅堂遺稿序」.

우리 집안은 경술과 문장으로써 알려졌다. 일찍이 나이 든 노인들에게 들으니, 선조 한림공翰林公과 진사공進士公 형제가 아버지의 가르침에 따라 서사書舍를 널찍하게 짓고서 만권의 책을 소장하였다고 한다. 그 뒤 팔군자八君子가 나와, 낮에는 읽고 밤에는 생각하여 학문이 날로 발전하여 우뚝이 동방의 명가가 되었다.

불행히도 중간에 남긴 책이 다 없어지고, 집안의 명성이 날로 쇠퇴하게 되었다. 이에 행오杏塢 숙부와 여러 부형들의 탄식하는 생각이 여기에 미치게 되어, 갑인년(1854) 부터 임신년(1872)까지 전후 거의 20년 동안 어렵게 꾸려서 날로 달로 증가하여, 경사자집이 대략 갖추어지게 되었다.[49]

인지재에 장서를 설치한 효과로 팔군자八君子의 덕의德義와 문장이 나올 수 있었고, 도덕성명의 근원을 밝힐 수 있고, 역대 치란의 전말과 인물의 선악을 고찰할 수 있다고 했다. 행오杏塢는 곧 상우당 김이표다. 그는 서적의 재수집에 노력하였을 뿐만 아니라, 인지재에서 사석師席을 차지하고서 집안 의 자제들의 교육을 담당하여 가문을 훌륭하게 하는 데 크게 공헌한 인물이다.

장서를 마련하고서 물천 김진호가 「인지재장서절목仁智齋藏書節目」을 지 어 인지재에 걸었다. 책을 관리하는 방법뿐만 아니라, 책을 대하는 정신적인 자세까지 제시하고 있다. 그 가운데서 정신적인 자세에 대해서 이야기한 것을 인용하면 다음과 같다.

책이 있는데도 읽지 않고 아무 근거도 없는 쓸데없는 이야기만 한다면, 장서가 비록 많다 해도 단지 하나의 책 파는 점포일 뿐이다. 선부형先父兄들이 책을 모아 우리 후손들을 이끌려고 한 것이 어떠한데, 이렇게 할 수 있겠는가? 정자程子께서 말씀하시기를, "학문을 알려고 한다면 먼저 독서를 하라"라고 하셨고, 주자朱子도 또한 독서로써 지극한 즐거움으로 삼았다. 아득한 옛날부터 성현의 사업은 모두

---

49) 『端磎集』, 19권, 21장, 「仁智堂藏書籍記」.

여기서부터 나왔으니, 여러 서생들은 학문을 하지 않으려면 말 것이지만, 만약 학문을 하려고 한다면, 이 책을 버려두고서 어떻게 하겠는가? 모름지기 정주의 가르침으로써 마음에 새겨 뜻을 정하여 옛 사람들의 사업으로써 서로 기대하고 면려할 것이다.[50]

공부를 하려면 책을 읽지 않아서는 안 되는데, 책을 읽지 않으면 책이 있어도 아무 소용이 없다. 옛 성현들도 책을 읽었기 때문에 성현의 지위에 이른 것이다. 그래서 집안의 자제들에게 정주의 교훈을 마음에 새겨서 옛날의 훌륭한 사람처럼 되는 것으로써 목표를 삼으라고 하고 있다. 독서의 궁극적 목표를 단순히 눈앞의 명리에 두지 않고, 옛날의 훌륭한 사람처럼 되는 데 두었다. 이는 곧 공부의 목표를 인간다운 인간이 되는 것을 우선으로 한 것이다.

또 집안의 자제들을 위해서 독서하는 방법을 제시하고 있다.

독서할 때는 과정課程을 엄격히 세워야 하는데, 중간에 끊어져서는 안 된다. 전에 익힌 것도 더욱 마땅히 살펴야 한다. 밤에는 복습하여 외우되, 체계 없이 아무렇게나 거칠게 해서는 안 된다. 새로 읽은 것도 모름지기 오로지 정밀하게 강해講解해야 한다. 독서하는 데는 일정한 법식이 있어야 한다. 글씨 쓰는 것도 완전히 신경을 안 써서는 안 된다. 다만 아침저녁으로 틈을 타서 자기 힘에 맞추어 정성스럽게 글 몇 편씩 써 본다. 거기에 빠져서 공부에 방해가 되어서는 안 된다.[51]

산만하게 아무렇게나 독서를 해서는 안 되고 반드시 과정을 엄격히 세워서 준수해야 하고, 이미 익힌 것을 복습하고, 새로 읽는 글도 그 의미를 정확하게 해석해야 함을 제시하고 있다. 이는 먼저 공부를 해 본 집안의 어른으로서,

---

50) 金鎭祜, 『勿川集』, 11권, 35장, 「仁智齋藏書節目」.
51) 『勿川集』, 11권, 36장, 「家居節目」.

집안의 젊은 자제들에게 선각자로서 학문의 방법을 제시하여 학문의 길로 인도하고 있다.

이 법물리의 서당교육도 왜인강점시기에 점점 쇠퇴하였다. 그 이유는 조선이 망한 이유를 왜인들이 유학의 탓으로 돌렸기 때문에, 서당교육은 점점 매력을 잃었고, 그 교육 내용이 실생활을 타개해 나가는 데 아무런 도움을 줄 수 없었기 때문에 젊은 사람들이 기피하게 되었다. 그리고 신식학교가 생기고 새로운 문명이 전래되어 오기 때문에, 인격수양과 윤리가 내용인 서당교육은 급격히 쇠퇴하였다.

지금 법물리에 살고 있는 분들 가운데, 서당에 조금이라도 다닌 분으로는 김돈희金敦熙, 김상조金相朝 씨 정도인지라, 옛날 서당에서 실시되었던 교육의 참모습을 기억하고 있는 사람은 거의 없는 실정이다.

2) 강회

강회講會는 전통사회에서 학술토론회 같은 것으로서, 지식인들의 모임 가운데서 중요한 기능을 가진 모임의 하나였다. 여러 사우들과 교유하고 학문적인 의견을 교환할 수 있는 중요한 기회이자, 자신의 실력을 선비사회에 알릴 기회도 되었다.

법물리의 상산김씨들은 자기 가문의 서재인 인지재에서 자주 강회를 열어 집안의 선비들이 학문을 강마할 수 있는 여건을 조성하였다. 보통 때는 집안의 학자들이 강장講長이 되지만 때로는 인근의 대학자들을 초청하여 강회를 열기도 하였다.

무술戊戌년(1898) 11월 28일 면우俛宇 곽장郭丈이 여사餘沙로부터서 진사進士 박장朴丈 규호圭浩와 함께 인지당仁智堂에 이르셨다. 남려南黎 허장許丈도 오셨다. 여러 서생書生

들을 모아 강회를 베풀고서 어렵고 의심나는 것을 물었다.[52]

면우 곽종석, 남려南黎 허유許愈 같은 학자는 당시 경상우도뿐만 아니라, 전국적으로도 이름 있는 학자였다. 이런 대학자들이 인지재의 강회에 동시에 참석했다는 것은 그 강회의 비중이 어떠한지를 알 수가 있다.

경인庚寅년(1890) 봄 2월에 임은林隱 허순가許舜可 훈薰, 경산京山 이기여李器汝 종기種杞가 은락재隱樂齋를 내방하여 성재선생性齋先生의 글을 교정하다가, 평천서숙平川書塾으로 내려왔다. 나도 또한 시내 위로부터 왔는데, 날이 거의 저물었다. 이날 밤에 신속의 비가 처음으로 걷히었는데, 봄바람이 매우 차가왔다. 술과 국을 데워서 추위를 막았다. 좌우를 돌아보니, 어떤 사람은 수백 리를 멀다 하지 않고 왔고, 가까워도 30리 이하가 되지 않는데, 모두 학행이 뛰어난 훌륭한 분들이었다. 하늘의 글을 주관하는 별인 문성文星이 비추인 듯 도기道氣가 성행하였으니, 진실로 동남東南 지방의 성대한 모임이었다.[53]

선산善山 임은林隱에 사는 방산舫山 허훈許薰은 허성재許性齋의 제자로서, 조선 말기에 도산서원陶山書院과 병산서원屛山書院의 원장을 지낼 정도로 유림의 중망을 입고 있는 인물이었다. 그리고 고령에 사는 만구晚求 이종기李種杞 역시 허성재의 제자인데, 학행으로 도사都事에 천거될 정도의 중요한 인물이었다. 이런 인물들이 은락재에서 성재의 시문을 교정하다가 인지재에 내려와 학문에 관한 담론을 하고 시를 창수하니, 원근의 많은 선비들이 모여들었다. 이는 실로 이 지방에서는 보기 드문 성대한 모임이었다.

그리고 마을 가까이에 있는 이택당에서는 인근의 진주, 삼가, 합천, 의령,

---

52) 『幾軒集』, 4권, 1장, 「小記」.
53) 金麟燮, 『端磎集』, 18권, 14장, 「仁智堂同話錄序」.

산청, 함안 등의 선비들과 어울려 강회를 자주 가졌다. 또 다른 지역의 강회에도 초빙을 받아 가기도 하였으니, 멀리는 안의安義의 모리某里에서 열리는 강회에까지 참석하였다.[54] 이는 강회가 경상우도의 선비사회에서 자신의 학문적 역량을 인정받을 수 있는 좋은 기회였기 때문에 먼 길도 마다 않고 갔던 것이다. 강회가 열린 곳으로는 인지재 이외에도 완계서원浣溪書院 등에서도 열렸다.

가문에 학문이 뛰어난 인물이 있을 경우는 인근 고을의 강장講長으로 초청을 받아 가문의 자제들을 이끌고 대거 참여하는 경우가 있었는데, 이런 경우에는 이 가문의 학문을 대대적으로 선양할 수 있는 좋은 기회가 된다. 1900년 4월에 삼가현 관선당觀善堂에서 열린 강회에 단계 김인섭이 강장으로 초대받아 갔는데, 이때 여러 명의 집안 자제들을 데리고 간 적이 있었다.[55]

그리고 전문적인 강회는 아닐지라도, 서원이나 사우에서의 향사의 전후에 강회를 갖기도 하였으니, 강회가 선비들 사이에서는 생활의 일부가 되었던 것이다.

강회는 안으로는 집안 자제들의 학문 연마의 기회를 제공하는 것이고, 밖으로는 집안의 인물들의 실력을 발휘할 수 있는 기회였으므로, 매우 중요하게 여겼다.

3) 생활규범

한 가문이 오랫동안 지속되어 오면 그 나름대로의 문화와 전통과 생활규범 같은 것이 있다. 그래서 마을 밖을 나가면 "어느 집안 사람 같다"는 말을 들을 정도로 각 가문의 규범은 보편적인 유림의 규범 가운데서도 어떤 집안의

---

54) 金聲鐸, 『恒窩集』, 2권, 3장, 「端磎先生赴某里講會敢忘拙構詩餞行」.
55) 金基鎔, 『幾軒集』, 1권, 1장, 「北征賦」.

독특한 규범이 형성되었던 것이다.

법물리 상산김씨 가문은 온 가문에 논의하여 결정하여 두루 통하는 그런 문중의 규범은 보이지 않지만, 문자로 기록하기 이전에 이미 생활의 일부가 되어 시행되고 있었을 것이다. 이 가문의 대표적인 학자인 물천 김진호의 「가거절목家居節目」을 보면, 이 가문에서 자제들에게 요구한 생활규범을 알 수 있을 것이다.

一. 매일 새벽에 일어나면 세수하고 양치질하고 갓 쓰고 머리 빗고서, 조부모 및 부모에게 밤 사이의 안부를 묻는다. 물러나 집안을 물 뿌리고 쓸고 궤안几案을 정돈하고서 학업을 닦는다. 낮 동안에도 더욱 어버이 섬기는 절차를 구하여 생각하여 얻는 바가 있다면 즉시 모름지기 실천을 해야 한다. 저녁 때도 또한 이와 같이 하여야 한다. 지금의 선비들을 보건대, 모두 이런 일들을 소홀히 하고서 오직 글공부만 힘쓴다. 글을 읽어서 장차 어디에 쓸 것인데, 이 큰 근본이 되는 사람의 도리를 버려두는가? 모든 일에 있어서 근본에서 일을 짓지 않으면, 평생토록 하는 모든 일이 허위가 되니, 공경하지 않겠는가?

一. 집안에서 지나치게 부드러우면 뒤섞여 버릇없게 되기 쉬워 기강이 서지 않는다. 지나치게 딱딱하면 어긋나게 되어 정의情義가 통하지 않는다. 반드시 너그럽고 온화하면서도 엄격하고 삼가야만, 은혜와 의리가 아울러 시행되어 어긋나지 않게 된다. 형제간에는 화락하고 즐거워야 하고, 노복에게는 엄정해야 한다.

집안에서 조부모, 부모를 모시는 데 필요한 절차와 일가 간에 지켜야 할 자세, 형제를 대하는 자세, 노복을 다스리는 태도 등을 명시하여 집안을 꾸려나가는 바른길을 인도하고 있다. 그리고 공자 이래로 행실을 닦고서 남은 힘이 있거든 공부를 하는 취지에 따라 사람으로서의 도리를 팽개쳐 놓고 글공부만 하는 태도를 탐탁하게 여기지 않고 있다.

7. 의례

　유교문화의 주요한 일면은 예법을 준수한다는 데 있다. 한 가문에 예법을 엄격히 지키느냐에 따라서 그 평가가 달라진다. 고려 말기 주자학이 수입되어 조선시대에는 주자학이 통치이념이 됨에 따라, 『주자가례』가 널리 보급되어 시행되게 되었다. 조선 후기로 갈수록 예법은 더욱더 엄격하게 준수되었다. 이런 현상은 1910년 조선이 망할 때까지 큰 변화 없이 계속되어 왔다.

　법물리의 상산김씨들도 『주자가례』에 따른 예법을 철저히 지켜 나왔다. 그러다가 조선이 망하고 새로운 문물이 전래되어 생활양식이 바뀜에 따라서 전통의례도 변화하여 점차 간소화되거나 소멸되었다.

　법물리에서는 관례冠禮는 1910년 전후까지 시행되다가, 나라가 망하고 단발이 확산됨에 따라 점차 사라졌다. 이후 관례가 다시 복원된 적은 없지만, 관례의 취지는 오늘날에 되살릴 필요가 있다고 생각하고 있었다.

　혼례婚禮는 지금도 시행되고 있지만, 서양의 영향을 지나치게 많이 받아 전통적인 혼례와는 그 양식이 판이하게 다르다. 대체로 1960년대까지는 전통혼례가 마을에서 어른들을 모시고 거행되었지만, 70년대 이후로 점차 도회지의 결혼예식장에서 혼례를 거행하게 되었고, 지금은 전통혼례를 거행하는 경우는 거의 없다. 예식장에서 거행되는 신식결혼식을 초기에 집안 어른들이 심하게 반대했지만, 시대적 조류는 막을 길이 없었다. 중매에 의한 결혼이 아니고 자녀들 본인의 의사에 따른 연애결혼의 경우에도 초기에는 어른들의 반대가 심하였지만, 지금은 반대하지 않겠다는 입장이다. 자녀의 연애 상대자의 가문이 좋지 않은 경우에도 옛날에는 그것을 많이 따졌지만, 지금은 당사자가 좋다고 할 경우에는 별로 개의치 않겠다는 입장이다.

　상례喪禮는 비교적 전통적인 면모가 유지되고 있다고 볼 수 있다. 지금도 크게 보면 『주자가례』의 틀에서 심하게 벗어나지는 않았기 때문이다. 해방 직후에 한 번 크게 간소화되었고, 1970년대 초반 가정의례준칙을 강제로 시행함에 따라서 상례가 많이 간소화되었다고 한다. 장례 방법은 아직도 자기 소유의 산에 매장하는 경우가 많고, 상석床石, 망주석望柱石 등 간단한 석물을 갖추는 경우가 많다. 상복喪服은 옛날의 것과 같은 것을 지금도 입고 있고, 복상 기간은 1년 정도가 보통이다.

제례祭禮 역시 전통적인 예법이 비교적 잘 지켜지고 있다. 법물리의 상산김 씨들은 4대조까지 제사지내고 있는데, 이 마을의 제례에는 성재 허전의 『사의 절요士儀節要』라는 예서의 영향이 많다고 한다. 조선시대의 전통적인 제례와 비교해 볼 때, 90% 정도 그대로 지켜지고 있다고 한다. 조상의 영혼이 있다고 생각하여, 제수는 비교적 풍성하게 장만하고 있다. 그리고 여건이 허락하는 경우에는 8촌 이내의 친척의 제사에는 참여하고 있다고 한다. 그러나 가묘를 갖추고서 조상의 신주를 모셔 둔 집은 없었다.

양반가문의 후예임을 나타내고 가문의 결속을 다지는 데 가장 중요한 행사 중의 하나는 연례적으로 이루어지는 조상에 대한 제사의식이다. 법물리의 상산김씨 가문의 경우 파조派祖(20대조)로부터 12대조까지를 봉사하는 묘사는 매년 10월 30일에 거행된다. 이 제사를 위해 1993년에 문중에서 전문중적 사업으로 거액을 모금하여 단구관丹邱館을 지었다는 사실은 앞에서 언급한 바 있다. 11대조부터 이하는 4개의 소종중小宗中에서 각자 날짜를 정하여 따로 주관하여 지내고 있다.

지금은 과거의 농업을 위주로 하는 시대와는 달라서 여러 가지 사유로 고향을 떠나 서울, 부산, 대구 등지에서 거주하기 때문에 매번의 묘사에 참여하기가 어려운 실정이므로, 이런 식으로 실정에 맞게 현실화, 간소화하였다.

산업화 이후에 양반가문을 나타내는 중요한 상징으로 등장한 것은 기존

묘역의 단장이다. 묘역에 상석이나 비석을 세우거나 축대를 쌓는 등 묘역을 단장하는 일이 가문의 위상을 나타내는 좋은 방법으로 인식되고 있다. 법물의 상산김씨의 경우에는 이미 70년대에 묘역의 단장을 대체로 마무리지었다.

이상에서 본 바와 같이 법물리의 상산김씨 가문도 시대적인 변화에 영향을 받지 않을 수가 없었다. 전통적인 예법이 시대의 변화에 따라서 소멸되거나 변화하거나 간소화하였는데, 인근의 다른 가문과 별다른 차이가 없었다. 관례는 1910년 이후로 없어진 지 오래고, 혼례는 현대화, 서양화하여 전통혼례와는 많은 거리가 있는 채로 유지되고 있었다. 상례는 많이 간소화되었지만, 그 정신은 계승되고 있는 편이고, 제례가 가장 옛 모습을 간직한 채로 시행되고 있었다.

8. 현대문화 속의 양반문화의 현황

1) 양반가문의 쇠퇴

조선 건국 이후 형성된 유교사회적 질서는 중간에 임진왜란과 병자호란 등 큰 사회변동요인을 거쳤으면서도 그 기본적인 체제는 크게 변화하지 않은 채로 조선 말기까지 이르렀다. 이는 유교의 통치이념을 통한 사회질서의 유지가 가능했기 때문이다.

이런 전통이 유지되어 오다가, 유교문화의 체제를 붕괴시킨 최초의 가장 큰 사건은 1876년 일본에 대한 문호개방이었다. 이 이후 일본을 통해서 새로운 사상과 과학·기술이 전래됨으로 인해 사람들은 유교를 통치이념으로 한 조선사회의 질서에 대해서 회의를 느끼기 시작했다. 유교의 통치이념이 외세 앞에서 국가민족을 구제할 능력이 없었으므로, 일반 서민들에게 양반의 위신을 여지없이 실추시켰다. 이런 생각이 1894년 동학농민운동을 일어나게 하는 한 원인이 되었다고 볼 수 있다.

곧이어 단행된 갑오경장甲午更張에서 과거제도와 신분제도를 폐지하고, 의관제도를 개조하고, 노비를 해방하도록 법령으로 공포함으로써, 조선의 전통적 사회질서에 완전히 혁파하였다. 비록 법령공포를 통한 개혁이라 당장 전국 곳곳에서 그대로 실행되지는 않았다 해도, 그 파급효과는 대단히 컸다. 곧 양반의 권위 실추와 서얼, 천민, 노비 등의 지위 향상을 어느 정도 인정하게 되었다. 양반들은 향약 등을 실시하는 등의 수단을 통하여 실추된 권위를 회복하려고 하였으나, 시대적 대세를 막을 도리가 없었다.

1910년 나라가 망하고 왜인들의 통치하에 들어감으로 인하여, 양반들은 성리학 분야에 대한 조예를 제외하고는 더 이상 권위를 인정받을 길이 없었다. 그리하여 가문 내의 젊은이들 가운데는 구舊학문에 관심을 기울이지 않고 신新학문을 배우려는 사람이 점점 많이 생겨나게 되었다. 전통학문을 공부한 보수적인 노년층과 신학문을 열망하는 젊은 세대 간에 갈등이 발생하여 점점 심각하게 되었다. 처음에는 노년층이 완강하게 자기들의 주장을 펴기 때문에 가문의 자제들 가운데서 대부분이 학교에 가지 못했으나, 학교를 가기를 원하는 젊은 사람들의 수가 갈수록 많아지고 그 열망이 갈수록 강해지자, 노인층에서 젊은 자제들이 학교에 가는 것을 허락하지 않을 수가 없게 되어 학교에 가는 자제의 수가 점점 많아졌다.

이 전통학문과 신학문 사이의 갈등 과정에서 네 가지 경우가 발생하는데, 첫째는 부조父祖들의 명령이 워낙 준엄하여 자제들이 거기에 복종하고 구舊학문을 계속하는 경우가 있었다. 둘째는 부조의 명령이 준엄하여 구舊학문을 하면서 몰래 학교에 다니는 경우가 있었다. 셋째는 절충적인 방식으로, 자제들이 방과 후에 구舊학문을 공부한다는 조건하에서 학교 가는 것을 부조들이 허락하는 경우이다. 넷째는 부조의 이해로 자제들을 학교에 보내는 경우였다. 시대가 내려올수록 부조들의 이해가 늘어나 학교에 가는 가문의 자제들이 늘어났다. 부조들의 반대로 학교에 가지 못했거나 학교를 늦게 간 사람들은 사회에 진출하여 현대적 직업을 가질 기회를 갖지 못했으므로, 마음속으로 부조를 원망하는 사람도 없지 않았다고 한다.[56]

이런 분위기가 계속되자 구舊학문은 쇠퇴하였고, 따라서 양반가문으로서의 특색도 점점 희미해져 갔다.

동족마을으로서 600여 년 큰 변함없이 유지되어 오던 상산김씨 가문에서 많은 사람들이 객지로 옮겨 가 살게 된 것은, 왜인강점시기에 만주 등지로 가서 산 사람도 있었고, 해방 직후 좌우익의 이념대립이 심했을 때 생명 보호를 위해서 부산으로 간 경우가 많았고, 한국동란 때도 많은 사람들이 부산으로 피난 갔다가 그곳에 정착한 사람들도 있었다고 한다. 그 밖에도 자기의 능력을 발휘하거나 입신하기 위해서 고향을 떠난 사람도 적지 않았다. 그러니 젊은 사람들 가운데 고향에 남아서 전통학문을 하며 가문의 전통을 그대로 지키면서 살아가는 사람은 거의 없어지게 된 것이다.

2) 현대생활과의 괴리

구舊학문을 하면서 전통문화를 지키고 유지되어 오던 양반문화는 본래 농경생활에 적합한 것이었다. 그 구성원 모두에게, 개인의 개성보다는 유교사회 전체의 보편적 질서에 순응하기를 요구했던 것이고, 거기에 순응하는 사람만이 대접 받아 살아남을 수 있는 것이었다. 오늘날 자신의 개성에 바탕하여 여러 가지 직업에 종사하는 현대인들에게는 맞지 않는 부분이 많다. 오늘날

---

56) 金相朝 씨 증언, 1997년 10월 30일.

대부분의 젊은 사람들은 자신의 생존이 중요한 일이지, 자신의 출신 가문이 양반가문이라는 것에 그렇게 큰 의미를 두지 않는다.

옛날 양반가문의 후손들은 오늘날 대부분이 도회지에서 매일 직장에 출근하여 일을 보고 있는 현대인으로 변해 있다. 문중회의, 묘사 및 각종 제사, 집안의 장례 등등 여러 가지 행사에 참여할 시간을 갖지 못하기 때문에, 옛날과 같은 생활양식을 지킬 수가 없다. 독서·강학하고 손님을 접대하고, 조상의 제사를 잘 받드는 것에 생활의 가치를 두었던 시대와는 사고방식이 다르다. 또 오늘날의 젊은 세대들은 대부분 핵가족이기 때문에 여러 사람들이 모인 곳에 가기를 좋아하지 않는다.

그래서 집안의 장례식에 참여하는 일가들의 수도 점차 줄어들고, 묘사에 참석하는 사람의 수도 줄어들기 때문에 묘사를 간편하게 변형시키지 않을 수 없었던 것이다.

3) 가문 유지를 위한 노력

시대적 조류의 영향으로 이 가문에도 현대문명의 물결이 밀고 들어와 전통적인 양반문화의 자취가 점점 소멸되어 간다. 이에 위기를 느낀 집안의 문장門丈들은 자기 가문의 젊은 세대들에게 가문의식을 심어 주어 양반가문의 위상을 유지하기 위해 다방면으로 노력하고 있다.

양반은 자신의 가문의 결속을 다지고 가문의 위세를 표현하기 위하여 종친회와 같은 문중조직을 결성하여 정례적인 모임과 사업을 벌인다.

상산김씨 문중의 종친회는 중앙기구와 각 시도 지부로 구성되어 있다. 중앙 종친회는 매년 5월 5일 전후에 주로 본관인 상주尙州(商山은 尙州의 古號)에서 열린다. 과거에는 거리와 시간의 제약으로 전체 문중의 대표가 모이는 것이 쉽지 않았으나, 오히려 근래에 들어 교통이 편리해짐으로써 종친회 모임에 참석하는 열의가 높다. 전체 모임에는 각 지부의 회장단이 모이는데, 1997년 종친회 때에는 법물리에서만 12명이 참석을 했다. 중앙 기구 아래 각 시도의 지부 모임에는 이사들이 참가한다.

상산김씨 문중에서는 문중의 결속을 강화하기 위해서 매년 1회씩 정기적으로 문중잡지인 『상산商山』지誌를 내고, 또 문중을 알리는 팸플릿을 발행하고 있는데, 법물리의 상산김씨들은 이에 적극적으로 참여하여 이를 가문에서 배부 받아 젊은 자제들의 교육에 잘 활용하고 있다.

상산김씨 문중에서는 전국적으로 일가들이 세거하는 곳을 순회하면서, 여름방학을 이용하여 문중의 젊은이들에게 문중 조상의 행적에 대해서 알리고 가문의 역사를 강의하는 등의 노력을 하고 있다. 그리고 가문의 학생들에게는 장학금을 지급하여 가문의식을 고취시키고 있다.

그리고 제례나 상례 등의 예법을 젊은 자제들이 잘 몰라 옛날의 올바른 예법과 거리가 있음을 염려하여 문중에서 예법의 규범에 관한 책자를 만들어 보급하고 있다.

법물리의 상산김씨들은, 지금은 양반가문의 모습이 많이 소멸되었지만, 가문에 대한 자부심은 갖고 있다. 자부심을 갖는 내용은 대개 이런 것이다. 첫째, 집안에서 많은 학자들이 배출되었고, 그들이 남긴 문집이 많다. 둘째, 대·소과 급제자가 많이 나왔다. 셋째, 역적이나 간신 등 흠을 가진 인물이 나오지 않았고, 패륜적인 사건이 발생하지 않았다. 넷째, 전통예법을 잘 준수해 왔다.

전통 양반가문의 면모가 많이 사라진 오늘날이지만, 그래도 법물리 상산김씨 가문에는 한문漢文 문리文理가 있는 사람이 15명 내외가 살고 있고, 또 만장挽章이나 명정銘旌을 써 달라는 부탁이 다른 가문에서 들어오고 있는데,

이는 이전에 동일한 정도의 다른 양반가문에 비하여 양반문화의 보존상태가 조금은 나은 것이라고 자부하고 있다.

그러나 오늘날 옛날의 양반문화를 회복하는 일은 불가능하다는 것을 이 가문의 부로父老들도 잘 알고 있으므로, 과거에 양반가문이었음을 인식시키는 것으로서 만족하고 있는 실정이다.

9. 결론

고려 말기 단구재 김후가 정착함으로써 형성된 법물리의 상산김씨 가문은 조선 초기부터 임진왜란 이전까지 8명의 문과급제자를 배출함으로써 양반가문으로서의 기반을 형성하였고, 임진왜란 때는 충절을 세운 인물이 나왔고, 조선 말기에 이르러서는 많은 학자들이 배출됨으로써 '선비의 연수淵藪'라는 명칭을 들을 정도로 이 지역에서 유수한 가문으로 일컬어지게 되었다.

그리고 양반가문임을 입증하는 척도가 되는 문집과 재사·누정 등도 그 수가 다른 가문에 비하여 상당히 많은 편이다.

‖ 이 글은 『경남문화연구』 19집(경상국립대학교 경남문화연구소, 1997)에 수록 되었던 것이다.

제4장 사족층의 단성 이거와 향촌지배체제 구축 과정

김 준 형

1. 머리말

그동안 조선 후기 사회변화에 대한 연구업적이 축적되면서 당시까지 향촌
사회를 이끌어 왔던 사족층의 향촌에서의 지배력이 약화되어 간다는 논리가
일반화되어 왔다. 그런데 각 지역 사족층의 향촌지배체제의 약화에 대해
언급하기 위해서는 먼저 그 지역의 유력 사족가문에는 어떤 성씨가 있었으며,
그들은 어떤 과정을 거쳐 그 기반을 형성하게 되었는가를 분석하는 것도
필요하다. 이후 향촌질서가 변질되어 가는 과정에서 그들이 어떤 대응을
하는가 하는 점과 밀접하게 연관되기 때문이다.

이런 필요성에도 불구하고 한 고을을 택해서 그 고을의 토착성씨나 고려
말 이래로 그 고을에 이주해 온 성씨로는 어떤 성씨가 있으며 그들이 향촌사회
에서의 영향력을 확보해 가는 과정은 어떠했는가를 전반적이면서도 구체적
으로 분석한 연구는 아직 없다. 필자는 단성현을 하나의 사례연구 대상으로
해서 조선시대에 단성현에 들어와 살고 있던 성씨들에 대해 전반적으로
분석해 보려고 한다.

필자는 우선 고려 말 이래로 어떤 성씨들이 단성현에 들어오고 그들이 이거하게 된 배경은 무엇이었는가에 대해 알아보기로 하겠다. 많은 성씨가 단성현에 들어오긴 하지만, 그들이 바로 단성지역에 영향력을 미치는 유력 사족가문이 될 수는 없었다. 이들 중 어떤 성씨들은 번창하면서 단성지역에 강력한 기반을 형성하는가 하면, 어떤 성씨들은 다시 다른 고을로 이동하거나 또는 침체되는 경우가 있었을 것이다. 또 조선 후기에 와서도 단성에 새로운 성씨들이 들어왔을 것이다. 이런 과정에서 단성의 유력 가문이 형성되는데, 이 과정에 대해 살펴보고자 한다. 더 나아가 이런 유력 가문들이 단성지역에서 영향력을 행사할 수 있었던 기반과 배경은 무엇인가에 대해서도 아울러 분석해 보려고 한다.

이 분석에서 필자가 요긴하게 이용하려는 자료는 『운창지雲牕誌』와 각 성씨의 족보이고, 그 이외에 『단구성원丹邱姓苑』, 『단성호적대장丹城戶籍臺帳』 및 각 가문의 문집 등 각종 문헌도 이용하려고 한다. 1640년 이시분李時馪(1588~1663)에 의해 편찬된 『운창지』는 다른 읍지처럼 단성현의 연혁沿革·산천山川·풍속風俗·토산土産·대사臺榭·원지園池·전결田結·호구戶口 등도 언급하고 있지만,[1] 거의 대부분의 분량을 단성의 8개 면의 각 리里들을 소개하면서 동시에 거기에 거주하던 유력한 성씨들을 소개하는 데 할애하고 있다. 찬자가 추적할 수 있는 성씨에 대해서는 이른 시기의 입향조 부분도 서술하였지만 그렇지 않은 성씨는 당대의 인물을 중심으로 서술하였기 때문에, 『운창지』에 등장하는 인물 중에는 입향조가 아닌 경우가 압도적 비중을 차지한다. 따라서 이들의 단성 이거移居 시기나 이거 배경을 추적하기 위해서는 각 가문의

---

1) 李時馪, 『雲牕集』 附錄, 권1, 「年譜」, 崇禎 13년(1640)조, "丹邱誌成(縣八坊·山川·人物·謠俗·土産·臺榭·園池 及卜數·戶口·軍額諸數, 一開卷無不瞭然, 並故蹟·忠臣·烈婦·孝子·文行·武烈, 善善惡惡, 亦可爲後世監戒焉)."

족보도 보조적으로 활용하지 않으면 안 된다.

현재 학계에서 이용되고 있는 『운창지』는 이시분이 집필한 원본이 아니고 후대의 일부 사족들에 의해 필사된 것 중의 하나인 것 같다.[2] 이 『운창지』에는 인물의 이름이나 인척관계 등을 잘못 기재한 경우도 있다. 그것이 원본에서부터 나타난 것인지 아니면 후대의 필사과정에서 나타난 것인지 확실히 알 수는 없다. 『운창집雲牕集』에 실린 「단성지丹城誌」는 『운창지』의 내용 중 특정 인물의 자세한 서술 부분 등 일부는 생략하고 잘못되어 있는 부분을 수정하고 있어서 서로 대조해 볼 필요가 있다.[3] 그러나 전체적으로 볼 때 『운창지』에는 나름대로 객관적으로 조사해서 서술한 흔적이 역력히 나타난다.

『단구성원』은 1939년 유잠柳潛(1880~1951)에 의해 편찬되었고 현재 그의 문집인 『택재집澤齋集』의 부록편에 실려 있다. 그는 단성의 기존 가문과 후대에 단성에 새로 들어온 가문을 막론하고 현인의 문집이나 민간에 퍼져 있는 이야기에서 중요하게 언급되는 인물들을 찾아 성씨별로 정리하였다.[4] 이것은 『운창지』의 속편으로 제작되었다고 할 수 있다.[5] 『운창지』에 언급된 성씨를 모두 망라해서 언급하고 있지는 않지만, 그 대부분을 취급하고 있다. 그 이외에 조선 후기에 들어와 정착한 사족가문도 소개를 하고 있지만, 조선 말기 이후 단성에 들어온 성씨는 전국적으로 알려질 정도로 특출한 경우 이외에는 취급하지 않았다.[6] 인물들의 본관이 잘못 처리된 부분이 극히 일부

---

2) 현재 학계에서 이용되고 있는 『운창지』는 신등면 단계리의 김동준 씨가 소장하고 있는 필사본이다. 겉표지 안에 端磎 金麟燮이 冊主로 적혀 있는 것으로 보아, 김인섭이 원본을 보고 필사해 둔 것으로 생각된다.

3) 문제되는 일부 인용문에서는 『운창집』「단성지」의 내용과 대조해서 표시해 두었다.

4) 『丹邱姓苑』, 「序」(柳潛), "是時, 余目覩宇宙之多變, 內感人物之盛衰, 始採鄕居群門名蹟, 其法, 不拘年代久近, 氏族新舊, 如其本乎賢集稗記, 見聞所及, 自屬可證者隨錄, 必愼次之成編."

5) 『丹邱姓苑』, 凡例, "一. 鄕族見舊志, 而浸衰無聞者, 止及上世, 有姓籍同者, 別附于后."

6) 『丹邱姓苑』, 凡例, "一. 舊族首懸總訂, 舊顯而今堙, 則不書, 雖盛而最近, 則不書, 或新列

발견되기는 하지만, 조선 말기 단성의 유력 사족가문의 대체적인 윤곽을 파악하는 데 어느 정도 시사점을 제공해 준다.

2. 조선 전기까지 각 성씨의 단성 이거와 그 배경

1) 조선 전기까지 단성 이거

원래 단성현에는 고려시대 이래로 여러 토착성씨가 존재하고 있었다. 『세종실록지리지世宗實錄地理志』에 의하면, 강성현江城縣 토성으로 문文·송宋·여呂·이李 등 4개 성씨, 단계현丹溪縣 토성으로 이李·하河·서徐·여呂·사史·송宋 등 6개 성씨가 있었다. 이들은 고려 초기부터 단성현의 토착 세력으로서 이 지역에 영향력을 행사해 왔던 것으로 보인다. 『세종실록지리지』에는 이외에도 내성來姓과 속성續姓이 함께 소개되고 있다. 내성으로는 진주에서 온 하河씨, 속성으로는 주周(草溪來)·김金(龍宮來)·김金(松林來)·김金(桂城來)·탁卓(本未詳)·김金(金海來)씨 등 6개 성씨가 있다. 이들이 세종 대 이전에 다른 곳에서 단성으로 이동해 온 성씨라는 것은 확실하다. 그런데 세종 대 이전에 단성에 들어온 성씨는 이들만 있었던 것은 아니다. 세종 대 이후에 단성에 들어온 성씨도 매우 많다.

『운창지』에서는 고려 말 이후 단성에 들어온 성씨들에 대해 마을별로 소개하고 있다.7) 이러한 성씨들은 상당히 많기 때문에 그들이 들어온 시기를

鄕族, 大爲國人所知, 則必書."

7) 『운창지』에 소개되고 있는 인물 중에는 필자가 본관이나 계보를 모두 추적할 수 없는 경우가 일부 있었다. 월명촌의 판서 羅廷老 부자, 문경동의 鄭判書와 그의 아들 鄭文昌, 마흘촌의 판서 李山屹, 도전의 司僕正 李貴, 한양항의 李德明, 오리곡의 通判 尹惟孝 등이 그들이다. 또 일부 인물에 대해서는 柳三嘉(加坪里), 兪政承(葛田), 丁校理(古邑垈) 등 이름이 없이 관직이나 성씨만 소개하고 있어 그들이 어떤 인물인지를 구체적으로

15세기 이전, 15세기, 16세기 등 몇 시기로 나누어 살펴볼 필요가 있다.

(1) 15세기 이전

· 초계주씨草溪周氏: 『운창지』에 의하면 판서 주세후周世侯(1311~1377)가 원당면 元堂面 배양촌培養村에 살고 있었고 그의 아들 주경周璟도 판서로서 효행으로 인해 조정에서 정려가 내려졌다고 한다.[8] 그런데 『세종실록지리지』에 초계주 씨가 속성으로 기재된 것으로 보아 주세후 이전에 이미 단성에 들어온 것으로 보인다.[9] 『운창지』에도 주씨를 문씨와 함께 단성의 토착성으로 기술하면서 그 자손들이 본관을 초계로 삼고 있는데, 언제 그 가문에 초계를 본관으로 할 수 있는 봉호를 주었는지 알 수 없다고 기록하고 있다.(<별표1-1> 참조)

· 개성김씨開城金氏: 『운창지』에는 원당면 내원리內元里에 거주하는 가문으로서 군수 김등金滕 및 윤생潤生·귀로龜老·용정用貞으로 이어지는 개성김씨가 소 개되고 있다.[10] 『세종실록지리지』에는 단성의 속성 중에 송림松林에서 온 김씨 를 들고 있는데, 이들도 개성김으로 칭하고 있었던 것 같다. 송림현은 통일신라 시대에는 송악군松岳郡에 속해 있던 작은 고을이었는데, 고려 현종 대 장단현長 湍縣의 속현으로 되었다가 문종 대에 개성에 내속되었다고 한다.[11] 따라서 이들도 본관을 개성으로 칭했을 가능성이 있다. 그렇다고 본다면 그들은 『세종

추적할 수 없는 경우도 있었다. 따라서 이들은 분석에서 제외하기로 하였다.

8) 『雲牕誌』, 元堂八坊考證 제8방, "是培養山, 即周氏文氏之基也, 周爲土姓, 而其後子孫, 皆草溪爲貫, 其間必有草溪之封號者, 而無傳未詳, 有世侯及璟, 而皆爲判書, 而璟以孝行, 又旌其閭."

9) 『尙州周氏淵源譜』에 의하면 부·조·증조인 正臣·美·仲賢의 묘는 失傳된 것으로 나타난다. 초계주씨나 尙州周·鐵原周씨는 연원을 같이 하고 있다.

10) 『雲牕誌』, 元堂八坊考證 제1방, 元堂西坊. 원래 『운창지』에는 개성김씨라고 밝히지 않 고 있지만, 그들의 외손으로 내원당에 들어온 안동권씨나 연일정씨 등의 족보에 따르면 그들의 본관은 개성으로 되어 있다.

11) 『三國史記』, 권35, 「雜志·地理2」, 松岳郡조 및 『高麗史』, 권56, 「志·地理1」, 王京開 城府조 참조.

실록지리지』에 소개된 속성의 하나로서 고려 말 이전에 들어온 것으로 보아도 좋을 것이다.

· 남평문씨南平文氏: 『운창지』는 문익점文益漸을 위시한 문씨도 토성土姓으로 언급하고 있다.12) 『세종실록지리지』에 언급된 단성 토성의 하나인 문씨가 혹시 이들 가문과 연결되는 것이 아닌가 추측해 볼 수도 있다. 『고려사』에서 문익점에 대해 강성현인江城縣人이라고 언급하고 있기 때문이다.13) 그러나 문익점의 조상이 되는 문극겸文克謙에 대해서는 『고려사』에 남평인으로 기록하고 있고,14) 해당 가문의 족보에서도 남평문씨로 서술하고 있어서 좀 더 치밀한 연구가 필요하다. 『남평문씨족보』에 의하면 문익점의 고조인 득준得俊 때부터 묘가 단성 주변에 있는 것으로 되어 있다. 이때부터 그들이 단성지역에 정착한 것으로 추정한다면, 일찍부터 단성과 인연을 맺고 있었던 것으로 볼 수 있다.15) (<별표1-2> 참조)

· 김해허씨金海許氏: 『운창지』에 의하면, 김해허씨도 일찍 단성에 들어온 것으로 나타난다. 고려 말에 허옹許邕이 정치가 어지러워져 자신의 의견이 받아들여지지 않을 것을 알고 관직을 버리고 단성으로 내려와 단계천이 흘러내리는 현재의 신등면 평지리(당시 法勿禮里) 부근에 내려와 복거한 것으로 되어 있다.16)(<별표 1-3> 참조)

· 진주하씨晉州河氏: 『운창지』에는 공민왕 대의 봉산부원군鳳山府院君 하윤원河允

---

12) 『雲牕誌』, 元堂八坊考證 제8방, 培養山, "文氏亦爲土姓, 居是坊, 而顯達者, 二十人, 其一 江城君益漸是也."
13) 『高麗史』, 권111, 「列傳24 · 文益漸」, "文益漸, 晉州江城縣人, 恭愍朝登第, 累遷正言."
14) 『高麗史』, 권99, 「열전12 · 文克謙」, "文克謙, 字德柄, 南平郡人, 父公裕."
15) 『南平文氏族譜』(乙未)에 의하면 문익점의 고조인 得俊 때부터 묘가 경남지역에 있고, 그 이전 조상의 묘는 충청도와 남평에 있었던 것으로 나타난다.
16) 『雲牕誌』, 法勿八坊考證 제1방, "法勿禮里, 在寶巖山下, 中有溪, 而坊有東西之異, 是吏 部典書許邕之所居也, 邕在前朝末, 見時政將亂, 知其不容朝, 棄官南來, 始卜居於丹溪之 溪上, 置堂."

源(1322~1376)[17]이 단성 현내면 양정凉亭으로 옮겨와 신안 강변에 정사를 지어 노년을 보냈고, 그 아들 문경현감 계종啓宗은 그보다 약간 북쪽에 위치한 골짜기에 거주하였다고 기록되어 있다.[18] 하윤원의 조상들이 살던 고향 마을은 단성과 진주 접경에 있는 사월리沙月里였다.[19] 따라서 그는 양정과 멀리 떨어지지 않은 사월리를 오가며 지냈을 것으로 보인다.

• 진주강씨晉州姜氏 은렬공파殷烈公派(留守公派): 『운창지』에 의하면 강린姜麟이 16세기경에 원당면 내원촌에 거주했던 것으로만 기술되어 있다.[20] 그러나 강린의 증조인 강수명姜壽明이 앞에 언급된 하윤원의 누이와 결혼한 것으로 양측 가문의 족보에 나타나는 것으로 보아, 이를 계기로 진주강씨가 단성에 들어온 것으로 추측된다.[21] 이때가 14세기 말경이었다. 내원촌과 조그마한 개천을 사이에 두고 접하고 있는 묵곡墨谷에 거주했다고 하는 청주목사 강항姜沆도 강린의 손자 강원姜源을 잘못 기술한 것으로 보인다. 『운창지』에서는 그가 묵곡에 살다가 형의 아들인 여장汝樯에게 가업을 물려주고 진주 원당리로 옮겨 가서 지냈다고 되어 있는데, 『진양지晉陽誌』에 의하면 청주목사를 지냈고 원당리에 거주하며 활동한 인물로 강린의 손자인 강원이 소개되고 있기 때문이다. 그리고 『진양강씨유수공파보晉陽姜氏留守公派譜』에 의하면, 그는 10촌 형인 렴廉의 아들 이주以周를 양자로 삼은 것으로 되어 있다.[22](이상 두 가문은 <별표

---

17) 『高麗史』, 권112, 「列傳25·河允源」, "河允源……嘗出按慶尙西海楊廣交州四道, 牧原尙二州, 所至有聲績, 辛旽用事, 允源不諂附, 辛旽初擢拜大司憲, 封晉山君." 『晉州河氏世譜』에도 그의 '봉산부원군' 칭호에 대한 의문을 제기하고 있다.

18) 『雲牕誌』, 縣內八坊考證 제6·7방, 凉亭, 文慶洞, "鳳山府院君河允源, 作江舍於凉亭而老焉, 其子又以蔭爲文慶縣監, 遂居于鄭大昌潭上之山谷, 故後人皆稱文慶洞."

19) 『晉陽誌』 권4, 文科조에 하연은 沙月에 살았던 것으로 나오고, 『晉州河氏世譜』에도 하윤원과 그의 부 하즙이 餘沙(沙月)村에서 태어난 것으로 되어 있다.

20) 『雲牕誌』, 元堂八坊考證 제2방, 元堂東坊, "其東坊, 則是淸州牧使姜麟之所居."

21) 『晉州河氏世譜』에 姜壽明은 하윤원의 부 河楫의 女와 결혼한 것으로 되어 있고, 『晉陽姜氏留守公派譜』에는 그의 묘가 단성현과 진양군 경계에 있는 명석면 정태리에 있는 것으로 되어 있으며, 그의 누이는 단성에 처음 들어오는 남원양씨 梁思貴와 결혼한 것으로 되어 있는 것으로 보아 그렇게 추측된다.

1-4> 참조)

· 합천이씨陜川李氏: 『운창지』에는 호조전서 이운호李云皓가 도산면都山面 소이곡所耳谷에서 살고 있었다고 기록하고 있다.[23] 그의 후손 이천경李天慶의 문집에 이운호 때 처음으로 단성 소이곡으로 들어와 정착하기 시작한 것으로 기록되어 있어, 합천이씨의 단성 거주는 이때부터 시작된 것으로 보아야 할 것이다. 『합천이씨족보』에는 그와 그 이후 몇 대에 걸쳐 자손의 생몰연대가 나타나지 않아 그가 이곳에 들어왔던 시기를 정확하게 알 수 없지만, 5세손인 적迪의 생년이 1480년인 것으로 보아 조선왕조 개창 이전인 것으로 추측된다.[24](<별표 1-5> 참조)

· 경주최씨慶州崔氏: 『운창지』에는 만호萬戶 최숭崔崇이 인근 의령에서 단성 오리면悟里面 청현靑峴으로 이거했다고 한다.[25] 『경주최씨절의공파승지공세보慶州崔氏節義公派承旨公世譜』에 의하면 그는 충렬왕 대에 승지 겸 서해도 안렴사를 지냈던 인물이므로 그가 단성에 이거한 시기는 14세기 전반일 것으로 추측된다.(<별표1-6> 참조)

· 상산김씨商山金氏: 고려 말 직제학이었던 김후金後가 당시의 정치적 상황을 비관하여 남쪽으로 내려와 단성 법물리에 은거하게 되었는데, 이곳은 마침 그의 처가인 영가장씨永嘉(安東)張氏의 기반이 있는 곳이었다. 처부인 장강張綱

---

22) 『雲牕誌』, 元堂八坊考證 제7방, 墨谷, "故淸州牧使姜沆之居, 出身後付其世業於其兄之子汝檣, 贅居晉州之元堂里, 是坊又有梁山亭舍基地, 而宛然如昨云."; 『晉陽誌』, 권3, 「人物 · 姜源」, "丙辰登文科, 天性淸簡, 無意營産, 六典州郡, 廉謹嚴明, 其爲淸州, 人謂之三淸先生……(居元堂)."

23) 『雲牕誌』, 都山八坊考證 제3방, 耳谷, "是坊池下, 郎戶曹典書李云皓之居, 是尙書左僕射景芬之曾孫也."

24) 李天慶(1538~1610), 『日新堂集』, 「年譜」, 嘉靖 17년, "先生之先, 陜川人也, 七代祖判書公, 始居丹城所耳谷, 曾祖校理公, 移居青峴, 祖府使公, 娶郡守金滕之家, 父著作公移居元堂, 至先生又還居青峴."

25) 『雲牕誌』, 悟理八坊考證 제1방, 青峴, "又有崔萬戶崇者, 自宜寧來居是坊, 盖麗朝門下侍郎平章事沆, 乃其鼻祖也."

도 허웅의 사위로 법물리에 들어와 있었는데, 그는 딸만 두었고 그 딸이 김후와 결혼하였던 것이다.[26](<별표1-7> 참조)

· 단양우씨丹陽禹氏: 14세기 말 우렴禹廉이 손통판孫通判의 딸과 결혼하면서 그가 사는 도산면 어은동으로 들어와 살게 되었다고 한다.[27] 그런데 『운창지』와 단양우씨 족보 간에는 자손들의 계보에 혼란이 있다.[28](<별표1-8> 참조)

· 진양강씨 관서공파關西公派: 『운창지』에는 광양현감을 지낸 강행姜行(1395~1450)부터 언급되고 있지만,[29] 『진양강씨족보(관서공파)晉陽姜氏族譜(關西公派)』에 의하면 그의 조 강사근姜思近과 부 국흥國興의 묘가 단성에 있는 것으로 기록되어 있어 이미 14세기 말 그의 조부 때부터 단성 북동면北洞面 월명촌月明村에 살고 있었음을 추측할 수 있다.[30](<별표1-9> 참조)

· 남원양씨南原梁氏: 김해부사를 지낸 양사귀梁思貴가 도산면 원산에 들어온 것은 14세기 말경으로 추측된다. 그의 셋째 아들 역嶧의 생몰연대가 1398~1471년이기 때문이다. 그가 단성에 들어오게 된 배경에 대해서는 『운창지』에 아무런 언급이 없지만,[31] 그도 앞서 언급한 진양강씨 강수명의 딸과 결혼한 것을 계기로 하여 단성에 들어오게 된 것 같다.(<별표1-10> 참조)

---

26) 『雲牕誌』, 法勿八坊考證 제1방, 法勿禮里, "典書張綱, 以許典書之婿, 居于此, 而只有一女, 迎婿于商山, 以作門楣, 卽金後是也, 官至直提學, 勇退於急流, 而作一句, 盖識其志也."; 『商山徵信錄』, "丹邱齋, 諱後……登第, 出爲金海府使, 入本朝棄官, 退去丹城."

27) 『雲牕誌』, 都山八坊考證 제4방, 漁隱洞, "禹氏之居, 本靑道人, 名曰廉, 儞之孫, 禹祭酒倬之從孫也, 娶孫通判女, 來居是坊, 坊名漁隱洞."

28) 『운창지』에는 禹贊과 禹貢이 모두 禹廉의 손자로 나타나는데, 『丹陽禹氏族譜』에는 우공이 우렴과는 다른 계보에 포함되어 있고 우찬과도 항렬상 祖孫 간의 관계로 나타나고 있다. 그런데 우찬의 부친인 秀老와 우공의 부친인 季老는 사망 일자나 향년이 같고 부인도 같은 성씨의 인물로 나와 동일한 인물일 것으로 추정된다.

29) 『雲牕誌』, 北洞八坊考證 제4방, 溪之左, "第四坊卽溪之左, 是光陽縣監姜行之所居, 其子文會典籍, 其孫顯判書, 卽惠平公也."

30) 『晉陽姜氏族譜(關西公派)』에 의하면 강행의 조 思近의 묘는 丹城 舊鄕校洞에, 부 國興(1368~1449)의 묘는 단성 陵九之에 있는 것으로 기재되어 있다.

31) 『雲牕誌』, 都山八坊考證 제1방, 圓山, "故金海府使梁思貴之所居, 坊有井, 而俗傳梁司諫之井."

(2) 15세기

· 파평윤씨坡平尹氏: 『운창지』에는 삼가현감 윤수원尹壽源이 대정현감 양종직梁宗直의 딸과 결혼하여 도산면 고읍대로 들어온 것만 기록되어 있지만,[32] 『파평윤씨세보坡平尹氏世譜』에 의하면 그의 조부인 윤박尹璞 때 이미 단성으로 들어와 있었다. 윤수원의 누이가 덕종德宗(1438~1457)의 동궁 시절에 소훈昭訓으로 들어간 것을 보아 파평윤씨가 단성으로 들어온 것은 14세기 말 내지 15세기 초반경일 것으로 보인다.(<별표1-11> 참조)

· 영일정씨迎日鄭氏: 포은圃隱 정몽주鄭夢周의 손자인 감찰 정보鄭保가 15세기 초 사육신 사건과 관련해 한명회를 비판하였다가 단성으로 유배되면서 그 자손이 단성에 세거하게 되었다고 한다.[33] 또 정보의 숙부 정종본鄭宗本의 증손인 정완鄭浣도 개성김씨 김윤생金潤生의 딸과 결혼하면서 원당면 원당리로 들어오게 된다.[34](<별표1-12> 참조)

· 무송윤씨茂松尹氏: 좌의정 윤강尹江이 단계로 이거하면서 이 가문의 단성 정착이 시작된다.[35] 『무송윤씨대동보茂松尹氏大同譜』에 의하면 그가 1399년에 문과에 급제했던 것으로 보아[36] 단성 이거 시기가 대략 14세기 말, 15세기 초로

---

32) 『雲牕誌』, 都山八坊考證 제2방, 古邑岱, "梁氏之居也, 是思貴之子孫……三嘉縣監尹壽源, 娶大靜縣監梁宗直之女, 亦居是坊, 文顯公璥七代孫, 公妹尹氏, 德宗在東宮時, 入爲昭訓後, 又升爲貴人, 尹氏內外族, 俱是甲乙, 而其後子孫, 亦以椒房之親, 兄弟二人, 歷典郡縣, 其子熙前光前, 雖未顯達, 皆以宮族, 雄於邑."

33) 『雲牕誌』, 都山八坊考證 제8방, 文泰, "兵馬節度使鄭世弼之居, 其四世祖監察保, 卽鄭圃隱文忠公之孫, 滎陽公十二世之孫也……値六臣之考獄, 慷慨憤惋……明澮還聞此語, 卽馳詣闕, 啓曰, 鄭某有亂言, 光廟大怒親鞫, 公抗辭而少無隱諱……減死流竄, 卽配於延日, 後移配於丹城, 付處於都山之文泰村."

34) 『雲牕誌』, 元堂八坊考證 제1방, 元堂, "鄭浣娶金潤生之女, 始於此而爲生員."

35) 『雲牕誌』, 法勿八坊考證 제3방, 岐內, "是坊亦有茂松尹氏之基, 其先出自文貞公澤, 至六世孫左議政江, 始居月溪, 而其子汴爲判中樞, 其子濼, 以文科壯元, 又爲重試壯元, 又爲拔英試, 其後子孫居京."

36) 『茂松尹氏大同譜』(1985)에 尹江이 定宗 己卯年(1399)에 文科에 급제한 것으로 기록되어 있다.

추정된다. 그러나 그 자손의 일부는 계속 과거 급제를 통해 관직생활을 하였기 때문에 서울에서 생활하는 경우가 많았던 것 같다. 윤강의 손자 윤자영尹子濚은 『신증동국여지승람新增東國與地勝覽』의 인물조에 실려 있기도 하다.[37](<별표 1-13> 참조)

· 안동권씨安東權氏: 이 가문의 단성 정착은 15세기 전반 인근 삼가에 정착하고 있던 안동권씨 가문의 권계우權繼祐가 단성으로 들어오면서 시작된다. 권계우는 단계에 살고 있던 무송윤씨 판중추 윤변尹汴(윤강의 아들)의 딸과 결혼하여 처가가 있는 단계로 들어온다. 이때부터 이 가문은 단계리를 중심으로 해서 단성현 내의 다른 지역으로 뻗어나가기 시작한다.[38](<별표1-14> 참조)

· 진주유씨晉州柳氏: 진산군晉山君 유간柳玕의 5세손인 예빈시 소윤 유굉柳閎이 허웅 손자인 중랑장 허우許堣의 딸과 결혼하여 법물리로 들어오고, 같은 시기 그의 사촌인 유승윤柳升潤도 단계로 따라 들어오면서 진주유씨의 단성 거주가 시작된다.[39] 『진주유씨족보晉州柳氏族譜』에 의하면 승윤의 생몰연대가 1399~1443년이므로 그들의 단성 이거는 대략 15세기 전반으로 추정된다.(<별표1-15> 참조)

· 안악이씨安岳李氏: 삼가현감 이구李懼가 오동면 청현 동방으로 들어오는 것이 단성 정착의 시작인데,[40] 그의 아들 이효경李孝敬의 손녀가 합천이씨 이적李迪(1480년생)과 결혼한 것을 보면 그 시기는 15세기 초반에 해당된다.(<별표1-16> 참조)

---

37) 『新增東國與地勝覽』, 권31, 「丹城縣」, 人物조, 寓居 本朝, "尹子濚(栗亭先生澤之女孫, 登第又捷重試拔英試, 官至晉州牧使)."
38) 『雲牕誌』, 新等八坊考證 제3방, 丹溪之西, "是坊亦有判中樞尹汴之墓, 權太師十八代孫 典獄署奉事金錫, 以中樞之外孫, 因居焉."
39) 『雲牕誌』, 新等八坊考證 제2방, 陽前, "(柳)夢祥之高祖伯達工曹參議, 曾祖閎禮賓寺少尹, 娶許邑之孫中郎將堣之女.";제3방, 丹溪之西, "柳氏諸子孫, 皆居於丹溪之西, 卽第三坊 也.";제4방, "晉山君柳玕之五世孫副正升潤之居.";柳汶龍(1753~1821), 『槐泉集』, 「家 狀」, "升潤副司正, 始居于嶺之丹邱."
40) 『雲牕誌』, 悟理八坊考證 제1방, 靑峴東坊, "梧理(里;『단성지』)第一坊二坊, 曰靑峴…… 其東坊, 則是禮儀判書興富之孫, 三嘉縣監李俱之居, 其子李('孝'첨가, 『단성지』)敬, 又爲 河陽縣監."

· 성주이씨星州李氏: 『운창지』에는 흥안군興安君 이제李濟의 손자인 이숙순李叔淳
· 계순季淳 · 의순義淳 형제가 신덕왕후神德王后 강씨康氏의 능이 폐해지는 태종
대에 그의 외손으로서 8백 리나 멀리 떨어져 있는 단성에 유배되었던 것이
단성 거주의 시작인 것으로 기술되고 있다.[41] 그러나 성주이씨 관련 문헌에는
단종복위사건에 연루되어 화를 당할까 봐 단성으로 둔거하면서 성주이씨의
단성 거주가 시작된다고 기재되어 있다. 이곳은 이의순이 초계주씨 주윤정周允
挺의 딸과 결혼하였기 때문에 처가의 기반이 있던 곳이기도 하다.[42] 이의순은
북동면 월명月明 중촌中村(溪之中)에 자리 잡고 이숙순(李賀生의 증조)은 사월리
쪽에 자리 잡은 것 같다.[43] 이계순은 얼마 안 있어 남해로 이거해서 그 자손은
대대로 남해에 거주해 왔다고 한다.(<별표1-17> 참조)

· 광평이씨廣平李氏: 정무공靖武公 이호성李好誠의 아들인 이처인李處仁이 15세기
중반 영덕정씨 정중손鄭仲孫의 딸과 결혼하면서 함안에서 단성 북동면 월명촌
(溪之右)으로 들어와 정착한 것으로 기술되고 있다.[44](<별표1-18> 참조)

---

41) 『雲牕誌』北洞八坊考證 제2방, 溪之中, "景武公之孫義淳之居……帝乙之婦妹, 出於神
　　德王后之康氏, 而神德之陵, 廢於太宗之朝, 其子孫之流竄, 亦在於太宗之朝, 其后世宗之
　　朝, 追贈昭悼公於芳碩, 至明宗朝, 議復神德之陵……公亦以四世孫, 召對於榻前, 其辭曰,
　　臣之祖父, 流竄於八百里之外, 而非有朝廷之命令, 安敢私自展謁而識其墓哉."
42) 李鳳興(1735~1810), 『武山齋遺稿』, 권3, 「雜著 · 記星州李氏落南事」, "若其自龍落丹
　　之由, 則未得以知也, 及見呂古老李雲牕遺集, 有曰, 神德廢陵之後, 李氏以康氏之外裔, 其
　　子孫流竄, 在於太宗朝云, 或似有理……考其年條, 旣有相左, 審其事面, 亦多不合, 意者
　　流竄, 通用於流落之謂也, 而結城公之第五子, 爲周判書之曾孫壻, 則因贅於南方衣食之鄕,
　　兄弟俱來, 而世居之乎."; 李宅煥, 『晦山集』, 권11, 「忠義衛李公墓碣銘」, "諱季淳……考
　　諱潤 結城縣監……生六男, 公居第四也, 蔭忠義衛, 以端宗六臣之戚避禍, 遯于嶺之丹城,
　　時南海郡爲新創, 民俗貿貿, 朝廷思有以易之, 選士族之可鎭一方風俗者, 幾家遷居, 公乃
　　與焉."『星州李氏景武公派世譜』에 의하면 叔淳 · 季淳 · 義淳(1443~1515) 형제가 모
　　두 용인에서 단성으로 이거하는 것으로 되어 있고 의순이 초계주씨 允挺의 女와 결혼한
　　것으로 기재되어 있다.
43) 『雲牕誌』, 北洞八坊考證 제2방, 溪之中, "第二坊卽溪之中, 是景武公之孫義淳之居."; 元
　　堂八坊考證 제6방, 沙月, "二姓傳一區而世居, 曰黃氏李(氏)……李氏故興安君五世孫, 名
　　賀生, 星州人也."
44) 『雲牕誌』, 北洞八坊考證 제3방, 溪之右, "武科及第從仕郞李處仁之基."; 제1방, 溪之下,
　　"有鄭禮明者, 官爲靑州牧, 而其子仲孫, 又登武科, 爲禁衛……無子有女, 嫁正武公之子

- 밀양손씨密陽孫氏: 『운창지』에서는 북동면 가평리에 손경종孫敬宗이 거주했던 것만 언급하고 있지만,[45] 밀양손씨는 그 이전인 15세기 중반 손경종의 조부인 한성판관 손진孫瞋 때에 이미 단성에 들어와 있었다. 『밀양손씨세보密陽孫氏世譜』에 의하면 밀양손씨는 손수령孫壽齡(1417~1486) 때 인근 진주로 이주하였고 그의 아들 중 손진孫瞋[46]이 단성으로 들어왔다. 아마 그의 백형인 손창孫昌이 그 당시 단성현감을 지낸 것을 계기로 단성에 들어오지 않았나 생각된다. 그리고 손진의 조카인 선전관 손난계孫蘭桂도 단성 현내면 마흘 외방으로 들어와 거주하게 된다.[47](<별표1-19> 참조)

- 청송심씨靑松沈氏: 15세기 중반 청송부원군靑松府院君 심회沈澮의 아들 병조참의 심린沈潾(1433~1490)이 도산면 원산에 기반을 둔 청주이씨 녹사錄事 이길李佶의 딸과 결혼하면서 단성과 인연을 맺게 되지만, 그 자손들은 서울에 거주하고 있었다. 그러다가 참의의 5세손인 심령沈苓(1513~?)이 직언을 했다가 그의 선조의 기반이 있는 단성에 부처付處되면서 그의 자손들이 단성에 정착하게 된다. 본격적인 정착은 참의의 7세손인 심진沈績(1579~1666) 때부터라고 한다.[48](<별표1-20> 참조)

- 여주이씨驪州李氏: 『운창지』에는 박천군수 이학李鶴의 아들 승종承宗이 이학의 매부인 남평문씨 문광서文光瑞의 양자로 들어간 사실만 언급하고 있지만,[49] 『여

李處仁爲妻, 而傳其家."

45) 『雲牕誌』, 北洞八坊考證 제7방, 加坪里, "坪之西是安州判官孫瞋之孫敬宗之居, 敬宗爲 武科, 補軍器寺判官."

46) 족보에는 한성판관을 지낸 것으로 되어 있고 생몰연대는 기록되어 있지 않다. 손진은 『晉陽誌』권4, 무과조에 진주 籬下里에 사는 것으로 나타난다.

47) 『雲牕誌』, 縣內八坊考證 제4방, 麻屹外坊, "宣傳官孫蘭桂之所居, 而今無子孫之連守者."

48) 『雲牕誌』都山八坊考證 제1방, 圓山, "故金海府使梁思貴之所居……思貴生六男二女…… 惟兩女壻李詰金重侃……李詰官號錄事, 而有素之稱, 無子而只有一女, 而靡處不到, 位沈 姤相攸莫如, 沈樂頷相而右相之子, 公721蟬佩, 位至參議, 門楣英曜, 閭里生輝, 至今皆稱, 沈參議五世有孫曰苓, 以直言忤權奸, 竄逐而付處於此, 以其有先世基業故也……續參議 七世孫也, 見嬴承躬蹋之狀, 知時政之將亂, 人或勸之仕而不應, 棹臂南歸, 修先代別業, 而 因居焉, 歲在庚戌矣."

주이씨세보驪州李氏世譜』에 의하면 여주이씨는 그 이전인 15세기 중반 이학의 조부 이현손李賢孫 때부터 단성으로 들어온 것으로 되어 있다.(<별표1-21> 참조)

· 경주정씨慶州鄭氏:『운창지』에는 이조참의 정차공鄭次恭의 4세손인 산음현감 정구鄭構가 현내면 구인동에 살고 있는 것으로만 기록되어 있지만,[50]『경주정씨세보慶州鄭氏世譜』에 의하면 경주정씨는 이미 15세기 말경인 그의 조부 때 단성에 들어온 것으로 되어 있다. 즉 인근 진주에 살고 있던 그의 조부 사직司直 정호鄭瑚[51]가 판서 주경周璟의 손자 복신復臣의 딸과 결혼하면서 원당면 원당리로 들어왔다는 것이다. 그 이후 정구의 아들인 돈복敦復에게 후사가 없자 차공의 형 차온次溫의 4세손인 대방大方의 아들 중 순달順達을 후사로 삼게 되고, 이어 그의 백형인 순명順命도 단성으로 따라 들어온다.(<별표1-22> 참조)

· 진주하씨晉州河氏 시랑공파侍郎公派: 15세기 말 강장공剛莊公 하한河漢의 손자 하항河恒이 성주이씨 이의순李義淳의 딸과 결혼하면서 북동면 월명촌으로 들어온 것이 단성 정착의 시작이다.[52](<별표1-23> 참조)

· 안동김씨安東金氏: 충렬공 김방경金方慶의 후손인 김중간金重侃이 15세기 초 양사귀의 딸과 결혼하면서 도산면 원산으로 들어온다.[53]

· 신창표씨新昌表氏:『운창지』에는 홍문관직제학 표빙表憑이 정교리丁校理의 외손外孫으로서 도산면 고읍대촌으로 들어온다고 기록되어 있다.[54] 그런데『신창

---

49) 『雲牕誌』, 悟理八坊考證 제8방, 靜太, "古文化縣監文光瑞之基, 光瑞乃江城君之四世孫, 無子, 取妹夫博川郡守李鶴之子承宗, 養而爲子, 承宗自三歲, 寄養於文氏, 長於斯, 達於斯, 官至黃州牧使, 辛酉年通經爲魁者, 是也."

50) 『雲牕誌』, 縣內八坊考證 제2방, 九印, "九印坊西麓之下有永慕堂基地, 故吏曹參議鄭次恭四世孫山陰縣監構之所居也."

51) 『晉陽誌』권4, 文科條에 정호의 조부인 이조참의 정차공이 州內에 살았던 것으로 기록되어 있다.

52) 『雲牕誌』, 北洞八坊考證 제3방, 溪之右, "資憲大夫領中樞剛莊公河漢之孫恒, 娶李義淳之女, 亦居是坊, 其孫汝權, 登武科, 爲訓鍊僉正."

53) 『雲牕誌』, 都山八坊考證 제1방, 圓山, "故金海府使梁思貴之所居……思貴生六男二女……惟兩女壻李詰金重侃, 卽忠烈公金方慶之後, 有子有孫"

표씨대동보新昌表氏大同譜』에는 표빙의 외조가 성산이씨 호군 종림從林으로 기록되어 있어 계보상의 의문이 제기된다. 그의 생년이 1472년이고 그의 부친 대에 단성에 인연을 맺은 것으로 보아[55) 신창표씨가 단성에 들어온 것은 대략 15세기 말경으로 추정된다.

(3) 16세기

· 함안이씨咸安李氏: 16세기 초 생원 이흡李翕이 광평이씨 군수 이처인李處仁의 딸과 결혼하여 함안에서 단성 북동면 월명촌으로 들어온다.[56) 『함안이씨대동보咸安李氏大同譜』에 의하면 이흡은 백부인 대사헌 이인형李仁亨과 부친인 이지형李智亨이 무오·갑자사화로 죽자 화를 피해 단성으로 이동해 온 것으로 기록되어 있다.(<별표1-24> 참조)

· 면천한씨沔川韓氏: 『운창지』에는 16세기 전반 이조판서 한숭덕韓崇德의 6세손인 한세영韓世英이 개성김씨 김귀로의 딸과 결혼하여 현내면 마흘麻屹로 들어와 정착한다고 하는데,[57) 『고송집孤松集』에 의하면 그가 단성에 들어온 시기가 연산군 대이다.[58)(<별표1-25> 참조)

· 장수이씨長水李氏: 『운창지』의 저자인 이시분의 증조 생원 이상경李商卿이 16세기 초 단양우씨 판관 우전산禹奠山의 딸과 결혼하여 도산면 도전에 들어온 것이 장수이씨의 단성 거주의 시작이다. 그 후 이들은 어은동으로 이동해서

54) 『雲牕誌』, 都山八坊考證 제2방, 古邑垈, "是坊亦有丁校理者, 無直孫, 而提學表憑, 乃其外孫也, 憑外孫邊氏, 又傳業於外孫李氏."

55) 『新昌表氏大同譜』(1989)에는 표빙이 1472년에 태어났고 중종 기유년에 문과에 급제했으며 홍문관직제학을 역임한 것으로 기록되어 있다.

56) 『雲牕誌』, 北洞八坊考證 제3방, 溪之右, "武科及第從仕郎李處仁之基, 李壯元智亨之子生員翕, 爲處仁之婿, 居其是坊."

57) 『雲牕誌』, 縣內八坊考證 제5방, 麻屹內坊, "內坊之居者, 是吏曹判書韓崇德之六世孫世英也, 沔川人, 娶忠順衛金龜('老' 첨가, 『단성지』)之女, 居是坊, 而生五男."

58) 韓大器(嘉靖연간~1611), 『孤松集』 「世系圖」에는 세영이 연산조에 단성으로 내려온 것으로 되어 있다.

거주한다.59)(<별표1-26> 참조)

· 장수황씨長水黃氏: 『운창지』에는 판서 황맹헌黃孟獻(1472~1535)의 증손인 황탁
黃倬이 사월에 거주하는 것만 언급되고 있는데,60) 『장수황씨세보長水黃氏世譜』
에 의하면 황맹헌의 아들인 황항黃恒 때 이미 단성에 들어온 것으로 기록되어
있다. 아마 이들도 단성에 외가의 경제적 기반이 있었기 때문에 단성에 들어온
것 같다. 『중종실록中宗實錄』에 황맹헌이 인근 고을인 진주의 목사로 임명되었
다가 그의 처조모가 단성에 살고 전장田庄도 있기 때문에 체직된 것으로 나타난
것으로 보아 그것을 짐작할 수 있다.61) 황탁이 1588년 생원시에 합격한 것으로
보아 16세기 초 무렵에는 단성 사월에 들어온 것 같다.(<별표1-27> 참조)

· 밀양박씨密陽朴氏 졸당공파拙堂公派: 『운창지』는 참판 박총朴聰의 4세손인 박인
량朴寅亮이 함안이씨 이흡李翕의 딸과 결혼하여 북동면 월명촌으로 들어온
것만 서술하고 있다.62) 그러나 『밀성박씨세계가첩密城朴氏世系家牒』에 의하면
박인량의 부친인 박진朴蓁이 경주정씨 정호의 딸과 결혼하면서 삼가현에서
단성 원당면 배양리로 옮겨와 거주하기 시작했고, 그 이후 박인량이 다시
처가인 월명촌으로 옮겨 온 것으로 되어 있다.63)(<별표1-28> 참조)

· 전의이씨全義李氏: 정언을 지낸 이창년李昌年이 16세기 초에 신등면 양전으로

---

59) 『雲牕誌』, 都山八坊考證 제6방, 島田, "時馥曾王父李適卿(「단성지」에는 '我曾王父生員
李商卿'이라 되어 있음), 娶通政大夫通判禹奠山之女, 因卜居焉, 生員之父, 曰進士壽林,
壽林卽麗季李承相長川君林翰之五世孫也"; 李三老(1560~1645), 『孤山實紀』, 「附錄·
年譜」, "嘉靖39年, 先生生于丹城縣漁隱洞第(先生之先, 長水人也, 世居于龍仁之筆洞, 王
考進士公, 娶判官禹奠山之女, 從婦家居丹城)."

60) 『雲牕誌』, 元堂八坊考證 제6방, 沙月, "是丹晉之接壤, 而號爲名區……二姓傳一區而世
居, 曰黃氏李(氏?), (黃)故判書孟獻之曾孫, 曰倬生員, 死於亂"

61) 『中宗實錄』, 권21, 9년 11월 辛未.

62) 『雲牕誌』, 北洞八坊考證 제3방, 溪之右, "武科及第從仕郎李處仁之基, 李壯元智亨之子
生員翕, 爲處仁之婿, 居其是坊, 參判朴聰之四世孫寅亮, 卽公孫女婿也."

63) 『密城朴氏世系家牒』, 代代所居基址, "至我先祖忠勤公(諱永均), 有功於國, 襲封銀山君,
銀山則密城邑號也……參判公娶陜川江陽李若氏家, 徙居三嘉大坪松旨村, 三世以居, 至
于判決事公(諱蓁), 娶丹城慶州鄭氏參議瑚之女, 移居丹城元堂面蛇山村."

들어왔지만[64] 몇 대 이후 대가 끊기었다. 대신에 이창년의 사촌 창형昌亨의 5대손인 민신敏身이 임진왜란 때 전주에서 단성으로 이거하면서 전의이씨의 본격적인 단성 정착이 시작된다. 『운창지』는 고읍대에 거주하던 변씨邊氏의 외손으로 익檽 등 전의이씨 4형제만 언급하고 있는데,[65] 『전의이씨족보全義李氏族譜』에 의하면 이민신이 남평문씨와 결혼하면서 처가가 있는 이곳으로 들어온 것으로 보인다.(<별표1-29> 참조)

· 성주도씨星州都氏: 16세기 중반 함양에 살고 있던 저작著作 도희령都希齡(1539~1566)이 경주정씨 참봉參奉 정기문鄭起門의 딸과 결혼하면서 북동면 월명촌으로 들어오긴 했지만, 본격적으로 단성에 정착하지는 않은 것 같다.[66] 『병은집病隱集』에는 도희령의 측실로 인해 가정에 환란을 맞으면서 그것을 피해 그의 아들 도경효都敬孝가 생모인 정씨와 함께 본격적으로 외가가 있는 단성에 정착한 것으로 서술하고 있다.[67](<별표1-30> 참조)

· 철성이씨鐵城李氏: 의령에 살고 있던 송암松巖 이로李魯가 16세기 말 생비량면 법편으로 들어와 거주하기 시작하는데, 『운창지』에는 이로가 법편의 송암에 와서 살면 과거에 합격할 것이라는 친구의 권유에 따라 이곳으로 옮겼다는 전설을 기록하고 있다.[68] 후술하듯이 『창의록倡義錄』에 그의 동생인 이지李旨

---

64) 『雲牕誌』, 新等八坊考證 제2방, 陽前, "故正言李昌年之基, 其子安忠, 爲文科, 又中發英試, 官至正言, 子愼孝, 官至監司, 子祿崇宗簿寺正, 子彭壽縣監." 『全義李氏族譜』(1979)에는 祿崇 이하의 자손은 없는 것으로 되어 있다.

65) 『雲牕誌』, 都山八坊考證 제2방, 古邑垈, "是坊亦有丁校理者, 無直孫, 而提學表憑, 乃其外孫也, 憑外孫邊氏, 又傳業於外孫李氏, 而今其居者, 皆領議政貞肅公鐸之從支孫, 名曰李檽四兄弟, 故不傳丁舍人之名."

66) 『雲牕誌』, 北洞八坊考證 제4방, 溪之左, "是坊亦有八莒君都有德十一世著作郎希寧之居, 希寧咸陽人……著作之子曰敬孝, 字曰一源, 少孤而夙成, 蘭苗其芽, 稱其家兒也, 外祖母梁氏偏愛, 梁氏進士應鯤之女, 參奉起門之妻."

67) 都敬孝(1566~1622), 『病隱集』, 권2, 「附錄·家狀」, "考諱希齡……妣淑夫人慶州鄭氏參奉起門之女也, 進士公嘗有側室, 爲人陰騭作禍, 禍偏于家, 獨鄭夫人持娠得免, 遂往依于江城之本庭, 自是遂爲江城人."

68) 『雲牕誌』, 生比良八坊考證 제2방, 法偏, "其東曰松岩, 卽比安縣監李魯之居, 宜寧人, 以文章名世, 而累擧不中, 適丹城侯權諭, 公之執友, 往見公曰, 君若移居之丹城之松岩, 不出

가 임진왜란 때 의병에 참여했던 단성 인물로 기록된 점으로 보아 그도 형을 따라 단성에 와서 같이 살고 있었던 것 같다.

• 동래정씨東萊鄭氏: 『운창지』에는 생비량면 가곡 기슭 바위 위에 회나무가 서 있었는데, 호음湖陰 정사룡鄭士龍(1491~1570)이 그것을 부벽정浮碧亭이라고 칭 하고 노닌 적이 있다고 기록하고 있다.[69]

이상에서 알 수 있듯이 고려 말 이래로 16세기에 이르기까지 단성 이거 현상은 지속적으로 나타나고 있었다. 위에 언급된 성씨는 모두 36개 성씨로 이 중에 15세기 이전이 12, 15세기가 15, 16세기가 9개 성씨로 집계된다. 이로 보아 여말선초인 14~15세기에 단성 이거 현상이 가장 활발했던 것으로 짐작된다. 그것은 단성 이거의 배경과 관련되는 것이라 생각된다. 물론 여기에 언급된 가문 중 단성에 들어오게 된 배경에 대해 밝힐 수 없는 경우도 많다. 조선 초까지는 가첩이나 족보가 일반화되어 있지 않아 조상의 무덤이나 외가 쪽의 기록이 남겨져 있지 않은 경우가 많았던 것도 그 한 이유이다.

2) 단성 이거의 배경

각 성씨의 이거 배경은 처가・외가의 연줄을 따라 이동하는 경우와 난세를 피하여 은둔하거나 귀양 와서 정착하는 경우, 그리고 앞의 두 경우를 겸하는 경우, 일시적으로 머무는 경우 등 몇 가지 유형으로 나누어 설명해 볼 수 있다.

數三年, 必登第, 公遂移居於此, 以戊子年, 而越庚寅登第." 李魯(1544~1598), 『松巖集』 권5, 「附錄・年譜」에 의하면 그의 7세조 때부터 의령에 살고 있었는데, 1583년 당시 단성현감 權愉가 그를 위해 송암촌에 별장을 마련하고 초청하여 송암촌에 우거하였다 고 기록되어 있다.

69) 『雲牕誌』, 生比良八坊考證 제1방, 佳谷, "有深山之勝, 山下有岩石斗起, 斷前有溪, 又有 檜立於臺下, 戴(黛; 『단성지』)色參天, 鄭湖陰士龍, 名曰浮碧亭, 因有輞川之計."

(1) 처가·외가로 이동하는 예

조선 전기 새로운 성씨의 단성 이거 현상은 당시의 가족·친족제도나 상속제도의 특성에서 유래되는 경우가 많았다. 조선 전기까지의 혼인 풍속은 고려시대의 그것을 계승하여 남자(사위)가 처가에 입장入丈한 뒤 처와 함께 처부모와 같이 살거나 따로 서옥壻屋에서 생활하였다. 이러한 '남귀여가男歸女家'의 관습과 함께 재산상속 등에서도 남녀차별이 없었다. 이에 따라 여말 이래 기성 사족의 낙향이나 타읍 이주 때 경제적 기반이 있는 처가 또는 외가를 택하는 경향이 강했다.[70]

그 매개 역할을 했던 가문은 고려 말에 단성에 이거했던 성씨들이다. 대표적인 예가 초계주·남평문·개성김·김해허·진주강·단양우·영덕정씨 등이다. 이들과 결혼관계를 맺으며 단성으로 들어왔던 성씨들도 다시 다른 성씨들을 단성으로 끌어들이는 역할을 한다. 남원양·경주정·연일정·광평이씨 등이 그 예이다. 이처럼 각 가문들은 결혼관계라는 사슬을 통해 다른 성씨들을 계속 단성으로 끌어들이고 있었다. 이 중 개성김씨 김등 가문, 초계주씨 주세후 가문, 진양하씨 하윤원 가문, 진주강씨 강수명 가문, 영덕정씨 정례명 가문, 김해허씨 허옹 가문을 매개로 한 성씨 이동의 예를 계보표로 제시해 보면 다음의 <표1>에서 <표5>와 같다.

---

70) 李樹健, 「朝鮮前期의 社會變動과 相續制度」, 『韓國親族制度研究』(歷史學會, 1992), 85면.

<표1> 金滕 가문을 매개로 한 성씨 이동(원당면 내원리)

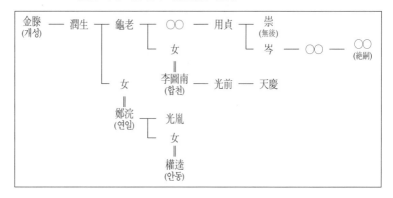

<표2> 周世侯 가문을 매개로 한 성씨 이동(원당면 배양리)

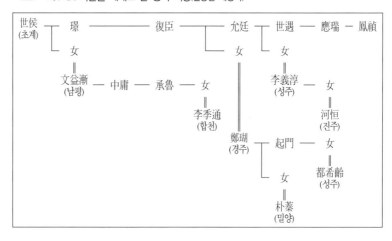

<표3> 河楫·姜壽明·梁思貴 가문을 매개로 한 성씨 이동

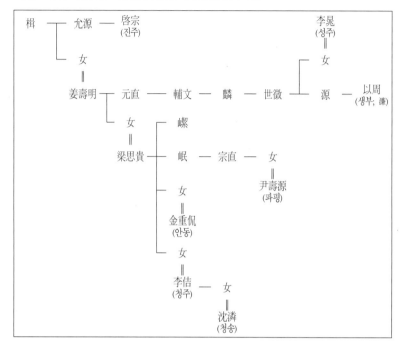

<표4> 鄭禮明 가문을 매개로 한 성씨 이동(북동면 월명촌)

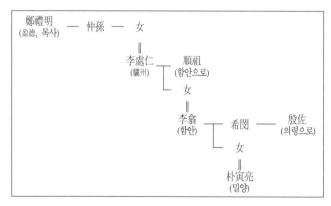

<表5> 許邕 가문을 매개로 한 성씨 이동(법물면 법물리)

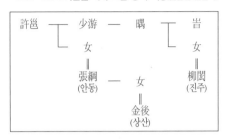

(2) 난세를 피하여 은거하거나 귀양 와서 정착하는 예

새로운 성씨가 단성에 이거하게 된 배경으로 또 하나 들 수 있는 것은
'남둔南遯'이나 유배를 계기로 정착하는 형태이다. 먼저 들 수 있는 것은
김해허씨 허옹의 예이다. 『고려사』에 의하면 허옹은 충혜왕(1339~1344) 초기
에 헌납으로 있으면서 최안도崔安道가 불법적으로 어린 아들을 과거에 합격시
킨 사실에 대해 죄를 청하고 그 합격을 오랫동안 인정하지 않았던 사실이
있다.71) 그의 아들 장령 허소유許少游도 공민왕 4년에 우선좌牛宣佐의 살인죄
를 추국하는 문제를 계속 제기하다가 전라도의 수졸로 강등되는 사건이
있었다. 당시 공민왕이 '소유의 아비 옹이 강포해서 세상의 증오하는 바가
되었는데 소유도 진정으로 그 아들이다'라고 하면서 주위의 만류에도 불구하
고 그의 유배를 강행하였듯이, 허옹 부자가 모두 강직해서 조정의 미움을
받는 처지가 되었던 것이다.72) 따라서 허옹 부자는 시정의 어지러움을 피해

---

71) 『高麗史』, 권124, 「列傳37・崔安道」, "忠惠初, 召拜監察大夫, 祭酒金右鏴掌監試, 安道
子璟, 年纔十餘不學, 得中試, 提學韓宗愈代言李君俊, 掌貢擧, 璟又中, 獻納許邕正言趙廉
鄭天濡等, 上書言, 安道濫居風憲, 子璟乳臭中第, 請罪之, 不從, 以其書示安道, 臺官以璟
借述登第, 祖母又賤, 不署依牒凡九年, 王督省官署之."

72) 『高麗史』, 권41, 「世家41・恭愍王 14년 6월」, "癸酉竇監察掌令許少游, 爲全羅戍卒, 初
監察司鞫前護軍牛宣佐殺人狀, 宣佐逃, 收宣佐故舊吳季南家奴素之, 王以季南方鞫瑩等, 命
勿問, 少游不奉敎, 王怒竄之, 少游嘆曰, 臣罪當誅吾君聖明, 聞者傷之, 僉議司詣闕, 請宥少
游, 王曰, 少游之罪, 卿等所未知, 因謂左右曰, 少游父邕强暴, 爲世所憎, 少游眞其子也."

조정에서 멀리 떨어진 곳인 단성에 은둔하였던 것 같다. 허옹은 『신증동국여지승람』 우거조에도 고려 말의 강직한 관리로 세상에 이름이 알려졌다고 기록되어 있다.[73]

연일정씨인 감찰 정보는 사육신 사건이 일어났을 때 한명회의 첩으로 들어간 그의 서출 누이를 방문해서 한명회를 비판했다가 한명회의 반격을 받게 되었다. 그래서 그는 세상을 어지럽히는 말을 했다는 이유로 사형을 당하게 될 위기에 처하였다. 그러나 그는 포은 정몽주의 자손이라는 이유로 사형을 면하고 연일에 유배되었다가, 다시 단성 도산면 문태촌으로 유배지가 바뀌어 이곳에 정착하게 되었다.[74]

충렬왕 때 승지承旨 겸 서해도안렴사西海道按廉使였던 최숭崔崇도 왕이 숙창원비淑昌院妃와 더불어 승려를 불러들여 보살계菩薩戒를 받은 것에 대해서 반대의 간쟁을 하고 삼년상을 실시하라는 상소를 했다가 주위의 질시를 받게 되자, 관직을 버리고 단성 오리면悟里面 청현靑峴으로 이거했다고 한다. 경주최씨는 그 이전에는 의령에 거주했었다.[75] 여주이씨 이현손도 『여주이씨세보』에 의하면 단종이 왕위에서 쫓겨나자 관직을 버리고 단성에 둔거했다고 기록되어 있다.[76]

---

73) 『新增東國興地勝覽』, 권31, 「丹城縣」, 寓居 高麗 許邕, "忠肅王朝登第, 位至典理判書, 號迂軒, 以剛直名世."

74) 『雲牕誌』, 都山八坊考證 제8방, 文泰, "兵馬節度使鄭世弼之居, 其四世祖監察保, 卽鄭圃隱文忠公之孫……而與成三問朴彭年相友善, 當魯山之遜荒, 職帶監察, 而值六臣之考獄, 慷慨憤惋, 食不可下咽, 公之擘妹, 卽韓明澮妾也, 公往見, 故爲叩門曰, 令公何往, 妹曰以訊鞠六臣, 方在闕下, 公色變而歎曰, 令公若殺此人, 當爲萬世罪人……明澮還聞此語, 卽馳詣闕, 啓曰, 鄭某有亂言, 光廟大怒親鞠, 公抗辭而少無隱諱, 左右曰, 渠引服, 請命正刑, 上命輾之, 仍問此許人之子孫, 左右曰, 此文忠公鄭某之孫, 上遽止曰, 忠臣之後, 不可殺, 減死流竄, 卽配於延日, 後移配於丹城, 付處於都山之文泰村."

75) 『峴上世稿』, 권1, 愁愁齋(崔起宗; 1580～1656)稿, 家狀, "諱崇, 承旨西海道按廉使, 忠烈王召僧入宮中, 與淑昌院妃受菩薩戒, 公與中贊韓希愈入諫, 又與贊成吳演, 上疏請行三年喪, 當路有忌之者, 謀欲中傷之, 公遂南遯, 自宜春徒居江城縣靑峴里, 子孫世居焉."

76) 『驪州李氏世譜』(1992) 참조.

(3) 양쪽의 배경을 겸비한 경우

앞에서도 언급했듯이 상산김씨 김후가 고려가 망한 후 단성에 은둔하는데 이곳에는 그의 처가가 있었다. 함안이씨 생원 이흡李翕도 16세기 초 군수 이처인李處仁의 딸과 결혼하여 함안에서 단성 북동면 월명촌으로 들어온 것으로 되어 있는데, 『함안이씨대동보咸安李氏大同譜』에 의하면 이흡은 대사 헌이었던 이인형李仁亨의 조카로서 무오사화 때 이인형이 죽고 갑자사화 때 부친인 이지형李智亨마저 사약을 받자 단성으로 옮겨 온 것으로 기록되어 있다.77)

성주이씨 이의순 형제도 신덕왕후 능침의 폐기 사건이나 사육신 사건 등 중앙의 정치적 사건에 연루되어 화를 입는 것을 피해 단성에 둔거했던 것으로 보이는데, 이의순의 처가도 단성에 있었다. 청송심씨 병조참의 심린의 5세손 심령沈苓도 직언하다가 권귀의 미움을 사 단성에 부처되었지만, 이곳에 는 심린의 처가가 있어서 이미 그들이 거주할 수 있는 경제적 기반이 마련되어 있었다. 그 이후 자손들이 서울에서 생활하였지만, 심린의 7세손인 심진沈縝 이 정치의 어지러움을 피해 다시 이곳으로 와 정착하게 된다.78) 이와 같이 남둔南遁이나 유배가 처가·외가와 관련된 곳으로 정해져 단성에 이거하는 경우도 여러 가문에서 나타난다.

(4) 일시적으로 머무는 경우

이 경우에는 인근 고을에 거주하다가 일시적으로 단성에 머물렀던 경우가 많은 것 같다. 진주에 살던 하윤원·하계종 부자가 단성의 양정과 문경동에

---

77) 『咸安李氏大同譜』(1980) 참조.
78) 『雲牕誌』, 都山八坊考證 제1방, 圓山, "沈參議五世有孫曰苓, 以直言忤權奸, 竄逐而付處 於此, 以其有先世基業故也……續參議七世孫也, 見嬴承蹢躅之狀, 知時政之將亂, 人或勸 之仕而不應, 棹臂南歸, 修先代別業, 而因居焉, 歲在庚戌矣."

거주하기는 하였지만, 그들의 자손들은 진주에 거주하였던 것으로 나타나는 것이 그 대표적인 예이다. 하윤원 및 그의 부 하즙과 그의 손자 하연河演은 모두 『진양지』에 소개되고 있다.[79] 진주강씨 집의공파 인물인 함안군수 강전 姜銓[80]이 북동면 명월촌에 살았던 것도 일시적이었던 것 같다. 『진양지』에 의하면 그의 조상의 묘가 진주에 있고, 그의 아들도 진주에 거주했던 것으로 되어 있기 때문이다.[81](<별표1-31> 참조)

동래정씨 정사룡도 한양에서 의령으로 옮겨와 살다가 진주에도 거주하였 는데, 이 무렵에 일시나마 단성에서도 살았던 것 같다.[82] 앞에서도 언급했듯 이 철성이씨 이로李魯도 인근 의령에서 거주하고 있었는데, 한때 단성에 옮겨와 살다가 임란 이후 다시 고향인 의령으로 돌아간 것 같다. 순흥안씨 장단부사長湍府使 안희安憙(1551~1613)도 마찬가지이다. 『운창지』에는 그가 도산면 신촌에 새로 들어와 거주했다고 소개되고 있는데,[83] 『죽계집竹溪集』 에 의하면 그는 함안에서 태어나 문과에 급제한 후 중앙에서나 임지에서 관료로 생활했던 것 이외에는 주로 김해·함안에서 생활하였던 것 같다. 단성에 거주했다고 해도 그것은 일시적인 것이었을 가능성이 크다.[84] 따라서

---

79) 『晉陽誌』 권3, 人物조에 河楫·河允源, 하윤원의 손자 河演이 소개되고 있다.

80) 『晉陽姜氏大同譜』에는 '姜允銓'으로 기록되어 있는데, 일명 '姜銓'이라고도 불렸다고 한다. 『운창집』의 「단성지」에는 '儉'으로 기록되고 『단성읍지』에는 '詮'이라고 기록되어 있으며, 『國朝榜目』에는 '銓'이라고 기록되어 있다.

81) 『晉陽誌』 권4 文科조에 姜銓이 생원으로 嘉靖 壬午(1522)에 장원으로 문과에 급제하여 지평을 지냈으며 平居里에 살았던 것으로 기록되어 있고, 권3 人物조에는 그의 아들 姜彦平이 晉城里에 살면서 형 진사 姜汝平의 병을 구완하는 데 백방의 노력을 한 것으로 나타나며, 권4 司馬조에 姜汝平이 진사로서 평거에 살았다고 되어 있다. 그리고 권4 塚墓조에 그의 고조인 姜勗의 묘가 大谷里 鴨巢洞에 있는 것으로 나타난다.

82) 『晉陽誌』, 권3, 「人物」, 鄭士龍, "己巳登文科, 官至判中樞典文衡, 自京城流宜寧, 後移居本州." 그의 문집인 『湖陰集』에는 의령이나 진주와 관련된 글은 많지만 단성과 관련된 것은 거의 찾아볼 수 없다.

83) 『雲牕誌』, 都山八坊考證 제8방, 文泰, "是坊之南川上, 有新村, 是安長湍憙南部正興新卜之地也."

이들의 경우는 본격적인 단성 정착의 범주에 포함될 수 없을 것이다.

이상에서 볼 때 조선 전기까지는 단순히 단성에 유배되거나 난세를 피해 은둔하는 경우도 적지 않지만, 처가나 외가를 따라 단성에 이거하는 경우가 압도적으로 많다는 것을 알 수 있다.[85] 이것은 16세기까지도 많은 사족가문에 서는 옛날의 결혼관행이나 상속관행이 강고하게 유지되고 있었음을 보여 준다.

3. 16세기 중반 이후 각 성씨의 이동 · 정착과 침체

1) 일부 성씨의 관내 이동과 확산

이상과 같이 15세기 이전부터 16세기에 이르기까지 여러 성씨들이 단성에 들어오는 현상을 살펴보았지만, 이들 중 한 곳에 정착하지 않고 다른 고을로 이동하는 경우나 관내의 다른 곳으로 이동하는 경우가 많았다. 처음 정착한 곳에 그대로 머무르는 경우도 있긴 하지만, 처가를 따라 주거지를 이동하는 경우가 많았다. 따라서 한 촌락에 이성異姓의 가문이 섞여 있는 모습이나 촌락의 주된 성씨가 자주 바뀌는 양상도 보인다.

그런데 16세기 중반 이후에는 앞에 언급한 이동현상이 사라진 것은 아니지 만, 이와는 다른 양상도 광범하게 나타나기 시작한다. 즉 특정 성씨가 특정

---

84) 安熹(1551~1613), 『竹溪集』 권4, 附錄 年譜나 行狀에는 함안과 김해에서의 활동은 많 이 나타나는데 단성과 관련된 기록은 전혀 나타나지 않는다.

85) 조사한 36개 성씨 중 진주강 · 상산김 · 남원양 · 안동권 · 진주유 · 성주이 · 광평이 · 청송심 · 경주정 · 진주하 · 안동김 · 함안이 · 면천한 · 장수이 · 장수황 · 밀양박 · 성 주도 등 17개 성씨가 처가나 외가의 인연으로 단성에 들어오고 있다.

촌락에 지속적으로 정착하면서 그곳을 중심으로 인근 촌락으로 점차 뻗어 나가는 현상이 확대되기 시작한 것이다. 이것은 그동안 조정과 관료들에 의해 꾸준히 홍보되어 왔던 유교적 관습이 점차 확산되면서 '남귀여가' 현상이 점차 약화되어 가는 것과 관련되어 있다. 성리학적 윤리를 실천하는 사림의 성장과 함께 『가례』가 점차 확산되면서, 17세기 이후 '남귀여가' 현상이 점차 약화되어 사위가 처가에 머무는 기간이 단축되어 갔던 것이다. 이러한 혼속의 변화는 뒤에 언급할 자녀차등상속제子女差等相續制와 장자봉사제長子奉祀制의 실시와 함께 17세기 말부터 본격적으로 진전되어 갔다.[86]

『운창지』를 통해 보면 단성에서는 16세기 중반부터 이미 일부 가문에서 이러한 현상이 나타나기 시작하지만, 1678년, 1789년 단성호적에 기초해서 작성한 다음의 <표6>에서는 그것이 좀 더 선명하게 나타난다. 또한 이 표에서는 각 가문이 다른 곳으로 이동해 가는 모습과, 번창해 가는 가문과 그렇지 못한 가문이 분화되어 가는 모습도 간접적으로 살펴볼 수 있다.

<표6> 1678년, 1789년 단성지역 각 성씨의 분포

	1678	1789
안동권	내원(3), 문법(4), 교동(4), 강루(6), 단계(15), 수청(5)	내원(6), 문법(2), 입석(12), 중촌(7), 수산(3), 강루(6), 구인(4), 교촌(14), 신안(3), 명하촌(2), 원산상(2), 도전(4), 도동(2), 단상촌(16), 단중촌(16), 단하촌(11), 양전촌(10), 두곡(8)
진주유	단계(15), 도내(7), 평구(2), 평지(5), 장천(2)	상정태(12), 벽계(6), 소이곡(2), 대둔(2), 단상촌(5), 단중촌(4), 평지촌(2), 모례촌(4), 대로(1)
성주이	묵곡(3), 사월(4), 강루(6), 월명(8)	묵곡(6), 사월(9), 적성(3), 방목(7), 양전(3), 수산(3), 강루(6), 송계(2), 안봉(4), 가평(10), 명하촌(9), 명중촌(8), 내북(3), 원자(2), 장죽(2), 도전(3)
합천이	사산(5), 내원(8), 묵곡(3), 구산(2)	배양(25), 내원(6), 묵곡(11), 명중촌(2), 하정태(3), 수대촌(4), 청현촌(17), 원산상(3), 슬매(8), 사태(3), 가곡(2)

---

86) 李樹健, 앞의 글(1992), 85~89면.

상산김	거동(10), 관이(4), 평지(1)	거동(9), 대로(3), 평지(14), 외당(5), 내당(12), 지내(2)
밀양박	월명(8), 문태(4)	명중촌(7), 진태촌(30), 단중촌(3)
남원양	용흥(8), 도전(6)	용흥(7), 외고읍대(14), 내고읍대(3), 쟁난(4), 대둔(6)
진주하	월명(8), 갈전(2)	명하촌(11), 슬매(5), 도동(2)
성주도	월명(9)	명중촌(12), 단상촌(2)
청송심	원산(1)	묵곡(7), 원산상(3), 장죽(10)
안동김	원산(5), 도전(3)	슬매(2), 도동(3), 모래(2)
전의이	고읍대(6), 원산(2)	내고읍대(5), 고치곡(3)
파평윤	거동(2), 평지(2)	구평(2), 거동(1), 하청산(4), 지내(2)
장수황	사월(1), 덕산(2)	사월(4), 구산(2)
초계주	용흥(3)	외고읍대(8), 등광(2)
해주오	어은(1)	어은(4)
무송윤	모래(11), 가술(5)	도동(2), 모래(6)
경주최	청현(5)	두곡(3)
경주정	내원(1), 거동(1)	상청산(2)
남평문	저동(1), 고치곡(1)	내고읍대(3)
밀양손	가평(2)	승평(2)
밀양박	사월(5)	사월(6)
기타	면천한(마흘3, 강루4), 안악이(문태1), 완산이(단계4), 연일정(청현3)	진주강(명중촌3, 내북동4, 청현2, 용흥4, 쟁난4, 지내3), 진주정(문중촌3, 쟁묘2, 가곡3, 상청산2), 해주정(원산중6, 도전4), 순천박(단상촌3)

* 1678년과 1789년의 호적대장에서 幼學戶만을 추출해서 작성하였는데, 1678년 호적에서 진주하·안동김·초계주씨 등 일부 가문에 대해서는 설명의 편의상 서얼에 해당되는 業儒·業武戶도 포함시킴. ( )의 숫자는 호수.
* 단상촌·단중촌·단하촌은 단계촌이 상·중·하로 분할된 것을, 명하촌·명중촌은 월명촌이 분할된 것을 필자가 붙인 명칭임.

이 표를 보면 안동권·성주이·합천이·진주유·상산김·밀양박·남원양씨 등은 후대로 갈수록 그 가호수가 크게 늘면서 거주하는 촌락의 수도 늘어나고 있다. 이에 비할 수는 없지만, 진주하·성주도·청송심씨 등도 가호수가 늘어난다. 이 가문들도 단성에서 어느 정도 기반을 잡았다고 할 수 있다. 그러나 안동김씨나 전의이·장수황씨 등은 별로 늘지 않거나 정체현상을 보이고, 무송윤·경주최씨 등은 오히려 전보다 크게 줄어들고 있다.

그리고 앞에서 언급했던 가문들 중에 호적대장에 전혀 나타나지 않는 가문들도 많이 있다. 1678년 호적까지는 나타나다가 1789년 호적에는 사라지는 가문도 있고, 1678년 호적에는 없다가 1789년 호적에 새로 나타나는 가문도 있다. 이런 변동상황을 구체적으로 파악하기 위해 우선 단성 내에서 번창하면서 다른 마을로 확산해 가는 가문에 대해 『운창지』와 단성 호적대장 및 각 가문의 관련 자료를 통해 살펴보기로 하겠다.

15세기 중엽에 신등면 단계촌에 정착한 권계우權繼祐 이후의 안동권씨는 단계리 인근의 양전리 이외에 현내면 강루촌, 원당면 문법촌·내원당촌 등으로 뻗어 나갔다. 단계촌에는 권금석의 증손인 권세춘權世春·세인世仁의 자손이 뿌리를 내리면서[87] 17세기에 가면 인근의 양전·두곡·수청 마을 등으로 퍼져 나갔다. 또 권금석의 손자인 권규權逵가 원당면 내원당에 살고 있던 연일정씨와 결혼하여 처가인 이곳에 살기 시작하면서 그 자손들은 이곳에 정착하였다.[88] 1678년 호적에 의하면 권규의 자손들은 내원당 고개 넘어 서쪽에 있는 문법·중촌·입석리까지 뻗어 가고 일부는 현내면 구인촌에 정착한다. 권세인의 아들인 권준權濬의 자손도 17세기 후반에 가면 강루리로 이동해서 강루촌과 교동·수산 등에 뿌리를 내린다. 그리고 권세춘의 장남인 권약權淪의 후손 중 일부는 도전으로 이동한다. 권수權邃와 권집權濈의 자손은 그렇게 번창하지 못한 것 같다. 권수의 자손은 단계촌에 인접한 수청동을 중심으로 밀집해 거주하기 시작하고 권집의 자손은 양전촌을 중심으로 그 주위에 흩어져 거주했던 것으로 보인다. 그것을 계보표로 제시해 보면 다음과 같다.

---

87) 『雲牕誌』, 新等八坊考證 제3방, 丹溪之西, "其子時準參奉, 其孫運尙衣院別提, 是生四男世眞世春世倫世仁軍器寺判官, 世春別座……公有二子濬濈, 別座有二人淪壽早死, 有一子克亮……濈壽濬三兄弟, 一時以文鳴於世, 濈壬子登文科, 壽濬癸丑又登文科, 兄弟三人一二年之間俱登文科, 人皆榮之."

88) 『雲牕誌』, 元堂八坊考證 제1방, 元堂, "權逵娶鄭浣之女, 居是坊, 而手植雙槐于庭, 扁其堂曰安分, 生四子, 而以文顯文著文任文彦爲名, 君子哉."

<표7> 安東權氏의 계파별 이동과 거주지 분포

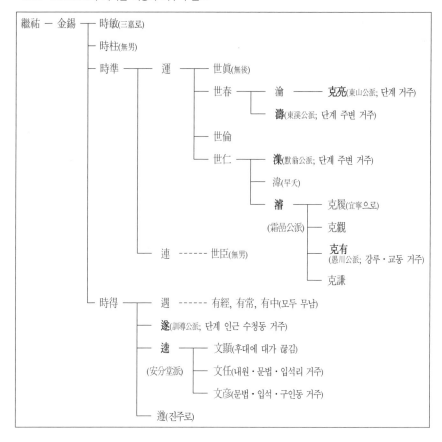

성주이씨는 이의순李義淳이 북동면 월명촌月明村에 정착한 이후 그 손자인 이욱李昱·이창李昌·이담李曇 등의 자손들은 월명 중촌리를 중심으로 북동면 일대의 여러 촌으로 뻗어 나가고, 동곡桐谷 이조李晁의 자손들은 원당면 묵곡촌默谷村과 현내면 방목放牧·강루촌江樓村·적성赤城·수산水山·양전촌에 밀집해서 살게 된다. 이조는 16세기 중반 원당면 내원당에 살던 청주목사 강린姜麟의 딸과 결혼하면서 처가가 있는 이곳으로 오게 되었다.[89] 그 후

이조의 아들인 이유눌李惟訥의 자손 일부가 1660년경에 외가의 인연을 따라 강루리로 옮겼으며[90] 강루에 살던 성주이씨의 일부가 또다시 1700년경에 근접 지역인 방목리로 옮겨 가 거주하기 시작한다. 그리고 원래 원당면 사월에 정착했던 이숙순李叔淳의 자손들은 그대로 거기에서 뿌리를 내린다.

고려 말 합천이씨 이운호李云皓가 도산면 소아곡에 들어온 이후 그의 자손들의 거주는 명확하지 않지만, 족보에 의하면 단성이나 인근 고을인 합천·초계에 거주하고 있었던 것 같다. 운호의 아들 중 사방斯昉과 사민斯旼 자손의 일부가 단성에 계속 거주하고 있었는데, 그중 사민 자손의 일부는 계속 소아곡에 살고 있었다.[91] 그런데 사민의 증손인 적迪이 안악이씨 하양현감 이효경의 딸과 결혼하여 청현촌으로 옮겨 가 살다가, 그의 아들 도남圖南이 개성김씨 김귀로의 사위가 되면서 다시 원당면 내원당으로 옮겨 거주한다.[92] 이들은 18세기에 오면 다시 경제적 기반이 있는 청현으로 돌아가 거기에 뿌리를 내리게 된다. 사방의 4대손인 이계통李季通은 문익점의 증손녀 사위로 원당면 배양(蛇山)촌으로 들어오면서 그의 자손은 이 마을에서 일찍부터 동족마을을 형성하기 시작하고[93] 일부는 개천 건너 묵곡 마을로 들어가 정착한다.

89) 『雲臆誌』, 元堂八坊考證 제1방, 元堂東坊, "其東坊, 則是淸州牧使姜麟之所居, 興安君四世孫成均博士李晁, 卽公之孫女婿也, 李氏子孫, 因居於此."

90) 『新安精舍事蹟記』(1912), "丹城治北五里許, 山曰天馬, 江曰新安, 江之上坊曰江樓……越自革郡之後, 士大夫往往多來居, 而韓氏世居閥閱云爾, 光海復邑來山之後, 八世伯祖諱墩, 與其弟誠齋諱堅, 自來山始家江城邑基……其後顯廟朝, 愚川權公克有, 又自丹溪來卜于凉亭."

91) 『雲臆誌』, 都山八坊考證 제3방, 耳谷, "是坊池下, 卽戶曹典書李云皓之居……至其曾伯孫, 以生員又登武科, 爲漢城參軍, 其長子适."

92) 『雲臆誌』, 悟理八坊考證 제2방, 靑峴南坊, "其南方, 則尙書左僕射景芬之七世孫敎理李迪之所居……至公娶河陽縣監李敎(孝; 『단성지』)敬之孫女, 居是坊."; 元堂八坊考證 제1방, 元堂, "東萊府使李圖南, 卽忠順衛金龜老之婿, 其子光前, 因居於此."

93) 『雲臆誌』, 元堂八坊考證 제8방, 培養山, "文氏亦爲土姓, 居是坊, 而顯達者二十人, 其一江城君益漸是也, 公曾孫女參軍李季通妻, 令人文氏, 時年九十六歲, 而爲之也, 以令人狀議于鄕老, 而曾置祠舍, 又置位田一結者, 令人之孫前訓導李源兄弟也, 以公田益祠田者,

법물면의 상산김씨는 1400년대에 김후金後가 장강張綱의 사위로 들어와 평지촌(『운창지』의 법물례촌에 해당)에 정착한 이후 그의 일부 자손들은 창원·김해·진주·칠원 등 다른 고을로 빠져 나가지만,[94] 일부 자손들은 이곳을 중심으로 해서 거동·당동 등 인근 마을로 퍼져 나간다.[95] 앞의 안동권씨나 성주이씨 등과는 달리 상산김씨는 초기 단계부터 단성현 내 멀리 떨어진 다른 마을로 이동하는 경우는 없었고 법물면 내의 인근 마을로만 뻗어 나갔던 것이 특징이다.

진주유씨는 유굉柳閎과 그의 사촌 형제인 유승윤柳升潤이 평지촌과 단계촌에 들어온 이후 단계촌과 인근 도내촌 및 법물면 평지촌 등 여기저기에 정착하기 시작한다. 그 중 유승윤의 자손 일부는 17세기 말인 유진창柳晉昌 때부터 오동면 정태촌으로 이동하여 동족촌락을 형성하기 시작한다.[96]

밀양박씨 졸당공파는 16세기 후반 박진朴蓁이 원당면 배양촌(사산촌)으로 들어온 지 얼마 안 되어 그의 아들 박인량朴寅亮이 북동면 월명촌 처가로 이동한다. 그 이후 1789년 단성호적에서 나타나듯이 고개 넘어 인근에 있는 도산면 진태촌을 중심으로 밀집해서 거주하면서 일찍부터 동족촌락의 모습을 보이기 시작한다.[97] 그리고 호적대장에 의하면 그 자손의 일부는 다시 단계촌으로 옮겨 간다.

縣監成侯導也."

94) 『丹邱世家錄』, 권1, 「丹邱齋遺稿」, 墓碑, "其后子孫, 仍以法勿爲世莊, 又分處昌原金海晉陽漆原諸邑, 爲數多至千餘."

95) 『雲牕誌』 法勿八坊考證 제6방, 巨洞조에 "金氏之新基也, 宅有新屋"이라 해서 한 곳만 소개하고 있는데 1678년 호적에서부터는 거주 촌락과 호수가 늘어난다.

96) 柳光斗(1642~1720), 『槐軒實記』, 「家狀」, "考諱晉昌, 自丹溪移居丁泰村."

97) 『密城朴氏世系家牒』, 連代所居基址, "至于判決事公(諱蓁), 娶丹城慶州鄭氏參議瑚之女, 移居丹城元堂面蛇山村, 而至于同知公(諱寅亮), 娶同鄕咸安李氏文承旨智亨之曾孫殷佐之女, 居于北洞面月明村, 萬樹亭東邊枳田內也……越昔戊申庚戌之歲, 門中移居于都山里進台, 漸盛村庄矣."

남원양씨는 단성에 들어온 양사귀의 아들 때부터 일부는 남원과 진주에 있는 처가로 이동하고, 일부는 단성현 내의 인근 고읍대古邑大와 시기柿基 마을로 이동해서 정착한다.[98] 즉 6명의 아들 중 반은 다른 고을로 가고 반은 단성에 남아 있었던 것이다. 단성에 남아 있던 남원양씨는 <표6>에서도 알 수 있듯이 17세기 말에는 원산 근처에 있는 도산면 용흥과 도전 마을에 거주하다가 그 이후 용흥과 그 바로 옆에 붙어 있는 외고읍대를 중심으로 인근 내고읍대·쟁난 마을과 생비량면 대둔 마을 등으로 점차 퍼져 나간다.

위의 가문들처럼 현저한 번창과 확산의 모습을 보이지 않지만, 그래도 어느 정도 단성에 뿌리를 내리는 가문도 있었다. 15세기 말경에 북동면 월명촌으로 들어온 진주하씨 시랑공파는 하항河恒 이후 그대로 월명 하촌에 뿌리내리면서 18세기 후반에 오면 슬매·도동 쪽으로 뻗어 나간다. 16세기 중반 도희령都希齡이 단성 북동면 월명촌으로 들어온 이후 성주도씨도 월명 중촌에서 점차 집단을 이루기 시작한다. 18세기 말에는 일부가 신등면 단계로 이동하기는 하지만 그 중심은 여전히 월명 중촌이었다. 원산에 처음 정착했던 청송심씨도 17세기까지는 미미한 세를 보이다가 18세기로 가면 장죽 마을을 중심으로 해서 인근 여러 마을로 뻗어나간다.

이상에서 언급한 가문들은 18세기에 와서 번창하는 청송심씨를 제외하고는 뒤에 언급하듯이 『단성향안』에 많은 수의 인물이 등재되었던 가문들이다. 이러한 가문들은 단성 내에서의 자손의 번창을 기반으로 후대에도 단성에 중요한 영향력을 행사하였다.

---

98) 『雲憩誌』, 都山八坊考證 제1방, 圓山, "圓山故金海府使梁思貴之所居……思貴生六男二女, 一子往南原, 二子贅晉州, 一子往古邑大, 二子往柿基, 而卜居, 有若完山之四鳥散而之四, 惟兩女壻李詰金重侃."

2) 일부 성씨의 다른 고을로의 이동과 침체

이와는 반대로『세종실록지리지』에 실려 있던 토성·속성 등 대부분의
성씨들은 단성지역에서 사라진다.[99] 앞에서 거론한 신입 성씨들 중에도 다른
고을로 이동하거나 대가 끊긴 성씨들도 많다. 아예 1678년 호적대장에서부터
사라져 버린 경우도 있다. 조선왕조 이전에 단성에 들어와 여러 성씨가 단성에
들어오는 데 매개 역할을 했던 남평문씨·초계주씨·김해허씨 등은 다른
고을로 옮기거나 대가 끊겨 단성호적대장에서 아예 사라져 버리거나 미미한
존재로만 남게 된다.

남평문씨의 단성지역 내에서의 쇠락과 관련해서는『운창지』에 몇 가지
이야기가 전해지고 있다. 우선 조선 초기에 있었던 '문가학文可學사건'이다.
문가학은 태종 대의 인물로서 문익점의 동생인 문익하文益夏의 차자였고
문과에 합격해 내한內翰의 벼슬도 지냈던 인물이다. 그는 어린 시절 정취암淨
趣庵에서 공부를 했었는데, 그 사찰과 관련된 전설이 전해지고 있다. 즉 그는
절에서 사람을 해치는 여우를 잡았는데, 그 여우를 살려주는 대신에 도술을
익힐 수 있는 책자를 받아 그것으로 은신술을 익히고 궁중을 마음대로 드나들
다가 발각되어 처형당하였고 그의 자손들은 해변에 모두 유배되었다는 것이
다.[100] 이것은 직계 자손이 아닌 단성의 남평문씨에게도 영향을 미쳤을 것이
다. 족보에 의하면 단성의 남평문씨 중에는 대가 끊기거나 다른 곳으로 이동한

---

99) 이들은『新增東國輿地勝覽』에도 그대로 실리고 있지만 1609년의 호적대장에는 나타나
　　지 않고 이후의 단성현과 관련된 자료에도 나타나지 않는다.

100)『雲牕誌』, 都山八坊考證 제3방, 耳谷, "江城君益漸鄉弟文科及第益夏新卜之基也, 益(益
　　夏?)有二子, 曰可庸·可學, 皆爲逸才, 兄弟皆登文科, 可庸爲學諭, 可學爲內翰, 可學在幼
　　學時, 自課爲學, 其讀書堂基址, 在於碧溪, 溪上志山腰, 時或讀書於淨趣之庵……(문가학
　　사건의 내용 중간 생략)……事覺補捉, 以妖術無道, 腰斬於市, 俾無遺種於本縣, 而皆流
　　竄於海曲, 今東萊府文氏居者, 是也." 실제 문가학이 비를 내리게 하는 신통력이 있었다
　　는 소문과 그가 여러 무리들과 모역을 꾀하다가 발각되어 처형당했다는 기사가『太宗實
　　錄』에도 나타나고 있다.(『太宗實錄』, 권9, 5년 5월 壬寅조; 권12, 6년 12월 庚子조 참조)

사람들이 많다. 문익점의 종손인 문광서文光瑞도 적출의 아들이 없어서 그의 매부인 여주이씨 이학의 아들 승종承宗을 아들로 키웠다고 한다. 따라서 문익점의 봉사는 한동안 외손인 여주이씨나 합천이씨(文承魯의 사위 李季通의 자손)가 맡게 되었다.101)(<별표1-2> 참조)

김해허씨 족보에 의하면 김해허씨는 허옹의 현손 대에 다른 고을로 옮기거나 대가 끊긴다. 임란 이전에 문손文孫은 진주로, 형손亨孫·광손光孫·순손順孫의 자손은 전라도 순천으로 옮기면서 1678년 단성호적에서는 그의 자손들을 찾아볼 수가 없다.(<별표1-3> 참조) 우렴 때 단성에 들어왔던 단양우씨는 『단양우씨예안군파세보丹陽禹氏禮安君派世譜』에 의하면 그의 손자 대인 우공禹貢 때 인근 삼가로 옮긴 것 같다.102) 『운창지』와 『운창집』 「단성군우공전丹城君禹貢傳」에는 그가 적자가 없어서 서자인 선언을 후사로 삼았으며, 선언이 김종직의 제자로서 관서로 유배가 죽은 이후 그의 후손은 양주에 살았다고 서술되어 있다.103)

진양강씨 관서공파는 강행의 아들인 강문회姜文會와 손자 혜평공惠平公 강현姜顯의 대까지만 단성에 우거하고 있었고, 그 이후 강현의 자손들은 화성이나 진주로 이주한다. 즉 『진양강씨족보(관서공파)』에 의하면 강현의

---

101) 『雲牎誌』, 悟理八坊考證 제8방, 靜太, "古文化縣監文光瑞之基, 光瑞乃江城君之四世孫無子, 取妹夫博川郡守李鶴之子承宗, 養而爲子……文氏子孫, 則散而之四方, 其長子孫之在於丹城, 而奉祀者, 遂絶祀, 於光瑞其孼派之流末者, 只有承謂起雲仁會德會焉, 今江城君祠宇, 在於是坊者, 以其有子孫之基, 卽基之上而立祠焉."; 元堂八坊考證 제8방, 培養山, "文氏亦土姓, 居是坊而顯達者, 二十人……其一江城君益漸是也……公之墓在葛蘆介山, 狀訴監司, 而立祠于墓傍, 差人以守護者, 公曾孫女參軍李季通妻, 令人文氏, 時年九十六歲, 而爲之也, 以令人狀議于鄕老, 而曾置祠舍, 又置位田一結者, 令人之孫前訓導李源兄弟也, 以公田益祠田者, 縣監成侯導也."

102) 『丹陽禹氏禮安君派譜』에는 그의 무덤과 그 아들인 昌言·拜言·善言 등의 묘가 모두 삼가에 있는 것으로 되어 있다.

103) 『雲牎誌』, 都山八坊考證 제4방, 漁隱洞, "至其孫有曰贊, 貢皆以武達……公無嫡嗣, 以賤出善言升嫡, 號楓崖者是也, 以佔畢齋門人, 死於西關之謫, 其所子孫, 今居楊州." 『雲牎集』 권3, 「傳·丹城君禹貢傳」에도 비슷한 내용이 서술되어 있다.

장자 공한公翰 및 삼자 공하公賀는 화성으로, 차자 공헌公憲은 진주로 이거했다가 그 이후 다시 함양으로 이동하는 것으로 나타난다. 진주강씨 은렬공파 유수공파 자손 중 강원은 이미 앞에서 언급했듯이『운창지』에서 진주 원당리로 이사 간 것으로 기록하고 있다.『진양강씨유수공파보』에 의하면 이 외의 자손들도 대부분 진주·곤양으로 이거했던 것으로 보인다.(<별표1-9> 참조)

14세기 말 단성에 들어온 파평윤씨는『파평윤씨세보』에 윤박의 6대손인 한翰·미湄·수洙 등은 아들이 없거나 후손 대에 기록을 남기지 않았고, 일부는 산청으로 이거한 것으로 나타난다. 그래서 1678년 단성호적에서도 사라진다. 법물면의 몇 개 마을에 보이는 파평윤씨는 인근 삼가현과 접경하고 있는 구평 마을에서 이동해 온 가문의 인물들이다. 초계주씨도『상주주씨족보』에 의하면 자손이 번창하지 못하고 독자 형태로 대를 이어 오다가 주세후의 8대손에 이르러 자손이 많아지지만, 다시 대가 끊기는 경우가 많아 위의 <표6>에서도 알 수 있듯이 1678년 단성호적에서는 수 개 가호에 불과하다.(<별표1-1> 참조)

15세기 이후에 단성에 들어온 성씨 중에서도 몇 대 내려가지 않아서 다른 곳으로 이동해 단성에서 사라져 버리는 성씨들이 많이 나타난다. 15세기 중반에 단성에 들어왔던 여주이씨는『여주이씨세보』에 의하면 이현손의 증손 대 이후에 가면 다른 곳으로 이동해 버리기 때문에 1678년 단성호적에는 나타나지 않는다. 남평문씨의 외손인 이승종의 자손은『운창지』에 언급되어 있다. 즉 그의 자손은 관리로 진출한 사람들이 많아 서울에서 살고 있다는 것이다.104)(<별표1-21> 참조) 같은 무렵에 단성에 들어왔던 광평이씨는 이처인

---

104)『雲牕誌』, 悟理八坊考證 제8방, 靜太, "古文化縣監文光瑞之基, 光瑞乃江城君之四世孫 無子, 取妹夫博川郡守李鶴之子承宗, 養而爲子, 承宗自三歲, 寄養於文氏, 長於斯, 達於斯 官至黃州牧使, 辛酉年通經爲魁者, 是也, 李氏本名族, 而今其子孫之居京, 爲牧府使監生 進者甚多."

의 아들인 순조順祖 때에 함안에 사는 순흥안씨 현감 안창공安昌恭의 딸과 결혼하면서 함안으로 이거한다.[105] 16세기 초 이흡李翕 때 단성에 들어왔던 함안이씨도 손자 대인 은좌殷佐 때 의령 모려촌으로 이거하면서 단성에서는 사라져 버린다.[106] 신창표씨는 『신창표씨대동보』에 의하면 단성에 처음 들어왔던 표빙의 양자로 들어온 근석根碩이 의령으로 옮기면서 그 자손은 의령에 거주했던 것으로 되어 있다.

장수이씨는 『운창지』의 저자 이시분의 종제 시봉時馪이 인조 13년에 칠원漆原으로 이거[107]한 이후 그 이외의 다른 자손들도 대부분 칠원으로 따라 옮겨 가고 일부는 사천으로 일부는 자손이 끊기는 형태를 취하면서 단성에는 서얼 출신 일부만 남고 거의 사라져 버린다. 그래서 1678년 단성호적에도 2호만 보이다가 그 이후에는 점차 사라져 버린다.(<별표1-26> 참조) 한세영韓世英 때 서울에서 단성으로 이거했던 면천한씨는 『청주한씨제육교대동족보淸州韓氏第六校大同族譜』에 의하면 그의 8대손인 익량翼良(1686~1741)·응량應良 때 진주·하동으로 이거한다. 따라서 면천한씨는 1678년 단성호적에는 나타나지만, 1789년 호적에서는 사라진다.(<별표1-27> 참조)

일부 성씨들은 18세기 말 호적에도 나타나기는 하지만 가문 내의 많은 사람들이 다른 곳으로 이동했거나 대가 끊겨 미미한 세를 이루고 있는 경우도 있다. 경주최씨는 최숭이 14세기 말 단성에 들어온 이후 5대손까지는 단성에 살았지만, 그 이후 점차 많은 자손들이 진주나 산청·하동·함양 등지로 이거해 가면서 단성에는 종손을 중심으로 한 일부 사람들이 남게 된다.

15세기 초반에 단성에 들어온 안악이씨도 『안악이씨대동보』에 의하면 구櫂의 아들 대에 장자인 하양현감 이효경李孝敬만 남고 나머지 형제 자손들은 의령 등 다른 곳으로 이동한다. 뿐만 아니라 이 가문은 자손이 번창하지 못하고 독자의 형식으로 내려오다 구의 7세손인 득종得宗 형제 대에 자손이 번창하는 듯했지만 형제들이 다른 곳으로 이동하였거나 자손이 끊긴 것 같다. 벼슬에 나아가는 경우도 드물어서 이 가문은 위세가 침체되었던 것 같다. 『운창지』에도 이와 비슷한 상황이 설명되고 있다. 즉 득종의 부·조·증 조 대에는 벼슬에 진출하지 못했지만 득종은 뛰어난 유행儒行으로 향촌에서 선사善士라고 칭해지고 있었다고 하는 것이 그것이다.108) 뒤에 언급하겠지만, 향안이 작성되는 기간에 이 가문에서는 득종의 손자인 덕여德輿 한 사람만이 등록되고 있는 것도 이를 반영한다.(<별표1-16> 참조)

『경주정씨족보』에 의하면 정호 때 단성으로 들어온 경주정씨는 이후 자손이 독자 형태로 내려오다가 정구鄭構의 아들인 돈복敦復에게 후사가 없자, 진주에 살던 10촌 형제인 정대방鄭大方의 아들 중 순달順達로 정구의 후사를 삼게 된다. 순달의 아들 상진尙震에게도 후사가 없자 순달의 생가 백형인 순명順命의 손자 형구亨櫂를 후사로 삼게 된다. 이를 계기로 해서 백형인 순명도 단성으로 들어오고 이어 그의 자손들도 단성에 정착하게 된 것 같다. 그러나 순명의 자손들 중 일부는 자손이 없거나 다른 곳으로 이동하면서 결국 현손 대에는 몽서夢瑞가 양가를 한꺼번에 봉사하고 대를 잇는 방법에 의존하게 된다.109) 그만큼 이 가문에서 후사를 이을 자손이 귀했던 것이다.

---

108) 『雲牕誌』, 悟理八坊考證 제1방, 靑峴東坊, "其東坊, 則是禮儀判書興富之孫, 三嘉縣監李 惧之居, 其子李敬(李孝敬; 『단성지』), 又爲河陽縣監, 後四世有孫二人, 曰得宗得成, 得宗 之祖父曾父, 三世無縣官, 連世皆以孝稱, 得宗又儒行自立, 人無間於父母兄弟之間, 一鄕 皆稱善士."

109) 『慶州鄭氏族譜』(1907)에는 鄭夢瑞의 생부가 天儒의 양자로 간 必徵인데 필휘의 생가 형인 必相의 아들로서 대를 잇는 역할도 했던 것으로 기록되어 있다.

단성호적대장에서 경주정씨가 후대에 갈수록 적어지는 것은 바로 이 때문이다.(<별표1-22> 참조)

앞의 <표6>에서 알 수 있듯이 17세기 후반까지만 해도 단성의 성씨 가운데 적지 않은 비중을 차지하고 있던 무송윤씨는 18세기 말에 가면 다른 성씨에 비해 급속하게 침체된다. 원래 윤강 때부터 단성에 살기 시작한 무송윤씨는 윤강의 손자 대에 가면 자영子瀅은 문과 장원급제로 중앙으로 진출하고 그의 자손들도 서울로 옮겨 가 살게 된다. 그의 형인 자렴子濂의 자손은 단성에 머물러 사는데, 자렴의 손자인 언수彦洙는 삼가三嘉 구평丘坪에 사는 강허손姜許孫의 딸과 결혼하여 처가로 옮겨 갔다가 손자인 기沂가 경산현령을 지냈던 상산김씨 김달생金達生의 딸과 결혼하여 다시 단성 법물면 기내로 옮겨 온다. 언수의 동생인 언식彦湜·언홍彦洪 등의 자손들은 번창하지 못했던 것 같다. 족보에는 그들의 자손들이 기록되지 않고 있다. 그래서 언홍의 손자 시숙에게 후사가 없자 기의 아들인 경락景洛을 후사로 삼는다.[110] 경락은 후에 모례촌慕禮村으로 옮겨 가고 그의 생가의 형 경명景溟은 가림촌佳林村으로 옮겨 가서 흩어져 살게 되지만,[111] 무송윤씨 족보에 의하면 그 이후 자손들이 사천 등지로 이거하거나 자손이 번창하지 못해 단성 내의 무송윤씨의 숫자는 급격하게 줄어든다. 이것이 1678년 호적과 1789년 호적에 반영되고 있다. 1678년 호적에는 『운창지』에 언급되고 있듯이 모례촌에는 무송윤씨가 11호나 살고 있고 가술촌에는 5호가 거주해서 총 16호나 되었는데, 1789년에는 전체 호수가 8호로 반이나 줄어들어 단성에서의 그들의 입지가 약화되고

---

110) 『雲牕誌』, 法勿八坊考證 제3방, 岐內, "是坊亦有茂松尹氏之基……進士子彦洙亦進士, 爲姜許孫之壻, 贅居三嘉之丘坪, 生子佑賢禮賓寺直長, 其子沂娶金慶山之女, 居是坊, 而喪其妻, 又娶他姓氏, 生二子, 景溟登武科, 景洛軍器寺奉事."

111) 『雲牕誌』, 法勿八坊考證 제5방, 慕禮, "奉事景洛移卜之基, 今其群居者, 姓也(其子姓也; 『단성지』)."; 제7방, 佳林, "尹景溟移卜之基, 其子日晟居於此"

있었음을 알 수 있다.(<별표1-13> 참조)

일부 가문의 위축과 침체는 『운창지』의 다른 가문에 대한 서술에서도 이미 나타나고 있다. 마흘촌에 살던 판서 이산흘李山屹의 후손들이 낚시질로 업을 삼는 지위로 전락하고[112] 연 9대에 걸쳐 문과에 급제하면서 번창했던 홍씨 가문도 자손이 더 번창하지 못하고 지위가 미미해져 그들의 세거 기반이 단성향교의 부지로 빼앗기는 경우도 있었다.[113] 북동면 갈전 마을에는 일찍이 유兪정승이 살고 있었는데 그 자손들이 침체해서 상민이 되기에 이르렀다고 하는 것[114]도 그 예이다. 아예 남자의 대가 끊겨서 사라져 버리는 경우도 있었다. 태조·태종과 인척관계를 맺고 영의정까지 지냈던 청주이씨 이거이李居易의 손자인 이길李佶(『운창지』에는 '李詰')은 남원양씨 사간 양사귀의 사위로 단성과 인연을 맺었지만, 그는 아들이 없고 딸만 있었다. 따라서 단성에 있던 경제적 기반은 사위인 참의 심린에게 넘어간 것으로 보인다.[115] 일부 가문의 이러한 모습들은 『운창지』가 편찬된 이후에도 계속 나타났을 것이다. 앞에서 거론한 가문들도 이러한 처지로까지 떨어지지는 않았지만, 단성지역 내에서의 입지가 약화되어 갔으리라는 것은 어느 정도 추측할 수 있다.

3) 17세기 이후 새로운 성씨의 단성 이거

이처럼 많은 가문들이 다른 고을로 이동하거나 침체해 가는 반면에, 17세기

---

112) 『雲牕誌』, 縣內八坊考證 제4방, 麻屹外坊, "判書李山屹者, 亦居是坊, 至其孫, 以漁釣爲業者."
113) 『雲牕誌』, 縣內八坊考證 제3방, 洪氏之遺基, "在江城郡時, 洪氏之居是坊者, 連九代蜚科 其案山之有雙峰, 至今人稱壯元峰, 永樂間鄕人, 因洪氏子孫之孤弱, 奪而營之, 遂建學宮."
114) 『雲牕誌』, 北洞八坊考證 제6방, 葛田, "故兪政承之基也, 其子孫之委靡, 而至於常漢者."
115) 『雲牕誌』, 都山八坊考證 제1방, 圓山, "思貴生六男二女……惟兩女婿李詰金重侃…… 李詰官號錄事, 而有素之稱, 無子而只有一女, 而靡處不到, 位沈姑相攸莫如."『淸州李氏中和派世譜』(1990)에는 李佶의 벼슬이 宗親府典籤으로 기록되어 있다.

이후에 와서도 단성에는 새로운 성씨들이 들어온다. 15~6세기처럼 많은 것은 아니지만, 새로운 성씨의 단성 진입은 지속된다. 17세기에 단성에 들어온 양반가문의 성씨는 많이 있었다. 1678년 호적대장에 나타나는 유학호 중 한 마을에 2호 이상 나타나는 성씨를 추출해 보면 창녕조昌寧曺(마흘), 여흥민驪興閔(소이곡), 광주이廣州李(고치곡), 임천조林川趙(단계), 진주정晉州鄭(원당면 중촌)씨 등이 있다. 그러나 이들은 1789년 호적에 가면 그 마을에서 사라져 버린다. 그 대신에 1789년 호적에서는 초계정草溪鄭(10), 해주정海州鄭(10), 김해김金海金(10), 의령남宜寧南(6), 정선전旌善全(5), 함안조咸安趙(5)씨 등 한 마을에서 5호가 넘는 새로운 성씨들이 등장한다. 이 외에도 한 마을에서 2호 이상의 유학호를 구성하는 새로운 성씨는 무수히 많다. 그러나 이들이 단성지역 내에서 영향력을 미치는 가문이 되는 것은 쉽지 않았던 것 같다. 이들 중 특정한 가문만이 단성지역에서 기존의 사족가문과 대등한 입지를 확보했을 뿐 나머지 가문은 지위가 미미했다. 이러한 상황을 개략적으로 보여 주는 것이 『단구성원』이다. 『운창지』에 거론되었던 성씨를 제외하고 『단구성원』에 4명 이상의 인물이 언급되는 성씨를 들어 보면 다음과 같다.

· 전주이씨 담양군파潭陽君派: 이 가문은 임진왜란 전 이인희李仁禧가 단성에 들어온 것을 계기로 단성에 정착한다. 『창의록倡義錄』에는 그가 임진왜란 때 단성 지역에서 창의했던 인물 중 하나로 소개되고 있다.[116] 그런데 그는 『운창지』에 나타나지 않는다. 그는 세종世宗과 신빈김씨愼嬪金氏 사이에서 출생한 담양군潭陽君 거의 고손이었으며,[117] 그의 자손인 현석顯奭은 『단성향안』에 등재되어 있다. 그럼에도 불구하고 『운창지』에 언급되지 않은 이유는 알 수

---

116) 『倡義錄』(郭元甲, 1854), 「龍蛇應募錄」의 명단 참조
117) 『璿源錄』 제7책(영인, 民昌文化社, 1992) 참조

없다.(<별표1-32> 참조)

· 밀양박씨 규정공파紾正公派 송월당공(박호원)파松月堂公(朴好元)派: 이 가문은『운창지』가 저술되기 이전에 사월리沙月里에 정착하였음에도 불구하고 그것에 실리지 않았다. 아마 그들이 정착한 사월리가 진주 경내에 속한 사월리였기 때문에『운창지』에 실리지 않은 것 같다.[118] 그러나 1678년 단성호적의 사월리에는 이 가문의 인물인 박호원의 자손들이 5호나 기록되고 있어 이미 이 이전부터 밀양박씨가 진주 경내뿐만 아니라 단성 경내의 사월촌에도 들어와 살고 있었던 것으로 보인다. 그 이후 단성호적에는 이 밀양박씨가 계속 나타나고 있고 진주 경내에도 조선 말기까지 계속 거주하고 있었다.[119]

· 해주오씨海州吳氏: 사계문인沙溪門人으로서 송시열末時烈과도 친밀하게 교유했던 오국헌吳國獻(1599~1672)이 외가인 남원양씨가 살던 단성으로 들어오면서 정착하기 시작한다.[120] 그가 들어왔던 시기는 구체적으로 알 수 없지만『운창지』가 만들어진 몇 년 후에 이시분이 오국헌과 만나는 것으로 보아『운창지』작성 전에 단성에 들어온 것 같다.[121] 그는 단성에 이사한 당대부터 단성丹城향안에 입록될 정도로 단성에서의 영향력이 컸다. 그의 아들 달휘達輝·건휘建輝도 향안에 입록되고 있다.(<별표1-33> 참조)

· 해주정씨海州鄭氏: 임진왜란 때 활약했던 농포農圃 정문부鄭文孚 후손들이 진주

---

118)『晉陽續誌』권2, 人物조에 박호원의 후손인 朴在嶂(순조대 문과급제)가 소개되고 있고『儒錢用下抙錄冊』(奎7307)의 사월리 부분에는 朴東弼를 대표로 한 밀양박씨도 진주의 유림 가문으로 등록되고 있다.

119) 井上和枝,「朝鮮後期における洞契の運營と機能—晉州·丹城餘沙洞契を中心に」,『朝鮮文化研究室紀要』5(東京大, 1998), 33면의 <표2> 참조

120) 吳國獻,『漁隱遺稿』, 권4,「附錄·行狀」, "丹城卽公外王考(大司諫梁思貴)所居之鄉, 頻年往拜司諫公, 見其山川之勝, 挈家卜居……又嘗出入於兩宋文正之門, 講論義理, 辨質弘多, 俱蒙獎詡, 尤庵先生, 特書漁隱二字, 俾揭堂楣." '어은유고'에는 오국헌의 외조가 양사귀인 것처럼 기술되어 있는데,『海州吳氏大同譜』(1991)에 의하면 양사귀의 7세손인 士貞의 딸이 오국헌의 부 山立의 후처로 들어왔다.

121)『雲聰集』, 附錄, 권1,「年譜」, 己丑(1649)조에 "吳國獻來訪"이라 기재되어 있다.

에 세거하고 있었는데, 그중 일부가 단성으로 들어온다. 즉 정장鄭樟(1651~1708)
이 청송심씨 심정량沈廷亮의 딸과 결혼하면서 처가가 있는 도산면 원산圓山
마을로 들어와 정착하게 된 것이다.[122](<별표1-34> 참조)

・순천박씨順天朴氏: 용담龍潭 박이장朴而章의 손자 박상제朴尙悌(1715~1759) 때
단계로 이거한 것이 순천박씨의 단성 정착의 시작이다. 박상제는 생부가 홍원弘
遠이었으나 어렸을 때 백부인 수원壽遠의 후사로 들어갔었는데, 상란喪亂을
당해 생모인 안동권씨와 함께 성주에서 어머니의 고향인 단계로 들어오게
되었다고 한다.[123](<별표1-35> 참조)

・성산이씨星山李氏: 일찍부터 단성에 영향력을 행사하던 기존의 성주이씨와는
시조를 달리하는 가문이었다. 이 가문은 승지를 지낸 이복李馥의 아들인 이수인李
壽寅(1675~1740) 때 김산金山에서 단성으로 들어왔다. 이수인의 손자인 이천림李
天林은 무과, 증손자인 이사겸李思謙(1753~1801)은 문과에 급제하여 관직에 진출
하였기 때문에 단성에서 가문의 위세를 높일 수 있었다. 그러나 이 가문의 인물들
은 이사겸 때 다시 개령으로 이주하면서 단성에서 사라진다.(<별표1-36> 참조)

・현풍곽씨玄風郭氏: 구한말~일제강점기 초기에 경남 서부에 영향을 미치던
면우俛宇 곽종석郭鍾錫의 가문이었다. 그의 조부인 곽수익郭守翊 때 칠원에서
단성에 들어온 이후 그의 부 곽원조郭源兆는 단성향교의 원임을 지내는 등
단성지역에서 활발한 활동을 한다.[124] 단성에 들어온 시기가 늦긴 했지만,

---

122) 鄭樟, 『一樹軒集』, 「附錄・行狀」, "沈公廷亮, 以女妻之……中年自晉而移于丹之圓山."
123) 朴亨東(1875~1920), 『西岡集』, 권2, 「記・慕遠齋記」, "(府君尙悌)不幸遭罹愍凶, 災禍
荐疊, 而諸從昆季繼逝不留, 零丁孤苦, 無他依仗, 遂奉母夫人, 南徙于江城之丹溪, 盖因母
夫人之親鄕也."『順天朴氏判尹公派譜』에 의하면, 생모 안동권씨는 東溪 權濤의 후손인
權斗興의 딸이었다.
124) 郭鍾錫, 『俛宇集』, 「年譜」, 권1, 丙午조, "先生生于慶尙道丹城縣沙月里草浦村(在縣南十
里)寓舍(先生之先世, 爲玄風人, 中徙漆原, 王考蒼溪公諱守翊, 贅居于丹城, 考道菴公諱源
兆, 有文學操履……)."『丹城鄕誌』에 의하면 곽원조는 1839년 향교의 掌議 직임을 맡
았었다.

곽종석의 명성 때문에 여러 인물이 『단구성원』에 기재된 것 같다.

이처럼 17세기 이후로 가면 많은 성씨들의 새로운 이입이 있었지만, 그들은 단성에 확고한 기반을 잡지 못한 것 같다. 조선 전기까지 들어온 가문들이 이미 몇몇 마을을 중심으로 동족마을을 형성해 가면서 단성에 대한 영향력을 확보하고 있었기 때문에, 과거 급제를 통해 여러 사람의 관료를 배출한 순천박·성주이씨나 당시 중앙의 노론 세력과 긴밀한 관계가 있는 해주오씨, 그리고 인근 진주에 중요한 세력 기반이 있으면서 처가의 기반도 있는 해주정씨를 제외하고는 새롭게 지배력을 확보하거나 주위 명망 사족가문의 인정을 받는 것이 어려웠던 것이 아닌가 추측된다.

4. 사족층의 향촌사회 지배기반 구축

1) 정치적·학문적 진출과 지배기반 구축

조선 중기 이후 단성의 성씨들이 지역 내에서 번창하면서 입지를 강화해 가는 가문과 다른 곳으로 이동하거나 자손이 미미해져 입지가 약화되어 가는 가문으로 분화되어 가지만, 향촌사회에서 영향력을 유지·강화하기 위해서는 이 외에 여러 가지 조건이 전제되어야 했다. 관료로의 진출이 그중 가장 중요한 것이었다.

전통사회에서 한 양반가문이 자신의 특권적 지위를 유지해 가기 위해서는 중앙 정치와의 지속적인 연결망이 있어야 했다. 가장 유력한 방법은 물론 자기 가문 내의 많은 사람들이 관직에 진출하는 것이었다. 『운창지』가 만들어

질 당시 양반 사대부 가문에서는 이러한 인식이 공통적이었다. 『운창지』에는
각 가문을 소개하면서 관직 진출에 대해 여러 가지 형태로 지세하게 소개하고
있다. 그것이 문관이든 무관이든 간에 큰 차별 없이 당당하게 소개하고 있다.
그만큼 관직 진출에 대한 관심이 높았던 것이다. 그중 몇 가지 예를 들어
보면 다음과 같다.

> 공(金後; 필재의 아들 장張은 갓 20세에 문과에 급제하였다.…… 아들이 3인 있었다.
> 장남은 극용克用이라 하는데 문과에 급제해서 관직은 사간에 이르렀고, 차남은 이용利
> 用이라 하는데 문과에 급제하여 관직은 지평에 이르렀고, 삼남은 정용貞用이라 하는데
> 문과에 급제하여 승문원 박사에 이르렀다.…… 정용에게 2남이 있었는데 광려光礪와
> 광범光範이라 하였고 모두 사마시에 합격하였다. 광려의 아들 달생達生은 관직이
> 장령에 이르렀고 광범의 아들 수돈守敦은 병조 정랑이었다.[125]

> 진산군晉山君 유간柳玕의 5세손 부정副正 승윤升潤의 거주지이다. 그의 아들 유蒡는
> 종사랑 사연司涓이었고 그의 아들 종평從平은 용양위 부사직이었고 그의 아들 연淵은
> 병마우후兵馬虞候였으며 그의 아들 만정万禎은 장기현감長鬐縣監이었다.[126]

이처럼 당시의 사족들은 관직 진출에 상당한 관심과 노력을 기울이고
있었고 관직 진출이 연속적으로 이루어지는 것을 영광으로 여겼다. 그리고
그것이 자신의 가문뿐만 아니라 고을을 자랑스럽게 하는 것으로, 이 점이
특히 강조되기도 하였다. 『운창지』에는 조선왕조 개창 이후 3백 년 동안
이 고을에서 문·무관을 110명이나 배출하였고 봉군자封君者가 2명, 시호를

---

125) 『雲牕誌』, 法勿八坊考證 제1방, 法勿禮里, “公之子張, 年纔二十而登第…… 有子三人, 長
　　曰克用, 登第官至司諫, 仲曰利用, 登第官至持平, 季曰貞用, 登第官至承文博士……有二
　　子, 曰光礪光範, 皆小司馬, 光礪之子達生, 官至掌令, 光範之子守敦, 兵曹正郞.”
126) 『雲牕誌』, 新等八坊考證 제4방, “晉山君柳玕之五世孫副正升潤之居, 子蒡從仕郞司涓,
　　子從平龍驤衛副司直, 子淵兵馬虞候, 子万禎長鬐縣監.”

받은 자가 2명이며, 영중추 1명, 판서 9명, 참의 1명, 감사 2명, 병사 2명, 제학·직제학이 4명, 목사·부사를 지낸 자가 10명, 청요직을 거친 자가 10여 명, 장원급제자가 5명, 5품 이하 관직이나 군수·현령·현감을 지낸 자도 30여 명이나 되었다고 소개하고 있다.[127]

관직 진출에 있어서도 특히 문과급제를 통한 관직 진출은 가장 소망하는 것이었다. 한 가문 내에서 문과 합격이 한꺼번에 여러 명이 나오면 그것은 대단한 경사로 여겨졌다. 예를 들어 안동권씨의 경우 권집權潗·권준權濬 형제와 그 사촌인 권도權濤가 양년에 걸쳐 문과에 합격한 것에 대해 주위에서 부러워했다고 하면서 당시의 관심을 부각시키고 있다.[128]

대과인 문과에 합격하지 않는다 해도 소과인 생원·진사시에 합격하면 그것만으로도 당사자와 가문의 권위는 어느 정도 유지되는 것으로 보았다. 그리고 바라던 과거에 불합격하자 주위의 사람들이 매우 아쉬워하던 분위기도 『운창지』에 잘 나타난다. 밀양박씨 박인량의 가문은 그를 비롯해 그의 부 및 자가 과거에 연달아서 불합격하였기 때문에 사람들이 애석해했다고 한다.[129] 그만큼 당시 사족들 사이에는 과거 합격에 대한 집착이 강했던 것이다.

그래서 후대에 오면 가문마다 어떤 인물들이 문과나 생원·진사시에 합격

---

127) 『雲牕誌』, 生比良八坊考證 말미, "試耳目之所及者言之, 凡言三百年文武士, 多有至於一百有一十人, 學在矗矗軒天地者, 而屈說, 則其封君者二, 其諡公者二, 爲領中樞者一, 爲判書者九, 爲參議者一, 爲監司者二, 爲兵使二, 爲提學直提學, 而黼黻王猷者四, 爲牧使府使, 揚揚風化者十, 其出入銀臺獻璘閣者十餘人, 爲庭試重試拔英試壯元者五人, 爲郎爲守爲令爲監者三十餘, 觀國之利, 用賓于王, 而升諸司馬進士生員者, 二十有八人."

128) 『雲牕誌』, 新等八坊考證 제3방, 丹溪之西, "潗濬潗三兄弟, 一時以文鳴於世, 潗壬子登文科, 濤癸丑又登文科, 兄弟三人, 一二年之間俱登文科, 人皆榮之, 其後潗位至寧海府使, 濤位至左承旨, 濬位至光州牧使, 皆位不滿德."

129) 『雲牕誌』, 北洞八坊考證 제3방, 溪之右, "寅亮, 平生業儒, 謹身博學, 終不成一命, 公之父曰榛, 累擧不中, 公之子楅, 亦擧不捷, 朴氏連三代三刖之冤, 人皆惜之."

했는지를 알려 주는 『연계안蓮桂案』이 만들어지는데 그것을 기초로 가문별 과거 합격자 수를 파악해 보면 다음 표와 같다.130)

<표8> 가문별 生進·文科 합격자 수

생진	안동권	상산김	성주이	진주유	합천이	무송윤	경주최	청송심	연일정	개성김	기타			계
	31	15	8	7	3	3	3	2	2	2	13			89
문과	성주이	안동권	상산김	남평문	순천박	전의이	남원양	진주강	밀양박	진주유	초계주	합천이	무송윤	기타	계
	14	12	12	8	5	4	4	4	3	3	2	2	2	10	85

이 표에 포함되어 있는 문과급제자와 생진과 합격자에는 구한말까지의 인물이 포함되어 있기 때문에 조선 중기 말인 17세기 말까지의 상황이 잘 나타난다고 할 수는 없지만, 단성지역 사족층의 지배질서가 확립되어 갈 때 그 영향력을 강화해 가던 가문들의 면모를 어느 정도 알 수 있는 지표는 된다. 이 표에 의하면 안동권·성주이·상산김·진주유·남평문·순천박· 남원양·밀양박·합천이·무송윤·전의이씨 등이 돋보인다. 이 중 남평문씨 는 중기 이후 대부분 다른 곳으로 이동하였고, 순천박씨는 18세기 초에 들어온 가문이다. 이 두 가문을 제외한 나머지 가문은 단성 내에서 이동·확산하면서 이 지역에 영향력을 강화해 가던 가문과 상당히 겹치는 양상이 나타난다.

과거에 합격하지 못했다 하더라도 그 나름대로 가업을 일으키면서 유교적 인 덕목을 잘 실천해 나가면, 당시 사족들 사이에서 가문의 권위가 인정되는 분위기도 조성되고 있었다. 다음이 그 일례이다.

이조李晁(성균박사)는 삼남을 낳았는데 장남은 유함惟諴, 차남은 유눌惟訥, 삼남은 유열惟說이라 하였다. 유함은 장원급제하였고 유열은 생원이 되었는데, 유눌만은

---

130) 여기에서는 생진과나 문과에서 2명 이상의 합격자를 낸 가문만 표시하고 나머지는 기타 로 처리하였다.

향시에 여러 번 합격하였으나 끝내 이름을 이루지 못하여 사람들이 억울하다고
여겼다. 뒤에 유눌만이 자손과 더불어 가문을 잘 이루어 내어 세업을 전하게 되자
사람들이 비로소 공이 자신을 드러내지 않아 복록이 다하지 않은 것이었음을 알았
다.[131]

16세기 후반 성리학의 기반이 탄탄해지고 본격적으로 학문적 발전을 하게
되면서 영남지역에서는 좌도의 퇴계와 우도의 남명이 양축을 이루면서 영남
의 사림계를 영도해 가는 분위기가 성숙되어 갔다. 양자 간에는 학문적인
면에서의 정통성과 이단성, 실천적 입장에서의 온건성과 과격성 등으로 상당
한 차이를 보이면서 한때는 서로 친밀하게 교유하면서도 나중에는 결국
정치적 입장이 달라 서로 등지고 격렬하게 대립하는 양상을 보이게 된다.
남명은 퇴계와는 달리 관료로 나아가지 않고 산림처사山林處士로서 일생을
마쳤다. 그는 대쪽 같은 성품으로 벽립직행壁立直行하는 처신을 한 데다가
'불경허인不輕許人'·'불망교不妄交'한 나머지 교우관계도 넓지 않았다. 그는
'경의敬義'와 '반궁실천反躬實踐'을 행신行身·위학지도爲學之道로 삼아 지행
知行과 언동言動이 일치하지 않은 당시의 학자들을 '도명기세盜名欺世'하는
것이라 하여 비판하였는가 하면, 때로는 방약무인적傍若無人的인 호탕한 기상
도 있었다. 그는 수차의 상소에서 척족정치의 폐해와 서리들의 횡포를 지적하
고 획기적인 변통과 잘못된 세도世道를 만회해야 한다고 솔직하고 과격한
언사로써 직간하였다. 현실의 불의를 보고 참지 못하는 저돌적인 자세는
그가 진주의 음부淫婦사건에 개입하게 되는 결과를 낳기도 하였다. 그와
같은 상의尙義·주기적主氣的인 현실대응 자세는 결과적으로 그의 문인들로

---

131) 『雲聰誌』, 元堂八坊考證 제1坊, 元堂, "興安君四世孫, 成均博士李晁……晁生三子, 長曰
惟誠, 次曰惟訥, 季曰惟說, 惟誠爲壯元及第, 惟說爲生員, 惟訥屢占鄕試, 終不成名, 人皆
稱屈, 乃後惟訥, 獨與子與孫, 皆能克家, 以傳世業, 人始知公之有隱而福祿之未艾也."

하여금 임진왜란이 발발했을 때 모두 창의倡義 토적討賊의 대열에 나서게
하였고, 그의 수제자격인 최영경崔永慶과 정인홍鄭仁弘이 각기 기축옥사己丑
獄事와 인조반정仁祖反正에서 옥사 또는 처형되는 결과를 가져왔다. 이와
함께 남명은 '노장老莊'과 '육왕학陸王學'적인 일면도 지니고 있어 이것이 후에
남명을 이단으로 폄하하는 빌미를 제공하게 되었다.[132]

남명은 만년에 고향 삼가 토동에서 진주 덕산으로 옮겨 은거하면서 많은
제자들을 배출하였다. 토동이나 덕산은 단성현의 바로 인근에 있기 때문에
단성의 사람들 중에서도 그와 교유하는 자가 많았고 제자들도 많이 배출되었
다. 『운창지』에도 그러한 인물들이 일부 소개되고 있는데, 청향당淸香堂 이원
李源, 일신당日新堂 이천경李天慶, 권세륜權世倫 등이 그들이다.[133] 특히 이원
은 남명·퇴계와 동갑내기로서 3인 간에 돈독한 교유관계가 있었던 것으로
알려진다.[134] 이 외에 남명보다 몇 살 위인 안분당安分堂 권규權逵도 이들과
친밀한 관계를 유지하고 있었다고 한다.[135] 양성헌養性軒 도희령都希齡도
남명과는 지기지우로 지내는 관계였다.[136]

---

132) 李樹健, 『嶺南學派의 形成과 展開』(一潮閣, 1995), 327~333면.
133) 『雲牕誌』, 元堂八坊考證 제8방, 培養山, "其後李氏之居是坊者, 其先江陽人也……其子
   孫之居者, 雖無所芬華, 世有謹助之士, 有曰源自號淸香堂, 行益著, 出入退溪南冥兩先生
   之門."; 元堂八坊考證 제1방, 元堂, "有曰新堂者, 卽正字之子也, 公諱天慶, 嘗出入於南
   冥先生門, 得聞誠意鐵〇關之敎, 而有所薰襲, 平生雞鳴而起, 櫛縱冠帶, 參謁於家廟, 危坐
   於床榻上, 終日未嘗有惰慢敧側之容."; 新等八坊考證 제3방, 丹溪之西, "世倫天資眞實,
   守植貞固……出入南冥曹先生之門下, 追隨德溪吳先生, 則好善之心至矣."
134) 李恒茂(1732~1799), 『濟菴集』권2, 「雜著·江左行日記」에는 이원의 자손인 이항무가
   1780년에 도산서원으로 가서 光明室을 열고 문서를 열람하고 거기에서 퇴계가 이원에
   게 보낸 편지 11통 등 몇 가지 문서가 있는 것을 확인하는 과정이 나타난다. 『淸香堂實
   紀』권2, 「附錄·諸賢酬唱」에는 퇴계가 이원에게 증여한 시와 서찰들이 소개되고 있다.
   이들 관계에 관한 자세한 것은 김준형의 「『淸香堂實紀』해제」(『南冥學研究』6, 경상대
   남명학연구소, 1996) 참조
135) 『安分堂實紀』, 「年譜」참조
136) 都希齡(1539~1566), 『養性軒實記』, 권2, 「부록·家狀」, "旣又出入乎曹先生之門, 與數
   君子者(吳德溪·崔守愚·盧玉溪; 필자), 同唱迭和, 齊驅並鶩, 騁乎當世, 曹先生嘗謂公

남명과 퇴계는 서로 만난 적이 없지만, 편지를 주고받으면서 상호 간에
영향을 주고 있었다. 그리고 그의 제자들이 내왕하면서 스승의 안부를 전하고
서로 친밀한 관계를 유지하려 하고 있었다. 퇴계의 제자인 성재惺齋 금난수琴
蘭秀가 퇴계를 대신해 삼가로 와서 남명을 뵙고 같이 지내다가 돌아간 것이
그 예이다. 그때 금난수는 단성으로 와서 퇴계와 친분이 있는 이원도 만나고
그 이외에 단성지역의 남명 제자인 권문현權文顯·권문임權文任·정구鄭構·
하대용河大容·김용정金用貞·도희령都希齡 등과도 만나 시를 짓고 같이 어울
리곤 했던 것이 그의 일기에 나타난다.137) 병조판서를 지낸 정세필鄭世弼도
퇴계로부터 문안 편지를 받았고 남명의 수제자 중 한 사람인 덕계德溪 오건吳
健과도 형제처럼 지냈다고 한다.138)

남명 서거 이후 경상우도의 사림들은 남명이 만년에 생활하던 덕산에
덕천서원을 세우고 그곳을 중심으로 활동하면서 남명학파를 형성하고 중앙
정계에도 일정하게 영향력을 행사하고 있었다. 특히 경남 서부지역 사림들은
남명이 덕산을 중심으로 주문공 가례에 따른 도학을 폈기 때문에 우리나라의
관습이 올바르게 잡혔다고 하는 인식까지 하고 있었다.139) 남명에게 직접
사사하지 않았다 하더라도 남명의 사상이나 학문적 태도에 흠취하여 그것을

以知己友, 吳先生尤推重, 每呼以先生."
137) 『李炳憲全集』上, 「九思齋及培山書堂事實錄」, 惺齋琴先生(蘭秀)南遊日記抄畧, "辛酉正月
十四日, 携權明叔(權文顯; 필자), 謁淸香堂, 仍賞梅, 鄭肯甫(鄭構; 필자)持酒來會, 十七日
李訓導(卽淸香堂), 次退溪見寄韻云……三月二十一日, 都子壽(都希齡; 필자)鄭肯甫, 來會
于川邊, 招出河大容(?)權叔(權文任; 필자), 皆來在座, 是夕歷謁淸香堂, 四月八日, 與李訓
導金生用貞權明叔鄭肯甫, 歸謁南冥于雷龍堂舍, 各持酒酬, 南冥先唱歌, 勸座中皆歌."
138) 『雲牕誌』, 都山八坊考證 第8坊, 文泰, "惟堅形兒魁偉, 風度毅然, 恰有先世風度焉, 生三
男, 其一卽兵相公是也, 公四十一登武科, 四十五又登重試, 嚴毅方正, 神彩凜然, 其形兒與
圖隱畵像髣髴云, 其一時名儒碩德之士, 咸器重之, 退溪李先生, 常以書存問, 又如德溪吳
先生如兄弟云, 歷官州郡, 以淸白聞於世, 與張弼武李若冏有名焉."
139) 成汝信 등에 의해 편찬된 『晉陽誌』 권4, 叢談條의 "我國自先賢倡明道學之後, 文學興,
而村巷間倫風弊習, 尙未盡革, 婚姻喪祭, 多不如禮, 自南冥先生, 入德山以後, 一遵朱文公
家禮, 大賢之移風易俗, 有如此者"라는 기록을 통해서 이런 인식의 일단을 엿볼 수 있다.

따르는 자는 사숙인으로서 남명학파에 동참함으로써 자기 가문의 권위를 높이려는 인물들도 많았다. 단성지역의 사림들도 마찬가지였다. 『덕천사우연원록德川師友淵源錄』에 의하면 단성지역의 많은 인사들이 남명의 문인 또는 사숙인으로 등재되어 있다. 그것을 가문별로 제시해 보면 다음 표와 같다.

<표9> 가문별 南冥 門人과 私淑人의 수

	안동권	합천이	성주이	상산김	경주정	성주도	밀양박	남원양	경주최	면천한
문인	6	3	3	1	2	1	1	0	0	0
사숙	13	4	3	8	1	3	2	2	2	1

뿐만 아니라 진주를 비롯해 단성 사람들이 덕천서원의 원임으로 활동하는 인물의 대부분을 차지하고 있을 정도로 단성지역의 인사들의 활동이 적극적이었다.[140) 또 광해군 6년(1614) 내암 정인홍의 제자인 동계桐溪 정온鄭蘊이 인목대비 서궁유폐 문제로 이의를 제기했다가 귀양 가게 되자 그를 신구하기 위한 영남 유림들의 연명상소운동이 전개되는데, 이때는 단성의 유림들이 그것을 주도하고 진주·의령·삼가·함양·함안·안음·성주 등의 사람들도 참여하였다. 성주이씨 이유열李惟說(1569~1626)을 소두疏頭로 해서 몇 명이 한양까지 올라갔다가 주위의 협박과 권유로 포기하고 돌아오긴 하지만, 어떤 정치·사회적인 이슈가 있으면 여러 고을의 유림들과 연대해서 자신들의 주장을 펼치고 이것을 통해 자신들의 입지를 강화해 가려는 움직임을 보였다. 이때의 상소 참여자의 명단이 남아 있지 않아 구체적으로 어떤 인물이 참여했는지 알 수 없지만, 이유열이 당시에 썼던 일기에는 단성지역의 상소 참여 인사로 이유열 이외에 성주이씨 이곡李穀(陪疏)·이은李垠, 안동권씨 권도權濤

---

140) 『德川書院誌』, 「院任錄」 참조.

·권준權濬(배소)·권집權準·권극행權克行, 상산김씨 김응규金應奎 등이 기록되어 있다.[141]

　남명 학풍을 계승하던 경상우도지역에서는 임진왜란이 일어나자 나라와 고장을 지키기 위해 의병 활동에 참여하는 인물들이 많았다. 단성지역의 선비들 중에서도 다수가 참여하였다. 『창의록』에 의하면 권세춘權世春·권세인權世仁·권집權準·권심權深·권제權濟, 이경림李慶霖, 김경근金景謹·김준민金俊民·김응호金應虎, 양사원梁士元·양흠梁潝, 이삼로李三老, 이로李魯·이지李旨, 도이경都以敬(都敬孝의 초명), 박인량朴寅亮, 이인희李仁禧, 이각李殼, 한대유韓大猷, 이유길李惟吉 등 20명이 등재되어 있다.[142] 이 중에 1743년 단성현감으로 부임했던 채응일蔡膺一이 지은 「단성임진창의전丹城壬辰倡義傳」에는 김준민·김응호·이각·한대유 등은 빠져 있고 16인만 소개되고 있다. 『삼오실기합편三梧實記合編』에 실려 있는 김성일의 「임진창의인등개록장壬辰倡義人等開錄狀」에는 위에 소개된 권세춘·권제·권세인·김경근 이외에 양사정梁士貞·김호변金虎變·이유눌李惟訥·손경종孫慶宗 등이 거론되고 있다.[143] 『고대일록孤臺日錄』에는 이유함李惟誠도 소개되고 있다.[144] 이들을 본관별로 분류해 보면 다음과 같다.

　안동권씨: 권세춘·권세인·권제·권집·권심

---

141) 『三梧實記合編』, 「梧齋(李惟說, 1569～1626)遺稿」, '西行日記' 참조. 『光海君日記』 권 148, 12년 정월 乙巳조에도 李大期를 비난하는 啓 중에 이유열의 정온신구상소의 움직임이 단편적으로 드러난다.
142) 『倡義錄』(郭元甲, 1854), 「龍蛇應募錄」과 「火旺入城同苦錄」의 명단 참조.
143) 『三梧實記合編』, 「梧岡(李惟訥, 1562～1625)附錄」, '壬辰倡義人等開錄狀'. 세주로 『鶴峯集』에서 뽑아 기록했음을 밝히고 있지만, 현재의 『학봉집』에는 내용만 있고 명단은 실려 있지 않다.
144) 鄭慶雲, 『孤臺日錄』, 권1, 壬辰 5월 22일, "金松庵通文于列邑, 定起兵有司, 安陰則鄭惟明成彭年, 咸陽則盧士尙盧士豫朴蓮, 山陰則吳偶吳長林應聘, 丹城則李魯金景漢李惟誠"

상산김씨: 김경근·김준민·김응호

성주이씨: 이유함·이유눌·이각

남원양씨: 양사원·양사정·양흠

고성이씨: 이로·이지

합천이씨: 이경림

밀양박씨: 박인량

성주도씨: 도경효

장수이씨: 이삼로

전주이씨: 이인희

밀양손씨: 손경종

면천한씨: 한대유

본관불명: 이유길

　단성현감 채응일이 「단성임진창의전」에서 단성과 같은 작은 고을에서 어느 고을보다도 많은 16명이나 되는 의병장이 나왔다고 칭송하고 있듯이,[145] 단성의 사족들은 어느 고을의 사족 못지않게 의병활동에 적극적으로 참여함으로써 단성지역에서의 그들의 입지를 강화할 수 있는 근거를 마련하였던 것이다. 이에 참여한 인사들을 보면 앞에서 언급했던 유력 사족가문들의 상당수가 포함되어 있다. 이들 가문 중 단성에 그대로 정착하는 가문 대부분은 조선 후기에도 단성지역에서 큰 위세를 떨치는 가문의 지위를 유지하게 된다.

---

145) 『聯芳輯錄』, 권5, 「默翁先生」, 附錄, 丹城壬辰倡義傳, "今爲吏守丹城, 丹城多士大夫, 嘗得郭公龍蛇倡義錄而讀之, 士之丹城居者, 十六人, 以丹之小擧大義, 而卓卓可稱者, 至於十六人之多, 盛矣哉."

2) 사회경제적 기반 강화

앞에서도 언급했듯이 유력한 가문들은 상호 결혼을 통해서 각기의 사회적 지위를 지속시키고 경제적 기반도 강화해 갔다. 15세기에서 17세기에 걸쳐 단성지역의 사족들이 재지지주로서 상당한 경제적 기반을 유지하고 있었음을 일부 분재기를 통해 단편적으로나마 확인할 수 있다.

우선 들 수 있는 것이 상산김씨의 분재기이다.[146) 이것은 1480년 김후의 손자 김정용金貞用이 죽은 후 광려光礪·광범光範 및 한건韓健의 처 등 그의 자식들이 재산을 균등하게 상속하는 것을 내용으로 하고 있다. 서출녀에게도 일부 토지와 노비가 분배되고 있지만, 그 양은 극히 적다. 이와 같이 상속되는 노비와 토지를 전부 합해 보면 논이 237두락, 밭이 1.5일경, 노비가 80명이나 된다. 이러한 양의 노비와 토지를 김정용이 소유하고 있었던 셈이 된다. 물론 이 중에 상당 부분은 부와 모로부터 전해 받았을 것이지만, 처가인 동래정씨로부터도 적지 않은 재산이 유입되었을 것이다.

또 하나 들 수 있는 것이 안동권씨의 분재기이다. 이것은 단성에 정착하기 시작한 권계우의 7세손인 권황權鎤이 17세기 말인 1690년 덕일德一 등 자식들에게 재산을 나누어 준 문서로서, 이 시기에 오면 남자에게는 균분상속이 어느 정도 행해지지만 여자에게는 남자보다 훨씬 적게 차등상속(남자의 1/2 정도)하는 변화가 나타난다. 그런데 이 문서에 기재된 노비가 총 100구, 전답이 모두 763두락이나 되고 있다. 이 중에 반 가까이나 되는 360두락은 매득買得으로 되어 있고, 275두락의 토지는 정착한 입석촌·문법촌·중촌·덕산·구산 등 입석촌 주위에 있는 것으로 보아 그가 상당한 경영 수완을 발휘했었음을

---

146) 이 분재기에 대해서는 최순희가 「商山金氏 分財記 小考―成化拾陸年 貳月拾參日 同腹和會文記를 中心하여」(『泰東古典研究』 10, 翰林大 泰東古典研究所, 1993)에서 체계적으로 분석하고 있다.

짐작할 수 있다.147) 권황이 안동권씨 중 처음으로 입석촌 부근으로 들어온 이후 아직 개간되지 않은 토지를 개간하거나 이미 여기에 정착하고 있던 일반 평민들의 토지를 많이 사들인 것이 아닌가 생각된다.

이처럼 단성지역 사족들이 토지를 늘려 가려고 노력하는 모습은 연일정씨 정훤鄭暄이 합천으로 이사 갔다가 단성으로 돌아온 이후 합천이씨 이영李瑛으로부터 모래와 자갈로 뒤덮여 그대로 놀리고 있던 한 뙈기의 갈대밭을 기증받아 개간하였던 것에서도 살펴볼 수 있다. 그는 냇가의 지세와 물의 흐름을 살펴보고 노비를 동원해 같이 작업을 해서 둑을 쌓고 물길을 뚫어 관개할 수 있도록 하여 논을 일구어 내었다.148) 일반적으로 16세기 이후에 오면 재지사족의 주도에 의한 둑과 천방 등의 개발로 농경지역이 평야 저지대로 확산되면서 새로운 유리한 농경조건이 형성된다고 하는데,149) 단성지역도 예외는 아니었다.

이와 관련하여 주목되는 것은 단성이 임란으로 인해 가장 피해를 본 지역 중의 하나라는 것이다. 피해가 혹심했기 때문에 독자적인 현을 이룰 수가 없어서 임란 직후인 선조 32년(1599) 인근 산음현山陰縣에 합쳐졌다가 광해군 5년(1613)에 가서야 단성 주민들의 상소에 의해서 독립된 읍으로 복구될 수 있었다.150) 그러나 전란의 피해는 17세기 초반 당시 아직도 완전히 아물지

---

147) 「康熙二十九年庚午三月二十四日子女良中奴婢田畓分衿文記」(단성면 입석리 權寧達 씨 소장) 참조

148) 鄭暄(1588~1647), 『學圃集』, 권2, 「記・附堤堰記(朴綱)」, "歲癸亥奉大夫人, 就食於丹丘, 盖樂其灌稻之利, 足以資吾生也, 始至, 李君而晦(瑛; 필자)以溪邊一片蘆場地, 與之曰 此吾先君曾受案於官, 將欲爲田者也, 而其沙石之堆積, 木根之盤錯, 似難容人力於其間, 故廢置者, 于今百年矣, 子能有以耕治之耶, 彦昇(정훤)拜受而謝之, 乃觀其地勢, 相其水道 而逐日課其僕, 役其肩, 不逾月堰石障水者, 隱隱然如城郭之生於溪間矣, 於是掘地而開渠, 引水而注之, 如建瓶斯達, 而浸彼稻田者, 可種五六斛也, 方其未也, 度其工役之巨, 可用二千餘人, 彦昇以一匹夫役五六箇疲瘵之力, 疑若汚遠而不成矣."

149) 李泰鎭, 「16세기 川防(洑) 灌漑의 발달」, 『韓㳓劤博士停年紀念史學論叢』(1981).

150) 『丹城縣誌』, 建置沿革조, "宣祖朝己亥, 以倭亂後蕩殘, 合于山淸縣, 光海癸丑, 因土人上

않은 상태였고, 주민들 중 돌아온 사람들은 사족이나 그 노비들이 많았다고 한다.[151] 이 상황은 이 무렵의 단성호적에서도 확인할 수 있다. 한기범에 의하면, 1606년 당시 노비가 단성 전 인구의 2/3 이상을 차지하고 그 다음이 양반, 평민 순이었다고 한다.[152] 그래서 조정 내에서도 단성의 극심한 잔폐상황을 복구하기 위해서는 아무나 현감으로 파견해서는 안 되고 업적이 있는 관리를 파견해야 한다는 주장이 제기되기도 하였다.[153]

임란 중에 의병활동을 통해 이 지역에서 명분상으로나 사회적으로나 어느 정도 확고한 지위를 확보한 사족층은 한편으로는 주민들을 안집시키기 위한 조정의 시책에 동참해 향촌사회를 안정시키는 노력을 하면서도, 다른 한편으로는 황폐화된 지역이나 아직 개간되지 않은 지역을 개간해서 더 많은 경제적 기반을 확보해 가는 데도 힘썼을 것이다. 당시 사족들은 토지나 노비뿐만 아니라 조상이나 자손들이 묻힐 분산墳山에 대해서도 일정 지역을 점유하려는 노력을 하였다. 『운창지』에 의하면 17세기 전반 단성 사대부들은 자신들이 거주하고 있는 마을에서 멀리 떨어진 생비량면 일대에 분산을 대거 독점적으로 조성하고 있었다. 그것을 나열해 보면 다음과 같다.[154]

言復邑, 邑于來山下, 康熙壬午, 移邑江城舊址, 雍正辛亥, 還于來山舊址."
151) 金奉祖(1572~1630), 『鶴湖集』, 권3, 「書·上統制使(丁巳)」, "夫丹一小縣也, 土地之褊狹, 人民之鮮少, 在八路而最甚, 加之以境接晉州, 晉之守城也, 賊徒久屯於境上, 故兵燹之慘, 在一道而最酷, 以八路最殘之邑, 經一道最酷之禍, 則其不能自立, 而附庸於山陰者, 可想其殘弊之甚也, 經亂旣久, 雖復設立, 而孑遺民生, 戶不滿百, 其中稍多者土族也, 不然則土族之奴隷也." 위 책의 年譜에 의하면 김봉조는 1616~1618년에 단성수령을 지낸 것으로 되어 있다.
152) 韓基範, 「17世紀初 丹城縣民의 身分構成―1606년 丹城戶籍 分析을 中心으로」(충남대 석사학위논문, 1982) 참조
153) 『光海君日記』, 권100, 8년 2월 丁未.
154) 『雲牕誌』, 生比良八坊考證 제4방, 釜谷內外洞, "外巽向之原, 慶州崔氏之阡, 內坤向原, 茂松尹氏之阡, 其間子向之原, 晉陽柳氏之阡."; 제5방, 三多佛 東西, "谷西, 尺高寺, 申向之原, 是晉陽姜氏之阡, 其內卯向之原, 江陽李氏之阡, 其外乙向之原, 南原梁氏之阡, 東谷, 坤向之原, 晉陽柳氏之阡, 其午向之原, 安東權氏之阡, 越一嶺東邊卯向之原, 亦安東權

경주최씨: 부곡외동

무송윤씨: 부곡내동

진양유씨: 부곡내동, 삼다불동곡

진양강씨: 삼다불서곡

강양이씨: 삼다불서곡

남원양씨: 삼다불서곡

안동권씨: 삼다불동곡, 고개 너머 동편, 수운령동변 영하

성주이씨: 법편

상산김씨: 수운령동변 제궁곡

안동김씨: 수운령동변 기곡

단양우씨: 수운령동변 제궁곡, 수운령서변 내외

장수이씨: 수운령동변 동점곡, 수운령서변 내외

『운창지』의 필자는 이러한 사대부들의 분산에 대해 언급하면서 말미에 사대부의 생활과 그렇지 못한 일반 민의 생활을 대조해서 다음과 같이 묘사하고 있다.

한 고을 사대부들의 분산이 일리―里(面; 필자) 8방坊 중에 있는 것이 십 중 오나 된다. 그 자손은 혹은 본현에 거주하거나 다른 고을에 거주하거나 혹은 경성에 거주하며 현달하고 부유해지고 현량한 인물로 되는 것이 연이어 끊이지 않는다. 그러나 (일반) 백성들은 산간에 거주하고 계곡에서 물을 길으며 화경을 하고 나무를 베는 일로 업을 삼고 있다. 그들의 풍속은 황소걸음을 숭상하고 귀신을 부르고 요사스러운 것과 재앙을 불러일으키며 세상을 혹하게 하고 다른 사람들을 무혹하게

氏之阡."; 제6방, 法偏, "坤向內外之原, 星山李氏之阡."; 제7방, 愁雲嶺東邊, "齋宮谷巳向之原, 商山金氏之阡, 基谷艮向之原, 安東金氏之阡, 齋宮北邊卯向之原, 丹陽禹氏之阡, 嶺下並向之原, 安東權氏之阡, 其東砧谷, 越一嶺乾向之原, 長川李氏之阡."; 제8방, 愁雲嶺西邊, "內外坤向之原, 長川李氏之阡, 其中子向之原, 丹陽禹氏之阡."

하는 것으로 살아가니, 귀신을 숭상하고 음탕하고 제멋대로 하며 순종하지 않는 구월句越의 풍속보다도 더 심한데도 관에서는 금하지 못한다.[155]

『운창지』에는 사족층이 아닌 이러한 일반 서민들이 생비량면뿐만 아니라 곳곳에서 마을을 형성하고 거주하고 있었음을 보여 주고 있다. 예컨대 오리면 오리곡悟理谷이나 택대澤垈·소정태小靜太 등에 '백민白民들이 거주하고 있다'[156]고 하는 기술이나, 단계천의 최상류 지역에 해당되는 법물면 내법물례촌에서는 사철장沙鐵匠이 모여 거주하면서 탁류를 흘러보내 하류의 주민들이 많은 피해를 입고 있지만 사대부들은 이를 금하지 못하였다고 하는 것도 그 상황을 보여 준다.[157]

이러한 마을 중 일부에도 번창해 가는 일부 사족가문들이 서서히 밀고 들어갔다. 그 예의 하나가 안동권씨 안분당파 중 일부 가호가 단속사가 있는 긴 계곡 지역의 아래에 위치한 문법촌文法村·입석촌立石村 등지로 확산해 간 것이다. 앞에서도 언급했듯이 안동권씨 안분당파는 원래 내원당촌에 거주하고 있었다. 그러다가 17세기 중반에 들어오면 안분당 권규의 5세손인 권황權鎤·권추權錘 등이 고개를 넘어 문법촌으로 이동하고,[158] 이어 그들의 자손들은 문산촌(문법촌)·중촌·입석촌 등지에서 정착하면서 위에서 언급했던

---

155) 『雲牕誌』, 生比良八坊考證 제8방, 愁雲嶺西邊, "一縣土大夫之墳山, 在於一里八坊之中者, 十居其五, 其子孫, 或居於本縣, 或居於他官, 或居於京城, 爲顯爲達爲富爲賢爲良者, 袞袞不絶, 而其民則山居谷汲火耕山伐, 以爲業, 俗尚禹步, 招神呼鬼, 興妖作孽, 惑世誣民, 以爲生, 甚於句越之俗, 鬼而淫佚枝柱, 官不能禁."

156) 『雲牕誌』, 悟理八坊考證 제5방, 悟理谷, "惟有土著之白民, 流傳世居."; 제6방, 澤垈, "亦土著白民之居."; 제7방, 小靜太, "亦土著白民之居."

157) 『雲牕誌』, 法勿八坊考證 제4방, 內法勿禮, "溪澗之上流, 流源出於寶巖, 而淸若白玉之淙淨, 古稱飛泉之瀨, 五十餘年前, 有沙鐵匠, 屯聚於其間, 日遊而使淸流之澗, 爲混濁之涇, 而作害於居民, 然其下流之所居士大夫, 不能禁, 而愈往愈盛."

158) 權相直, 『敬山遺稿』, 「七代祖考處士府君家狀」, "府君(權鎤; 필자), 以仁廟庚午八月初五日, 生于元塘里第, 中年移居于文山中村."

것처럼 경제적 기반도 점차 확대해 나갔다.

원래 이 부근은 문을부곡文乙部曲지역159)이었으므로『운창지』가 만들어지던 1640년경에는 사족들의 거주지가 아니었고 일반 평민들이 살고 있었다.160) 특히 사기장 등 장인들이 집단적으로 거주하는 지역으로 되어 있었다. 1678년『단성호적대장』에 의하면 당시 문법촌에는 안동권씨 4호161) 이외에는 양반(幼學)호가 전혀 없었다. 대부분이 양인 이하의 계층이고, 그 중 사기장沙器匠이 12호, 각수刻手 1호, 유기장柳器匠이 1호, 공조장인工曹匠人이 1호로 장인들이 많은 것이 돋보인다. 그리고 안동권씨 외에 그보다 호수가 많은, 같은 혈통의 진양정씨가 8호, 초계정씨가 5호가 있어서 이들이 안동권씨보다 먼저 들어와 있었던 것을 짐작할 수 있다. 이들은 양반호는 아니었다. 초계정씨는 일반 상민이 지는 직역을 지고 있거나 장인이었다. 진양정씨는 조상이 '학생學生'으로 기재되어 있으나 호주가 '유학'으로 기재되어 있지 않은 것으로 보아 양반가문의 서얼 출신이 아닌가 생각된다.

1640년경까지만 해도 단속사 위쪽에서부터 흘러내리는 개천에 인접한 입석촌에는 사람이 그리 많이 살지 않았던 것 같다. 그래서『운창지』에서도 이 마을에 대해서는 구체적으로 기록하지 않는다고 밝히고 있다.162) 그러다가 안동권씨가 이곳으로 들어와 토지를 개간하고 집을 짓고 마을을 이루면서 번성하기 시작했다.163) 이처럼 단성 내에서 정착하기 시작한 사족가문 중의

---

159) 『新增東國輿地勝覽』권31,「丹城縣」, 古跡條에 '文乙部曲(在縣西九里)'라고 되어 있는데, 이 명칭이 후에 文法村, 文山村으로 바뀌었다.

160) 『雲窓誌』, 元堂里八坊考證 제3, 4방(文乙部谷之上下之坊), "上坊之居者, 多土著, 而其民齡齡, 頗有農桑之業, 下坊則有部谷基地, 而無居民焉."

161) 1678년 호적에는 權大有(후에 鋭으로 개칭), 權鍾, 權德輝(權鍮의 아들), 權德一(권황의 아들) 등이 4호의 호주로 나타난다.

162) 『雲窓誌』, 元堂八坊考證 제5방, 立石, "溪上有立石, 因以名焉, 士大夫之愛幽靜者, 或往家, 而皆不能久居, 不錄焉."

163) 『立石本洞稧』(內題; 元堂面立石村本洞稧), "嗚呼, 昔我先父兄, 肇基此洞, 刊伐林卉, 廣

일부는 단성 내의 다른 지역으로 뻗어 가면서 그 지역에 대한 지배권을 다져 나가는 등의 노력으로 단성지역에 대한 지배권을 확대해 갔다.

향촌사회에 대한 사족층의 지배권을 확고히 하기 위해서는 사족층과 그 이외의 계층과는 다른 차별성을 확실히 하면서 향촌사회에 영향력을 행사할 수 있는 사족층만의 일정한 연대기구가 필요했다. 그것의 한 가지 방안이 향안의 작성과 그것을 통한 사족가문의 상호 연대였다.

단성지역에서도 다른 고을과 마찬가지로 사족층의 연대적 지배기구인 향회가 구성되고 향안작성도 이루어진다. 현재 남아 있는 『단성향안』의 명단을 보면 향안이 임란 이후에야 이루어진 것으로 되어 있다. 그런데 『운창지』에는 당시까지 단성향안에 기록된 인사의 숫자를 135명으로 파악하고 있다.[164] 『운창지』가 작성되기 직전인 1636년까지 향안 입록자의 총수는 54명, 그 직후인 1642년까지는 77명, 1648년까지는 107명, 1654년까지는 142명이어서 하나도 135명과 일치하지 않는다. 아마 임란 이전에도 향안이 작성되고 있어서 『운창지』의 필자가 거기에 입록된 자의 수를 헤아리고 그렇게 기록해 놓았을 것이라는 추측도 해 볼 수 있으나 현재로는 그것을 확인할 수 있는 자료가 없다.

어쨌든 현존하는 향안은 1621년부터 13차례에 걸쳐 작성되고 최종적으로 1707년에 별안別案이 만들어진 것을 마지막으로 그 이후에는 향안이 작성되지 않고 있다. 이것을 전체적으로 통계를 내 보면 안동권씨가 68명 기재되어 있어 압도적으로 많고, 그 다음 합천이씨(36), 성주이씨(33), 진주유씨(32), 상주김씨(19), 성주도씨(18), 밀양박씨(16), 남원양씨(15), 안동김씨(10), 연일정씨(8),

---

斥邱崖, 特爲永居久安之策, 而家塾始有奠焉, 棟宇相瞻比矣, 植藪木以備虛遠, 整淸泉以資樂飢."

164) 『雲牕誌』, 生比良八坊考證 말미, "惟秀士之在校案者, 百有四人, 世族之在鄕案者, 百三十有五人."

무송윤씨(6), 경주정씨(5), 전의이씨(4), 진주하씨(4), 면천한씨(3), 해주오씨(3) 등의 순으로 되어 있다.165) 이 성씨들이 조선 후기 단성사회를 이끌어 가는 주도 성씨였다. 가문 간의 숫자상의 차이는 이미 앞에서 언급했듯이 각 가문의 단성 내에서의 번창과 쇠미의 현상을 드러내 준다.

향안에 1명씩만 올라 있는 장수이·안악이·경주최씨 등의 경우는 이미 일찍부터 가문 내의 많은 사람들이 다른 곳으로 이동하거나 자손이 쇠미해졌던 것을 보여 준다. 임란 직후에 들어온 전의이씨나 17세기 중반에 들어온 해주오씨를 제외하고 나머지 10명 미만의 등재자를 낸 가문도, 정도의 차이는 있지만 마찬가지로 가문 내의 많은 사람들이 다른 고을로 이거해서 단성에는 남은 자손이 많지 않거나 자손이 쇠미해졌기 때문에 등재자가 적었던 것이다. 임란 이전에는 당당한 사족가문으로 존재했던 가문 중 향안에 전혀 나타나지 않는 가문도 적지 않다.

향안과 함께 재지사족들이 그들의 향촌사회에 대한 지배력을 강화하는 데 중요한 거점이 되었던 것이 향교나 서원이었다. 일반적으로 임란 이전부터 사족층 사이에는 교관教官의 무능이나 향교 교육의 비능률, 교육과정에서의 평민들과의 혼효 등을 이유로 향교의 교생으로 들어가는 것을 기피하는 현상이 확산되어 갔다고 한다.166) 그러나 단성지역은 사정이 좀 달랐다. 『운창지』에 의하면 17세기 초반까지만 해도 향교의 교생으로 등록된 것을 부끄럽게 여기는 분위기는 나타나지 않는다. 오히려 우수한 사족들이 104명이나 향교의 교안校案에 입록되어 있다는 것을 자랑스럽게 언급하고 있다.167) 향교는 과거 준비를 위한 코스로서의 성격도 지니고 있었던 것 같다. 박인량이

---

165) 각 성씨의 숫자는 川島藤也의 「'丹城鄕案'에 대하여」(『淸溪史學』 4, 1987), 194면에 제시된 <표2>에 의거하였다.
166) 李成茂, 「朝鮮初期의 鄕校」, 『李相玉博士回甲紀念論叢』(1977), 244~245면.
167) 앞의 주 164) 참조.

향교 재임을 맡았을 당시 향교 문서 중 완의完議가 있었는데 그 속에 생진과에 합격한 인사가 24명 있었다고 한다.168) 또 판서를 지냈던 강행姜行이 향교에 출입하면서 공부하던 모습도 『운창지』에 묘사되고 있다.169) 그리고 임란이 끝난 이후인 1600년 조정의 명령으로 각 고을에서 군적軍籍사업을 시행할 때, 경상도사 정홍로鄭弘老가 교생들에 대한 시강을 하면서 너무 가혹하게 처리하여 단성과 진주의 이름 있는 선비들 중에 낙강자가 많이 나오자, 그들이 도경효都敬孝를 강수講首로 추대하여 집단적으로 대응해 도사의 양보를 받아낸 적도 있었다.170)

단성의 사족들은 서원의 창건이나 중건 및 그 운영에도 앞장서고 있었다. 단성에는 17세기 초반까지 서원으로서는 도천서원道川書院이 유일하게 존재하고 있었다. 이 서원의 창건에 대해서는 약간의 혼란이 있기는 하지만 명종 말년에 해당되는 1560년대에 서원이 존재했던 것은 확실하다. 『도천원적道川院蹟』에 의하면 원래 벽계촌에 세워졌던 영당이 서원으로 바뀌었던 것 같긴 하지만, 그 이후 1564년에 이곳 사람들이 청원하여 도천 위에 서원을 세웠다고 한다.171) 이미 세조 대에도 양성지에 의해 우리나라 면화 보급에 공로가

---

168) 『雲牕誌』, 生比良八坊考證 말미, "余嘗聞鄕老朴寅亮之言, 少時爲齋任, 入鄕校, 閱校中文書, 有完議, 而生進二十四人着書云云, 以其時而言之, 則操筆爲辭, 吐辭爲經者, 謂之隨踵而至, 比屋而立, 可也."

169) 『雲牕誌』, 北洞八坊考證 제4방, 溪之左, "光陽縣監姜行之所居, 其子文會典籍, 其孫顯判書, 卽惠平公也, 公在弱冠, 與儕輩數三人, 居接於校中, 聞京亭士友家釀熟, 四人聯袂, 行夜到甕間, 負甕而跳去, 至江樓之樓上, 痛飮盡歡而歸, 各以七言一句, 以詠其事, 自娛."

170) 都敬孝(1566～1622), 『病隱集』, 권2, 「부록·家狀」, "亂平後庚子, 大行軍籍, 講于列郡, 時都事鄭弘老, 臨之甚苛, 置妓屛後, 售私囑, 一時名士, 率多汰落, 人情匈匈, 於是丹晉兩郡人士, 推公爲講首, 欲試瘖鄭, 以杜其弊, 公年已晩矣, 又以名宦子, 應不與軍講而偓偧, 率諸生入, 先講僞侮, 諸生俱出, 鄭怪問生倅, 主倅曰, 某卽嶺外表, 率諸儒, 見其誤下, 俱不服於心, 故出, 鄭大懇悟, 因請復入, 公卽入應講, 多引出奧義, 以摧沮之"

171) 『道川院蹟』(1870), 권1, 「丹城建院記(朴思徽)」, "立院年紀基址, 世代夐遠, 累經兵燹, 未克詳知, 然古老流傳, 正德年間, 本縣有碧溪書院云, 而無籍難攷(此本影堂, 恐後爲書院)…… 嘉靖四十三年甲子(1564), 鄕士呈書, 重建于道川上矣, 龍蛇之亂, 毀于灰燼, 定亂後萬曆四

있는 문익점을 기리는 사우가 세워져야 한다는 주장이 제기되고 있었기 때문에[172] 서원은 일찍부터 세워질 수 있었던 것 같다. 그 이후 임란으로 서원이 소실되자 1620년 단성의 향부로들이 감사에게 호소하고 영남 내의 유림들이 동조해서 옛터에 다시 서원을 중건했다.[173] 이처럼 단성의 사족들도 서원의 창건·중건에 적극적으로 참여했을 뿐만 아니라 그 운영도 주도해 나가고 있었다.

이와 같이 향교와 서원을 중심으로 사족 자제들을 교육시키는 데 진력함과 동시에, 한편으로는 이를 중심으로 향음주례나 성현에 대한 봉사奉祀활동을 주도하면서 향촌사회에 유교적 윤리를 홍보하고 몸소 그것을 앞장서서 실천해 나가는 것을 통해 향촌 내에서 자신들의 입지를 강화하려고 하였다. 이러한 유교적 윤리의 강조와 실천은 그것을 통해 일반 백성들에 대한 교화를 담당해 낼 수 있는 사족, 곧 양반층이 다른 계층보다도 우위에 설 수 있다는 논리를 제공하는 것이기도 했다. 즉 사족의 신분적 우위가 보장되고 그들 중심의 사회질서가 지속적으로 보장될 수 있다는 점에서 유교적 윤리가 지닌 일정한 유용성이 있었던 것이다.

이러한 실천은 이미 고려 말부터 나타나고 있었다. 강성군 문익점이 홍무연간洪武年間에 모친상을 당하여 여묘살이를 했는데, 당시 왜구의 침입이 치성해서 사람들이 모두 피했지만 문익점은 피하지 않고 삼년상을 치렀다고 하는 것이 그 예이다.[174] 또 고려 말 판서 주경이 부친상을 당해 한결같이 주자가례에 따라 삼년상을 치러 정려가 내려졌다는 것이나, 허계도許繼道(『운

十八年庚申(1620), 鄕父老齊訴岳伯, 道內儒士不謀相同, 重建于舊址, 今院基東麓也."
172) 『世祖實錄』, 권3, 2년 3월 丁酉.
173) 앞의 주 171) 참조
174) 『新增東國輿地勝覽』, 권31, 「丹城縣」, 人物조, '文益漸', "益漸洪武中丁母憂, 廬墓側, 時海寇方熾, 人皆竄匿, 益漸不爲動, 以終三年, 本朝太宗朝, 追贈參知議政府事江城君."

창지』의 허소유)가 모친상을 당해 여묘 삼년을 치러 정려를 받았다는 것도 마찬가지이다.[175]

이러한 유교윤리의 강조와 실천은 성리학이 본격적으로 조선사회에 뿌리를 내리고 좀 더 높은 차원으로 발전해 가는 16세기 중반 이후로 오면 더욱더 강화된 모습으로 나타난다. 이러한 사실들은 『운창지』에 눈에 띄게 부각되고 있다. 『운창지』에 의하면, 권규의 손자인 권홍權泓은 어렸을 때 부친을 위해 단지斷指를 해서 부친을 소생시키고, 그의 형수 강씨는 정유재란 때 수절을 해서 정려받았다고 한다.[176] 권세륜權世倫은 홀어머니를 극진히 봉양하다가 모친상을 당하자 여묘살이를 하는데 더위나 추위, 비바람을 개의치 않고 계속하면서 삼년상 동안 집에는 전혀 가지 않았다고 한다. 음식에 대해서도 절도가 지나쳐 몸이 뼈만 남게 되고 온갖 병이 생기게 되었지만, 그는 움막 앞에 자리를 깔고 엎드려 종일토록 울부짖는 행동을 조금도 흐트러뜨리지 않았고, 주위 마을의 장로까지 와서 음식을 들 것을 권유했는데도 끝내 들지 않았다고 한다.[177] 이 외에도 진주유씨 유주柳宙가 부모상에서 예제에 따랐다고 하는 것과 장수이씨 이삼로李三老가 나이가 60세인데도 형의 질병을 스스로 간호했다든지 하는 예 등, 여러 가지 사례들이 기록되어 있다.[178] 심지어

---

175) 『新增東國輿地勝覽』, 권31, 「丹城縣」, 孝子조, "周瑺(父沒喪制, 一從家禮, 居處三載, 旌門立碑), 許繼道(邑之子, 仕至開城少尹, 洪武癸亥, 母歿廬墓三年, 時海寇方熾, 繼道未嘗一日離於側, 事聞旌閭)."

176) 『雲憁誌』, 元堂八坊考證 제1방, 元堂, "權逵娶鄭浣之女, 居是坊……爲父斷指, 豈獨全美於一泓乎, 泓文彦之子也, 方文彦之死, 泓年在弱冠, 爲父斷指, 絶而復甦, 誠之感天者如是, 泓之弟渫, 癸卯升武科, 其兄澤之妻姜氏, 立節於丁酉之倭亂, 遂表旌門."

177) 『雲憁誌』, 新等八坊考證 제3방, 丹溪之西, "世倫天資眞實, 守植貞固, 早喪所怙, 事母主誠甘旨之奉, 定省之勤, 誠無讓於古之孝矣, 及其遭喪, 廬于墓側, 雖祈寒盛暑, 不脫衰絰 大風霖雨, 不廢省墓, 三霜血注, 一不到家, 節粥過節, 柴毀骨立, 百疾交作, 寸步得不能自致, 則常設苫於廬外, 望墓俯伏, 終日號泣, 執喪彌堅, 未嘗小懈, 再碁纏病, 不可爲氣息, 奄奄命在頃刻, 昆季宗族及隣里長老, 咸聚涕泣, 勸進肉汁, 則欇服在身, 吾不忍是, 竟不從."

178) 『雲憁誌』, 新等八坊考證 제4방, "晉山君柳玕之五世孫副正升潤之居, 子莠從仕郎司涓, 子從平龍驤衛副司直, 子淵兵馬虞候, 子万禎長馨縣監, 有二子宇·宙, 皆忠順衛禦侮將

양사의梁士義의 경우에는 부모의 상뿐만 아니라 인종·선조 및 문정왕후의 상에도 삼년복의 예를 취하였으며, 그 아들 류橊도 부모에 효도했고, 그의 두 딸도 정유재란 때 절개를 지키고 죽었다고 하여 극찬을 아끼지 않고 있다.179)

이뿐만 아니라 향촌사회 차원에서 유교적 실천을 구체화해 가기 위해 예서禮書의 저술에 관심을 가지는 경우도 나타났다. 조선 중기인 16세기 중반에 들어와 성리학의 리기론, 심성론, 수양론 등에 대한 이론적 천착이 심화되고 주자의 저술과 『주자가례』, 『의례』 등에 대한 본격적인 연구가 진행되면서, 학자들 사이에 『주자가례』의 사례를 구체적으로 실천하는 데 필요한 논리를 개발하고 실천하려는 노력들이 확산되어 갔다. 이 시기 대표적인 예학자로는 송익필宋翼弼·신의경申義慶·정구鄭逑·김장생金長生 등을 꼽을 수 있고, 이들의 예학 관계 저술도 많이 쏟아져 나왔다.180)

이러한 예학의 발달과 많은 예서의 등장은 점차 지방에도 영향을 미쳐 지방에서도 독자적으로 예와 관련된 저술을 남기는 예가 더러 있었는데, 단성지역도 예외는 아니었다. 퇴암退庵 권중도權重道(1680~1722)는 남인의 거두인 이현일李玄逸이 숙종 20년(1694) 홍원으로 유배되었다가 광양으로 유배지를 옮긴 이후 그를 따라다니면서 학문을 전수받았다. 이현일이 유배에서

軍, 宙武人, 而居父母之喪, 一從禮制, 人皆稱之, 宇之五子寶春, 爲武科戰死晉陽.";都山八坊考證 제6방, 島田, "王父少孤, 而晩得三男, 以三字錫名, 先人諱三才, 仲父諱三老, 季父諱三省, 兄弟三人, 同居一墻之內, 友愛敦睦, 人稱家肥, 先人臨終時, 仲父年幾六十, 不脫冠帶, 侍病二十日, 晝夜少不離側."

179) 『雲牕誌』, 都山八坊考證 제4방, 漁隱洞, "若稱其忠孝之行, 則其曰士義, 難爲弟, 而有所可稱, 父母之喪, 皆歠粥三年, 服仁廟喪三年, 服文定喪三年, 人或比之於宣陵孝子云, 年六十, 又服宣廟喪三年, 因痛不起, 其子橊亦孝於親, 其兩女子, 皆不辱身於丁酉之亂, 死鋒釼兄弟同日, 其一則年才二十, 其二則年過二八, 其忠孝義於一家, 無傳有如此者."

180) 高英津, 「16세기 말 四禮書의 성립과 禮學의 발달」, 『韓國文化』 12(서울대, 1991), 470~473면

풀려 고향인 영해부로 돌아간 후에도 고향이나 그가 후에 이주한 안동 금양에 자주 찾아가 강론에 참여하였다. 권중도의 문집에는 「금양기선록錦陽記善錄」이 있는데, 이것도 그가 안동에 찾아가 다른 사우들과 함께 이현일에게 예에 관한 여러 가지 의문점들을 묻고 대답했던 것을 기록한 것이다.[181] 이 외에도 권중도는 친우들과도 구체적인 예의 실천에 관해 많은 논의를 했고 그러한 글들이 그의 문집에 실려 있다.[182] 동계 권도의 자손인 오담梧潭 권필칭權必稱 (1721~1784)의 「수사첩록隨思輒錄」에서도 여러 가지 예의의 실천에 있어서 자기 나름의 입장을 견지하고 있던 모습을 살펴볼 수 있다.[183] 침굉당枕肱堂 이몽뢰李夢賚(1688~1754)는 서인계 가문 출신으로서 사계沙溪 김장생金長生의 예론을 계승하면서 그 나름대로의 논리에 입각한 예서를 남겼다.[184] 이와 같이 유교적 윤리를 앞장서서 실천하고 예와 관련된 저술을 냄으로써 해당 인물과 그가 속한 가문의 권위를 높이는 데 일조를 하였고, 나아가 이러한 일을 할 수 있는 사족계층과 그 이외의 계층 간의 차별성을 부각시킬 수 있었던 것이다.

5. 맺음말

이상 단성지역 사족층의 지배기반이 형성되어 가는 과정을 살펴보았는데,

---

181) 權重道, 『退庵集』, 권4, 「雜著·錦陽記善錄」.
182) 權重道, 『退庵集』 권2, 書에 '與權上舍士友(부, 壬午)' 등 이와 관련된 여러 글들이 보인다.
183) 權必稱, 『梧潭集』, 권2, 「隨思輒錄」.
184) 李夢賚는 여러 가지 예서를 저술한 것 같다. 『枕肱堂遺稿』 권2, 「序」에는 '喪禮輯略序' 와 '疑禮問答序'가 실려 있고, 같은 책 부록에 실린 '道內儒生上巡相書'에는 "道內丹城縣 故士人李夢賚……若其他窮理之學, 誠正之功, 固非後學之所可窺測, 而至於喪制等禮, 有 所辨疑處, 則一遵沙溪先生疑禮之緒, 餘而考正之, 其所編有小委喪禮輯略禮辨等書"라 해 서 몇 개의 예에 관련된 저술을 한 것으로 드러난다.

이를 요약하면 다음과 같다. 조선왕조로 들어오기 이전인 14세기경부터 여러 성씨들이 대거 단성에 들어온다. 이 현상은 15~6세기까지 지속되다가 17세기에 가면 약간 둔화된다. 이들이 단성현에 들어오게 된 배경을 보면, 난세를 피하여 은둔하거나 귀양 와서 정착하게 되는 경우도 있지만, 처가나 외가를 따라 단성현으로 들어오는 경우가 압도적으로 많았다. 그리고 먼저 들어온 성씨가 매개가 되어 혼인관계를 맺은 다른 성씨들이 잇따라 들어오는 현상도 많이 보인다. 이것은 '남귀여가'라 하는 당시의 결혼관행이 16세기까지도 보편화되어 있었음을 보여 주는 것이다. 이러한 성씨 이동 와중에서 조선 후기에 오면 세종 대까지 토착 세력으로서 단성에 거주하고 있었던 토성들은 모두 사라진다.

그러나 단성에 들어온 성씨들이 모두 단성에 중요한 영향을 미치는 가문으로 정착한 것은 아니었다. 많은 성씨들은 들어올 때와 마찬가지로 결혼이나 또는 관직 진출 등 때문에 단성에서 다른 지역으로 떠나 버린다. 일부 가문은 자손이 번창하지 못한다든지 또는 다른 이유로 영향력이 미미한 가문으로 위축되어 버린다. 이런 과정에서 단성 지역사회에 영향력을 행사하는 중요한 사족가문이 형성되어 가는데, 안동권·합천이·성주이·상산김·진주유·밀양박·남원양·성주도씨 등이 그들이었다. 이들은 단성 내에서도 인근 여러 마을로 근거지를 확산시켜 나가면서 한곳에 정착하기 시작하는데, 이것은 유교적인 가례의 확산으로 당시까지 존속하던 남귀여가의 결혼 관행이나 남녀균분상속 등 기존의 가족·친족제도가 약화되고, 남자·부계 중심의 종법체제가 확산되면서 나타나는 현상이었다.

이들은 향촌사회에서의 기반을 강화하기 위해 관료로의 진출에 관심과 노력을 기울였는데, 그중에 문과 합격을 통한 관직 진출은 가장 소망하는 것이었다. 관료로 진출하지 못한다 하더라도 그 전초 단계인 생원·진사시에 합격하는 것만으로도 가문과 자신의 입지를 강화시켜 주는 역할을 했다. 비록 과거에 합격하지는 못했더라도 유교적 학문을 쌓고 그 덕목을 잘 실천해 가면, 당시 사족들 사이에서 그 권위가 인정되었다. 경상우도지역에서는 16세기 후반 이후 경의敬義와 반궁실천反躬實踐을 특히 강조하고 상의주기적尚義主氣的인 입장이 강한 남명 조식의 학풍을 잇는 남명학파가 형성되는데, 단성 사족들 중에도 이 문하에 들어가거나 사숙하는 경우가 많았다. 그리고 남명학파의 본거지라 할 수 있는 덕천서원의 운영에도 단성 사족들은 어느 고을 사족보다도 적극적으로 참여하였다. 임진왜란 때에는 남명학파의 특징이 발휘되어 경상우도의 사림들이 의병활동에 적극적으로 참여하게 되는데, 단성지역의 사족들 가운데에도 의병활동에 참여한 인물이 많았다. 이러한 여러 가지 활동은 해당 가문의 권위와 지위를 높여 주는 데 중요한 기반이 되고 있었다.

단성 사족층은 경제적인 면에서도 그 기반을 다져 나갔다. 임란으로 단성현이 피폐화되었다가 새로 복구되어 가면서 사족층이 이 복구 작업에 주도적인 역할을 하였다. 이 과정에서 사족들은 새로운 마을로 이주해서 그 마을을 번성시키거나 토지를 개간하고 노비를 축적하면서 경제적 기반을 조성해 나갔고, 또한 조상이나 자손들이 묻힐 분산墳山도 대거 조성하고 있었다. 그리고 앞에 언급된 이러한 제반 조건을 기반으로 그들은 단성 고을 내에서 우월적인 향촌 지배권을 확보하기 위해 향안을 작성하고 향회를 운영하였다. 또 향교나 서원의 운영이나 행사에도 적극적으로 참여하고 있었다. 그들은 당시 확산되어 나가던 유교적 윤리를 앞장서서 강조하고 몸소 실천함으로써 고을 내의 다른 계층으로부터 우월적 지위를 인정받을 수 있었던 것이다.

단성 사족의 지배기반 구축 과정에 대해 이상과 같이 정리해 보았지만, 여기에는 미진한 점들이 남아 있다. 우선 각 사족가문의 지배기반 형성 과정에서 각 가문 간의 결혼을 통한 상호 연대 과정도 중요할 것이다. 유교적인 종법체제의 보급에 따라 남자 계열 중심의 친족관계기 강화되어 가면서도 특정 가문 간에 배타적인 혼인관계를 통해서 향촌사회에 대한 영향력을 강화해 갔을 것이다. 그러나 이러한 결혼관계는 거미줄같이 복잡하게 얽혀 있어서, 필자의 능력상 다루지 못하였다. 또한 단성 사족들의 사회경제적 기반에 대해서도 어느 정도 언급하기는 하였지만, 자료상의 한계로 겨우 몇 가지 단편적인 예를 드는 데 만족하여야 했다. 앞으로 자료가 좀 더 다양하게 발굴되어 이 부분에 대해서도 체계적인 설명이 가해지리라 믿는다.

ǁ 이 글은 『남명학연구』 9집(경상국립대학교 남명학연구소, 1999)에 수록되었던 것이다.

<별표1-1> 草溪(尙州)周氏의 계보(『尙州周氏淵源譜』, 1983)

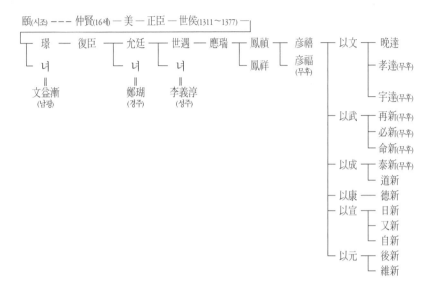

<별표1-2> 南平文氏의 계보(『南平文氏族譜』, 1955)

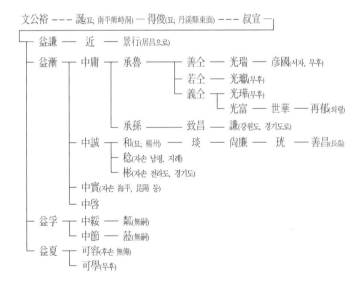

<별표1-3> 金海許氏의 계보(『金海許氏派譜』, 1960)

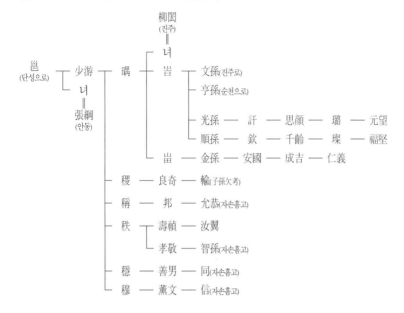

<별표1-4> 晉州河氏(司直公派)와 晉州姜氏(留守公派)의 계보

　　　　　　　　　　　　　　(『晉州河氏世譜』, 1955 및 『晉陽姜氏留守公派譜』, 1984)

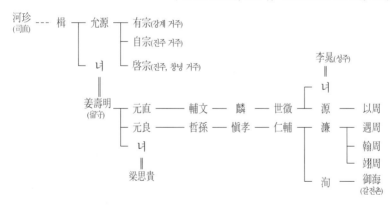

<別표1-5> 陝川李氏의 계보(『陝川李氏世譜』, 1761)

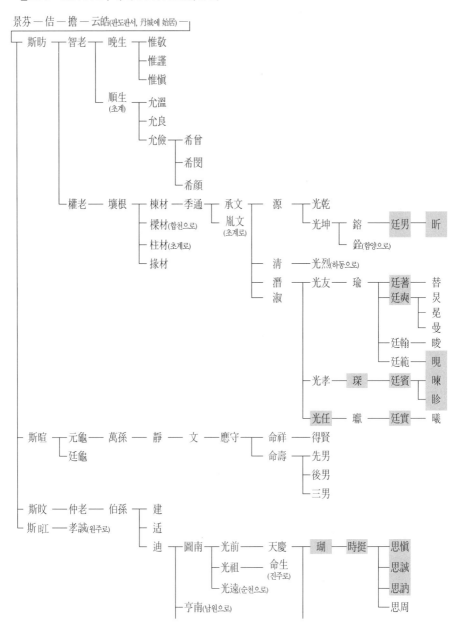

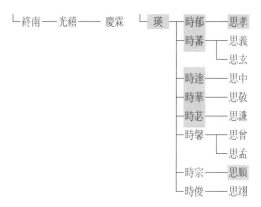

```
└終南─光禧──慶霖    英─時郁──思孝
                    時蕃──思義
                        └思玄
                    時達─思中
                    時華─思敬
                    時芯─思謙
                    時馨─思曾
                        └思孟
                    時宗──思順
                    時俊─思翊
```

* ▓는 단성향안에 올라 있는 인물임. 이하 <별표1-33>까지 마찬가지임.

<별표1-6> 慶州崔氏의 계보(『慶州崔氏節義公派承旨公世譜』, 1983)

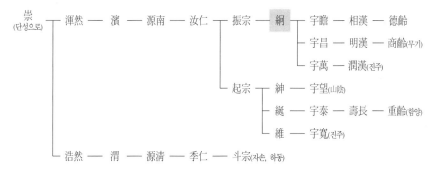

```
崇      ┬渾然─濱─源南─汝仁┬振宗──綱┬宇瞻─相漢─德齡
(단성으로)│                      │        │宇昌─明漢─商齡(무기)
        │                      │        └宇萬─潤漢(진주)
        │                      └起宗┬紳─宇望(山陰)
        │                          │綖─宇泰─壽長─重齡(함양)
        │                          └維─宇寬(진주)
        └浩然─渭─源淸─季仁─斗宗(자손, 하동)
```

<별표1-7> 商山金氏의 계보(『商山金氏提學公派譜』, 1928)

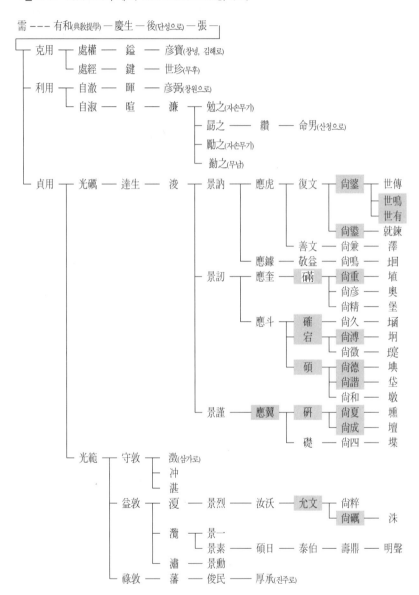

<别표1-8> 丹陽禹氏의 계보(『丹陽禹氏族譜』, 1917)

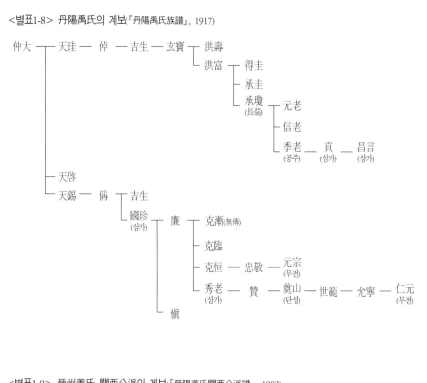

<별표1-9> 晉州姜氏 關西公派의 계보(『晉陽姜氏關西公派譜』, 1982)

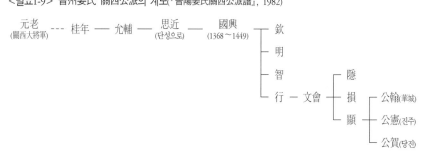

<별표1-10> 南原梁氏의 계보(『南原梁氏帶方君派世譜』, 1987)

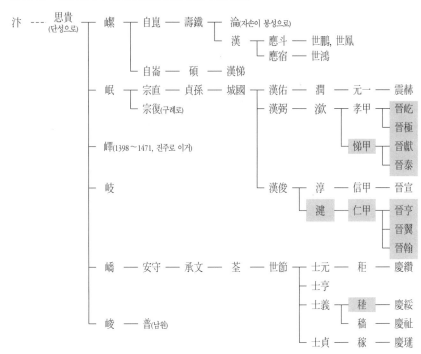

<별표1-11> 坡平尹氏 侍郎公派의 계보(『坡平尹氏世譜』, 1920)

瑤(文顯公, 충렬왕 때 문과, 右文館大提學을 지냄)

<별표1-12> 迎日鄭氏의 계보(『迎日鄭氏世譜』, 1981)

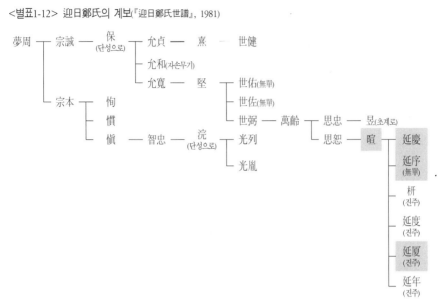

<별표1-13> 茂松尹氏의 계보(『茂松尹氏大同譜』, 1985)

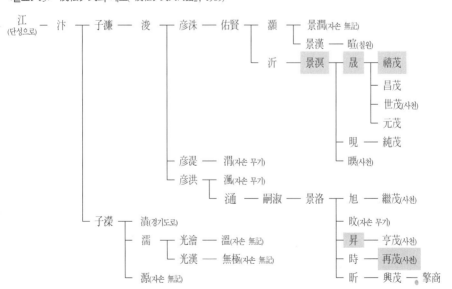

<별표1-14> 安東權氏의 계보(『安東權氏世譜』, 1794)

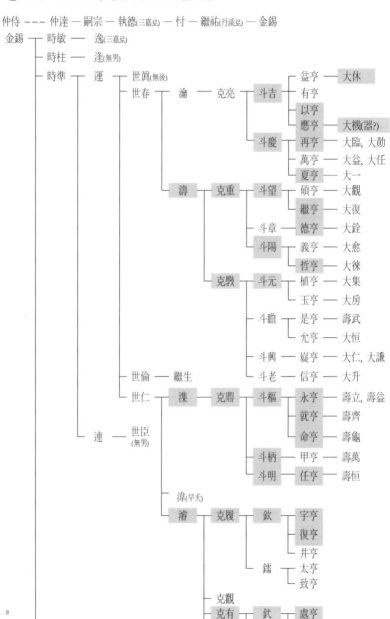

仲侍 --- 仲達 — 嗣宗 — 執德(三嘉로) — 忖 — 繼祐(丹溪로) — 金錫

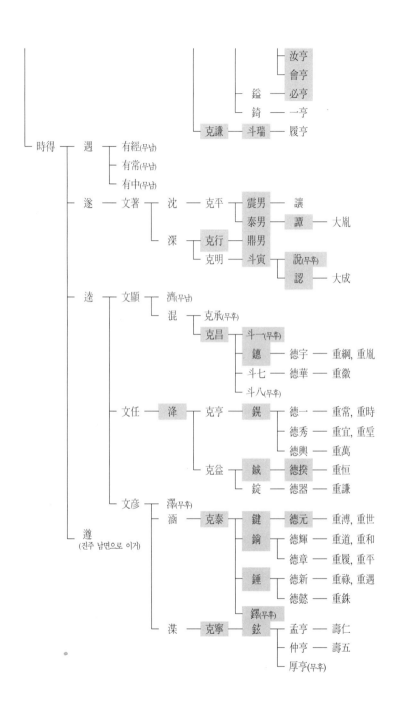

<별표1-15> 晉州柳氏의 계보(『晉州柳氏大司成公派譜』, 1995)

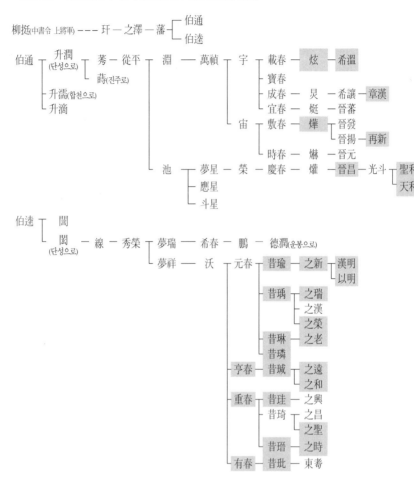

<별표1-16> 安岳李氏의 계보(『安岳李氏大同譜』, 1982)

<별표1-17> 星州李氏의 계보(『星州李氏景武公派世譜』, 1988)

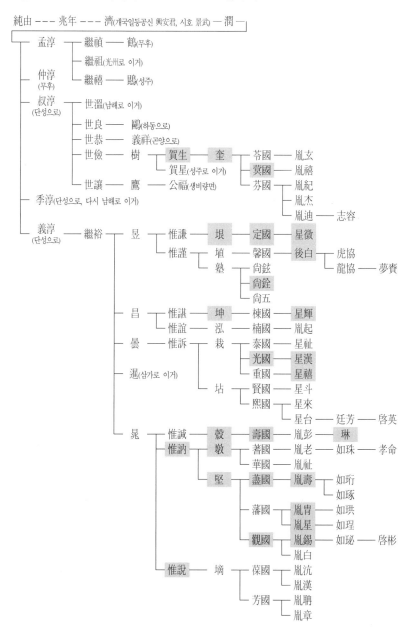

<별표1-18> 廣平(星山)李氏의 계보(『星山(廣平)李氏世譜』, 1979)

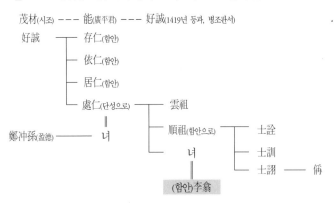

茂材(시조) - - - 能(廣平君) - - - 好誠(1419년 등과, 병조판서)

好誠 ┬ 存仁(함안)
　　　├ 依仁(함안)
　　　├ 居仁(함안)
　　　└ 處仁(단성으로) ┬ 雲祖
鄭冲孫(盈德) ─── 녀 (‖)　├ 順祖(함안으로) ┬ 士詮
　　　　　　　　　　　　　└ 녀 (‖)　　├ 士訓
　　　　　　　　　　　(함안)李翁　　　 └ 士詡 ── 俏

<별표1-19> 密陽孫氏의 계보(『密陽孫氏世譜』, 1988)

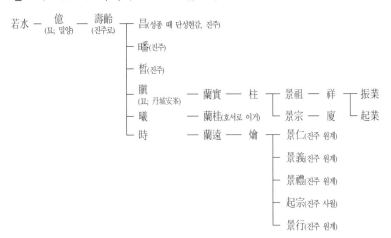

若水 ─ 億(묘; 밀양) ─ 壽齡(진주로) ┬ 昌(성종 때 단성현감, 진주)
　　　　　　　　　　　　　　　　├ 曙(진주)
　　　　　　　　　　　　　　　　├ 晳(진주)
　　　　　　　　　　　　　　　　├ 瞋(묘; 丹城安峯) ─ 蘭實 ─ 柱 ┬ 景祖 ─ 祥 ┬ 振業
　　　　　　　　　　　　　　　　├ 曦 ─ 蘭桂(호서로 이거) └ 景宗 ─ 廈 └ 起業
　　　　　　　　　　　　　　　　└ 時 ─ 蘭遠 ─ 燆 ┬ 景仁(진주 원계)
　　　　　　　　　　　　　　　　　　　　　　　　├ 景義(진주 원계)
　　　　　　　　　　　　　　　　　　　　　　　　├ 景禮(진주 원계)
　　　　　　　　　　　　　　　　　　　　　　　　├ 起宗(진주 사월)
　　　　　　　　　　　　　　　　　　　　　　　　└ 景行(진주 원계)

* 족보에는 손진의 처는 淸州韓氏로 되어 있고 한성판관으로 되어 있음.
壽齡(1417~1486) 때 진주로 들어오고 瞋(생몰연대가 기록되지 않음) 때 단성으로 들어옴.

<별표1-20> 靑松沈氏의 계보(『靑松沈氏漢濱派譜』, 1957)

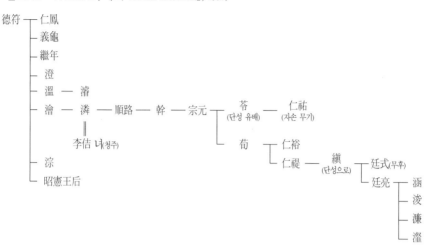

<별표1-21> 驪州李氏의 계보(『驪州李氏世譜』, 1992)

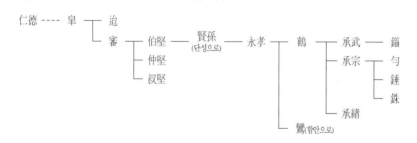

<별표1-22> 慶州鄭氏 平章公派의 계보(『慶州鄭氏世譜』, 1907)

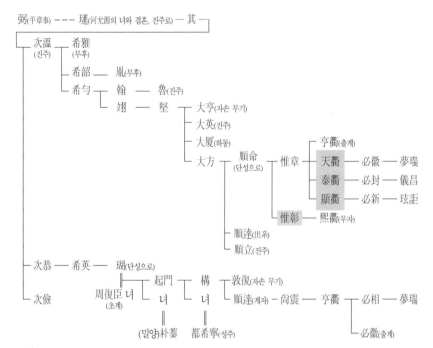

* 『상주주씨연원보』에는 정호와 혼인한 復臣의 녀가 나타나지 않고 『경주정씨세보』에 鄭瑚의 부인이 '尙州周氏
父縣監復臣 曾祖吏曹判書璟 高祖吏曹判書世侯'로 나타나고 있음. 복신의 생존연대(14세기 중반~15세기 초)와
호의 생존연대(?~1535)에 상당한 차이가 있음.

<별표1-23> 晉陽河氏 侍郎公派의 계보(『晉陽河氏族譜』, 1900)

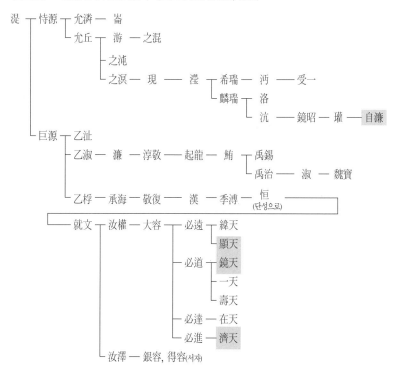

<별표1-24> 咸安李氏의 계보(『咸安李氏大同譜』, 1980)

<별표1-25> 泗川韓氏의 계보(『清州韓氏第六校大同族譜』, 1987)

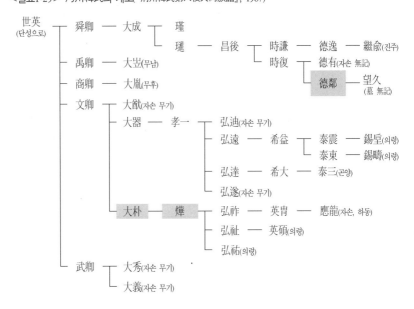

<별표1-26> 長水李氏의 계보(『長水李氏大同譜』, 1987)

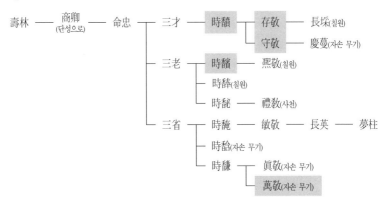

<별표1-27> 長水黃氏의 계보(『長水黃氏少尹公派譜』, 1981)

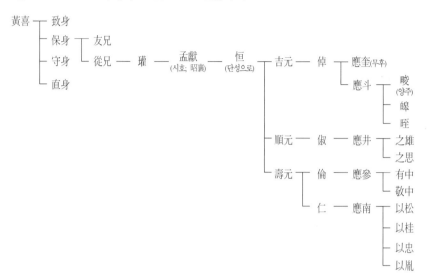

<별표1-28> 密陽朴氏 拙堂公派의 계보(『密城朴氏拙堂公派譜』, 1989)

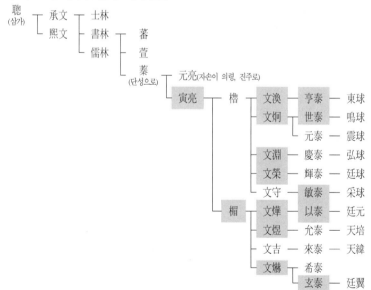

<별표1-29> 全義李氏의 계보(『全義李氏族譜』, 1979)

李棹(統合三韓開國翊贊功臣) --- 宏植(구례현감, 1410~1481)

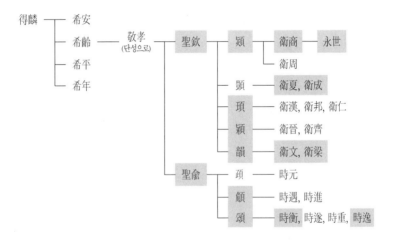

宏植 ┬ 孟禧 ── 昌亨 ┬ 遂
│   └ 鐸
│
├ 仲禧 ┬ 昌壽 ── 鏞 ── 源壽 ── 汣 ── 敏身(단성으로) ─ 檜 ┬ 文徵 ── 安世
│   │   └ 獻徵
│   └ 昌年 ─ 安忠 ┬ 愼孝(무남)
│   (단성으로)   └ 謹孝(무남)
│   檉 ── 永徵 ── 麒世
│   根 ── 期徵 ── 聃世
│   楷 ┬ 夏徵 ┬ 鳳世
│   └ 鷲世
└ 季禧

<별표1-30> 星州都氏의 계보(『星州都氏檢校公派譜』, 1997)

得麟 ┬ 希安
│
├ 希齡 ── 敬孝(단성으로) ┬ 聖欽 ┬ 頴 ┬ 衛商 ── 永世
├ 希平   │   │   └ 衛周
└ 希年   │   │
                          │   ├ 顗 ── 衛夏, 衛成
                          │   ├ 項 ── 衛漢, 衛邦, 衛仁
                          │   ├ 穎 ── 衛晉, 衛齊
                          │   └ 韻 ── 衛文, 衛梁
                          │
                          └ 聖兪 ┬ 頇 ── 時元
                                 ├ 頜 ── 時遇, 時進
                                 └ 頌 ── 時衡, 時遂, 時重, 時逸

<별표1-31> 晉陽姜氏 殷烈公派 執義公派의 계보(『晉陽姜氏大同譜』, 1925)

姜民瞻 ----- 勗 ┬ 安重
│
├ 承重
│
└ 敬重 ── 尙成 ── 錫貞 ── 允銓 ┬ 汝平(진주 거주)
   (執義公)   (一諱; 銓, 단성 거주) ├ 彦平(진주 거주)
                                              └ 彦省(함안 거주)

<별표1-32> 全州李氏 潭陽君派의 계보(『璿源續譜(潭陽君派)』, 1902)

潭陽君 璖; 世宗의 아들, 愼嬪金氏出

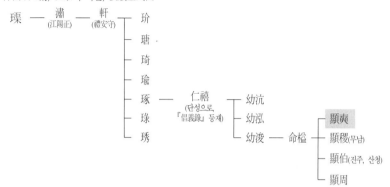

<별표1-33> 海州吳氏의 계보(『海州吳氏大同譜』, 1991)

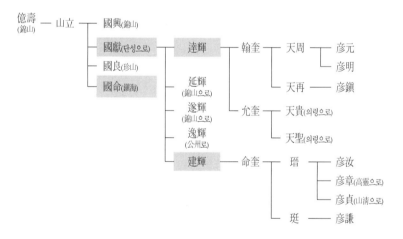

<별표1-34> 海州鄭氏 農圃公派의 계보(『海州鄭氏大同譜』, 1985)

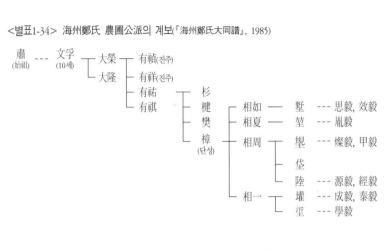

<별표1-35> 順天朴氏의 계보(『順天朴氏判尹公派譜』, 1994)

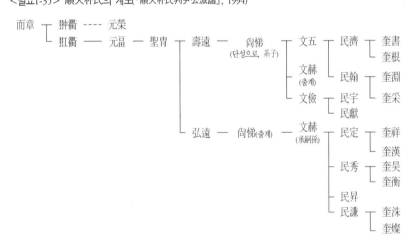

<별표1-36> 星州李氏 계보(『星山李氏世譜』, 1929)

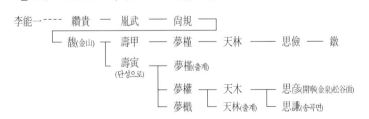

제5 장 산청지역 남명학파의 서인화 연구
─ 단성지역을 중심으로 ─

채 광 수

1. 머리말

퇴계 가문의 한 지파인 진성이씨 망천파輞川派가 서인으로 전환했을 만큼 조선 후기 경상도 전역에는 서인이 분포하고 있었다.[1] 경상우도는 인조반정 이후 남南·서인화西人化가 진행되었고, 1728년(영조 4) 무신난을 거치면서 보다 적극적으로 서인화되었다는 것이 통설이다. 특히 무신난으로 인해 경상도는 외부적으로는 반역향에 낙인 찍혀 중앙환로 진출의 어려움이 더욱 가시화되고, 내부적으로는 집권 노론에 의한 지속적인 감시와 통제, 나아가 노론화가 더욱 가속화되었다.[2] 이는 경상좌도보다 진원지인 우도가 더욱 두드러졌다.[3]

---

1) 망천파의 파조는 고려 공민왕 때 홍건적을 격퇴하고 2등 공신에 책봉된 李子脩의 증손 李興陽이다. 그의 5대손으로 문과급제 후 관직을 지낸 李回寶 때부터 서인계 입장을 견지했다.
2) 정진영, 「18세기 서원건립을 둘러싼 향촌사회의 갈등관계─영조 14년(1738) 안동 김상헌 서원 건립문제를 중심으로─」, 『조선시대사학보』 72(2015), 244쪽. 또한 이에 대한 상징 물로 『歸正錄』, 『平嶺南碑』, 『星山紀功碑』, 『陜川郡戊申平亂事蹟碑』 등을 들 수 있다.

경상우도의 서인에 대한 연구는 크게 주목받지 않은 분야였다. 그동안의 연구 성과는 서원의 남·서인화 및 향안을 둘러싼 갈등 양상,[4] 19세기 우도의 노사학파盧沙學派 학자의 학문과 활동을 다룬 연구,[5] 남명학파 전체를 고찰하면서 단편적으로 조명한 것이 있다.[6] 조선 후기 경상우도에 존재했던 서인계 규모에 비해서 그 존재와 실체를 살피기에는 매우 부족한 실정이다.

이러한 문제의식을 바탕으로 이 글은 크게 두 장으로 구성된다. 2장은 단성의 안동권씨와 성주이씨 가문의 서인계 문인의 현황을 중심으로 형성과 성장에 대해서 살폈고, 3장에서는 두 가문에서 설립·운영한 지역의 서인계 으뜸 원사院祠인 신안영당 전반에 대해 검토해 보았다.

경상우도의 서인에 대한 소개와 연구는 조선 후기 경상우도의 다양성을 보여 주는 데 그 의의가 있을 것 같다.

---

3) 그러나 비단 우도만이 아니라 좌도에도 숙종연간 '소퇴계'라 불리며 청남계로 명망이 높았던 李東標(1644~1700) 가문조차도 아들 李齊謙이 무신난에 피화되면서 노론화되고, 남인의 본거지 안동의 佳邱에 세거한 남계계 가문이었던 순흥안씨도 무신난을 계기로 전향했다. 김형수, 「1738년(영조 14) 安東 鶴東書院의 存置와 지방관의 역할—法城日記』를 중심으로」, 『영남학』 17(2010), 191쪽. 이처럼 무신난은 18세기 경상도 사족사회에 가장 강력한 영향을 끼친 사건이다.

4) 김학수, 「노론의 대 남인 분열·통합책에 관한 연구」, 『조선시대의 정치와 제도』(집문당, 2003); 윤희면, 「경상도 함양의 灆溪書院 연구」, 『남명학연구』 26(2008); 김준형, 「三嘉지역의 鄕案入錄을 둘러싼 당파적 갈등」, 『한국사연구』 147(2009); 채광수, 「조선후기 경상우도의 노론계 서원 연구」, 『민족문화논총』 68(2018); 박소희, 「16~18세기 함양 정여창 가와 남계서원의 노론화 과정」, 『한국서원학보』 9(2019).

5) 김봉곤, 「趙性家와 崔琡民을 통해서 본 경상우도 지역에서의 盧沙學의 전개양상」, 『남명학연구』 30(2010); 김봉곤, 「영남지역 盧沙學派의 성장과 門人 鄭載圭의 역할」, 『남명학연구』 30(2010); 김익재, 「경상우도 盧沙學派의 南冥學尊崇 양상과 그 본질에 대한 고찰」, 『남명학연구』 30(2010); 박학래, 「韓末 畿湖學界와 盧沙 奇正鎭의 학문 활동」, 『남명학연구』 30(2010).

6) 이재철, 「18世紀 경상우도 士林과 鄭希亮亂」, 『대구사학』 31(1986); 구진성, 「17世紀 南冥學派 動向 研究—鄭仁弘과 그 系列을 中心으로」(경상대학교 박사학위논문, 2015); 이상필, 「덕천서원을 이끈 江右의 가문들」, 『남명학연구』 38(2017).

2. 단성지역 서인계 형성과 성장

인조반정 이후 남명학파의 후학들은 분리되는 경향이 뚜렷하였다. 특히 퇴계학파의 남인화, 양송兩宋의 서인화(노론)[7] 등으로 전환, 혹은 두 계열 모두에게 속하지 않지만 존재가 뚜렷이 부각되지 못하는 갈래 등으로 점차 분화되어 갔다.[8] 이 글은 경상우도 남명학파의 서인화 특히 즉 단성지역을 사례로 우도 서인계 형성 과정과 활동을 검토한 것이다.

조선 후기 경상도에는 남인뿐 아니라 서인의 존재도 이미 잘 알려진 사실이지만, 이들의 형성과 활동에 대해서는 여전히 의문점이 많은 것이 사실이다.[9] 경상도의 서인은 크게 전통적인 서인 사족가문과 서인을 표방하며 출현한 신향층 두 가지 유형으로 구분할 수 있다. 전자에 비중을 두고 서인이 된 계기를 보면, 본래 서인계로 경상도에 입향해 당색을 유지한 가문, 기호학통 문인 후손 가문, 경상도 출신이지만 재경관료 후 기호학파로 전향, 혼인·정치적 목적·기타 등의 이유로 서인계로 좌정한 가문 등으로 규정할 수 있다. 물론 경상도에서 서인이 된 사정은 훨씬 복잡다기한 양상을 띠었던 것으로 보인다.

이 중에서도 두 번째 유형의 추적은 경상우도 서인 세력의 범주를 가늠할 수 있는 유용한 방법이 될 수 있어 주목할 필요가 있다. 기호학을 가학으로 계승한 이들 가문이 경상도 서인 세력의 큰 축이기도 하거니와 서인계 활동의

---

7) 조선 후기 영남의 서인은 절대 다수가 노론을 표방했기에 본고에서 서인이라 함은 노론까지를 포괄하는 용어이다.

8) 박병련, 「남명학파 성쇠과정의 정치사회적 특성과 사림의 동향」, 『남명학파 연구의 신지평』(예문서원, 2008), 149~150쪽.

9) 경상도 노론에 대한 대표적인 연구는 김학수, 「17세기 영남학파 연구」(한국학중앙연구원 박사학위논문, 2008); 채광수, 「18세기 영남지역 노론계 서원 연구」(영남대학교 박사학위논문, 2019) 참조

전위前衛적 역할을 수행했기 때문이다. 그래서 문인록과 동국문헌문생東國文獻門生, 읍지류·문집·족보 등을 활용하여 기호학자에게 급문한 경상우도의 문인 현황과 범위를 진주권 위주로 정리해 보았다.

<표1> 경상우도 서인계 문인 현황

스승 <문인수>	문인 성명
이이·성혼[10] <3명>	문인록: 鄭之麟·鄭昕(居삼가·貫초계)
	기 타: 梁槐(居함양·貫남원)
김장생[11] <4명>	문인록: 鄭以道(居삼가·貫초계), 梁弘澍(居함양·貫남원), **吳國獻**(居단성·貫해주)
	기 타: 權克經(居삼가·貫안동)
송시열[12] <18명>	문인록: 宋致遠(居삼가·貫은진), 洪錫箕(居固城·貫남양), 權鑑·鍰·錞(居삼가·貫안동), 權宇亨(居의령·貫안동), 鄭友益(居삼가·貫초계), 玉命圭(居거제·貫의령)
	기 타: 權鑰·萬齊·萬宜·萬重·萬紀(居삼가·貫안동), 宋挺維·之膺(居삼가·貫은진), 具萬雄(居固城·貫창원), **權鉽**(居단성·貫안동), **沈榌**(居산청·貫청송)
송준길[13] <10명>	문인록: 宋致遠(居삼가·貫은진), 鄭友益·友孟·碩望(居삼가·貫초계)
	기 타: 鄭東虎(居삼가·貫초계), 權萬相(居삼가·貫안동), 宋挺弼·挺華·挺泰·之膺(居삼가·貫은진)
권상하[14] <9명>	문인록: 鄭東俊·東鶴(居삼가·貫초계), 權萬宜·泰斗·泰膺(居삼가·貫안동)
	기 타: 鄭相吉·良臣(居진주·貫해주), 姜德溥(居칠원·貫진주), 權翻(居의령·貫안동)
윤봉구[15] <4명>	문인록: 崔南斗(居삼가·貫경주)
	기 타: 鄭燦益(居진주·貫영일), 金宗準(居김해·貫김해), 權必中(居의령·貫안동)
李宰 <6명>	문집[16]: 愼守彝(居안의·貫거창)
	기 타: 申思一(居삼가·貫평산), 河必東(居진주·貫진주), 李東喬(居초계·貫합천), 禹師欽(居삼가·貫단양), 田禹基(居의령·貫담양)
김원행 <11명>	문집[17]: 周必南(居칠원·貫상주), 申思岳(居삼가·貫평산), 辛百調(居언양·貫靈山), 姜鼎煥·柱齊(居칠원·貫진주), 鄭承毅(居진주·貫해주), **權必稱**(居단성·貫안동)
	기 타: 宋錫璟(居삼가·貫은진), 權海中(居의령·貫안동), **李鳳興**(居단성·貫성주), 李啓臣(居단성·貫전의)
송명흠 <13명>	문집[18]: **權焜·必稱**(居단성·貫안동), 愼仁明(居안의·貫거창), 李師燁(居안의·貫성산)
	기 타: **權必履·煐**(居단성·貫안동), 權必中(居의령·貫안동), 趙恒鎭·宅鎭(居함안·貫함안), 全就大(居거창·貫죽산), 河載坤(居합천·貫진주), 全胤錫(居안의·貫정선), 吳克烈(居안의·貫해주)

송환기[19] <40명>	문인록:	李度眞(居거창·貫연안), 愼章壽(居거창·貫거창), 鄭章奎(居거창·貫瑞山), 李世白(居거창·貫永川), 卞光晉(居거창·貫밀양), 李度天(居거창·貫연안), 姜周翼(居거창·貫진양), 李廷根·漱·元根(居곤양·貫경주), 李漢斗(居단성·貫합천), 吳應常(居단성·貫해주), 閔百休(居산청·貫여흥), 宋承淵(居삼가·貫은진), 申顯仁(居삼가·貫평산), 權思贊·善夏(居의령·貫안동), 鄭國采(居진주·貫연일), 權思經·尙鎭(居진주·貫안동), 河益範(居진주·貫진주), 柳之賢(居진주·貫문화), 李克烈(居초계·貫경주), 李燼(居하동·貫공주), 安泊(居함안·貫순흥), 徐命懿(居합천·貫이천), 姜錫祉(居합천·貫진주), 李彦燁(居합천·貫합천), 文海龜(居합천·貫남평)
	기 타:	權性中·思祖·思若(居단성·貫안동), 李佑綱·佑憲·佑復·若烈(居단성·貫성주), 吳泰應(居단성·貫해주), 宋道奭(居통영·貫은진), 尹夏烈(居칠원·貫칠원), 鄭國采(居진주·貫해주), 河秉一(居진주·貫진주)
宋釋圭 <10명>	기 타:	愼必嬉(居안의·貫거창), 李昺一(居함안·貫성산), 李明新(居함안·貫성산), 趙湮(居함안·貫합천), 李鍾和(居함안·貫성산), 趙濩(居함안·貫합천), 田溁(居의령·貫담양), 鄭煥道·煥弼(居함양·貫하동), 李弼新(居함안·貫전주)
宋來熙 <5명>	기 타:	李琦(居함양·貫성주), 崔惟允(居삼가·貫경주), 權淑(居삼가·貫안동), 全啓鎭(居함양·貫정선), 禹秉鍾(居창녕·貫단양)

위 표에서 제시한 134명보다 실제 서인계 문인의 수는 훨씬 많았을 것이다. 이를테면 김원행의 경우 경상도 문인 40~50명 배출을 자신의 최대 공적이라 평했으나 문인록이 현전하지 않아 그 실체를 온전히 파악할 수 없는 예(例)가 그러하다.[20] 만약 19세기 이후 홍직필, 기정진, 송병선, 전우 등의 문인들까지 포함한다면 그 규모는 한층 더 크다고 할 수 있다. 서인을 대표하는 학자 문하에 호론계와 낙론계가 모두 배출이 되었고, 송시열의 5대손 송환기의 문인이 수가 가장 많다.

---

10) 이이, 『栗谷全書』.
11) 김장생, 『沙溪全書』, 제47권, 「부록·문인록」.
12) 『華陽淵源錄』.
13) 송준길, 『同春堂集 續集』, 제12권, 「부록 7·문인록」.
14) 『東國文獻門生篇』, 「權寒水齋門人」.
15) 윤봉구, 『屛溪門人錄』.
16) 朴大陽, 『陶菴語錄』.
17) 김원행, 『渼湖集』; 『典故大方』.
18) 송명흠, 『櫟泉先生文集』; 『典故大方』.
19) 송환기, 『性潭宋先生門人錄』.
20) 이형구, 「金元行의 實心 강조와 石室書院에서의 교육 활동」, 『진단학보』 88(1999), 246쪽.

지역별로는 삼가 42명, 단성 19명, 진주 11명, 의령·함안 각 9명, 거창 8명, 안의·함양 각 6명, 합천 5명, 칠원 4명, 곤양 3명, 고성·산청·초계 각 2명, 거제·김해·언양·창녕·통영·하동 각 1명 순으로 모두 20개 군현에 분포하고 있다. 삼가현이 압도적인 비율을 점하는 가운데 주로 경남 서부 일원에 집중되어 있는데, 이는 순수 서인계 서원들이 창건된 지역들이기도 하다. 따라서 경상우도 서인 세력의 본거지를 바로 이 지역으로 설정할 수 있을 것 같다. 특히 상위권의 삼가를 비롯해 단성, 진주, 함양은 일찍부터 색목의 미묘한 변화상이 감지된 곳이다.

삼가는 우도에서 서인세가 가장 강한 곳이라 할 수 있다. 선행 연구에 의하면 삼가현에는 권극경權克經의 안동권씨, 정이도鄭以道의 초계정씨 사성 공파, 송치원宋致遠의 은진송씨, 최남두崔南斗의 경주최씨, 신사일申思一의 평산신씨 가문에서 서인을 지향했다.[21] 삼가의 서인 세력 범위는 문인 숫자와 연동하여 그 활동도 활발했다. 대외적으로 서인의 정치적 입장을 지지하는 유소儒疏 특히 『양송종사소兩宋從祀疏』가 활발하였다. 영조 즉위 초반 집권 노론은 사회적 기반 재정비와 소론 중심의 탕평 운용이라는 정치적 열세를 극복하기 위해 양송 종사를 추진하였다.[22] 여기에 경상도 유소는 1718년(숙종 44)부터 1754년(영조 30)까지 총 26회가 진달되는데, 우도에서 기획한 것은 4회, 그중 3회가 삼가의 안동권씨 일문의 권태두權泰斗[23]와 권태우權泰佑를 소두疏頭로 하여 1725년(영조 2), 1738년(영조 14), 1748년(영조 24)에 올린 것이다.[24]

---

21) 김준형, 「앞의 논문」, 『한국사연구』 147(2009).
22) 설석규, 『조선시대 유생 상소와 공론정치』(선인출판사, 2002), 356쪽 참조
23) 權泰斗 『花山世稿』 권7, 「菊軒實紀─戊辰年伏閣日記」에 1748년(영조 24) 양송 종사 내용이 상세히 언급되어 있다.
24) 『승정원일기』.

한편 송시열은 1663년(현종 4) 무렵
남명의 신도비문을 지었다. 10년 뒤에
초고본을 개찬할 만큼 상당한 공력을
기울인 글에서[25] 그는 조식을 "백세의
스승"이라 표현할 정도로 강렬한 존모
의식을 바탕으로 매우 긍정적인 시각

합천 용암서원 묘정비(출처: 문화재청)

에서 기술하였다. 허목이 지은 신도비
문과 비교하면 더욱 그러하지만, 『남명집』 이정본釐正本에는 송시열본本이
아닌 허목의 것이 최종 수록이 된다. 탈락된 송시열본은 바로 조식의 제향처
중 한 곳인 삼가의 용암서원 내에 설립이 되며 빛을 보게 된다. 1609년(광해 1)
사액된 용암서원은 정인홍의 문인들에 의해 건립 및 운영된 곳으로서, 인조반
정 후에도 한동안 조식 현양 및 정인홍의 뜻을 계승한 서원이다.[26] 이러한
서원에 신도비를 건립한 것은 이미 서인화되었기에 가능한 일이었다. 앞서
1772년(영조)에 윤봉구의 고제 최남두가 스승의 영정을 임시로 안치한 일도
이 때문이다.[27]

진주의 명문가 출신 하명河洺(1630~1687)은 충청도 회덕에 있던 송시열에게
남명신도비문의 집필을 요청한 인물이다. 하명의 사례는 경상우도 사족에게
있어 서인 전환의 동기를 단적으로 보여 주는 중요한 사례이다.[28] 송시열의
정치적 도움으로 본인과 가문을 보존하며 서인계 가문으로 좌정했기 때문이
다. 1651년(효종 2) 『남명집』(임술본) 훼판과 1665년(현종 6) 최백년崔栢年사건에

---

25) 송시열, 『송자대전』, 권66, 「答朴和叔」.
26) 구진성, 「龍巖書院 운영주체들의 활동과 그 지향에 대한 일고찰—17세기 초반의 德川
書院·新山書院과 비교하여—」, 『남명학연구』 39(2013).
27) 최남두, 『茅廬集』, 「久庵尹先生影幀奉來時陪行錄」.
28) 정현섭, 「인조반정 이후 남명학파의 동향과 河洺의 역할」, 『남명학연구』 25(2008) 참조

서 그를 공격했던 명분은 '대북잔당설'이었다. 이에 훼판에 반대한 하명과 하달한河達漢·윤승경尹承慶은 과거에 응시하지 못하는 부황付黃을 받았다. 이러한 공격과 처벌은 사실상 향촌에서 존립 자체를 넘어 언제든 멸문지화의 불씨가 될 소지를 안고 있었다. 이 상황에서 그가 선택할 수 있는 현실적인 노선은 그들과 반대편에 있던 집권 세력, 즉 서인과의 연대 외에는 별다른 방법이 없었고, 그러한 자신의 정치적 의도가 관철될 수 있는 인물을 통해 새로운 활로를 모색하였던 것이다. 바로 당시 진주목사로 부임한 이상일李尙逸을 통해서 이루어졌다. 이상일은 김장생의 문인이자 송시열과 교유 및 중앙 관료들과 연결 고리를 가진 매우 적절한 인사였다. 더구나 이상일은 직접 관권을 동원해 남인계 훼판 세력을 처벌하는 한편, 반대 세력인 하명 등에 대해서 보호 입장을 취했다. 나아가 하명을 위해서 양송兩宋과의 만남 주선, 감사와 중앙정계 동향 파악 및 청탁 등 제반 문제 해결을 위해 지원을 아끼지 않았다. 하명이 이상일에게 '이는 영감께서 지시해 가르쳐 주신 은혜가 아닌 것이 없다'는 편지 내용에 그때의 정황이 잘 묻어 있다.[29] 참고로 이상일은 선산 출신이지만 17세기 중·후반 경상도 서인의 맹주로서 도내 서인계 확산에 큰 역할을 한 인물로 평가 받는다.[30]

서인과의 연대는 하명에게 만족스러운 결과를 안겨 주었다. 서인의 후광이 기존 북인계 가문에게 유리하다는 것이 하명을 통해 증명된 것이다. 그러나 향중공론이 아닌 서인 지방관, 서인 거유巨儒, 노론 중앙 관료 등 외부의 힘을 이용한 문제 처리는 색목의 발생과 대립을 수반할 수밖에 없었다. 이상일이 목사에서 이임하자 곧바로 덕천서원 남인계 유생들이 심원록尋院錄에서

---

29) 오이환, 「남명집 釐正本의 성립」, 『남명학』 3(1995), 435~436쪽.

30) 채광수, 「조선후기 영남지역 서인계 가문의 분포와 서원 건립 추이」, 『한국서원학보』 8(2019).

그의 이름을 삭제한 것은 그러한 분위기를 대변하는 것이다.[31]

이처럼 송시열과 같은 서인계 학자에 대해 우호적인 사림은 지역 내 한명만이 아니었을 것이라는 점은 쉽게 짐작할 수 있다.

함양은 1603년(선조 36) 기축옥사 때 남명의 제자였지만 성혼의 문인을 자처하다 훼가출향毁家黜鄕을 당하는 남원양씨 양홍주梁弘澍(1550~1610)가 있었고, 대를 이어 성혼과 김장생에 급문한 아들 황槻과 원穖이 배출된 지역이다.[32] 특히 호조좌랑을 역임한 차남 양원은 광해연간 역모 연루 및 폐모론에 반대하다 유배형을 당할 만큼 당론이 엄정했다.[33] 더욱이 양홍주는 정인홍과 처남매부 사이며, 양원에게는 정인홍은 고모부라는 점에서 더 흥미롭다.

이 외에도 1635년(인조 13) 첫 우율문묘종사 시 성균관에서 수학 중인 함양인 정광연鄭光淵과 박이도朴以燾의 이름도 확인된다. 정광연은 정여창의 5대손이며, 반남박씨 박이도는 남계서원의 원장을 지낸 지역의 망족望族들이다. 위 3가문은 향후 서인 성향을 견지한 가운데 서로 혼반으로 얽혀 있는 연계망으로 서인화된 남계서원 운영, 1728년(영조 4) 무신난 창의, 1748년(영조 24) 「양송문묘종사소」 소청疏廳 설치 등 지역 서인 사회를 이끌어 나간 주체로 활약을 했다.[34] 특히 우도의 중심 가문인 함양의 정여창 가家의 서인화는 시사하는 바가 매우 크다.[35]

경상우도 서인 문인들에 대한 심층적인 연구는 후일의 과제로 두고, 이 글에서는 단성지역에 초점을 두고 서인에 대해 본격적으로 논의해 보고자

---

31) 오이환, 「앞의 논문」, 『남명학』 3(1995). 당시 진주목사 이상일의 선정을 기념해 1654년 (효종 5) 去思碑를 세웠다.

32) 『남원양씨용성군파대동보—문절공편』에 따르면 황의 아들 頴甲이 김장생에게 수학했음을 기록하고 있으나 사계문인록에는 전하지 않는다.

33) 윤증, 『명재유고』, 제38권, 「묘갈명·戶曹佐郎梁槈墓碣銘」.

34) 박소희, 「앞의 논문」(2019), 53쪽.

35) 박소희, 「앞의 논문」(2019).

한자. 이 지역의 남명 문인은 12명[36]으로 성관별로 세분하면 안동권씨 4명, 합천이씨 3명, 성주이씨 2명, 해주정·밀양박·진양강씨 각 1명씩이다. 여기서 안동권씨와 성주이씨가 서인으로 경도가 되는데, <표1>에서 양 가문의 인사를 추려 보면 아래와 같다.

- · 안동권씨: 권익權釴(송시열 門), 권필칭權必稱(김원행·송명흠 門), 권필리權必履·영영英煐 (송명흠 門), 권성중權性中·사조思祖·사약思若(송환기 門)
- · 성주이씨: 이봉흥李鳳興(김원행 門), 이우집李佑緝·우헌愚憲·우복佑復·약렬若烈 (송환기 門)

1) 안동권씨 우천파

먼저 안동권씨는 권준權濬(1578~1642)을 파조로 하는 상암공파想品公派의 지파인 권극유權克有(1601~1673)의 우천파愚川派이다. 권극유의 백조부 세륜世倫이 남명 문인이고,[37] 부친 준은 정구·장현광의 문인[38]으로 '회퇴변척晦退辨斥'에 반대한 '오현승무소五賢陞廡疏'와 1614년(광해 6) 정온의 신원을 위한 '갑인봉사소甲寅封事疏' 등에 동참한 전력을 갖고 있는 전형적인 남명학에 뿌리를 둔 가문이다.[39] 본인 역시 조식을 제향한 덕천서원의 원장을 1671년(현종 12)부터 1689년(숙종 15)까지 장기간 역임하며, 『남명집』이정본 간행 등의 중요한 역할을 담당하였다. 그러던 그가 서론을 표방한 요인은 친서인적 가풍, 교유인사, 남명집훼판사건을 꼽을 수 있다.

---

36) 이상필, 『남명학파의 형성과 전개』(와우출판사, 2003), 85~92쪽.
37) 『德川士友淵源錄』.
38) 『檜淵及門諸賢錄』.
39) 이러한 정치활동 때문에 인조반정 후 이 가문은 피해를 입지 않을 수 있었다. 지승종·김준형, 「社會變動과 양반가문의 對應─山淸郡 丹城面 江樓里 安東權氏 가문의 경우─」, 『경남문화연구』 19(1997), 237쪽.

안동권씨 우천파 가계도

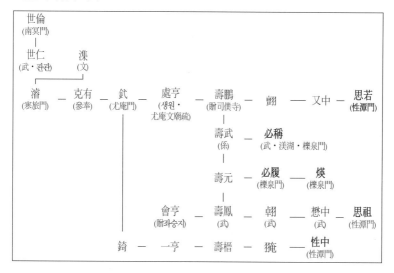

첫째, 권극유의 백부 권집權潗(1569~1633)이 앞서 거론한 양홍주의 사위이다. 학업에 뛰어났던 권집은 1605년(선조 38) 성균관 유생 신분으로 8도의 교원校院에 서찰을 보내어 정인홍이 지은 「발남명집설跋南溟集說」을 비판했고,[40] 인목대비 폐출에도 반대를 하였다.[41] 인조반정 후 정계에 복귀가 가능했던 것도 이 같은 탈脫북인 노선 덕분이었다. 이러한 권집에 대해 조경趙絅은 '용모가 단정하고, 마음이 온화하다'는 좋은 인물평을 남겼다.[42] 권집이 차지하는 가문의 무게감을 감안하면 권극유가 충분히 영향을 받았으리라 보인다.[43]

---

40) 『선조실록』, 189권, 선조 38년 7월 24일 병신. 남명이 李楨과 절교한 사건을 정인홍이 남명집(갑진본) 발문에 기록한 것을 말한다.
41) 『광해군일기』, 131권, 광해 10년 8월 3일 기사.
42) 조경, 『龍洲遺稿』, 제17권, 「묘갈·光州牧使權公墓碣銘」.
43) 권집은 동생이자 권극유의 부친 권준의 공부를 돌보아 준 것 같다. 조경, 『앞의 책』, 제17권, 「묘갈·光州牧使權公墓碣銘」.

둘째, 단성 어은동漁隱洞에 세거한 김장생의 문인이자 송시열과 동문인 오국헌(1599~1672)은 빼놓을 수 없는 존재이다. 병자호란을 겪은 뒤 충청도 진산珍山에서 선대의 외가인 단성으로 이거한 전형적인 기호학통을 이은 학자였다. 그는 양홍주 외손이어서 권극유와 척연도 있었다. 그와는 수시로 문자 교유는 물론이고, 금강산을 함께 유람할 정도로 막역한 사이였다.[44) 오국헌과의 친교는 근저에 기호학을 수용하는 데 매개가 되었던 것 같다. 오국헌이 교유한 『사우제현잠헌록師友諸賢簪獻錄』에는 권극유 외에도 삼가의 권극경權克經, 남효온 사위 이화숙李和叔, 한강 문인 이시분李時馩 등의 인사들이 등재되어 있다.[45)

셋째, 상술한 남명집毁板사건과도 관련성이 있다. 정인홍의 잔재를 청산하고 남인화하려는 세력에 맞서 신중론을 견지하며 반대 측에 섰던 권극유 역시 하명과 사정이 크게 다르지 않았을 것이다.[46) 오국헌과의 개인적 친분까지 더해져 하명처럼 서인계 노선을 취했던 것 같다.

毁板과 최백년 사건이 오히려 毁板 반대 세력에게 유리하게 작용한 결과, 이는 우도에서 서인 세력의 본격적인 출현을 촉발하는 주요한 동인動因이었다고 할 수 있다. 이후 서인계의 첫 공식 활동은 1668년(현종 9) 8월 『남명집』의 이정釐正을 송시열에게 질정質正하는 것으로 나타났다.[47) 송시열과 접촉은 덕천서원을 대표해 단성 출신의 진사 최경崔絅이 담당했다. 그는 박인朴絪에게 수학하여 남명학을 계승하면서 장기간 성균관 장의로 활동한 경험자이다.

---

44) 오국헌, 『앞의 책』, 권1, 「詩·將赴金剛與權克有約同行到金城店」.
45) 오국헌(1599~1672): 본관 해주. 자 仲賢, 호 漁隱으로 부친은 동지중추부사 山立이며, 모친은 대사간 梁思貴의 딸이다. 김장생의 문인이며, 단성 이거 후 송시열로부터 '어은' 이라는 편액을 받았다.
46) 김준형, 『조선후기 단성 사족층 연구』(아세아문화사, 2000), 104쪽.
47) 『남명집』(임술본)의 이정 작업과 추이에 대해서는 오이환, 「'남명집' 釐正本의 성립」, 『앞의 책』(1995)에 상세히 정리되어 있다.

또 덕천서원에 3대가 출입한 가문이기도 하였다.[48] 최경은 남명학 계승—중앙무대 경험—덕천서원 출입 등 협의하기에 조건을 두루 갖춘 자였다. 송시열은 이듬해 2월 『남명집』 이정의 구체적 지침을 보내왔다. 제시한 지침은 정인홍의 이름과 그가 저술한 문자 삭제·수정이 핵심이었다. 이렇게 이정된 남명집은 1670년(현종 11) 덕천서원에서 발간이 이루어진다.[49] 남명집 이정 기준이 송시열 손에 의해 결정이 된 것이다. 당대 송시열의 명성을 고려하면 이를 반대하기에는 상당한 정치적 부담이 따랐을 것이다. 추진 세력의 목적이 바로 여기에 내재되어 있었다.

권극유의 아들 대 이후부터 송시열 예송지지 및 도봉서원道峯書院 출향 반대·문묘종사, 김장생 변무의 소두疏頭 내지 연명 등 주요 정치적 사안이 있을 때마다 서인계의 노선으로 활동하였다. 특히 송시열의 예송지지는 권극유 생존 시 이루어졌기 때문에 그의 입장이 반영된 것으로 보아도 무방하다. 그 결과 우천파는 서인계 가문으로 발돋움을 했고, 이러한 당색은 한말까지 이어진다.[50]

안동권씨에서 서인계 문인 6명은 우천파에서 5명, 동계공파東溪公派[51]에서 1명이 나왔다. 후자는 권필칭 1명인데, 그 또한 우천파에 매우 가까운 인물이었다. 부친 권수무權壽武가 권극유 증손이었으나 동계공파 권시형權是亨의 계자로 대를 이었고, 셋째 동생 권필리權必履가 다시 부친의 친동생 우천파 권수원權壽元에게 출계했기 때문에 한 가문이라는 정체성을 가지고 있었다. 다만 노론학통상 직계손인 권익·성중·사조·사약은 호론, 방계인 권필칭·

---

48) 한국학중앙연구원, 『고문서집성 25—덕천서원편』(1995).
49) 오이환, 「앞의 논문」(1995), 458쪽.
50) 구진성, 「앞의 논문」(경상대학교 박사학위논문, 2015), 179쪽. 우천공파 족보 내에는 서인계 문인들로부터 받은 여러 墓道文들이 확인된다.
51) 동계공파는 寒旅의 문인으로 대사간을 역임한 權壽를 파조로 하는 계파이며, 상암공파는 권도의 동생 權濤을 파조로 하는 계파이다.

필리·영황(英煥)은 낙론 문인이라는 차이점이 있다. 또 자료상으로는, 앞은 주로 읍지·족보에 소략히 기록되어 있는 반면, 뒤의 권필칭 경우에는 문집이 현전해 우도 사족이 서인학자를 사사하고 평가받는 모습을 목격할 수 있어 좋은 참고 자료가 된다.

권익은 1660년(현종 1) 진사시에 입격하고 성균관에서 수학했다. 앞서 언급한 송시열의 기년복 예론지지 활동은 이 기간에 종제(從弟) 권유(權鑐)와 함께 펼친 일이다. 이어 권성중(1784~?)은 송환기보다 5세 연상임에도 불구하고 경례문답(經禮問答)을 수수하는 등 제자의 예를 갖추었다. 권사조·사약 형제도 송환기 문하에서 수학했다 하나 별다른 기록은 찾아지지 않는다.[52]

방계 쪽의 낙론 문인은 권필칭 소개만으로 충분할 듯하다. 동생과 조카의 입문 배경이 그의 제안으로 성사가 되었기 때문이다. 다만 권필칭은 송명흠과 김원행 양 문하에, 둘은 송명흠에게만 출입을 했다. 우도에는 송명흠을 제향한 성천서원星川書院이 있다. 그의 고조부 송준길이 병자호란을 피해 안의현 월성에 초당을 지어 1년간 우거한 적이 있는데, 이것이 유서(由緒)가 되어 1703년(숙종 29) 우도에서 첫 서인계 서원이 창건이 되었다. 그는 1759년(영조 35)과 1764년(영조 40) 우도를 방문하여 성천서원 심원과 가야산을 유람한 바 있다. 1821년(순조 21) 지역의 문인들 노력으로 성천서원에 추향되기에 이른다.[53]

권필칭은 1750년(영조 26) 무과로 출사해 청요직 선전관(宣傳官)을 시작으로 내외직을 거쳐 수군절도사를 역임한 무반학자이다.[54] 비록 무반으로 사환했

---

52) 『性潭宋先生門人錄』에는 권성중과 권사조·사약의 이름은 없으나 읍지와 족보에 기재되어 있다.

53) 채광수, 「앞의 논문」(영남대학교 박사학위논문, 2019), 161쪽.

54) 권필칭의 宦歷에 대해서는 정해은, 「18세기 경상도 단성현의 한 양반 무과급제자의 仕宦과 處世」, 『조선시대사학보』 26(2003) 참조.

으나 당대 노론을 대표하는 학자인 송명흠과 김원행을 사사하는 기회를 얻었을 뿐 아니라 서자수·심환지 등 관료와도 교유하였다. 이러한 흔적은 그의 연보에서도 산견이 된다. 1751년(영조 27) 충청우병마사 우후虞候에 부임한 그는 노론의 총 본산인 괴산 화양서원을 알묘한 뒤 송시열의 증손 송능상宋能相을 예방해 경지經旨를 논했다. 2년 후 34세

권필칭, 『梧潭先生文集』

때 회덕의 송명흠을 찾아 사제의 연을 맺은 이래

28년 동안이나 교유가 이어졌다. 송명흠 사망 4년 뒤에는 질녀의 친정인 김산金山의 영일정씨 교리공파校理公派[55)의 주선으로 영동의 김원행을 찾았다. 첫 만남에서 중용과 대학에 대해 논했고, 김원행은 그를 '호련瑚璉의 그릇이요, 정간楨幹과 같은 재목材木'으로 호평하였으며 더 나아가 무인이며 도학자로 유명한 송당松堂 박영朴英에 비견하였다.[56) 나아가 권필칭에 대한 특별한 예접은 1776년(영조 52) 2월 김원행이 개최한 향음주례에 '빈賓' 초빙 형태로 나타났다.[57) 이 자리에서 문인들 사이에 하필 무변武弁을 빈객으로 삼는 이유를 묻자 김원행은 '마땅히 예를 아는 사람을 빈賓을 삼는 것이지 어찌 문무를 따지겠는가'라고 답할 정도로 상당한 신뢰감을 표명했다.[58) 권필칭이 경상도의 김원행 문인 그룹에서 성주의 이민철李敏哲·이해진李海鎭과 안동의 강한姜瀚과 더불어 중요한 위치를 점했던 것도 이 때문이다.

한편 의령의 안동권씨 일파도 우천파와 친족이다. 이들의 의령 정착은

---

55) 김산현에 세거한 영일정씨 교리공파는 김장생·송시열 문인이 배출된 전형적인 노론계 가문이다.
56) 권필칭, 『梧潭先生文集』, 부록, 권1, 「연보」.
57) 朴胤源, 『近齋集』, 권32, 「語錄·渼湖金先生語錄」.
58) 권필칭, 『앞의 책』, 부록, 권1, 「연보」.

권극유의 부친 권준權濬이 광주목사光州牧使 시절 병자호란을 겪고, 벼슬을 버리고 낙향하여 이곳에 시거始居하면서부터이다. 그 후 자연히 친형 권극리權克履59)가 의령에 세거하기 시작했으며, <표1>의 권우형·해중·필중·빈翻이 바로 직손들에 해당한다.60)

2) 성주이씨 충의위공파忠義衛公派와 동곡공파東谷公派

다음 성주이씨는 충의위공파(李埴, 1580~1635)와 동곡공파(李晁, 1530~1580) 두 계열에서 서인화가 되었다. 서인계 문인은 각 4명과 각 1명씩 배출이 된다.

성주이씨 가계도

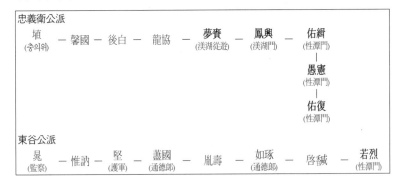

---

59) 그의 처가는 전형적인 북인가문이다. 장인 曺挺生은 朴廷璠과 옹서 관계이며, 조정생의 정온의 손녀를 증손부로 맞이했으나 인조반정 후 타격을 입었고, 그의 후손들이 정희량 난에 가담하면서 거의 廢錮되는 지경에 이른다.

60) 권우형(1640~1707): 권극리 손자·송시열 문인, 연산현감 때 스승의 시신을 致辱·迎柩하다 파직되었다.
권수(1640~1707): 권극리의 현손·권상하 문인. 학문과 행의로 동문의 推重을 받았다.
권해중(1741~1833): 권극리 6대손·김원행 문인.
권필중(1724~1776): 권극리 6대손·윤봉구·송명흠 문인. 송명흠이 壁立萬仞의 기상을 가진 인물로 평했다.

전자에서는 김원행 문인 이봉흥(1735~1810)
과 아들 이우집(1752~1815)·우헌(1763~?)·
우복(1767~1815) 3형제 모두 송환기와 사제를
맺었다. 이봉흥의 행장에 따르면 그는 '장성하
여 분연히 학문에 뜻을 두어 책을 지고, 천
리 먼 길을 찾아가 미문 槿門에 수업을 청하였
다'라고 쓰여 있다. 또 김원행이 상주하던 양
주 석실서원石室書院을 예방해 여느 문인들처

이봉흥, 『武山齋遺稿』

럼 며칠간 머물며 수업을 받았을 것이다. 참고로 안동이 관향貫鄉인 김원행은
경상도 출신의 문인들을 특별히 우대했다. 석실서원은 노론 낙론의 본거지로
18세기 중반 강학이 가장 활발히 전개된 서원으로 유명하다.[61] 그때의 감회를
시로 표현했다.

석실서원의 함양재에서 비를 만나 시를 짓다(石室書院涵養齋 遇雨呼韻)

천 리 먼 길을 와서 함양재로 들어올 때	裏蹤千里入齋時
비는 강 들판 푸른 나뭇가지를 씻는구나	雨灑江郊綠樹枝
장석(스승)이 이 사이에 마침 겨를이 있었기에	丈席此間應有暇
젖음을 무릅썼지만 모심이 더딤을 어찌하랴	冒沾其奈進陪遲[62]

이봉흥은 낙향 후 학문에 더 정진하기 위해 서실을 지었고, 스승이 지어
준 '무산재武山齋'로 명명하여 편액을 걸었다. 무산재는 본인의 호號로도 사용
을 했다. 스승과의 연緣은 편지를 통해 지속했는데, 그의 문집 『무산재유고』에

61) 김자운, 「18세기 조선을 새롭게 디자인한 석실의 학풍과 교육」, 『석실서원』(한국학중앙
    연구원출판부, 2018).
62) 이봉흥, 『武山齋遺稿』, 권1, 「石室書院涵養齋 遇雨呼韻」.

수록된 '예의문목禮疑問目'이 그 요체이다.[63] 105개 문답으로 구성된 '예의문목'에는 관혼상제가 망라되어 있고, 당시 사족의 최대 관심사인 상제의 비중이 제일 높다.

다른 한편으로는 자신의 이해와 직결되는 선친 이몽뢰李夢賚(1688~1754)의 「연보발年譜跋」, 족조族祖 이윤수李胤壽에 대한 글을 스승에게 부촉하는 등 조상의 현양사업에도 김원행의 명성을 선용善用하려 한 듯하다.[64] 그러나 선친의 연보발과 행장은 김원행의 아들 김이안金履安과 현손 김병운金炳雲의 손에서 나온다. 특히 행장에는 이몽뢰가 김원행과 종유했음이 적기되어 있다.[65] 한말 정재규鄭載圭의 문인으로 안동권씨 우천파 명호明湖 권운환權雲煥(1853~1918)은 이봉홍의 학행을 이렇게 평했다. "경상우도의 참다운 선비요 근세에 이르러 우리 고을의 인물 중 유학에 정통한 학자이시다."[66]

이봉홍은 송환기와도 일정한 교분을 가지고 있었던 것 같다. 김원행 사후 송환기에게 선친 관련 다른 문자를 청하는 동시에 아들 3명을 모두 송환기의 문하에 보내 공부하게 했다.[67] 이들 중 3남 우복은 공부를 마치고 귀향해서 배운 내용을 『가평문답加平問答』으로 정리하였다. 김원행이 선친에게 그랬던 것처럼 송환기도 '후천後川'이라는 호號를 지어 주었다.[68]

후자에서는 이조의 차남(惟訥)·3남(惟說) 갈래가 서인을 지향했는데, 원래 이 가문은 앞의 안동권씨의 경우와 크게 다르지 않다. 파조 이조와 동생 이담李曇(1524~1600)이 남명의 문인이었고, 아들 3명은 북인의 입장을 견지하며 덕천서원에 출입을 했다. 특히 이유열은 1614년(광해 6) 영창대군 사망에

---

63) 이봉홍, 『앞의 책』, 권2, 「上渼湖先生家禮問目」.
64) 이몽뢰는 효행을 실천해 1852년(철종 3) 정려를 받았다.
65) 김이안, 『三山齋集』, 권8, 「題跋·題枕肱堂李公夢賚年譜後」; 「枕肱堂公夢賚行狀」.
66) 권운환, 『明湖文集』, 권18, 「武山齋先生李公遺事」.
67) 이봉홍, 『앞의 책』, 권2, 「書·與松性潭(4)」.
68) 『後川公佑復遺事略』.

관련이 있는 강화부사의 참수와 위호位號 추복을 주장하다 화禍를 입은 정온을 위해 「신구부사직정온소伸救副司直鄭蘊疏」의 소두를 맡아 활동을 했다.69)

그러다가 1685년(숙종 11) 이유눌의 손자 이관국李觀國(1636~1703)이 무과에 급제하여 삼수군수三水郡守로 재직하던 중 수졸戍卒들이 국경을 넘어 인삼을 캐다 발각된 사건이 발생했다.70) 이 사건으로 이관국은 용천부龍川府에 정배당하는 위기에 처했는데, 노론 4대신 김창집과 이이명의 도움71)을 받은 것을 계기로 서인화하였다. 그래서 송시열의 상喪에 장남을 보내어 조문하게 했고, 1689년(숙종 15) 기사환국과 1721년(경종 1) 임인옥사의 여파로 남해에 유배온 이이명을 위로하기 위해 조카들이 걸음한 배경도 이 같은 사정에 기인한다.72)

한편 동곡공파에서 조사된 송환기 문인 이약렬(1765~1836)은 이조의 7대손이다. 이 가문은 18세기 후반 4명의 문과급제자가 연이어 배출되면서 족세가 번창하는데, 그 역시 이러한 흐름에 일조를 하였다.73) 그는 문과 합격과 사환으로 가문을 빛낸 것은 물론 조상 추숭에도 적극적으로 관여를 했다.74) 아울러 송환기의 만사를 지은 것을 비롯해 송준길이 우거한 월성초당을 방문해 감회를 읊기도 했고, 섬진강에 남겨진 김창협金昌協의 시에 차운次韻하는 등 일련의 서인계 행보도 보여 주었다. 또 관료를 역임하며 중앙 노론계 인사와도 적잖은 인적 연망을 구축하고 있었다. 안동김씨 김조순金祖淳계

---

69) 李惟說, 『(국역)三梧實紀合編—梧齋遺稿』, 「西行日記」(성주이씨동곡파종회, 1998).
70) 『숙종실록』, 권16, 10월 14일(신축).
71) 『郡守公觀國行狀』.
72) 『竹林公胤壽墓碣銘』.
73) 단성현에서 가장 많은 문과급제자를 배출한 성관은 성주이씨로, 이 가운데 李秉烈(1792
    년[정조 16] 及), 若烈(1804년[순조 4] 及), 得烈(1816년[순조 16] 及), 宅煥(1882년[고종
    19] 及) 4명 모두 동곡공파 차남 계열인 李惟訥의 후손들이다.
74) 그가 지은 가문 관련 문자는 「梧崗公惟訥遺事略」, 「靡樂齋公行錄」, 「孝子慕源齋碩烈遺
    事略」, 「陽谿秀士佑民行錄略」, 「牧溪書院還安告由文·講堂重修記」 등이다.

김이교金履喬, 이천보의 손자 이존수李存秀 등을 들 수 있다.[75]

끝으로 양 가문에서 기호학자에게 수령한 아래 문자는 서인계를 지향한 가문의 정체성을 보여 주는 또 다른 증거물이다.

<표2> 안동권씨·성주이씨 가문 기호학자 문자 찬술 현황

구분	안동권씨	성주이씨
윤봉구	權宇亨 墓碣銘	
송환기	權壽楷 墓碣銘 權翮 神道碑銘	
金履安		李夢賚 年譜跋
송래희	權懋中 旌閭閣記	
임헌회	權懋中 墓碣銘	
金炳雲		李夢賚 行狀
최익현	權克有 墓表 權必中, 權思學, 權思乗, 權秉德, 權秉天, 權章煥 墓碣銘 權箕煥, 權㻾煥 墓表	李如琪 墓誌銘
송병선	權一亨 墓碣銘 權翊 墓表	李昌 墓表 李佑復 墓碣銘
송병순	權思贊 墓碣銘	李鳳興 行狀
기우만	權壽鵬 『虛齋詩集』序 權秉天 『幽窩遺稿』序 權壽應, 權翿, 權謟, 權載斗, 權載九 墓碣銘 權秉麟 誌銘	

다음 장에서 후술하는 신안영당은 바로 양가의 기본적인 색목의 동질감과 통혼이 바탕이 되어 설립되고, 운영이 이루진 공간이다.

---

75) 이약렬, 『訥窩先生文集』.

3. 서인계 신안영당의 설립과 운영[76)

관찬사료[77)를 근거로 조선시대 경상우도[78)에서 설립된 원사院祠는 총 216개소로 파악되었는데 서인계는 6개소에 불과하다. 시기별로 보면 18세기에는 안의 성천서원·거제 반곡서원盤谷書院(享 송시열)·단성 신안영당新安影堂(享 주자·송시열)·삼가 옥계서원玉溪書院(享 윤봉구 外), 19세기에는 합천 청천서원淸川書院(享 李秉泰), 시기 미상의 남해 봉천영당鳳川影堂(享 이이명)이 각기 창건되었다. 그러나 이는 순수 서인계로 창건된 숫자일 뿐, 기존 서원에서 당색을 전환한 경우를 합치면 훨씬 더 늘어나는 것으로 나타난다.

우도의 대표적인 서원인 함양의 남계서원의 서인화가 그 상징적인 사례이다.[79) 남계서원 외에도 유사한 예는 어렵지 않게 찾아진다. 이황과 이정李楨을 제향한 사천의 유일한 사액서원인 구계서원龜溪書院은 1714년(숙종 40) 김덕성金德誠[80)을 추향하면서 서인화되었다. 삼가 용암서원, 합천 이연서원伊淵書院, 거창 구연서원龜然書院 등도 같은 형국이었다. 우도가 좌도에 비해 서인계 학자로서 급문한 숫자는 많으나 순수 서인계로 창건된 원사 수가 적었던 배경도 여기에서 찾을 수 있다.

---

76) 3절은 채광수, 「조선후기 경상우도의 노론계 서원 연구」, 『민족문화논총』 68(2018)에서 발췌한 부분을 수정·보완한 것이다.
77) 『俎豆錄』, 『書院可攷』, 『列邑院宇事蹟』, 『書院謄錄』, 『慶尙道邑誌—學校條』 등을 분석하였다.
78) 여기에서 경상우도의 범위는 이상필 교수가 제시한 바 있는 남명학파의 세력 범위 즉 넓은 의미의 진주권 진주를 위시한 거제·거창·고성·곤양·김해·남해·단성·밀양·사천·산청·삼가·안의·영산·의령·진해·창녕·창원·초계·칠원·통영·하동·함안·함양·합천이 그 대상이다. 다만 곤양에는 기록된 원사는 없다. 이상필, 『앞의 책』(와우출판사, 2004), 81쪽.
79) 윤희면, 「경상도 함양의 灆溪書院 연구」, 『남명학연구』 26(2008).
80) 김덕성의 『醒翁遺稿』 序와 拔은 소론계인 남구만과 최석정이 지었고, 신도비는 노론계인 송시열과 김수항이 비문과 글씨를 썼다.

경상도 서인계 원사의 특징 중 하나는 송시열의 제향처가 많은 것을 지적할 수 있다. 경상도에서 설립된 송시열 원사를 연대순으로 정리하면 <표3>과 같다.

<표3> 경상도 송시열 제향 원사 현황

순	원사명	지역	제향인물	건립	설립배경	비고
1	新安影堂	영덕	주자·송시열	1702년(숙종 28)	유배 경유지	복설
2	盤谷書院	거제	송시열·金鎭圭·김창집	1704년(숙종 30)	유배지	사액: 1863년
3	竹林書院	장기	송시열	1707년(숙종 33)	유배지	
4	老江書院	성주	송시열·권상하·한원진·윤봉구·송환기	1712년(숙종 38)	유배 경유지	
5	仁山書院	경주	송시열	1719년(숙종 45)	유배 경유지	
6	新安書堂	함창	송시열	1722년(경종 2)	杖屨之地	
7	雲泉祠	경주	주자·송시열	1732년(영조 8)	유배 경유지	
8	春川書院	지례	송시열·송능상	1756년(영조 32)	杖屨之地	
9	**新安影堂**	**단성**	**주자·송시열**	**1772년(영조 48)**	**유배 경유지**	
12	雲谷影堂	영양	주자·송시열	1781년(정조 6)	지명	훼철: 1807년
12	金溪書堂	영해	송시열	1792년(정조 16)	유배 경유지	
13	德林祠	영일	송시열·김수근	1848년(헌종 14)	유배지	
14	蘭谷書院	울산	송시열·김창집·김제겸	1848년(헌종 14)	유배 경유지	
15	仁溪書院	영해	송시열	1848년(헌종 14)	유배 경유지	
16	興禮祠	지례	송시열	미상	杖屨之地	

1702년(숙종 28) 영덕 신안영당을 시작으로 1848년(헌종 14) 영해 인계서원까지 16개소가 설립이 되었다. 시기적으로는 송시열 추숭분위기가 고조되는 18세기에 가장 많이 세워졌다.[81] 이 중 11개소는 독향, 단성·영덕의 신안영당과 영양 운곡영당 3개소는 주자가 제향된 기존 원사에 추향된다. 제향의 근거는 유배지, 유배 경유지, 장구지지杖屨之地, 지명 부합을 내세웠는데,

---

81) 고수연, 「18世紀 初 湖西地域 書院의 黨派的 性格—朱子·宋時烈 祭享 書院을 中心으로」, 『호서사학』 29(2000), 73쪽.

신안영당

단성 신안영당은 유배 경유지를 명분으로 삼았다. 실제 제향자를 송시열로 선정한 본질적 목적은 노론 전제 정권하에서 노론의 정신적 지주라는 상징성이 컸다. 이는 곧 여타 원사에 비해 국가의 서원 신·첩설 금령에도 철폐의 가능성이 현격히 낮았기 때문이다. 또 서원에 제향할 만한 경상도 출신의 서인계 인물이 없는 현실적 문제도 있었다.

단성 신안영당은 2절의 두 가문(안동권씨·성주이씨)이 연대해 창건한 문중 사우로 지역 서인계의 중심 기구로 자리했다. 일반적으로 경상도의 비남인계 원사는 대부분 신향 주도로 추진된 것에 비해 본 영당은 단성의 유력한 사족가문[82]에 의해 설립한 사례라는 점에서 관심을 살피기에 충분하다.

양가兩家의 세의世誼는 권극유의 맏손자 권처형이 성주이씨 이번국의 딸과 혼인하며 형성된 것으로 보인다. 그 뒤 상호 간 문자의 수수授受 및 『양사계養士稧』와 『의사계義社稧』를 결성하여 자제교육, 혼상婚喪 등 돈독한 우의를 이어 갔다.[83] 바로 신안영당의 설립도 그 연장선상에서 이루어진 것이고,

---

82) 단성현 향안(1621~1707) 입록자 280명 중 안동권씨가 68명으로 압도적 1위이고, 성주 이씨는 33명으로 세 번째를 점하고 있다. 게다가 조선 후기 문과급제자 수에서도 성주 이씨 9명, 안동권씨 7명으로 수위이다. 물론 가문 내 분파별 당색 차이는 실재한다. 김준 형, 『앞의 책』(아세아문화사, 2000), 85·186쪽.

이곳은 교육뿐 아니라 향촌사회에서 양가의 활동처로 기능을 했다. 특히 제향자를 선조가 아닌 당색에 걸맞은 인물로 선정한 덕분에 큰 갈등 없이 무난히 운영이 될 수 있었다.

신안영당은 권극유가 신안강 위에 지은 서당 신안암新安菴이 그 전신으로, 강江의 이름을 차용해 당호堂號로 삼았다. 1758년(영조 34) 황해도 황주 병마우후兵馬虞侯로 있던 권탁權翯이 백록동서원[84] 내 주자 영정을 이모移摹해 성주 이문 이여정李如玨의 집에 임시로 안치했다. 이어 이여정은 명나라 의종 순국 재회갑인 1764년(영조 40) 화양동을 방문해 숭정어필인 '비례불동非禮不動'[85] 글자를 모사해 서당 옆 암벽에 새겼다. 이후 권시權翅의 발의로 1772년(영조 48) 위치가 역로驛路와 가깝고 유정幽靜한 정취가 없다는 이유로 가곡嘉谷으로 이건하면서, 영정 봉안처를 지어 신안영당이라 칭했다.

1774년(영조 50)에는 1차 중수가 이루어지는데, 중수유사에는 권·이 양 가문에서 각 1명씩 선출하여 성조成造·전곡錢穀·서재유사書齋有司에 임명했다. 이후 이 직제를 기본으로 삼았는데, 본 영당의 운영 특색을 보여 주는 대목이다.[86] 그리고 진주에 거주하는 도료장都料匠 3명과 승려 2명을 불러 공사를 진행시켰다. 중수 비용은 46곳의 개인과 문중에서 부조한 107냥 56전 5푼, 7석石, 백지白紙 3권과 6명이 허응許應 납부한 62냥으로 충당이 되었다.[87] 부조 내역은 고을 내 인사와 문중이 절대다수를 차지하며[88] 여기에 용흥사龍

---

83) 김준형, 『앞의 책』(2000), 183쪽.
84) 1588년(선조 21) 주자를 주향자로, 김굉필과 이이를 제향자로 하여 창건되었고, 1721년 (경종 1) 사액 받았다.
85) 명나라 毅宗의 어필로 1671년(현종 12) 명나라에 간 송시열의 문인 閔鼎重이 가져왔고, 1674년(현종 15) 4월 이를 송시열이 화양동 계곡 첨성대 아래 암벽에 암각을 했다.
86) 양 가문의 공동 운영 부분은 詩作에서도 찾을 수 있다. 이약렬, 『訥窩先生文集』, 권2, 「新安齋與權上舍思守權竹下韻明共酬」.
87) 『新安菴重修』에는 扶助秩과 許應秩로 구분해 정리해 두었다.
88) 단성현 이외 부조한 지역은 진주 3곳, 산청 2곳, 사천 1곳, 현풍 1곳뿐이다. 또한 큰

興寺의 옛 재목材木을 팔아 비용 일부를 부담시켰다. 다만 지방관이나 여타 교원校院의 지원과 협조는 확인되지 않는다. 3개월간의 공사 끝에 30여 칸의 건물이 완성된다. 그 과정에서 주자 영정의 봉안 방법에 대해서 권필리가 송명흠의 자문을 받아 확정을 지었다.

주자의 영정을 별실에 봉안해 항상 벽 위에 걸어 두었으나 또한 심히 편안하지 않습니다. 퇴계선생이 정하신 백운동서원의 예에 의거해 함 속에 봉안하고 첨배할 때에는 벽에 걸어 두는 것이 좋지 않겠습니까. 영정을 경건하게 봉안하는 일을 이미 성공했다는 것을 듣고 감탄스러운 마음을 가눌 수 없습니다. 주자는 선성先聖의 형상을 받듦에 매일 첨알瞻謁하였고, 우암은 남간정사南澗精舍의 곁에 주자의 형상을 받들 적에도 모두 따로 깨끗한 방(淨室)을 두었으니, 벽에 걸어 두고 그 아래에서 거처를 마련하는 주자가 그르게 여기는 바입니다. 주자가 그르게 여긴 바로써 주자의 상을 봉안한다면 진실로 편하지 않을 것입니다. 그렇기 때문에 앞의 편지에서는 감히 따라서 기뻐할 수 없었던 것입니다. 지금 별실을 두었다는 것을 알았으니, 참으로 다행입니다. 그렇지만 침실과 벽을 사이에 둔 것은 사체事體가 높지 않으니 백운동서원의 예를 따르는 것만 못합니다. 우선 함 속에 봉안하는 것이 지당하지 않겠습니까. 잘 살피고 생각하시어 경솔하게 후회하는 데 이르지 않기를 깊이 바랍니다.[89]

그리고 편액은 송환기에게 '신안서사新安書社'라는 편액을 받아 게시하면서 완전한 서원의 규모를 갖춘다. 한편 이 무렵 제정된 것으로 보이는 강규講規는 경상도 서인계 원사 중 가장 구체적이므로 소개하면 다음과 같다.[90]

금액을 부조한 許應秩의 6명은 신안영당과 관련이 있는 인물들로 판단이 된다.
89) 송명흠, 『櫟泉先生文集』, 권10, 「書·答權邦之[必履]」.
90) 『新安影堂講會儀節』.

一. 강講은 산장山長과 강장講長이 함께 주관한다.

一. 강안講案은 회중會中 여러 명과 상의하여 기록하고, 아이와 어른 거주지의 원근遠近에 구속됨이 없이 추가로 참여를 원하는 자는 첨서添書를 허락한다.

一. 강講하는 책은 반드시 먼저 소학을 하고 다음은 대학·논어·맹자·중용·심경·근사록을 여러 번 두루 거쳐서 다시 동몽 즉 효경을 시작한다.

一. 강회는 춘추향 입재일入齋日로 정하며, 장의는 기한에 앞서 강講에 응하는 여러 명에게 발문하여 통고한다.

一. 강講을 할 때마다 인원수로 장수章數를 분배하고 나서 순서대로 찌에 의거해 뽑은 것에 따라 연차대로 응강應講한다.

一. 연로하여 응강이 부재不在한 자는 동석해 청강한다. 비록 응강하는 자라도 막 도착하여 미처 통습通習이 익히지 못한 자 또한 청문聽聞을 허락한다.

一. 정한 편篇과 장章은 반드시 많지도 적지도 않게 적절히 해야 하되, 단 해가 짧으면 조금 적게 한다. 강이 다 끝나면 곧바로 서로 반복하여 토론해서 힘써 의미를 궁구한 뒤에 그친다.

一. 강한 뒤에는 또 직월直月로 하여금 백록동규白鹿洞規와 학교모범學校模範 등의 편을 읽고, 또 반드시 어제양현전심록서御製兩賢傳心錄序를 읽어서 분발하는 뜻을 일으킨다. 또 남는 시간이 있으면 비록 그날 강한 부분이 아니더라도 의심나는 대로 질의하도록 허락한다.

一. 산장과 강장이 모두 참석하지 않아 제생들끼리 서로 문답하되 중대한 의리에 관련되는 문제가 있으면 직월로 하여금 기록하여 한 통을 작성해서 산장과 강장에게 보내 질의하도록 하고, 답해 준 내용은 아울러 서원에 보관해 둔다.

一. 강안에 등록된 자가 혹 강회에 참석하지 못할 경우에는 단자單子를 올린다. 모두가 부득이하다는 것을 다 알고 있는 경우가 아닌데도 핑계 대며 참석하지 않으면 회중이 면대하여 경고하고, 재차 참석하지 않으면 좌석에서 내친다.

一. 강회 때마다 강회에 참석한 사람의 성명을 죽 기록하여, 하나는 서원에 비치하고 하나는 산장과 강장에게 보낸다.

신안영당 강규에서는 강장 선임, 강안講案 작성, 강학 대상·교재·시기·방식, 강학 후 독법讀法·기록, 불참자 처벌 여부 등 상세한 규정들이 포함되어 있다. 사실 이 학규는 신안영당에서 자체적으로 제정한 것이 아니라 석실서원의 강규를 원용한 것이다.[91] 석원石院의 강규는 김원행이 스승 이재의 강회 전통을 이어받아 제정한 18세기를 대표하는 강규이다.[92] 14개 항으로 구성된 석원의 것을 영당의 특성에 맞게 11개 항으로 축소했고, 강학 주관자·강회 시기·교재 등에서 약간의 차이만 두고 있다. 아마 석실서원에서 직접 강학을 체험한 바 있는 이봉흥의 주도로 작성된 것으로 추정된다.

먼저 석원은 원장－강장 주관 하에 매월 16일 시행한 반면, 영당은 임원 편제대로 산장－강장 체제로 하여 춘추향 입재일入齋日에만 실시하였다. 경독敬讀 교재는 조선시대 서원에 보편적으로 활용된 주자의 『백록동규』와 서인계 서원답게 율곡이 제시한 『학교모범學校模範』을 원전原典으로 선정하고 있다. 단 이를 읽은 후 석원은 김상용·상헌 형제를 기리기 위해 송시열이 지은 묘정비문을 통독하는 데 비해 영당에서는 주자와 송시열의 문집 속에서 심법心法 관련 내용을 발췌하여 엮은 『어제양현전심록御製兩賢傳心錄』[93]의 서문 통독을 본보기로 하였다. 제외한 3개항은 강독의 순서와 토론 관련 규정인데 공식적으로 연 2회만 강학을 규정한 영당의 사정이 반영된 것으로 이해할 필요가 있다. 학규 부록으로 첨부된 강학 의식절차인 강의講儀 역시

---

91) 반면 소론계 안동부사 최석정에게 발탁되어 上京侍奉 및 무신난 때 활약한 향리 출신 權喜學을 모신 안동의 鳳岡影堂의 경우 소론계의 대표적인 서원인 魯岡書院規가 인용되고 있어 조선시대 경상도의 非남인계 원사 운영의 일면을 엿볼 수 있다. 이수환, 「조선 후기 安東 鄕吏 權喜學 가문의 社會·經濟的 基盤과 鳳岡影堂 建立」, 『대구사학』 106(2012), 231쪽.

92) 박종배, 「學規에 나타난 조선시대 서원교육의 이념과 실제」, 『한국학 논총』 33(2010), 66쪽.

93) 『御製兩賢傳心錄序』는 1795년(정조 19) 奎章閣 直閣 李始源이 썼다.

석원石院과 동일하다.

실제 학규의 실현 여부는 정확히 파악할 수 없으나 중수 후 '영남의 제일학사第一學舍'라 자부했고,[94] 1808년(순조 8)과 1809년(순조 9) 진주목사 이원팔李元八, 송시열 7대손 안의현감 송흠시宋欽詩, 김원행 손자 거창부사 김인순金麟淳 등이 강장講長을 지냈다. 신안영당의 강학 분위기와 소회는 이약렬이 남긴 「신안사강회유부新安社講會有賦」에서 대체로 엿볼 수 있다.

신안사 강회에서 짓다(新安社講會有賦)

형승이 무이구곡을 따라 보는 것 같고	形勝如從九曲看
청구에 또 신안(주자)이 있음이 얼마나 다행인가.	青丘何幸又新安
전해진 하나의 법은 주자와 송자(송시열)의 마음이요	相傳一法心朱宋
천년 동안 배운 바는 공자와 안자의 도라네.	所學千年道孔顔
젊은 선비들 우르르 강장(스승)으로 몰려와	襟珮于于來絳帳
훌륭한 범절 질서 정연함은 이산(퇴계)을 본받았네.	儀文秩秩倣伊山
선생은 고요히 말이 없고 가르침이 없지만	先生寂默無諄誨
천한 이 몸은 한갓 초상의 사이에 의지하네.	賤子徒憑肖象間[95]

한말에도 곽종석·기정진·송병선·정재규鄭載奎·최익현 등 당색을 불문한 당대 명사들이 초빙된 점을 감안하면 강학활동이 제법 실시했을 개연성이 높다. 어쨌든 경상도 서인계 서원의 강규 중에서 가장 구체적인 내용을 담고 있어 사료적 가치가 높다.

1800년(순조 1) 2차 중수 때는 1차 때보다 부조한 지역의 범위와 부조량이 크게 확대가 된다. 본읍本邑 40냥 140전과 경상우도 13개 군현 각처에서

---

94) 지승종·김준형, 「앞의 논문」(1997), 241쪽.
95) 이약렬, 『앞의 책』, 권1, 「新安社講會有賦」.

444냥 120전을 부조해 총 484냥 260전을 수합하였다.[96] 문중 이외 부조한 곤양·하동향교, 남계·용암·평천서원平川書院은 서인계라는 연대 의식이 작용했기 때문이다. 1년여 간의 공사 끝에 중수를 마무리하고 재차 송환기와 지례의 송능상 문인 이의조李宜朝에게 중수기 등을 받아 낙성식을 가졌다. 이약렬은 신안서사의 영당과 적벽赤壁의 가을 달, 엄탄嚴灘의 낚시터, 도천道川의 긴 다리, 강촌의 대나무 등 주변 풍경을 읊은 「신안서사십영新安書社十詠」을 남겼다.[97]

특하나 이 무렵 원임 직제도 체계적으로 확립된 것으로 파악되는데, 신안영당 직제는 산장-도유사-장의 체제를 하고 있다. 산장은 원장을 말하며, 향교 교임안의 직제에서 보이는 도유사와 장의는 경상도의 서인계 수원首院인 홍암서원의 18세기 원록院錄에 나오는 것과 동일한 것이다.[98] 그러나 시기에 따라 산장-도유사-장의 2회, 산장-장의 7회, 도유사-장의 9회, 장의 7회로 직제의 형태가 달랐다. 산장에는 감사를 비롯한 경상우도 지방관 8명이 부임했으며, 특히 초대 산장으로 노론 낙론학통을 계승한 적전이자 홍직필에게 그 학문을 전수한 의령현감 김종선金宗善을 추대한 것은 신안영당의 방향성을 보여 준다. 이후 남공철의 조카 함양부사 남주헌南周獻 등 서인계 지방관

---

96) 각 군현 부조 내역은 本邑(63개처) 40냥 140전, 진주(44개처) 108냥 15전·백지 2속, 곤양(20개처) 31냥 5전, 하동(53개처) 51냥 5전, 의령(20개처) 36냥 15전·紙 1속, 초계(2개처) 8냥, 진해(3개처) 8냥, 함안(20개처) 38냥, 삼가(32개처) 48냥 5전, 산청(52개처) 46냥 45전, 함양(17개처) 12냥 25전, 안의(18개처) 45냥, 固城(7개처) 8냥 5전, 사천(2개처) 3냥, 전라 長水(2개처) 2냥이다.

97) 이약렬, 『앞의 책』, 권4, 「書·與南承宣」.

98) 가령 신안영당에서 송시열 영정을 모사하러 간 성주의 노강서원도 영당 기간에는 山長이란 직임을 사용하다가 陞院 후 명칭을 원장을 변경했고, 경주의 章山書院은 章山祠 승원 후 山長 1인-유사 1인에서 道院長 1인-유사 2인 체제로 전환했고, 경주 世德祠도 山長 직임이 확인된다. 이처럼 사우와 영당의 首長은 산장이라는 명칭을 사용했다. 채광수, 「경주 여주이씨 玉山派의 章山書院 건립과 운영」, 『한국서원학보』 4(2018), 122쪽.

을 추대한 산장직은 경원장京院長과 유사한 성격을 지녔다. 남주헌은 이약렬과 교유한 인물이다.99)

한편 영당의 실제적인 운영을 담당한 도유사와 장의에는 권·이 양 가문 출신 외에도 향외 인사가 약 20여 명이 확인된다. 이들과 영당과의 관계를 속단할 수는 없으나 1804년(순조 4)과 1818년(순조 18) 두 차례 산장을 지낸 진사 하석문河錫文의 경우 서인화된 남계서원 원장을 역임한 이력이 있다. 나머지 인사도 이와 크게 다르지 않을 것으로 짐작된다.

현재 산청군 신안면 경호강鏡湖江 적벽산 단애斷崖에는 송시열의 수적手迹이라 전하는 '적벽赤壁'이라는 각석이 있다. 이봉흥은 송시열의 수적에 대한 시를 남겼다.

적벽의 우암선생의 필적 아래에서 삼가 짓다(謹題赤壁尤菴先生筆下)

층층의 벼랑 위에 필적은 교룡이 움직이는 듯하도다	筆蹟層巖上 蛟龍若動然
사람 때문에 산이 더욱 중하니 두 아름다움이 길이 전해지길	以人山益重 兩美可長傳100)

또 한말의 이도복李道復은 "우암이 일찍이 해배되어 거제에서 귀향할 때 이곳을 지나면서 남명선생이 쓴 시구 중의 '고학횡주벽소孤鶴橫舟壁蘇'의 뜻을 살려 절벽에 '적벽'이라 손수 썼다"고 기록하고 있다.101) 아무튼 이 수적은 신안영당이 송시열 추향을 원하는 세력에게 좋은 명분을 제공해 주었고,102) 2차 중수와 함께 추향이 추진된다. 송시열 추향은 서인계라는 당색을 지향하

---

99) 이약렬, 『앞의 책』, 권4, 「詩·新安書社十詠」.
100) 이봉흥, 『앞의 책』, 권4, 「詩·謹題赤壁尤菴先生筆下」.
101) 이도복, 『止齋遺稿』, 「新安精舍事蹟記」.
102) 경상도 내 대부분 송시열을 제향 원사의 建院 명분이 유배지 또는 경유지를 내세우고 있다.

고 있는 영당 입장에서는 당연한 듯 보이지만, 실제 송시열의 제향을 통해 서원으로 승격하기 위한 의도가 내재되어 있었다.[103]

그래서 1801년(순조 1) 정월 27일 성주 노강서원老江書院에 모셔진 송시열 영정을 이모移摹하기로 결정하고 유사에는 권사호權思鎬와 이약집李若緝을, 화사는 서울에 사는 주부主簿 현계진玄啓震을 선발하였다. 이들은 노강서원에 도착해 영정을 모사[104]한 다음 고령-합천-삼가를 거치며 2월 6일 신안영당에 도착했고, 그 과정에서 일부 남인의 반발도 있었으나 2월 12일 현감 공윤동孔允東을 헌관으로 차정해 봉안식을 무사히 거행하였다. 추향 직후인 2월 14일에는 신임사화 때 소론의 탄핵으로 사형된 윤지술尹志述의 외손 감사 김이영金履永이 지알하는 예例에서 보듯 송시열 추향은 영당의 격이 상승하는 효과를 주었다. 나아가 송시열 제향 이후 방문자 수도 증가하는 추세로 나타났다.[105] 한편 순조 연간 용암서원 발의로 청액 시도 움직임이 있었으나 향중의 공론을 얻지 못해 실패한 것 같다.[106]

신안영당의 경제적 기반도 송시열 추향과 궤를 같이하여 보다 체계적으로 확충한 것 같다. 이는 영당 소장 경제문서의 작성 시기가 대체로 19세기 이후 작성되었기 때문이다. 현전하는 『전답안田畓案』[107]과 『보인안保人案』, 『보상군안保上軍案』, 『원생안院生案』[108]을 통해 영당의 경제 사정을 짚어 보자.

---

103) 숙종 후반부터 서원 신설 금령이 강화되자 당초 영당·精舍·書舍 등으로 편법 건립한 뒤 陞院시키는 방법을 택하는 경우가 보편적이며, 그 명분으로 노론의 정신적 지주 송시열을 제향자로 내세우는 경우가 허다하다.

104) 노강서원 심원록에도 3명의 이름이 「尤庵先生畵像移摹時」라는 문구와 함께 수록되어 있다. 대가야박물관 소장, 『老江書院 尋院錄』.

105) 신안영당 瞻謁錄 5책을 분석한 결과 연간 방문 수치가 18세기 16.5명, 19세기 33.5명으로 2배 가까이 증가함을 볼 수 있다.

106) 김준형, 『앞의 책』(2000), 181쪽.

107) 『兩所畓案』 癸卯 3월.

108) 院屬문서는 『新安影堂保人』, 『保上軍案』 5책, 『院生案』 4책이 전한다.

먼저 전답안에 의하면 영당이 소재한 단성 3곳에 48마지기와 옆 고을 산청현 1곳에 4마지 총 52마지기의 논을 보유하고 있었다. 미 사액서원이자 문중 서당에서 출발한 점을 고려할 때 지방관의 획급이 아닌 문중 차원에서 확보한 것을 이속한 것으로 보인다. 각기 그 용도는 취반삭가炊飯朔價, 부목여방풍負木與防風, 양토답養土畓과 재사수리답齋舍修理畓으로 기재하고 있다.

조선시대 서원의 제반잡역과 공납 등 서원 경제의 한 축은 원노비와 원속이 담당하였다. 본 영당에서는 피역避役을 목적으로 서원에 투속한 보인保人·보상군保上軍·재직齋直·호방戶房 등이 기재된 원속안과 이들에 비해 더 많은 돈을 납부 후 투속한 자들의 명단을 원생안院生案109)으로 구분해 관리하였다. 이들의 규모를 통계하면 다음 <표4>와 같다.

<표4> 신안영당 院屬案

구분	保人·保上軍案	院生案
1790년	19명: 保人 12·戶房 2·齋直 5	
1805년	76명: 保上軍 33·齋直奴 8·戶房 4·保人 29·齋直 2	14명
1811년		15명
1816년	40명: 保上軍 33·戶房 2·齋直 5	
1818년	35명: 保人 30·戶房 2·齋直 3	20명
1821년	37명: 保人 30·塗保人 3·齋直 2·戶房 2	19명
1824년	34명: 保人 30·齋直 2·戶房 2	

본 영당의 원노비는 한 가족으로 구성된 3~4구口에 불과했고, 나머지는 본읍이 아닌 진주부에 거주한 납공노비納貢奴婢로 보인다. 이마저도 1821년 (순조 21) 안案에 도망 노비로 기록되어 있어 문서상만의 보유일 뿐 영당의 잡역 또는 그 역役에 상응하는 경제적 부담은 원속들의 몫이었다. 원속은

---

109) 기존 양반층은 入院錄이라는 별도의 명부를 작성해 이들과 차별화하였다.

최소 19명에서 최대 76명으로, 평균 40여 명을
두었다. 여기에는 도망자, 충군充軍·수군水軍
사실, 이자頉者 등 변동사항이 있는 경우 대리
인을 적시하고 있다. 1824년(순조 24) 보인안의
거주지 기록에 의하면 이들은 대체로 영당
소재지에 분포하고 있다. 특히 1805년(순조 5)
은 그 숫자가 상당한데 신분에 따라 노奴는
보상군안에, 양인은 원생안 내 보인으로 구별
하여 작성한 것이 특징이다. 이 무렵은 송시열
영정이 제향된 직후이자 지방관이 연이어 산
장에 추대된 것과 무관하지 않아 보인다.

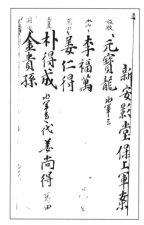

신안영당 院屬案
(출처: 국사편찬위원회)

　서원은 17세기 중반 이후 비非양반층의 신분 상승과 서원의 재정확대
욕구가 부합하면서 원속으로서 원생을 모입募入하였다.[110] 영당원생안 4책이
바로 그것이다. 그런데 여기에는 영당 운영 주체인 안동권씨와 성주이씨가
한 명도 보이지 않는다. 도대체 원생안의 이들은 누구인가? 1821년(순조 21)
원생안에서 노유老儒를 제외한 원생 15명 중 8명의 이름이 1825년(순조 25)
작성된『단성호적대장』에서 확인이 된다.[111] 여기에 이들의 직역은 당시
양인 2명, 유학·원생 각 2명, 양군관良軍官·한량閑良 각 1명으로 기재되어
있다. 4년 후 호적인 점을 고려하면 원생 2명은 그대로 영당 원생의 직역을
유지했음을 뜻하며, 나머지는 변동이 있은 듯하다. 주목할 점은 4명이 노비를
소유할 정도로 일정한 경제력을 갖춘 계층인 점과 김덕수金德守의 경우 10세
에 불과한 아들을 영당보影堂保로 입속入屬시키고 있다는 점이다. 즉 원생은

---

110) 이수환,『조선후기 서원연구』(일조각, 2001), 186쪽.
111) 성균관대학교 대동문화연구원(http://daedong.skku.ac.kr),『19세기 단성호적—1825년 乙酉』.

비교적 경제적으로 양호한 자들이 입속했고, 역役 부과 대상자가 아닌 연소자들도 원속에 투탁한 사실을 이 자료에서 확인할 수 있다.

1707년(숙종 33) 규정된 원생 모입원생의 수는 문묘종사서원 30명, 사액서원 20명, 미 사액서원이 15명으로 규제했다.[112] 따라서 1818년(순조 18)과 1821년(순조 21) 이 기준에 초과된 5명과 4명이 노유老儒란 직제로 편법 모입하여 이 규정을 준수하고 있다. 관련 문서들 말미에 모두 관인官印을 받아 면세의 혜택을 받았음을 알 수 있다.

서원의 심원록은 임원록과 함께 서원에서 중요히 취급했던 문서로 그 등재 여부도 엄격히 규정하는 문서이다. 신안영당에도 심원록의 성격을 띤 『첨알록瞻謁錄』이 전한다. 총 1,966명의 방문자 가운데는 사당 참배뿐 아니라 이안移安·환안還安·봉안奉安처럼 특별한 사안에 참석한 인사들의 현황도 병기되어 있다. 영당 측에서는 중요 인사에 대해서 표점을 찍어 두었는데, 주로 관료, 송시열의 후손, 과거합격자 등이 그 대상이다.

첨알록 내 거주지가 확인되는 인물은 총 465명이며,[113] 단성을 제외한 42개 군현에서 발길이 이어졌다. 이를 좀 더 세분하면 다음 표와 같다.

<표5> 신안영당 타읍 거주자 방문 현황

구분	군현(인원수)
경상우도 (407)	진주(96), 삼가(65), 지례(34), 의령·함양(각 28), 산청(23), 합천(21), 함안(20), 안의(17), 하동(13), 성주(12), 거창·거창(각 7), 곤양·선산·초계(각 6), 거제·고령·남해(각 4), 사천(3), 상주(2), 固城(1)
그 외 (58)	서울(16), 보성(8), 남원(7), 부여·창평·청주(각 3), 영동·용인·황간·회덕(각 2), 光州·낙안·대구·임피·보은·영암·운봉·창원·충주·흥양(각 1)

---

112) 세종대왕기념사업회, 『앞의 책』, 「숙종 37년 12월 26일」(2015), 137~138쪽; 이수환, 『앞의 책』(2001), 186쪽 재인용.

113) 거주지가 기재되어 있지 않지만 新恩·大恩 등 과거 합격 기념 차 내방한 경우 사마방목에 의거하여 통계에 더하였다.

<표5>는 18세기 중반에서 19세기 중반까지 경상우도의 서인계 분포 양상을 짐작할 수 있다. 전체적으로 우도 내 대다수 군현에서 내방이 이루어졌고, 그 중에서도 진주·삼가·지례의 수치가 높다. 이는 3개 군현이 서인계의 비율과 활동이 그만큼 활발했음을 보여 주는 징표이다. 이 시기 우도 서인계를 이끌어 간 진주의 진주하씨 창주가滄州家·해주정씨 농포가農圃家, 삼가의 안동권씨 삼괴당파三槐堂派, 지례의 연안이씨 정양공파靖襄公派가 바로 그들이다. 특하나 진주와 삼가는 김장생을 기점으로 기호학맥을 계승한 상당수의 문인이 배출된 곳으로서 18세기 양송兩宋의 문묘종사를 4차례 진달한 서인 활동이 왕성한 지역이었다.[114)]

또한 향촌 내 영당의 위상을 간접적이나마 알 수 있는 것은 송시열 추향 후 단성현감이 거의 빠짐없이 내방하고 있다는 점이다. 물론 문익점을 제향한 도천서원道川書院을 비롯한 향내 여타 원사들 간의 자료적 교차 검증이 필요하겠지만 이는 미 사액인 영당임에도 단성현감의 필수 심방처尋訪處로 인식되고 있음을 의미하는 것이자 송시열 추향의 목적성이 드러나는 대목인 것이다. 그리고 1813년(순조 13) 9월 14일 이조판서 김희순金羲淳을 비방하는 상소를 올렸다가 단성에 유배 온 한시유韓始裕의 방문 사실도 제법 흥미롭다.

이처럼 신안영당은 조선 후기 경상도의 서인계 원사, 특히 우도지역 원사의 구체적인 실상 즉 직제, 강규, 경제적 기반, 내방자 등 자세한 일면을 파악할 수 있는 중요한 사례로 여겨진다.

---

114) 『승정원일기』 1725년(영조 2년) 3월 10일: 疏頭 鄭尙說(貫 진주); 1725년 3월 26일: 疏頭 權泰斗(貫 삼가); 1748년(영조 24) 8월 5일: 疏頭 權泰佐(貫 삼가); 1748년 10월 10일: 疏頭 鄭相卨(貫 진주). 疏頭는 위에서 언급한 가문의 인물들이다. 1725년 3월 10일 상소는 14,001명이 연명할 만큼 대규모였다.

4. 맺음말

본론에서 검토한 단성 서인계 세력의 형성과 성장 그리고 신안영당의 설립과 운영의 특징을 요약하여 글을 맺고자 한다. 경상우도 서인 세력 범주를 기호학자에게 급문한 문인 현황을 위주로 파악한 결과 134명이 조사가 되었다. 지역별로는 삼가, 단성, 진주, 의령, 함안 등 서부 경남 일원에 집중되어 있었다. 이 글에서 주목한 단성의 서인은 안동권씨와 성주이씨가 중심이었다.

먼저 안동권씨에서 7명의 서인계 문인을 배출한 계열은 권극유를 파조로 하는 우천파이다. 전형적인 남명학에 뿌리를 둔 가문이었으나 서론西論을 표방한 계기는 친서인적 가풍, 교유인사, 남명집훼판사건이었다. 아들 대부터 서인계 활동이 두드러졌다.

성주이씨는 충의위공파와 동곡공파 2갈래에서 각 4명과 1명씩 서인계 문인이 나왔다. 특히 후자는 정치 위기를 서인계 중앙 관료의 도움을 받은 것을 시점으로 명확히 서인화가 되었다. 양 가문에서는 문인 외에도 기호학자에게 수령한 문자들이 서인계를 지향한 가문의 정체성을 보여 주고 있다.

다음은 신안영당은 지역 노론계 두 개 가문이 연대해 주자와 송시열을 제향한 문중 원사이다. 일반적으로 영남의 비남인계 원사는 대부분 신향 세력의 주도로 기획·추진된 것에 비해, 본 영당은 단성의 유력한 사족가문에 의해 설립·운영된 사례라는 점에서 흥미로웠다. 신안영당 소장 자료 분석을 통해서 이 지역 서인계 서원의 직제, 강규, 경제적 기반, 내방자 등 상세한 면모를 파악할 수 있는 계기가 되었다.

끝으로 일반적으로 조선 후기 경상도 내 좌도보다는 우도에 서인계가 더 많다고 알려져 있다. 그러나 이는 막연한 인식에 불과하다. 사례 연구 일환으로 일부 해명된 부분도 있지만 구체적으로 그 형성·확산·분포·활동에 대해서는 여전히 의문점이 많다. 최소한 진주권 내 서인계 핵심 가문을 위주로 종합적인 연구가 필요하다. 이러한 서인계에 대한 관심은 경상우도의 연구 영역 확장은 물론 다양성을 살필 수 있는 유의미한 주제라 판단된다.

∥이 글은 『민족문화논총』 79집(영남대학교 민족문화연구소, 2021)에 수록되었던 것이다.

제6장 죽각 이광우의 생애와 학문 자세

민 혜 영

1. 머리말

죽각竹閣 이광우李光友(1529~1619)는 청향당淸香堂 이원李源(1501~1568), 남명南冥 조식曺植(1501~1572), 퇴계退溪 이황李滉(1501~1570)의 가르침을 받은 인물이다. 그의 자는 화보和甫이고, 본관은 합천陜川이다. 그의 선조는 본래 단성丹城 소이곡所耳谷에 거주하였으나, 조부가 외선조인 강성군江城君 문익점文益漸(1329~1398)의 묘소를 보살피기 위해 배양리培養里로 이주하여 정착한 이후 대를 이어서 그곳에 거주하였다.

이광우는 특히 그의 백부인 이원과 조식으로부터 많은 영향을 받았는데, 학문적 영향 외에도 그들이 지닌 수양관 및 처세관까지도 본받았다. 그래서 부귀영화나 사환仕宦에 대한 뜻을 버리고, 일평생 학문 연구와 수양에 힘썼다. 한편 그는 조식이나 이원 등을 찾아온 당대의 뛰어난 학자들인 동강東岡 김우옹金宇顒(1540~1603)이나 한강寒岡 정구鄭逑(1543~1620)와 같은 인물들과 교유하면서 강학활동에 힘썼으며, 후학들의 존경을 한 몸에 받은 인물이기도 하였다.

이광우가 당대 명망 높은 학자들로부터 학문을 수학하고 그들의 제자들과 교유한 것으로 미루어 볼 때, 그의 학문 또한 높은 경지에 이르렀음을 짐작할 수 있다. 그러나 전란과 화재 등으로 말미암아 그의 저술이 거의 남아 있지 않은 탓에 이광우의 학문 세계를 파악하는 데에는 한계가 있다. 이러한 사정으로 인해 남명학 연구에서 이광우를 조명한 성과는 많지 않다.[1]

그의 문집인 『죽각문집竹閣文集』은 모두 2권 1책으로 이루어져 있는데, 권1에는 시詩 9수, 서書 6편, 잡저로 배문록拜門錄 2편, 서序 1편, 제문祭文 1편이 수록되어 있다. 권2는 크게 부록과 제현수창諸賢酬唱으로 나누어져 있으며, 부록에는 「세계도世系圖」, 「연보年譜」, 「만사挽詞」, 「찬贊」, 「기사記事」, 「언행록言行錄」, 「행록行錄」, 「행장行狀」, 「묘갈명墓碣銘」, 「묘지명墓誌銘」, 「배산서원원우개기문培山書院院宇開基文」, 「묘우상량문廟宇上樑文」, 「봉안문奉安文」, 「상향축문常香祝文」, 「서원기書院記」, 「척유摭遺」, 제현수창에는 4수가 수록되어 있다. 이 중에서 이광우의 학문과 삶의 자세를 알아볼 수 있는 작품은 권1에 수록된 것뿐으로 매우 적다. 그러나 이광우는 영남지역 문한가의 일원이면서 조식으로부터 학문을 전수받고 남명학파의 많은 문인들과 교유한 인물로, 그의 생애와 학문을 고찰함으로써 남명학파 및 영남지역 학자의 일부를 조금이나마 확장할 수 있을 것이다. 그러므로 본고에서는 이광우의 저술 및 『사우록』, 교유 인물들이 이광우에 대해 남긴 저술들을 참고로 하여, 이광우의 생애를 개괄하고 그가 지향했던 학문 자세를 살펴보고자 한다.

---

1) 이광우에 대한 현대의 연구 성과는 이상원, 「培山書院을 통해 본 南冥學의 展開」, 『南冥學研究論叢』 제8집(2000), 316면~353면; 강정화, 「『竹閣集』 解題」, 『南冥學研究』 제12집(2002), 231면~241면; 최석기·강정화 역, 『청향당실기·죽각문집』(술이, 2015) 이 있다.

2. 생애와 사승

1) 가계와 생애

이광우의 조상은 본래 합천에 거주하였으나, 8대조 봉익대부奉翊大夫 판도
판서版圖判書를 지낸 청원재淸源齋 이운호李云皓부터 단성의 소이곡에 이주하
여 살게 되었다. 그는 금자광록대부金紫光祿大夫에 올랐으며, 『동국사략東國史
略』에 사적이 실려 있다. 문장으로 이름이 났으며, 중국의 황제가 세 번이나
초빙하는 예로써 우대하고 벼슬을 올려 주었다. 7대조는 봉익대부奉翊大夫
지영주군사知永州郡事를 지낸 이사방李斯昉이고, 6대조는 생원으로 사직司直
을 지낸 이권로李權老이며, 5대조는 군수郡守를 지낸 이양근李壤根이다.

이광우의 고조부는 예빈봉사禮賓奉事를 지낸 이동재李棟材로, 문과에 급제
하였다. 증조부는 부호군副護軍을 지낸 이계통李季通(1439~1491)이고, 그의
부인은 남평문씨南平文氏로 강성군江城君 삼우당三憂堂 문익점文益漸의 손자
인 문승로文承魯의 딸이다. 이광우의 조부는 이승문李承文으로 참봉을 지냈으
며, 판서判書 이소봉李少鳳의 손자인 이석신李碩臣의 딸을 부인으로 맞이하였
다.[2] 이승문은 어머니의 명으로 외선조인 문익점의 묘소를 보살피기 위해
배양리에 정착하였으며, 그 이후 대대로 배양리에서 살게 되었다. 남평문씨
집안에 변고가 있어 문씨들이 흩어져 생활하였으므로, 이때부터 합천이씨가
묘소를 관리하게 되었다. 그로 인해 이광우는 1563년(명종 18)에 문익점의
비각을 중수한 후 백부인 이원을 모시고 도산에 가서 이황에게 기문을 청하기
도 하였다.[3] 이후 임진왜란으로 인해 문익점의 묘와 사당 및 비각이 소실되자,

---

2) 조식의 증조부 曹安習은 문익점의 조카로서 成均館學諭를 지냈던 文可容의 딸과 혼인
하였다. 그리하여 조식은 「三憂堂文公廟祠記」와 같은 글을 남겨 문익점에 대한 경모심
을 드러내었다. 이처럼 조식과 이광우의 가계는 각각 문익점의 후손과 인척으로 맺어졌
으며, 각각 문익점을 깊이 추모하였다.

1615년(광해군 7)에 당시의 방백方伯에게 이를 중수하는 일을 논의하였다.4)

이광우의 백부는 이원으로 자는 군호君浩이고 호는 청향당淸香堂이다. 은일隱逸로 천거되어 훈도訓導 및 전생주부典牲主簿 등을 제수받았으나, 사양하고 나아가지 않았다. 그는 20세 때 의령이씨宜寧李氏를 부인으로 맞이하였는데, 이황 또한 같은 마을에 처가가 있어 서로 교유하며 지냈다. 그 이후 이원은 하서河西 김인후金麟厚(1510~1560)를 만났고, 조식으로부터 "나이가 같고, 도가 같고, 마음이 같고, 덕이 같으니, 네 가지가 같다(四同)고 하겠다"5)라고 칭송받으면서 서로 각별하게 지냈다. 그는 평생 동안 출사하지 않고, 향리에서 강학활동과 후진양성에 힘을 쏟았다. 그러나 병란으로 인해 그의 저술이 거의 남아 있지 않아서, 그의 학문을 파악하기 쉽지 않다.

이광우의 부친은 이잠李潛(?~1551)으로 자는 태호太浩이고 참봉參奉을 지냈다. 모친은 성주이씨星州李氏로 홍안군興安君 이제李濟(?~1398)의 증손인 이계유李繼裕의 딸이다. 이광우의 가계도를 정리하면 다음과 같다.(297쪽 참조)

이광우는 1529년(중종 24) 2월 13일 인시에 단성 배양리에서 출생하였다. 5세가 되어 스스로 말을 할 수 있게 되자, 부친으로부터 방위와 수를 학습했고 평소에 항상 남을 속이지 말 것을 배웠다. 6세가 되어서 처음으로 글을 읽기 시작하였으며, 10세가 되자 백부인 이원에게서 『소학』을 학습했다. 이후 『효경』·『중용』·『대학』·『주역』·『예기』 등을 읽었고, 18세가 되어서 안분당安分堂 권규權逵(1496~1548)를 찾아갔다. 20세에는 외숙부인 동곡桐谷 이

---

3) 李光友, 『竹閣先生文集』, 卷2, 「附錄·年譜」, "四十二年 明宗大王十八年 癸亥 先生三十五歲 三月……至是重修 外先祖江城君碑閣 親往請記 先生陪往焉"

4) 李光友, 『竹閣先生文集』, 卷2, 「附錄·年譜」, "四十三年 光海君七年 乙卯 先生八十七歲 上方伯書 論外先祖江城君碑閣重修事"; 『竹閣先生文集』, 卷1, 「上方伯」.

5) 李源, 『淸香堂先生實紀』, 卷1, 「附錄·年譜」, "四年 中宗大王二十年 乙酉 先生二十五歲……南冥常稱先生曰 若人吾四同之友 蓋同年同道同心同德之謂也"; 柳致明, 『淸香堂先生實紀』, 「淸香堂先生實紀序」, "南冥嘗稱先生以四同 蓋曰同年同道同心同德也"

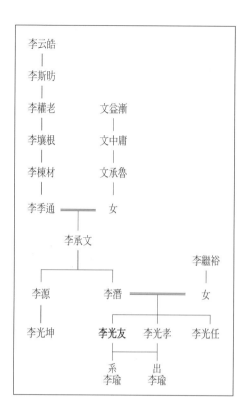

조李晁(1530~1580)를 모시고 단속사斷俗寺에서 『춘추』를 읽었다. 이듬해 『심경』과 『근사록』을 읽었다.

22세에 참봉參奉 어응성魚應星의 딸인 함종어씨咸從魚氏를 부인으로 맞았으며, 이 해에 종형인 송당松堂 이광곤李光坤(1528~?)과 함께 조식의 문하에 찾아가 절하고 배움을 청하였다. 이때부터 조식을 자주 찾아가 학문을 수학하였으며, 이로 인해 조식의 문하를 드나들던 많은 인물들과 교유하기 시작하였다. 23세에 부친상을 당하였으며, 27세에 족증조族曾祖인 황강黃江 이희안李希顔(1504~1558)을 찾아뵈었다. 이듬해 조식을 찾아뵈었는데, 당시 각재覺齋 하항河沆(1538~1590)이 와서 수학하고 있었을 때로 두 사람은 서로 도의로써 교유하였다. 30세에 이원과 조식을 모시고 두류산을 유람하였는데, 안분당安分堂 이공량李公亮(1500~1565)·구암龜巖 이정李楨(1512~1571)·진주목사晉州牧使 김홍金泓·이희안 등과 함께하였다. 32세에 이광우는 과거공부는 사문斯文의 차후의 일로 반드시 힘쓸 필요가 없다고 하면서, 이 해부터 과거공부를 하지 않았다.

35세에 백부 이원을 모시고 도산에 가서 이황의 문하에서 배우기를 청하였다. 이때 외선조인 문익점의 비각을 중수하고 기문을 요청하였는데, 당시 고산孤山에 살던 성재惺齋 금난수琴蘭秀(1530~1604)를 방문하였다. 이후 산천재山天齋에 가서 조식을 뵈었는데, 동강 김우옹이 수학하고 있어 함께 도의를 강마하였다. 36세에 백부의 서실인 구사재九思齋에서 족종숙族從叔인 일신당日新堂 이천경李天慶(1538~1610)과 『성리대전』을 읽었다. 37세에 뇌룡사雷龍舍에 가서 조식을 뵈었는데, 수우당守愚堂 최영경崔永慶(1529~1590)과 만나 교유를 맺었다. 이해 겨울에 구사재에서 영모암永慕庵 정구鄭構(1522~?)와 함께 주자서를 토론하였다. 38세에 다시 백부의 명으로 이황을 찾아가서 리기론에 대해서 질문하였다. 이 해 이정·김우옹·하항·옥계玉溪 노진盧禛(1518~1578)·개암介庵 강익姜翼(1523~1567)·역양嶧陽 정유명鄭惟明(1539~1596)·한강寒岡 정구鄭逑(1543~1620)·대소헌大笑軒 조종도趙宗道(1537~1597) 등이 조식을 모시고 산천재에 모였다는 것을 듣고 백부 이원을 모시고 가서 함께 경전의 뜻을 강학하고 토론하였다.

39세에 죽림정사竹林精舍를 완성하였다. 41세에 백부 이원이 세상을 떠나 심상心喪을 지냈다. 43세에 이황이 세상을 떠난 것을 듣고, 장례에 가서 곡하고 역동서원易東書院에 갔다. 이 해 겨울에 조식의 병환을 위문하여 돌보았으며, 이듬해 조식이 세상을 떠나자 장례에 가서 곡하였다. 46세에 덕계德溪 오건吳健(1521~1574)의 부음을 들었다. 48세에 덕천에 서원을 세우고 제향을 하였고,

60세에 신안에 백부 이원의 서원을 건립하였으며, 이듬해 향례를 거행하고 학규를 의논하여 정하였다.

64세에 임진왜란이 일어나자 어머니를 모시고 덕산동으로 우거하였으며, 초유사招諭使였던 학봉鶴峯 김성일金誠一(1538~1593)을 만나 자신의 사위인 전유룡田有龍을 천거하였다. 그 후 의병을 일으킨 조종도를 만났다. 이듬해 모친상을 당하였다. 69세에 정유재란丁酉再亂이 일어나 대구로 옮겨 갔는데, 벗인 악재樂齋 서사원徐思遠(1550~1615)과 만나 아침저녁으로 강학하고 토론하였다.

74세에 덕천서원을 중수하였으며, 76세에 외손인 하홍도河弘度(1593~1666)가 와서 수학하였다. 81세에 덕천서원으로·가서 『서원록書院錄』을 다시 찬수하였으며, 84세에는 덕천서원으로 가서 『학기유편學記類篇』을 교정하였다. 이 해 내암來菴 정인홍鄭仁弘(1536~1623)에게 편지를 보내 당부하였다. 87세에 방백에게 편지를 올려 문익점의 비각을 중수하는 일을 의논하였다. 91세에 세상을 떠났다.

이광우는 평생 벼슬길에 나아가지 않고, 지역에서 학문과 수양에 힘썼다. 그의 생애를 3단계로 나누어 보면, 초기는 가정과 백부 이원으로부터 학업의 기초를 닦은 시기였다. 청년기에는 조식·이황과 같은 스승을 찾아가 학문을 수학한 시기로, 특히 조식을 자주 방문하였기 때문에 조식의 많은 문인들과 교유를 맺었다. 마지막 시기는 스승으로 모셨던 이원·이황·조식이 세상을 떠나고, 임진왜란과 정유재란 등으로 인해 훼손된 서원 등을 건립하거나 저술을 정리하는 등 스승에 대한 추숭 활동을 한 시기라고 볼 수 있다.

2) 사승과 교유

이광우는 그의 백부 이원을 스승으로 삼았다. 이원은 조식 및 이황과 함께 영남지역에서 학문을 일으키고 흥기시킨 인물이다.[6] 이광우는 이원으로부터 『소학』 및 여러 경전들을 수학하면서, 가르치고 지도하는 것을 한결같이 좇았다. 이원은 이광우가 쇄소응대灑掃應對하는 범절과 부모를 사랑하고 어른을 공경하는 도리 등을 알고 있었던 것에 기뻐하며, 부친인 이잠에게 "이 아이는 뒷날 반드시 크게 성취함이 있을 것이다"라고 말하였다고 한다.[7] 이광우는 평생토록 이원을 스승으로 모셨으며, 1569년(선조 2)에 이원이 세상을 떠나자 숙질 사이지만 스승과 제자의 의를 겸하였기 때문에 스승을 위한 복을 입는 심상을 하였다. 그는 60세에 산청 신안면에 이원을 주향으로 하는 신안서원을 건립하였고, 이듬해 동문의 여러 유생들과 향례를 행하고 학규를 의논하여 정하였다.

이원은 경敬과 성誠에 대해서 언급하였는데, 경에 대해서는 성학聖學에서 철두철미하게 처음부터 끝까지 일삼은 것이라고 정의를 내렸다. 그리고 아직 알지 못하는 자는 경이 아니면 무엇으로도 그것을 알 수 없고, 이미 알고 있는 사람은 경이 아니면 무엇으로도 그것을 지킬 수 없다고 하였다.[8] 그리고

---

6) 朴趾源, 『淸香堂先生實紀』, 卷1, 「附錄·墓誌銘 幷序」, "昔者 退溪南冥兩先生 倡學嶠南 此邦之儒士 靡然嚮道 不之陶山 則之德山 時則有若淸香李先生 遊於二賢之門 一弦一葦 如磋如磨 鄰德輔仁 高山仰而麗澤悅 于是摳衣於二賢之門者 亦莫不迭來 扣質於先生而相與推服敬仰也"

7) 李源, 『淸香堂先生實紀』, 卷1, 「附錄·年譜」, "十七年 中宗大王三十三年 戊戌 先生十歲 受小學於伯父淸香堂先生 先生一從敎導已 知麗掃應對之節 愛親敬長之道 應唯必恭步趨有度 淸香先生喜謂參奉公曰 此兒異時 必大有成就焉"; 朴來吾, 『淸香堂先生實紀』, 卷2, 「附錄·行錄」, "先生自受是書 誦讀不輟 講究麿解 每對案擊節而歎曰 人道不外是矣 於愛敬隆親之道 無不知其職分之所當爲而各勉焉 以盡其力 而至若麗掃應對進退之節 洒其日用間餘事也 淸香公喜謂參奉公曰 君可謂百不憂者也 有子如此 異日所 就庸有旣乎 因以孝經禮記近思錄等書授之"

8) 李光友, 『淸香堂先生實紀』, 卷1, 「附錄·言行錄」, "敬之一字 乃聖學徹頭徹尾 始終事耳

성과 경을 드러내는 방법에 대해서는, 성은 허다한 거짓을 없애는 것일 뿐이고, 경은 허다한 태만을 제거하는 것일 뿐이라고 말하였다.[9] 성과 경에 대한 이원의 이와 같은 견해는 이광우에게 전수되어 그 학문의 근간이 되었다. 이광우는 이원으로부터 학문의 토대를 닦았으며, 정훈庭訓의 계승과 가학家學을 물려받아서 성취를 이루었음을 알 수 있다.

이광우는 23세에 종형인 이광곤과 함께 조식을 찾아갔으며, 조식이 세상을 떠날 때까지 자주 찾아가 학문을 수학하였다. 조식이 종기를 앓을 때, 밤낮으로 모시며 탕약을 올렸으며 항상 곁에서 시중을 드는 항렬에 있었다.[10] 74세에 덕천에 조식의 서원을 중수하자는 논의가 일어났을 때 "이 일은 하루도 늦추어서는 안 된다"고 하면서 백곡栢谷 진극경陳克敬(1546~1617) · 모촌茅村 이정李瀞(1541~1613) · 창주滄洲 하징河澄(1563~1624) 등과 합의하여 중창하였다.[11] 81세에는 덕천서원으로 가서 『서원록』을 다시 찬수할 때 수제首題로 추대되었으며, 그리고 84세에 덕천서원으로 가서 『학기유편』을 교정하였다.

이광우는 평생토록 조식을 가까이에서 스승으로 모시면서 깊이 존숭하였다. 조식을 기리며 쓴 만사를 살펴보면 조식에 대한 그의 생각을 잘 알 수 있다.

未知者 非敬 無以知之 已知者 非敬 無以守之 若曰 未知而不以敬知之 是始無知日 若曰 已知而不以敬守之 是終無守時 此所謂斯須之敬 非所以庸敬也"

9) 李光友, 『淸香堂先生實紀』, 卷1, 「附錄·言行錄」, "或問 人如何斯可發其誠敬消其欲 曰 此是極處了 誠只是去了許多僞 敬只是去了許多怠慢 欲只是要窒 問何以窒欲 曰 伊川曰 思此莫是言 慾心一萌 當思以禮義勝之"

10) 朴來吾, 『淸香堂先生實紀』, 卷2, 「附錄·行錄」, "是年冬十二月 曺先生患疽 先生日夜侍湯 常在執燭之列矣"; 朴絪, 『山海師友淵源錄』, 卷9, 「李竹閣」, "南冥先生之病也 公嘗侍執燭之列"

11) 朴來吾, 『淸香堂先生實紀』, 卷2, 「附錄·行錄」, "壬寅 德川書院重建之議起 先生曰 此不可一日緩也 往與陳栢谷李茅村河滄洲諸賢同力經紀焉"

부사父師의 동갑내기 벗은	父師三甲契
퇴로와 선생이시네.	退老及先生
도학은 천년의 사인이고	道學千年士
문장은 백세의 영웅이네.	文章百世英
산하가 정기를 거두고	山河收正氣
온 세상 높은 이름 숭상하네.	宇宙尙高名
이제 짐을 챙겨 돌아가려 하시니	治任將歸路
소자의 정을 다하기 어렵구나.	難窮小子冊12)

이 만사에 등장하는 부사는 이광우의 백부이자 스승인 이원을 가리키는 것으로, 그는 이원이 조식과 이황의 동갑내기 벗이라는 것을 말하고 있다. 그는 조식의 도학이 천년에 한 번 나올 만한 것이며 문장 또한 매우 훌륭하여, 산하山河와 온 세상宇宙이라는 용어를 빌려 많은 이들이 조식을 숭상하였다고 하였다. 그러나 스승인 조식이 하늘로부터 부여받은 명을 다하여 세상을 떠나, 그에 대한 자신의 정을 다할 수 없는 사실을 한탄하고 있다. 조식에 대한 이광우의 추모는 1609년 감사인 류영순柳永詢(1552~1632)과 함께 덕천서원에 가서 배알한 후 그에게 지어 준 시에도 잘 드러나 있다.13) 이와 같은 내용만 보더라도 이광우가 조식을 얼마나 추모하고 숭상하였는지 알 수 있다.

조식 또한 이광우의 품성과 학문에 대해 "자질이 성실하고 충후하며 경전의 뜻을 강론하는 것이 정밀하고 명쾌하여, 다른 사람들로 하여금 경을 일으키게 한다"14)라고 말하였다. 이것은 조식이 이광우에 대해 성실하고 정밀하게

---

12) 李光友, 『竹閣先生文集』, 卷1, 「南冥先生挽」, "父師三甲契 退老及先生 道學千年士 文章百世英 山河收正氣 宇宙尙高名 治任將歸路 難窮小子冊"
13) 李光友, 『竹閣先生文集』, 卷1, 「謝柳監司(永詢)」, "杖屨追隨地 淸溪空自流 當時眞面目 . 方丈聳千秋"

학문한 것을 허여한 것이다.

이광우는 35세에 백부 이원을 통해 이황의 문하에서 배우기를 청하였고, 그 이후 38세에 다시 찾아가 리기론에 대해서 질문하였다. 이때 이황은 고봉高峰 기대승奇大升(1527~1572) 또한 같은 질문을 한 적이 있음을 말하면서 기대승에게 변석辨析한 내용을 보여 주었다. 그리고 이광우가 「천명도天命道」와 음양오행이 생성되는 오묘함 및 사람과 사물이 통하고 막히는 구분에 대해서 질문을 하니, 이황은 추만秋巒 정지운鄭之雲(1509~1561)의 도설圖說에 개정할 것을 문답형식으로 첨부한 것을 주었다.[15] 이광우는 이 도설을 좌석 옆에 걸어 놓고서는 날마다 완미하며 연역하였다.[16] 그는 이처럼 이황의 가르침을 가까이에 두면서 항상 마음에 새겼다. 1571년 이황의 부음을 들었을 때 이광우는 정성이 짧아 겨우 한두 번밖에 뵙지 못한 것을 아쉬워하면서 곡하였다.[17] 이광우는 3년간 심상을 지냈으며, 3월에 장례에 참석하여 곡하였다. 이황과 이광우는 서로 멀리 떨어진 곳에 살고 있었기 때문에, 이황 생전에 이광우는 그를 자주 찾아가지 못하였다. 하지만 이와 같은 사실로 미루어 짐작하건대 이광우가 이황을 스승으로 삼아 마음 깊이 존숭한 것을 알 수 있다.

이광우가 숭모했던 세 스승의 문하에는 가르침을 청하는 이들이 많았다.

---

14) 李光友, 『竹閣先生文集』, 卷2, 「附錄·言行錄」, "南冥先生嘗與門徒稱曰 李光友質實忠厚 講義精明 使人起敬焉"; 權濩, 『黙翁集』, 聯芳輯錄, 卷8, 「附錄·師友錄」, "南冥許以質實忠厚講義精明"

15) 李光友, 『竹閣先生文集』, 卷2, 「附錄·年譜」, "先生問曰 先生嘗以四端七情分屬理氣 四端爲理之發 七情爲氣之發 然則四端不須於氣 七情不須於理乎 先生曰 往年奇明彦之見 亦如此 故予敢就加辨析 其說甚長 詳究而精察之 可得也 因以所與奇高峰書之 又問 天命圖二五生成之妙 人物通塞之分 先生曰 此非尋常談話所可諦得 予於鄭靜而圖與說 多所改訂 而附以問答之辭 於此求之可也 又以圖說一通授之"

16) 李光友, 『竹閣先生文集』, 卷2, 「附錄·言行錄」, "先生嘗講問于陶山書老先生天命圖說 揭諸座右 日澄心默坐玩繹不已 殆忘寢食"

17) 朴來吾, 『淸香堂先生實紀』, 卷2, 「附錄·行錄」, "辛未正月 聞退溪先生訃 易簀之日 卽庚午十二月也 先生爲位慟哭曰 大賢云亡 邦國不幸 小子誠短 纔得一二拜侯 今此承訃已晚 而親癠轉深 不得趨哭洩哀 此吾平生之恨也"

그는 이원·조식·이황을 흠모하여 문하에 가르침을 청해 오는 당대의 많은 명유들과 폭넓게 교유를 하였다. 『죽각문집』 및 『사우록』 등을 참고하여 이광우와 교유·사승 관계를 맺고 있던 인물을 정리하면 다음의 표와 같다.

성명	생몰년	자, 호	본관	거주지	비고
權逑	1496~1548	子由, 安分堂	安東	丹城	曹植 교유인, 李滉 교유인
李公亮	1500~1565	寅叔, 安分堂	全義	坡州	曹植 자형
李希顔	1504~1558	愚翁, 黃江	陜川	草溪	李光友 族曾祖, 曹植 교유인
李楨	1512~1571	剛而, 龜巖	泗川	泗川	宋麟壽 문인, 李滉 문인
盧禛	1518~1578	子膺, 玉溪	豊川	咸陽	曹植 문인
吳健	1521~1574	子强, 德溪	咸陽	山陰	曹植 문인, 李滉 문인
鄭構	1522~?	肯甫, 永慕庵	慶州	丹城	曹植 문인
姜翼	1523~1567	仲輔, 介菴	晉州	咸陽	曹植 문인
全致遠	1527~1596	士毅, 濯溪	完山	陜川	李希顔 문인, 曹植 문인
李光坤	1528~?	後仲, 松堂	陜川	丹城	李源 아들, 曹植 문인
崔永慶	1529~1590	孝元, 守愚堂	和順	京	曹植 문인
李晃	1530~1580	景升, 桐谷	星州	丹城	曹植 문인
琴蘭秀	1530~1604	聞遠, 惺齋	奉化	禮安	李滉 문인
孫天佑	1533~1594	君弼, 撫松	密陽	水谷	曹植 문인
趙宗道	1537~1597	伯由, 大笑軒	咸安	咸安	曹植 문인
河沆	1538~1590	浩源, 覺齋	晉陽	水谷	曹植 문인
金誠一	1538~1593	士純, 鶴峰	義城	禮安	李滉 문인
李天慶	1538~1610	祥甫, 日新堂	陜川	丹城	曹植 문인, 李源 문인, 李光友 族從叔
鄭惟明	1539~1596	克允, 嶧陽	八溪	安義	林薰 문인, 盧禛 문인, 鄭蘊 부친
金宇顒	1540~1603	肅夫, 東岡	義城	星州	曹植 문인
河應圖	1540~1610	元龍, 寧無成	晉陽	晉陽	曹植 문인
權世春	1540~?	景和, 栗軒	安東	丹城	權濤의 부친
李瀞	1541~1613	汝涵, 茅村	載寧	咸安	曹植 문인
權世倫	1542~1581	景彝, 仙院	安東	丹城	曹植 문인
鄭逑	1543~1620	道可, 寒岡	淸州	星州	吳健 문인, 曹植 문인, 李源 문인
李魯	1544~1598	汝唯, 松巖	鐵城	宜寧	丁熿 문인, 曹植 문인
柳宗智	1546~1589	明仲, 潮溪	文化	水谷	曹植 문인

陳克敬	1546~1617	景直, 栢谷	驪陽	晉陽	曹植 문인
朴寅亮	1546~1638	汝乾, 萬樹堂	密陽	丹城	曹植 문인, 李滉 문인
成汝信	1546~1632	公實, 浮查	昌寧	晉陽	曹植 문인, 李楨 문인
朴而章	1547~1622	叔彬, 龍潭	順天	高靈	鄭仁弘 문인
河渾	1548~1620	性源, 暮軒	晉陽	冶爐	鄭仁弘 문인
徐思遠	1550~1615	行甫, 樂齋	達城	利川	鄭逑 문인
李人期	1551~1628	任重, 雪墅	全義	草溪	曹植 사숙인
柳永詢	1552~1632	詢之, 拙菴	全州	京	李光友의 知友
河受一	1553~1612	太易, 松亭	晉陽	晉陽	河沆 문인
都敬孝	1556~1622	一源, 病隱	星州	丹城	盧禛 문인
梁欽	1558~?	汝愼, 龍巖	南原	丹城	
金景謹	1559~1597	而信, 大瑕齋	商山	丹城	河沆 문인
河憕	1563~1624	子平, 滄洲	晉陽	晉陽	曹植 사숙인
吳長	1565~1617	翼承, 思湖	咸陽	山陰	吳健 아들
朴敏	1566~1630	行遠, 凌虛	泰安	晉陽	鄭逑 문인
權濤	1569~1633	達甫, 黙翁	安東	丹溪	鄭逑 문인, 張顯光 문인
鄭蘊	1569~1641	輝遠, 桐溪	草溪	居昌	鄭仁弘 문인, 鄭逑 문인
朴文楧	1570~1623	君秀, 龍湖	潘南	山陰	鄭逑 문인
權濤	1575~1644	靜甫, 東溪	安東	丹城	鄭逑 문인
權濬	1578~1642	道甫, 霜巖	安東	丹城	鄭逑 문인, 權濤 동생
朴絪	1583~1640	伯和, 無悶堂	高靈	陜川	鄭仁弘 문인
權克亮	1584~1631	士任, 東山	安東	河東	李潤雨 문인, 張顯光 문인

위의 표를 살펴보면 이광우가 교유했던 인물들이 대부분 조식의 문인이라
는 것을 알 수 있다. 그는 조식의 문인들과 함께 도의를 연마하고 경전을
강학하였으며, 그들과 더불어 학문을 논하며 교유를 맺었다. 그들의 교유양상
을 살펴보면 이광우의 사람됨뿐만 아니라 그의 학문 세계에 대해서도 약간이
나마 파악할 수 있다.

정구는 이광우에 대해 충후한 자질과 순정한 학문이 있다고 칭찬하면서,
세상에 써 보지 못하고 끝내 초야에서 세상을 마친 것을 애석해하였다.[18]

이광우는 35세부터 김우옹과 교유를 맺었으며, 그에게 학문하는 방법에 대한 견해를 밝힌 편지가 2편이 있다. 이광우가 37세에 뇌룡정에 가서 조식 선생을 뵈었을 때, 최영경을 만났다. 그와 최영경은 서로 늦게 안 것을 탄식하며 마음을 함께하는 벗이 되기로 하였으며, 최영경은 이광우에 대해 "집안이 가난하나 지조를 지켜 물욕에 대해 담박하니, 진정한 군자로다"[19]라고 표현하였다.

이광우가 39세에 죽림정사竹林精舍를 건립하고 난 후, 그의 오랜 벗이었던 하항과 오건이 내방하였다. 이때 하항은 덕천으로 가려다 죽림정사에 묵고서, 죽림정사의 그윽한 정취를 좋아하여 절구를 한 수 지어서 칭찬했으며, 오건은 죽림정사의 그윽하고 은은함을 좋아하여 벽에 시를 지었다.[20] 이들은 이광우와 친밀한 관계를 유지하였는데, 하항은 이광우에 대해 "책을 읽고 도를 구하는 뜻이 더욱 견고하고 더욱 확실하여 참되게 알고 실제로 터득하는 것을 임무로 삼았다. 노년에 이르러 조예가 날로 더하여 정밀하고 명쾌하였다"[21]라고 평하였다. 오건 또한 "학문을 좋아하고 행함에 힘써 안팎을 두루 배양하였다. 기상은 화락하면서도 굳세고, 말은 완곡하면서도 곧았다. 사물을 응대할 때는 스스로 포용하는 도량이 있으니, 이 사람이 나의 외우畏友이다"[22]라고 하였다. 이 두 사람의 평을 통해 이광우가 학문을 익히는 데에 있어

---

18) 李光友, 『竹閣先生文集』, 卷2, 「附錄・言行錄」, "鄭寒岡嘗稱先生曰 以忠厚之質純正之 學 未見施用 終老林泉誠 可惜也"
19) 李光友, 『竹閣先生文集』, 卷2, 「附錄・年譜」, "四十四年 明宗大王二十年 乙丑 先生三 十七歲 往拜南冥先生于雷龍舍 時崔守愚堂永慶來留 始與先生相見 以同庚晚知 爲歎結爲 同心之友 講討甚適 守愚堂常稱先生堅守之志曰 李和甫 家貧自守 於物欲澹然 眞君子也"
20) 李光友, 『竹閣先生文集』, 卷2, 「附錄・年譜」, "四月 吳德溪來訪 愛精舍之幽隱 因題詩 壁上"
21) 李光友, 『竹閣先生文集』, 卷2, 「附錄・言行錄」, "河覺齋嘗曰 李和甫 讀書求道之志 愈 堅愈確 以眞知實得爲務 而及其老造詣 日益精明矣"
22) 李光友, 『竹閣先生文集』, 卷2, 「附錄・言行錄」, "吳德溪嘗曰 李和甫 好學力行 內外交 養 氣和而毅 辭婉而直 應接事物 自有容量 此吾之畏友也"

어떠한 태도를 취했는지 파악할 수 있다. 그는 책을 그저 읽는 데에서 그치는 것이 아니라, 책의 내용을 몸소 체득하는 것을 자신의 임무로 삼았다. 이러한 마음가짐으로 학문을 갈고 닦았기에 나이가 들수록 학문이 무르익고 수양이 깊어졌다는 것을 알 수 있다.

이광우는 백부인 이원을 스승으로 삼았으며, 이원의 주선으로 조식과 이황을 모두 찾아가 스승으로 모셨다. 그리고 그들의 문하에서 수학을 한 덕분에 조식과 이황에게서 수학한 많은 인물들과 만나고 교유할 수 있었다. 이광우는 이들과 함께 경전을 강학하고 토론하였으며, 그들과 도의로써 교유하며 자신의 학문을 향상시켰다. 그 결과 여러 교유인들로부터 인정을 받았다.

3. 학문 자세와 출처 양상

1) 성誠·경敬 중심의 학문 태도

이광우는 어렸을 적부터 학문을 대하는 태도가 남달랐다. 그는 13세 때 사서史書를 읽다가 도간陶侃이 "대우大禹와 같은 성인도 오히려 촌음寸陰을 아꼈으니, 일반 사람들은 마땅히 분음分陰을 아껴야 한다"라고 한 대목에 이르러 크게 놀라고 삼가면서 학문을 부지런히 할 것을 다짐하였다.[23] 그 이후로 그는 항상 성실하게 학문에 힘썼다. 심지어 임진왜란으로 인해 대피 중이거나 나이가 들어 병이 들었어도 학문을 그만두지 않아서, 공부가 더욱 독실해졌다.[24] 이광우는 평생을 학문에 힘썼는데, 그는 본디 뛰어난 자질을

---

23) 李光友, 『竹閣先生文集』, 卷2, 「附錄·年譜」, "二十年 中宗大王三十六年 辛丑 先生十三歲 讀史至陶侃曰 大禹聖人 猶惜寸陰 至於衆人 當惜分陰 輒斂手警惕曰 爲學之勤 當如是矣"

24) 李廷夔, 『菊軒實紀』, 卷1, 「王考竹閣先生事行記略」, "河謙齋嘗曰 外王考 雖在亂離奔竄

가진 사람이 아니더라도 학문을 좋아하고 게을리하지 않는다면 높은 학문의
경지에 도달할 수 있다고 하였다.[25]

　이광우가 말하는 학문은 단순히 책만 많이 읽는 것이 아니었다. 그는 책을
많이 읽기보다는 전일하게 해야 하는 것을 강조하였다. 이광우의 이러한
생각은 김우옹에게 보낸 학문의 방법을 논한 편지에 잘 드러나 있다.

　무릇 학문은 독서를 말하는 것이 아닙니다. 그러나 독서하지 않으면 또한 그 무엇으로도
학문하는 방법을 알지 못합니다. 그러므로 독서하는 사람은 전일專一한 마음으로
독서하는 것을 귀하게 여기고, 박람博覽하는 것에 힘쓰지 않습니다. 대개 오로지
전일한 마음으로 독서를 하면 능히 그 뜻을 알아 그 쓰임을 얻게 되나, 한갓 박람만
하게 되면 거칠고 분잡하며 얕고 소략한 데에서 도리어 잘못되어 얻는 것이 없습니다.
이것은 주부자朱夫子가 학자들을 경계시키고 면려시킨 것으로, 그들로 하여금 이치를
궁구하게 하고 난숙하게 해서 도道에 들어가고 덕德에 들어가도록 한 뜻입니다.
그러나 현재의 학자들은 단지 많은 것을 탐하고 얻기에만 힘쓰니, 그 병폐의 근원은
항상 부박浮薄한 데 있습니다. 전부 이해되지 않았는데도 함부로 참람하고 망령된
생각을 더하여, 마치 남월왕南越王이 황제가 타는 화려한 수레를 타는 것과 같습니다.
이 어찌 더불어 도의道義로 들어가는 문에 대해서 논할 수 있겠습니까.[26]

　위의 인용문을 보면 이광우가 강조하는 학문 방법을 알 수 있다. 그는

　　之中 襄暮羸 病之後 不廢誠敬之學 晩工愈篤"
25) 李光友, 『竹閣先生文集』, 卷2, 「附錄·言行錄」, "先生嘗語門徒曰 天之所賦於人者 知覺
　　有差 若非上聖之資 豈無學知困知之別乎 以曾子之魯 而有三省之工 得一貫之妙 苟好學
　　不倦 窮究深(恐作探)繹 則自有做了這道理 爲學者 何不於斯慥慥乎"
26) 李光友, 『竹閣先生文集』, 卷1, 「與金東岡(宇顒)」, "大抵學問 非讀書之謂 然不讀書 又無
　　以知爲學之 方故讀之者 貴專不務博 蓋爲惟專 則爲能知其意 而得其用 徒博則 反失於荒
　　雜淺略 而無所得也 此朱夫子 所以警勉學者 欲使窮理爛熟之入道入德之意也 而今之學者
　　只務貪多務得 病根常在浮薄 都不理會 濫加僭妄 如南越王黃屋左纛 此何足與論於道義之
　　門乎"

독서가 학문을 하는 방법인 것은 맞으나, 그 내용에 깊이 들어가서 완숙하게 되려고 하지 않고 이것저것 많이 읽기만 하는 것은 학문의 방법이 아니라고 보았다. 이광우는 전일한 마음으로 독서를 하여, 그 내용을 정확하고 깊이 체득하는 것이 중요하다고 여겼다. 그렇기 때문에 그는 독서를 할 때 꼿꼿하게 앉아 경전의 뜻을 탐색하였다. 가장 요긴한 곳에 이르러서는 투철하게 이해하려 하였고, 싫증을 내거나 게으른 모습을 보인 적이 없었다.[27] 이광우가 이런 학문 자세를 통해 추구하고자 한 것은 스승인 이원과 조식이 강조했던 성誠과 경敬이었다. 조식이 『중용장구』의 성경誠敬과 도의道義의 설에 대해 물었을 때 이광우는 다음과 같이 답변하였다.

…… 중용中庸의 도道는 체體를 말미암아 용用에 달하니 그 중中으로부터 화和에 다다름은 볼 수 있고, 용을 말미암아 체에 돌아가니 그 비費를 먼저 하고 은隱을 뒤에 함을 볼 수 있습니다. 이를 미루어 궁구하면 33장章의 뜻이 이 이치가 아닌 것은 없고, 한 편의 핵심은 단지 성誠 한 글자뿐입니다. 그러므로 주부자朱夫子가 말씀하시기를 "무릇 성의 성됨은 하늘에 있어서는 실제로 있는 이치가 되고, 사람에게 있어서는 실제로 그러한 마음이 된다. 존심양성存心養性은 하늘을 섬기고 사물의 이치를 궁구하는 것이다. 그러므로 지극한 성은 쉼이 없고, 조금도 유지하는 방법을 끊어지게 해서는 안 된다. 유지하는 주재主宰는 오직 경뿐이다"라고 하셨습니다. 대개 경은 '놀라서 마치 두려워하는 바가 있는 듯하다'라는 뜻입니다. 이 마음이 발하기 전에는 오직 경으로써 유지하고, 이 마음이 발한 뒤에도 경으로써 유지하고, 이 마음이 발한 뒤에도 경으로써 성찰해야 합니다. 비록 깊숙하고 어두운 가운데서라도 기미幾微가 싹트면 엄하게 마치 큰 손님을 만난 듯이 하고, 숙연하게 마치 큰 제사를 받들 듯이 해서, 아침저녁으로 부지런히 힘쓰고 두려워하여 어느 때든 그렇지 않음이 없으면, 하늘이 나에게 준 실상이 자연히 이치에 합치되어, 자신을 닦고 성을 세우는

---

27) 李光友, 『竹閣先生文集』, 卷2, 「附錄・言行錄」, "先生嘗讀書 終日危坐 探賾經義 至肯綮處 期於透解 未嘗有厭怠之容矣"

도가 이에 이를 것입니다.…… 28)

이광우는 조식의 물음에 대해 주자의 말을 인용하면서 답변하였다. 그는
『중용장구』 33장의 핵심은 성誠으로, 항상 성을 유지해야 한다고 말하였다.
그리고 성을 제대로 유지하기 위한 중심은 경敬이라고 보았다. 마음이 발하기
전부터 유지하고 끝나는 것까지 경으로 해야 하는 것이며, 항상 경으로써
자신의 마음을 다스려야 한다고 보았다. 이광우의 이와 같은 대답에 조식은
"너의 노둔함으로 밝게 아는 것이 이런 경지에 이르렀을 줄 생각지도 못했구
나"29)라고 하면서 그의 학문이 일정한 경지에 올랐음을 허여하였다. 이광우
는 성리서의 요지를 성誠·경敬 두 글자로 삼아서 제일의 공부로 삼았다.
그러고는 "성의 관문이 스스로 견고하면 외부의 적이 들어올 수 없다"30)고
하였다.

이처럼 이광우는 성과 경을 중심으로 학문할 것을 강조하였다. 그는 평소
문장을 짓는 것에 힘쓰지 않았으며, 성과 경을 중심으로 하여 실지實地공부에
힘썼다.31) 그는 학문하는 것은 자기를 지키고 도를 구하는 것을 마음으로
삼아야 한다고 말하였으며, 그에 합당한 책이 『중용』과 『대학』이라고 보았

---

28) 李光友, 『竹閣先生文集』, 卷1, 「德川拜門錄」, "……大抵中庸之道 由體而達於用 可見其
自中而致和也, 由用而歸於體 可見其先費而後隱也 推此以究 則三十三章之義 無非此理
而一篇之樞紐 只是一誠字也 是故朱夫子曰 大抵誠之爲誠 在天則爲實有之理 在人則爲實
然之心 存心養性 所以事天而格物也 故至誠無息 不少間斷 惟維持之方 而維持之主宰 其
惟敬乎 蓋敬是竦然如有所畏之意 當此心未發之前 惟敬以維持 當此心已發之後 亦以敬以
省察 雖幽暗之中 幾微之際 儼然如見大賓 肅然如承大祭 乾乾夕惕 無時不然 則天之所以
與我之實 自然合理 而修己立誠之道 於斯至矣……"

29) 李光友, 『竹閣先生文集』, 卷1, 「德川拜門錄」, "老先生曰 不意汝魯曉解至此也"

30) 李光友, 『竹閣先生文集』, 卷2, 「附錄·言行錄」, "尤好性理之書 其要以誠敬二字爲第一
工夫曰 誠關自固 外寇無得而入也"

31) 李光靖, 『竹閣先生文集』, 卷2, 「附錄·行狀」, "敎子姪不令作文字曰 程伯子 嘗戒以喪志
則後之學者 何不用工於實地乎"

다.[32) 이광우의 이러한 학문 태도는 이원과 조식의 학문으로부터 영향을 받았으며, 이후 그의 문인 및 영남의 학인들에게 영향을 미쳤다.

2) 출처견기出處見機의 처세관

이광우는 평생 벼슬길에 나가지 않고, 재야에서 학문을 하면서 후학을 양성하는 것에 힘을 쏟았다. 그가 벼슬에 나아가지 않았던 것 역시 스승인 이원과 조식으로부터 영향을 받은 것을 알 수 있다. 그러나 그가 어렸을 적부터 벼슬살이에 뜻이 없었던 것은 아니었다. 그가 32세에 "과거공부는 사문斯文의 차후의 일이니, 반드시 이것에 힘쓸 필요는 없다"고 하면서 이 해부터 과거공부를 폐하였다고 한 기록을 볼 때, 이광우는 32세 전까지는 과거공부를 했던 것을 알 수 있다. 52세에 처가 쪽의 요직에 있는 사람이 그를 여러 차례 조정에 천거하고자 하였으나, "대장부가 마음을 세워 자신을 행하는 데에는 스스로 지키는 바가 있으니, 어찌 벼슬살이에 급급하겠는가"[33) 라고 말하며 끝내 사양하고 벼슬길에 나아가지 않았다.

이광우가 52세가 된 1580년에 정구鄭逑에게 보낸 편지에는 그의 출처出處 와 어묵語默에 대한 견해가 잘 실려 있다.

대개 천하에는 두 가지 도가 있으니 출出과 처處입니다. 무릇 사인士人이 자신을 닦고 자신의 뜻을 실행하는 것은 장차 세상에 쓰이기 위함으로, 나아가야 하는데 나아가지 않음으로써 인仁을 상하게 할 수 있고, 처해야 하는데 처하지 않음으로써

---

32) 李光友, 『竹閣先生文集』 卷2, 「附錄·年譜」, "以守己求道爲心 於庸學二書 尤加玩索 講誦不輟"

33) 李光友, 『竹閣先生文集』, 卷2, 「附錄·年譜」, "八年 宣祖大王十三年 庚辰 先生五十二歲……時婦黨在要路者 欲以先生薦擧而授官 先生辭曰 丈夫立心行己 自有所守焉 用汲汲於仕宦爲哉 竟不許 其堅固不移如此"

의義를 상하게 할 수 있습니다.…… 자신이 거처할 바를 두고 벼슬하고 그만두고 오래 머물고 빨리 떠남을 진중하게 하여 각각 가능한 곳에 합당하게 하는 것이라면, 그것이 부자夫子의 시중時中이 아니겠습니까? 그러므로 용사用舍는 남에게 달려 있고, 행장行藏은 나에게 달려 있는 것입니다.…… 대개 군자에게는 두 가지 경계할 것이 있으니 어語와 묵黙입니다. 무릇 어묵語黙이란 길흉吉凶의 추기樞機이고 화복禍福의 기관幾關입니다. 침묵해야 할 때 침묵하지 않음으로써 뽕나무 불에 거북이 삶기듯 화를 당할 수 있으니 무서워할만 합니다. 말하지 않아야 할 때 말함으로써 새장 속의 앵무새가 될 수 있으니 두려워할만 합니다.…… 어語라는 말은 마땅히 말해야 할 때에 말하는 것을 일컫고, 묵黙이란 말은 마땅히 침묵해야 할 때에 침묵하는 것을 일컫습니다. 만약 마땅히 침묵해야 할 때에 침묵하지 않고 마땅히 말해야 할 때에 말하지 않는다면, 이는 무서워하고 두려워할 만한 처지에서 잘못된 것이니 마음을 성誠하게 하고 몸을 경敬하게 하는 도가 아닙니다.…… 그러므로 군자는 말하지 않음이 있을지언정 말하면 반드시 도에 맞고, 침묵할 만하면 침묵하나 능히 그 뜻을 알아서 말할 때도 있고 침묵할 때도 있습니다. 만약 저울질한 뒤에 경중輕重을 알고 헤아려 본 뒤에 장단長短을 안다면, 말하거나 침묵하는 것이 올바르게 되어 비방이 사라질 것입니다.…… 34)

위의 인용문과 같이 이광우는 출처와 어묵을 자신이 주도적으로 해야 한다고 보았다. 그는 벼슬하는 것과 그만두는 것, 오래 머무는 것과 빨리 떠나는 것을 진중하게 해야 한다고 하였다. 그래서 공자의 시중時中처럼 각각 가능한 곳에 합당하게 행동해야 한다고 하였다. 그의 어묵에 대한 견해

---

34) 李光友, 『竹閣先生文集』, 卷1, 「與鄭寒岡(逑)」, "大凡天下有二道 出與處也 夫士修身行己 將以用世 而可以出不出 傷仁 可以處不處 傷義……自有居身之所珍 仕止久速 各當其可者 其非夫子之時中乎 是以用舍在人 行藏在我……凡君子有二誡曰 語與黙也 夫語黙者 吉凶之樞機 禍福之幾關也 可以黙不黙 桑火之烹龜 可懼 可以不語語 條籠之鸚鵡 可畏矣……語之爲言 謂語之當語處語之也 黙之爲言 謂黙之當黙處黙之也 苟使當黙處不黙 當語處不語 是失於可懼可畏之地 而非誠心敬身之道也……是以君子有不言 言必有中 有可黙 黙而能知 或語或黙 如權然後 知輕重度 然後知長短 則語黙正 而譏謗息矣……"

또한 출처와 비슷하다. 그는 어묵 또한 마찬가지로 해야 할 때 하는 것으로, 말하거나 침묵하는 것 또한 그 가능한 곳에 맞게 해야 하는 것이라고 하였다. 그는 어묵을 합당하게 하지 못하는 것은 무서워하고 두려워할 만한 처지에서 비롯되어 잘못된 것이라고 하였다. 어묵을 제대로 하지 못하는 것은 결국 성과 경을 하지 못하는 것이라고 여긴 것이니, 이광우는 성과 경을 제대로 행하기 위해서 어묵을 때에 맞게 해야 한다고 말한 것이다. 이 편지는 정구가 여러 번 관직을 사양하다 창녕현감昌寧縣監에 임명되어 본격적인 관직생활을 시작할 때 준 것으로 보인다. 관직생활을 하면 여러 가지 많은 일이 발생할 것이지만, 그에 맞게 출처어묵을 할 것을 당부한 것이다.

이광우는 자신이 말한 출처와 어묵을 몸소 실천하였다. 그는 1612년에 내암 정인홍에게 편지를 보내어 자신의 의견을 피력하였다. 당시 정인홍은 광해군의 신임을 받아 국정의 전권을 행사하였다. 그는 한훤당寒暄堂 김굉필金宏弼(1454~1504)·일두一蠹 정여창鄭汝昌(1450~1504)·정암靜庵 조광조趙光祖(1482~1519)·회재晦齋 이언적李彦迪(1491~1553)·퇴계 이황을 문묘에 배향하고자 할 때 이언적과 이황의 문묘종사를 반대하였다. 이에 대해 이광우는 동문으로서 정인홍에게 편지를 보내 그에게 이 내용을 당부하였다.[35] 이처럼 이광우는 벼슬에 나아가지 않았으나 당시의 정치 상황에 바르지 못하다고 판단되면 재야에 있는 학자로서 자신이 옳다고 생각하는 바를 말하고 행동하였다.[36]

이광우가 출처에 있어서 본받고자 한 인물은 스승인 조식이었다. 1576년

---

35) 李光友, 『竹閣先生文集』, 卷1, 「與仁弘」.

36) 『죽각문집』「연보」에는 1613년에 일어킨 癸丑獄事와 1618년에 仁穆大妃를 폐위하여 유폐시킨 사건이 일어나자 정인홍과 절교하고 내왕하지 않았다고 기록되어 있다. 그러나 1623년 이후 정인홍과 밀접한 관계를 가지고 있던 인물들의 후손들이 자신의 선조와 정인홍과의 관계를 부정적으로 묘사한 것을 보면, 이광우 또한 「연보」의 기록만을 가지고 절교했다는 것을 판단하기 어렵다.

덕천서원을 창건하면서, 최영경이 주관할 때 이광우는 공사를 나누어 맡았다. 공사가 끝난 후 춘추에 향사를 행하였고, 매월 공경히 전알하면서 우러러 흠모하였다. 이때 이광우는 여러 사람들에게 "우리 선생님은 깊이 출처견기出處見機의 도로써 군자의 대절로 삼았습니다. 이것은 우리들이 마땅히 가슴 깊이 새겨야 할 것입니다"라고 하였다.[37] 이광우는 조식이 출처견기를 중요하게 여겼음을 강조하면서, 그것을 본받아야 한다고 하였다.

이처럼 이광우의 출처와 어묵에 대한 생각은 조식의 영향이 컸음을 알 수 있다. 조식은 재야에 물러나 있으나 국정의 문란함에 대해 끊임없이 상소를 올려 시정을 요구하였다. 이광우는 바로 조식의 이러한 현실 참여 의식을 전수받은 것이다. 그는 '기미를 보아 출처의 대의를 견지한다'라는 조식의 출처관을 그대로 이어받아 자신 또한 평생토록 그것을 지키고자 노력하였다.

4. 맺음말

이상으로 죽각 이광우의 생애와 학문 자세에 대해 살펴보았다. 합천이씨의 문한가의 후손으로, 조부인 이승문이 외선조인 문익점의 묘소를 보살피기 위해 산청 배양리에 정착한 이후 그 지역에서 세거하였다. 이광우는 백부인 이원으로부터 『소학』을 배웠으며, 이원의 명으로 조식을 찾아가 수학하였고, 이후 이원과 함께 도산으로 가서 이황에게 배움을 청하였다. 이처럼 그는 당대에 손꼽히는 학자들로부터 직접 수학하였다. 그는 이원의 사후 이원을 모시는 신안서원을 건립하고, 향례를 행하고 학규를 정하였다. 이황에게서

---

37) 朴來吾, 『淸香堂先生實紀』, 卷2, 「附錄·行錄」, "嘗謂諸公曰 吾先師深以出處見幾之道 爲君子大節 此吾輩之所當服膺也"

리기론과 「천명도」에 대해서 질문하였으며, 자주 찾아가지는 못하였으나 이황을 마음 깊이 존숭하였다. 조식의 문하에 들어가서는 조식이 세상을 떠날 때까지 자주 찾아가 학문을 수학하였고, 그로부터 성품과 학문에 대해 허여를 받았다. 이광우는 조식의 사후 덕천서원 건립부터 『서원록』 찬수와 『학기유편』 교정까지 조식의 추숭 활동에 많은 힘을 쏟았다. 그는 조식과 이황을 찾아온 명유들과 도의를 강마하며 함께 학문적 토론으로 교유를 맺었는데, 대부분 조식의 문인들이었다.

 이광우는 학문을 할 때 단순히 책만 많이 읽기보다는 전일하게 하여 체득해야 한다고 주장하였다. 그는 성誠과 경敬을 요지로 삼아 제일의 공부를 삼았다. 그가 이처럼 성과 경을 중심으로 하는 실지공부에 힘쓴 것은 이원과 조식으로부터 영향을 받은 것이었다. 이광우는 출처에 대해서 공자의 시중처럼 가능한 곳에 합당하게 행동해야 한다고 하였다. 그는 어묵에 대해서도 출처와 같이 합당하게 해야 한다고 보았다. 정인홍이 국정의 전권을 행사하면서 이언적과 이황의 문묘종사를 반대할 때, 이광우는 편지를 보내 당부하였다. 이광우의 출처관은 조식의 처세관인 '출처견기'에서 비롯된 것으로, 자신 또한 이를 가슴에 새기며 평생 동안 지키고자 하였다. 이광우의 생애와 학문 자세는 합천이씨의 가학을 융성하게 하였고, 이후 자포紫圃 이영李瑛(1585~1635) · 국헌菊軒 이정석李廷奭(1611~1671)부터 진암眞庵 이병헌李秉憲(1870~1940)에 이르기까지 조식을 학문의 연원으로 하는 합천이씨의 여러 인물들에게도 적지 않은 영향을 미쳤다.

 ‖ 이 글은 『남명학연구』 72집(경상국립대학교 남명학연구소, 2021)에 수록되었던 것이다.

제7장 경호 강대연의 생애와 시세계

주강수

1. 들어가며

진양강씨 진천군파에서 대표적인 남명학파라고 말할 수 있는 인물은 당암 蕩庵 강익문姜翼文(1568~1649)과 그의 아들들인 한사寒沙 강대수姜大遂(1591~ 1658)·구주鷗洲 강대적姜大適(1594~1678)·경호鏡湖 강대연姜大延(1606~1655) 이다. 강익문과 강대수는 모두 내암萊庵 정인홍鄭仁弘(1535~1623)의 제자였 다.[1] 1613년 계축옥사가 일어나고 다음 해에 동계桐溪 정온鄭蘊(1569~1641)이 「갑인봉사甲寅封事」를 올리면서 대북이 중북으로 분화하는 사건이 벌어졌다. 이때 강익문과 강대수는 중북에 가까운 처신을 하였다. 중북은 대북의 정책에 반대하였던 집단이었기 때문에 대체로 귀양을 가는 등 정치적 어려움을 겪었으나, 광해군 시절 핍박을 받았다는 이유로 북인이었으면서도 인조반정

---

1) 『仁祖實錄』, 인조 9년 11월 16일(乙卯條), "姜翼文師事仁弘, 托身爾瞻, 論鄭澈以奸賊, 指 黃愼爲逆魁, 謂慈殿無鞠育之恩, 其他傷人, 害物, 不可一二擧也, 壬子之獄, 仁弘名出招辭 中, 翼文時爲臺諫, 引避曰, 臣師仁弘, 忠貫日月, 行質神明, 今聞此事, 肝膽欲裂, 未幾, 徘 徊顧望, 便生反噬之計, 此實小人之尤甚者也."; 인조 2년 3월 3일(丁巳條), "以姜大進爲司 諫院正言, 大進本以鄭仁弘門徒, 當鄭蘊抗疏被罪之日, 獨能立異伸救, 至被竄黜, 故爲淸論 所許, 至是, 遂拜諫職."

이후로 출사할 수 있었던 집안이었다.[2]

이들에 관한 선행연구는 주로 강대수 연구에 초점을 맞추어 이루어졌다. 강성두의 「한사 강대수 연구」 석사학위 논문[3]과 사재명의 「한사 강대수의 강학과 교육」[4]이 있으며, 이상필의 『국역 구주선생문집』 해제[5]가 있다. 이 외에 『국역 당암선생문집』・『국역 한사선생문집』・『국역 구주선생문집』・『국역 경호선생문집』 등 당암懲庵 사부자四父子의 번역본이 출간된 정도이다.

강익문의 아들 중에 막내인 강대연은 산청 정곡리에 처음 거주하였던 입향조이다. 강대연의 후손들은 강휘정姜徽鼎・강효기姜孝基・강명기姜命基・강지호姜趾皡 등이 있는데, 이들 역시 산청지역의 남명학파 가운데 중요한 위치를 차지하였다. 그런데도 이들에 관한 연구는 전혀 진행되지 않았다.

강대연이 남긴 시문은 적지만, 산청 정곡리에 살았던 첫 진양강씨 인물인 만큼 그의 정신세계를 파악하는 것이 앞으로 진양강씨 진천군파 문중을 이해하는 데 중요한 선결과제라 할 수 있다. 따라서 첫 연구인만큼 입향조인 강대연의 가계와 생애를 살펴보고, 나아가 그가 남긴 시를 분석하여 그의 정신세계를 파악해 보려 한다. 나아가 광해군・인조 시기에 산청지역에 은거하며 살았던 그의 출처관을 이해해 보고자 한다. 이는 관료 문인이었던 큰 형인 강대수와는 다른 출처관을 보여 준 사례이기 때문이다. 본고의 주요 텍스트는 『호상세고湖上世稿』 속에 있는 「경호선생鏡湖先生」이다. 『국역 경호선생문집』[6]이 출간되었기 때문에 이 번역을 참고 및 수정하여 논의를 진행하였음을 미리 밝혀 둔다.

---

2) 이상필, 『국역 구주선생문집』 해제(진주강씨 진천군파 종회, 2012), 26~27면.
3) 강성두, 「한사 강대수 연구」(경상국립대학교 석사학위논문, 2002).
4) 사재명, 「한사 강대수의 강학과 교육」, 『남명학연구총서』 12집(남명학연구원, 2019).
5) 이상필, 『국역 구주선생문집』 해제(진주강씨 진천군파 종회, 2012).
6) 강만수, 『국역 경호선생문집』(진주강씨 진천군파 종회, 2012).

본고가 진양강씨 진천군파 중 산청군 정곡리에 살았던 이른바 정곡강씨에 관한 연구에 초석이 되길 바라며, 나아가 전체 진양강씨 진천군파 문중 연구에 도움이 되기를 기대해 본다.

2. 가계와 생애

강대연은 자字가 학평學平이고 호號가 경호鏡湖이며, 본관本貫은 진주晉州이다. 분파分派는 진천군파晉川君派이다. 진천군파는 진주강씨의 시조이자 고구려의 장군 강이식姜以式부터 내려와 고려 때의 장군이자 은열공파의 시조인 강민첨姜民瞻에서부터 시작된다. 강민첨의 11세손이자 고려 말의 장군 강위상姜渭祥이 진천군파의 분파조이다. 이후 강대연의 5대조인 강승전姜承顓이 처음 합천에 거주하였다. 강대연의 고조부는 강희필姜姬弼, 증조부는 강인수姜仁壽, 조부는 강세탁姜世倬이다. 증조부 강인수는 감찰監察을 지냈고 집의執意에 증직되었으며, 조부 강세탁은 판관判官을 지냈고 동부승지同副承旨에 추증되었다. 부친은 강익문姜翼文이다. 강익문은 예조판서에 올랐다. 강대연의 어머니는 합천이씨로 봉사奉事 이득남李得男의 딸이다. 강대연은 위로 두 형이 있는데, 강대수와 강대적이다. 큰형 강대수는 1610년 20세의 나이로 생원·진사의 양시에 문과급제한 후 여러 청직을 거쳤으며, 겸재謙齋 하홍도河弘度(1593~1666)와 더불어 남명학파를 주도한 인물이다.[7] 작은 형 강대적은 1612년 19세의 나이로 사마시에 입격한 뒤, 문과에 급제하지는 못하였으나 음직으로 선릉참봉과 제용감직장, 제원도찰방 등을 역임하였고,

---

7) 사재명, 「한사 강대수의 강학과 교육」, 『남명학연구총서』 12집(남명학연구원, 2019), 203~204면.

1636년 병자호란이 일어나자 강대수와 함께 의병을 일으켜 청나라 군대에 대항하였다.8) 강대연의 아들은 셋이 있는데, 강휘정姜徽鼎·강휘진姜徽晉· 강휘태姜徽泰이다. 강휘정은 강이기姜履基·강효기姜孝基·강명기姜命基· 강석기姜錫基를 낳았다.

강대연의 후손들은 산청 정곡리에 세거하면서 많은 학자를 배출하였는데, 모두 남명학파의 범주에 들어간다. 이는 강익문과 강대수가 정인홍의 제자였고, 강대연도 사호思湖 오장吳長(1565~1617)의 제자였기 때문에 강대연 후손들이 남명학파와 연을 맺는 것은 자연스러운 흐름임을 이해할 수 있다. 특히 강대연의 아들인 강휘정은 서계서원의 원임을 지냈고, 「덕계선생묘수비시고유문德溪先生墓豎碑時告由文」·「제하겸재선생祭河謙齋先生」9) 등을 쓰며 지역 내 남명학파로서의 많은 역할을 하였다. 강휘정의 아들인 강명기는 '일상생활에 가까운 실천적인 학문에 힘을 썼다'10)는 기록이 있고, 그가 쓴 글 중에 '군자는 경의敬義로써 마음을 잡아야 한다'11)라고 한 것으로 보아 강명기 역시 남명의 학문에 조예가 깊었을 것으로 추정된다. 위의 내용을 가계도로 그려 보면 다음과 같다.(321쪽 참조)

강대연의 생애를 살펴보기 위해서는 그의 문집을 살펴보아야 한다. 그의 문집은 작품 수가 적기 때문에 훗날 『호상세고湖上世稿』라는 책에 「경호선생鏡湖先生」이라 편집하여 실어 놓았다. 『호상세고』 「경호선생」의 구성은 권1에 시 43수·제문 1편이 있고, 부록에 제문·행록·묘갈명이 각 1편씩 있다.

『호상세고』는 『호상지미록湖上趾美錄』이라고도 하는데,12) 경호강 근처에

---

8) 이상필, 『국역 구주선생문집』 해제(진주강씨 진천군파 종회, 2012), 25~41면.
9) 姜徽鼎, 『湖上世稿』, 卷2, 「竹峯先生」 참조
10) 河謙鎭, 『晦峯先生遺書』, 卷30, 「湖上趾美錄」, '序', "竹峯四子, 其叔曰, 亦樂齋, 其爲學專用心於近裏."
11) 姜命基, 『湖上世稿』, 卷3, 「隨錄」, "君子, 敬義以持心."
12) 본고에서는 『호상세고』로 통칭하겠다.

강대연 가계도

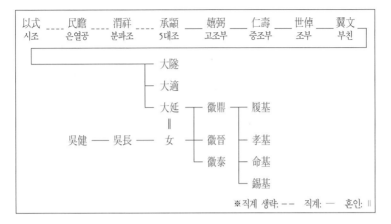

살았던 강씨 집안의 문집을 모아놓은 책이다. 19세기에 들어와 이들의 후손인 봉암鳳巖 강지호姜趾皡(1834~1903)와 그의 아들 계려稽黎 강기팔姜起八(1858~1920)이 선조의 글들을 모아서 책으로 엮었다. 『호상세고』는 처음 편집할 때엔 강대연·강휘정·강명기 삼 대의 글을 편차하여 만들었던 것으로 확인된다.[13] 이후 후손들이 각 선조의 글을 더 실었다. 그 목록은 다음 <표1>과 같다.

총 13명의 글이 실려 있는데, 6번의 강석기의 글은 목차만 있고 글은 전하지 않는다. 이들은 모두 산청 정곡 인물이기에 정곡강씨라고도 불린다. 『호상세고』는 강대연을 비롯하여 그 후손들의 글을 모두 실어 놓았기 때문에 산청 정곡리에 살았던 진양강씨의 연원·학문성향·문학관·철학·사상 등을 파악하는 데 있어 매우 중요한 책이라고 할 수 있다.[14]

---

13) 河謙鎭, 『晦峯先生遺書』, 卷30, 「湖上趾美錄」, '序', "嘉善鳳巖姜公趾皡, 嘗裒輯其先祖鏡湖竹峯亦樂齋三世詩文稿, 藏之巾衍, 至其子稽黎公起八, 始克選擇而編次之, 合以名之曰, 湖上趾美錄, 蓋以鏡湖公, 始卜居鏡湖之上, 遂爲世庄, 而又此錄之編之成, 自鏡湖公始也."

14) 『湖上世稿』에 관한 연구는 아직 진행된 적이 없으므로 후대의 연구를 기다린다.

<표1> 『호상세고』 구성

순서	이름	호	목차명	권	비고
1	姜大延	鏡湖	鏡湖先生	1	
2	姜徽鼎	竹峯	竹峯先生	2	강대연 첫째 아들
3	姜履基	友松亭	友松亭先生	3	강휘정 첫째 아들
4	姜孝基	克復齋	克復齋先生	3	강휘정 둘째 아들
5	姜命基	亦樂亭	亦樂亭先生	3	강휘정 셋째 아들
6	姜錫基	梅軒	梅軒先生	3	강휘정 넷째 아들
7	姜趾皞	鳳巖	鳳菴遺稿	4	강명기 손자
8	姜趾斗	釣渭	釣渭遺稿	4	강효기 손자
9	姜趾魯	尋菴	尋菴遺稿	4	강석기 손자
10	姜趾周	跡隱	跡隱遺稿	4	강효기 손자
11	姜起八	稽黎	稽黎遺稿	5, 6, 7	강지호 아들
12	姜起周	愚山	愚山遺稿	8	강지노 아들
13	姜起海	東愚	東愚遺稿	9	강지호 아들, 강기팔 동생

강대연의 생애를 살펴보자. 그는 1606년 합천에서 태어났다. 강대연은 강대수, 강대적 두 형과 함께 합천에서 천재적 기질이 있다고 알려졌는데, 이른바 '합천에 세 마리 봉황이 있다'[15]라고 일컬어졌다. 그는 7살에『주역』을 읽고 있었는데, 덕계 오건(1521~1574)의 아들인 오장이 찾아와서 그를 시험하기 위해 운자를 불러 주고 시를 짓도록 하였다.[16] 다음 시는 그때 지은 강대연의 시이다.

주역의 획이 있기 전에 이치가 먼저 있었으니, 易畵之前易理先

때에 따라 변화하여 바뀜이 자연스런 천리라네. 隨時變易自然天

누가 알겠는가? 만물이 소멸하고 자라나는 곳이, 誰知萬象消長處

---

15) 姜大延,『湖上世稿』, 卷1,「讀易吟」, "公年纔七歲, 已有才名, 時人謂之陜有三鳳."

16) 上同, "時公讀易, 思湖曰, 得無嫌於闕黨童子乎, 公曰, 知其理, 有何嫌焉, 汝能屬文乎, 對曰, 曾聞諸兄之述作, 仍呼韻使賦之"

모두 하나인 중中을 향하여 조화가 펼쳐짐.	渾向一中造化宜
공자 역전과 주공 그림은 오묘한 뜻을 드러낸 것이고,	孔傳周圖皆發蘊
복희씨 용과 정자의 토끼는 현묘함을 탐색한 것이네.	義龍程兎各探玄
옷자락 걷고 함장의 자리에 나아가 절 올리고,	攝衣趨拜函筵席
감히 번다한 말을 엮어 주역의 뜻을 더럽히네.	敢贊蓄言瀆簡篇[17]

위 시를 살펴보면『주역』의 이치와 의미를 시 1수에 잘 담아 놓았다. 특히 6구에 복희씨가『주역』 8괘를 그려 낸 뜻을 말하였고, 정자程子가 토끼를 보고서 '이것만 살펴보고도 괘를 그을 수가 있다'[18]라고 한 의미를 표현한 것을 보면, 7세의 나이에『주역』의 깊은 뜻을 모두 이해하고 있음을 확인할 수 있다.

강대연의 천재성을 알아본 오장은 강대연이 큰 재목이 될 인물이라며 자신의 문하에서 공부하기를 권한다.[19] 이 일로 인해 강대연은 오장의 문하에 들어가 배우게 된다. 「행록」에 '덕계의『중용변의』를 들었다'[20]는 기록이 있는데, 오건이 남명학파 내에서 위상이 높았던 인물이었기 때문에 오장에게서 남명의 학문과 사상을 배웠을 것으로 판단된다. 또 그는『중용』을 가장 중요한 책으로 생각하게 되는데, 이는 오건의『중용변의』로부터 비롯된 것으로 보인다. 이후 오장은 강대연을 사위로 삼고 더 가까이 두게 된다.[21] 오장이 산청군 정곡리 경호강 근처에 살았기에 강대연 역시 산청 경호강 근처에 이주해 살게 되었고, 그의 호도 경호鏡湖라 불리게 되었다.

---

17) 上同.
18) 『周易』, 「繫辭下傳」, 小主, "伊川見兎, 曰, 察此亦可以畫卦."
19) 姜大延, 『湖上世稿』, 卷1, 「行錄」, "生而聰敏, 七歲詠易, 吳思湖奇之曰, 以若天資早從事于學問上, 何患乎不及賢聖之域哉, 若一向只雜博處去, 恐不成大器也."
20) 上同, "君遂學于思湖之門, 得德溪之中庸辨義."
21) 吳長, 『思湖集』, 卷7, 「行狀」, "先生配泗川李氏, 主簿虎變女, 副提學龜巖禎之孫, 生一男一女, 男淀, 女適姜大延."

19~20세기 산청지역의 유학자 면우俛宇 곽종석郭鍾錫(1846~1919)은 강대연의 「묘갈명」을 쓰면서 "사호의 집안에 장가들었으니, 얼음과 옥처럼 모두 아름답네"[22]라고 하였다. 이는 『진서晉書』에 "진晉나라 악광樂廣이 위개衛玠를 사위로 맞아들였는데, 이에 대해서 배숙도裴叔道가 '장인은 얼음처럼 맑고 사위는 옥돌처럼 윤이 난다'라고 하였다"[23]고 한 데서 취한 것이다. 즉, 곽종석은 얼음과 옥에 비유하여 오장과 강대연의 뛰어난 자질을 칭송하였다.

　　영창대군을 죽인 것에 대해 반대 상소를 올린 정온이 유배를 당하자, 이에 영남의 유림을 이끌고 반대 상소를 올린 오장이 유배를 당했고, 결국 1617년에 오장은 유배지에서 세상을 떠나게 되었다. 이에 강대연은 자신을 알아봐 주던 장인이 죽자, 벼슬에 뜻을 두지 않고 오로지 학문에만 뜻을 두게 된다. 인조반정 이후에도 여러 사람이 그를 조정에 천거하였으나, 학업이 아직 완전하지 못하다는 이유로 사양하였다.[24]

　　31세가 되던 해(1636) 병자호란이 일어나고 청나라와 굴욕적인 조약을 맺게 되자 '독선재獨善齋'라는 재실을 짓고 세상에 나가려는 뜻을 완전히 접게 된다.[25] 오랑캐에게 항복하는 이 조정에 더는 미래가 없다고 생각하였기 때문이다. 그는 이후로도 여러 차례 벼슬을 추천받지만 모두 사양한다.

　　강대연은 은거하며 자락自樂하는 삶을 보냈지만, 건강하지는 못한 듯하다. 강대수가 쓴 「제문」을 살펴보면, "감호鑑湖의 산수에서 느긋하게 노닐며 술과 술잔에 흥을 부쳐 객이 이르면 문득 취하곤 하였다. 그 고을 현감이나 이웃 고을 수령이 지나면서 들르는 경우가 많았다. 이로 인해 자못 속을

---

22) 郭鍾錫, 『俛宇集』, 卷157, 「鏡湖姜公墓碣銘」, "酒舘于湖, 氷玉娟娟."
23) 『晉書』, 卷43, 「樂廣列傳」, "婦公氷淸, 女婿玉潤."
24) 姜大延, 『湖上世稿』, 卷1, 「行錄」, "咸以廊廟材期待, 而累薦于朝, 君以學業之未克純粹辭之遑."
25) 上同, "丙子講和, 乃慨然歎曰, 以我堂堂禮義之邦, 屈於胡虜忍爲城下之盟耶, 自是之後, 頹然無意於當世."

상하여 질병이 되었다. 내가 일찍이 경계하였다"[26]라는 말을 하였는데, 이는 강대연이 사람과 술을 좋아하여 몸이 쉽게 상했음을 확인할 수 있는 기록이다.

강대연은 형들과 우애 있게 잘 지냈다. 강대연이 죽기 1년 전(1654)에는 형제끼리 살기 위해서 정산丁山[27] 아래 터를 잡기도 하였다.[28] 그러나 지병이 었던 천식이 급격하게 나빠졌고, 결국 1655년 9월 26일 50세라는 비교적 짧은 생애의 나이로 세상을 떠난다.[29] 이는 노모와 두 형이 살아있는데도 불구하고 막내아들이 먼저 세상을 떠난 것이다. 강대수는 「제문」을 썼고, 강대적은 「행록」을 썼는데, 글을 읽어 보면 형들이 동생을 얼마나 크게 아꼈는지를 알 수 있다.[30]

강대연의 사우 관계는 남긴 시문이 적고, 관계를 알 수 있는 편지가 1통도 남아 있지 않다. 그러므로 필자는 문집 속에 있는 시문만 가지고 사우 관계를 파악해 보았다. 다음 <표2>는 현재 파악되는 그의 사우 관계를 정리한 것이다.

그의 사우관계를 살펴보면 대부분 자신보다 나이가 많았던 인물임을 알 수 있다. 또한, 대부분 남명학파에 속하는 인물이라는 것이다. 예컨대 권도・노형필은 정구와 장현광의 문인이고, 윤우벽은 오장의 문인이다. 이각은 이조의 손자이며 이유함의 아들인데, 이조는 남명을 직접 사사하였고,[31] 이유함은 각재覺齋 하항河沆(1538~1590)의 문인이었다. 정환은 정인홍의 문인

---

26) 上同, 「祭文」, "優遊於鑑湖山水, 寓興於杯酒, 客至便取醉, 知縣暨隣宰, 多相過投轄, 以此頗致傷成疾, 余嘗深戒之."

27) 丁山은 위치가 어디인지 분명하지 않다.

28) 姜大延, 『湖上世稿』, 卷1, 「祭文」, "去歲卜基於丁山之下, 爲暮境同老之計, 伯仲季三人, 鼎足而居, 余登南岡, 以手招君, 君出, 西脊招仲偕至, 煙朝月夕, 源源會合, 吉凶憂樂, 翁翁相依, 春和景明之節, 板輿還往, 其樂無窮."

29) 郭鍾錫, 『俛宇集』, 卷157, 「鏡湖姜公墓碣銘」. "我孝廟乙未, 九月二十六日, 其忌辰也."

30) 姜大延, 『湖上世稿』, 卷1, 「祭文」・「行錄」 참조.

31) 강성두, 「한사 강대수 연구」(경상국립대학교 석사학위논문, 2002), 16면.

<표2> 강대연의 사우 관계

성명	생몰년	자	호	본관	거주	비고
權壽	1575~1644	淨甫	東溪	安東	단계	정구 문인
盧亨弼	1605~1644	志行	雲堤	豐川	함양 개평	장현광 문인
尹右辟	1585~1657	子翼	?	坡平	합천	오장 문인
李穀	1575~1631	遵晦	梅軒	星州	산청 단성	이유함의 子
吳寒潭	?	晦伯	?	咸陽	산청	
鄭百昌	1588~1635	德餘	玄谷	晉州	한성	
鄭暄	1588~1647	彦昇	學圃	延日	진주 대평	정인홍 문인

이었다. 요컨대, 대부분 남명 재전 또는 삼전 문인임을 알 수 있다.

권도가 세상을 떠나자, 강대연은 그의 「제문」을 남겼다. 그 「제문」의 일부를 살펴보자.

……	……
한강과 여헌을 심복하여 섬기셔서,	服事寒旅
그분들의 바른 학맥을 얻으셨지요	得其正脈
사문의 종장이시며,	斯文宗匠
많은 선비의 자랑이십니다.	多士矜式
……	……
다행스럽게 우리 서원은,	幸我弊院
힘입어 계획을 많이 세울 수 있었지요	賴多籌畵
원록을 두어 고증하고 수정하셨으며,	有錄考訂
글을 두셔서 크게 빛이 났지요	有文賁飾32)
……	……

서계서원은 오건을 배향한 서원으로, 1606년에 정구를 비롯한 유림이 주도

---

32) 姜大延, 『湖上世稿』, 卷1, 「祭權東溪文」.

하여 창건하였다. 권도가 세상을 떠난 해인 1644년은 강대연이 39세가 되던 해이다. 「제권동계도문祭權東溪燾文」 제목 아래의 소주를 살펴보면, 지신이 서계서원 원임 시에 위의 「제문」을 썼다고 나와 있다.

위의 「제문」을 살펴보면, 강대연은 권도에 대해서 정구와 장현광에게 배워 바른 학맥을 얻었고, 많은 유림의 종장이 되었다고 하여 칭송하고 있음을 알 수 있다. 이는 남명-정구-장현광으로 이어지는 학맥으로 인식하고 있음을 알 수 있다. 또한, 권도 덕분에 서계서원이 크게 빛났다는 사실을 표현하였다. 이는 권도가 51세가 되던 해(1625) 서계서원으로 가서 오건의 사당에서 배알했으며,[33] 68세가 되던 해(1642) 서계서원에서 오건의 문집인 『덕계집』을 교정한 것[34]을 두고 말한 것이다. 따라서 강대연은 서계서원의 원임을 맡았고, 권도는 『덕계집』을 교정하였다는 자료를 통해, 이들이 산청지역 내 남명학파로서의 입지가 높았음을 확인할 수 있다.

강대연과 가장 가까웠던 인물은 오한담이다. 오한담은 정확한 생몰 연대나 정보를 알 수 없다. 그러나 강대수가 쓴 「제문」에 "이웃에 사는 극인棘人 오 군의 꿈에 군이 그를 부르면서 말하기를 '회백晦伯아, 내가 장차 하늘로 올라갈 것이다'라고 하였는데, 그런 뒤 다음 날 숨을 거두었다고 한다"[35]라는 기록과 강대적이 쓴 「행록」에 "여기서 날마다 오한담과 산수를 즐기며 시로 흥취를 읊었다. 때로는 산문을 지어 자못 자기 뜻을 드러내기도 하고, 때로는 성정의 이치를 변론하여 깊은 뜻을 드러내기도 하였다"[36]라고 한 기록을 보면 오한담은 강대연과 가까운 곳에 살았던 인물이며, 오장의 친척이지

---

33) 權濤, 『東溪集』, 「東溪先生年譜」, "往西溪, 謁德溪吳先生廟."
34) 上同, "先生六十八歲, 造西溪, 校正德溪吳先生文集."
35) 姜大延, 『湖上世稿』, 卷1, 「祭文」, "隣居棘人吳君之夢, 君呼之曰, 晦伯乎, 吾將昇天, 翌日而屬纊."
36) 上同, 「行錄」, "日與吳寒潭, 耽樂湖山, 賦詩遣興, 或爲文章, 頗示其志, 或辨論性理發明蘊奧, 以是自終."

않을까 하는 추정을 해 볼 수 있다.

요컨대, 그는 합천에서 태어나 천재적 기질로 유명하였고, 오장의 눈에 들어 그의 문하에 들어가 사위가 되었다. 이후 산청 경호강 근처에서 살게 된다. 오장이 유배지에서 죽자 오로지 독학을 하며 벼슬에 큰 뜻을 두지 않게 되었다. 병자호란이 일어나 청나라와 조약을 맺자 그는 출사의 뜻을 완전히 접고 독선재라는 재실을 지어 은거하는 삶을 살게 된다. 또 서계서원 원임으로 있으면서 산청지역 내 남명학파로서의 역할을 충실히 수행했던 인물임을 알 수 있었다.

3. 시세계 양상

강대연이 남긴 시는 30제 43수로 매우 적은 편이다. 그러므로 그의 학문성향이나 현실 인식을 파악하기가 쉽지 않다. 그럼에도 불구하고 그가 남긴 시를 분석해 보려 한다. 『서경』에서 "시는 자기 뜻을 표현한 것이다"(詩言志)라고 한 것처럼, 시는 그 사람의 생각과 정신세계를 온전히 담아내기 때문이다. 강대연의 시를 파악한다면 그의 정신세계와 사상 및 철학을 이해할 수 있을 것이고, 나아가 산청 정곡리의 진양강씨 문중에 대한 개괄적인 파악이 가능할 것이다.

1) 독선적인 삶의 지향과 춘추대의 정신 견지

강대연은 철저하게 은거하는 삶을 살기 위해 노력하였다. 이렇게 된 이유는 두 가지 측면으로 이해할 수 있다. 첫째, 광해군 때 아버지 강익문과 큰형 강대수가 화를 당한 것과 자신의 장인 오장까지도 유배지에서 죽은 것이 큰 이유였다.

생각해 보니 경호 공은 예조판서에 추증된 당암 강익문의 아들이며 부제학 한사 강대수의 아우이다. 이 두 선생은 혼조 광해군 시대를 만나 큰 절개가 뚜렷이 드러남으로 써 우뚝하게 선비들의 종주가 되었던 분이다. 그래서 공은 가정에서 교화를 입어 덕스러운 인품이 일찍부터 이루어졌다. 또한, 일찍 외구 사호 오장 공으로부터 가르침을 받았는데 오 공 또한 당암과 함께 재앙을 당했던 분이다.…… 사호 · 당암 · 한사가 재앙을 받은 이후로는 드디어 벼슬길에 마음을 두지 않고 시와 술로써 스스로 즐기다가 담담하게 일생을 마쳤다.[37]

앞의 인용문은 회봉晦峯 하겸진河謙鎭(1870~1946)이 지은『호상지미록』서 문 중의 일부이다. 강익문은 1613년 계축옥사 때 반대를 하다가 감옥에 9년 동안 갇혀 있었고, 강대수 역시 이에 대해 논쟁하다가 죄를 얻게 되었다. 계축옥사로 인해서 집안이 역적으로 몰렸지만, 인조반정 이후 복직되어 벼슬 을 하였다. 그러나 복직되었다고 하더라도 서인들이 정권을 잡았기에 원만하 게 벼슬을 할 수 있었던 상황은 아니었다.[38] 이들은 북인이었기 때문이다. 그러므로 어릴 적부터 이런 상황을 마주한 강대연이 정치에 뜻을 두기는 어려웠을 것으로 판단된다.

얼마 지나지 않아 어두운 조정에서 윤리를 무너뜨리는 논의가 일어나서 사호가 유배를 당해 마침내 그곳에서 별세하였다. 그러자 군은 산속의 재사에서 조용히 거처하며 한편으로는 책을 읽고 한편으로는 생각하였다.…… 정묘년(1627) 가을에

---

37) 河謙鎭,『晦峯先生遺書』, 卷30,「湖上趾美錄」, '序', "余惟鏡湖公, 陞禮曹判書, 懿菴諱翼 文之子, 副提學寒沙諱大邊之弟, 二先生, 際値光海昏朝, 大節耿著, 蔚然爲搢紳宗主, 公擩 染家庭, 德哭蚤成, 又嘗受業於外舅思湖吳公, 吳公亦與懿菴, 同時被禍……自是遂不心世 路, 以詩酒自娛恬然, 以終世嗣."
38) 강성두,「한사 강대수 연구」(경상국립대학교 석사학위논문, 2002), 41면.

서울에 올라가니 요로에 있는 자가 요구하여 이르기를 "과거시험 일자가 다가왔다. 내가 마땅히 공을 위해 유사에게 부탁해 주겠다. 그러면 장원급제할 수도 있다"라고 하였다. 군이 웃으면서 "과거공부는 나의 장기가 아닙니다"라 하고 마침내 과거시험에 나아가지 않고 돌아왔다.[39]

위의 「행록」은 오장이 죽고 난 뒤 강대연의 출처관이 드러나 있는 부분이다. 주지하듯, 정온이 「갑인봉사甲寅封事」를 올려 제주도로 유배당하자, 오장은 영남의 유생들을 이끌고 상소를 올린다. 이 일로 인해 1614년 오장은 황해도 토산으로 유배를 당하였으며 3년 뒤에 그곳에서 세상을 떠난다.

이후 강대연은 산속에 재실에 거처하면서 스승이 가르쳐 준 학문을 익히고 실천하는 데에만 뜻을 두었다. 그는 7살에 천재적인 자질이 있다고 스승에게 인정을 받았을 뿐만 아니라, 위의 인용문에서 알 수 있듯이 장원급제를 할 수 있을 정도로 실력이 있었다. 그러나 과거시험에 나아가지 않은 것은 어린 나이에 스승이 죽게 되는 상황을 보고서 정치적 소용돌이에 휘말리기 싫었고, 오장의 학문을 이어받는 것, 즉 '진덕수업進德修業'이 그의 역할이라고 생각했기 때문이다.

다음은 독선적 삶의 지향이 드러나는 시를 살펴보자.

학평이 시 읊기를 좋아하는 것이 아니라,	學平非是愛吟詩
시는 바로 학평이 스스로 즐기는 것이라.	詩是學平自樂時
새들은 봄 소리 얻어 죽포에서 지저귀고,	鳥得春聲啼竹圃
물고기는 천성에 따라 연지에서 뛰노네.	魚循天性躍蓮池
주경야독하고 지내니 몸이 어찌 욕될꼬?	朝耕暮讀身何辱

39) 姜大延, 『湖上世稿』, 卷1, 「行錄」, "未幾, 昏朝, 斁倫之議起, 思湖被謫, 卒于道, 君屛居山齋, 俯讀仰思……歲丁卯秋, 上洛, 有當路者, 要之曰, 科期在近, 我當爲公, 囑于有司, 可得巍捷, 君笑曰, 擧者之業, 非吾所長, 竟不赴擧而歸."

보리밥과 파국이 분수에 또한 마땅하네.　　　　　　麥飯蔥羹分亦宜

임천에서 평생 살아 한가한 흥이 있으니　　　　　　終老林泉閒興在

학평이 시 읊기를 좋아함이 아니라네.　　　　　　　學平非是愛吟詩

학평이 시 읊기를 좋아하는 것이 아니라,　　　　　　學平非是愛吟詩

시는 곧 학평이 시속을 탄식하는 것이라.　　　　　　詩是學平歎俗時

현실 중시의 공부를 누가 다시 실천할꼬?　　　　　　實地工夫誰復踐

하늘 넘치는 욕심은 참으로 슬퍼할 만하네.　　　　　滔天人慾正堪悲

염락의 선현보다 뒤늦게 태어났으니,　　　　　　　　晚生濂洛群賢後

구원에 높이 누워 독선獨善함이 마땅하네.　　　　　　高臥丘園獨善宜

고요한 밤 차가운 창에서 잠 못 드니,　　　　　　　靜夜寒牕眠不得

학평이 시 읊기를 좋아함이 아니라네.　　　　　　　學平非是愛吟詩40)

　위의 시는 수미음체로 쓴 시이다. 수미음체는 첫 구와 마지막 구에서 같은
구를 사용하는 것을 기본 원칙으로 하는 시체의 일종이다. 송 소옹邵雍(1011~
1077)이 "요부는 시 읊기를 좋아하지 않는다네"(堯夫非是愛吟詩)라는 「수미음」
을 처음 선보인 뒤로 조선조 많은 문인이 이를 모방하였다. 수미음체는 자신의
이념과 사상을 담아낸 시에 가깝다고 할 수 있다.41) 강대연은 '요부堯夫'를
자신의 자인 '학평學平'으로 바꾸어 이 시를 썼다. 특히 2구의 표현이 재미있는
데, 제1수의 2구에서는 '시는 바로 학평이 스스로 즐기는 것이라'라고 하여
시를 통해 자연 합일을 말하고자 하였고, 제2수의 2구에서는 '시는 곧 학평이
시속을 탄식하는 것이라'라고 하여 시를 통해 현실 세태를 비판하고자 하였다.
　시를 좀 더 분석해 보자. 제1수의 3, 4구는 자신이 공부하는 곳의 아름다운

---

40) 上同, 「首尾吟」.

41) 이미진, 「조선조 首尾吟體 창작현황 및 창작방식에 대하여」, 『大東漢文學』 제43집(대동
　　한문학회, 2015), 149면.

환경을 노래하였다. 이런 좋은 곳에서 공부하고 유유자적하게 지내고 있으니 힘든 점이 없음을 말하고 있다. 그는 비록 출사하지 못해 가난하게 살고 있지만, 변변치 못한 밥을 먹더라도 임천에서 공부하는 삶을 선택한 것이다.

제2수의 6구를 살펴보면 '독선獨善'이라는 단어가 나온다. 독선은 『맹자』에 "옛사람은 뜻을 얻었을 경우 그 은택이 백성에게 더해졌으며, 뜻을 얻지 못하면 수신하여 세상에 그 도를 드러낸다. 궁하면 혼자서라도 그 자신을 도에 맞게 행동하고, 영달하면 온 천하 사람들에게도 그 도를 시행한다"[42]라는 말에서 가져온 것이다. 즉 이는 출사를 한다면 뜻을 펼쳐야 하겠지만, 그렇지 않다면 홀로 도를 지키고 수신修身한 뒤에 천하 사람들에게 그 도를 시행하여 선한 영향력을 미치겠다는 의지를 담아내었다. 또 2구와 3구에 세태에 대한 비판의식을 담으려 했으며, 실천적인 학문의 중요성을 말하고 있다.

독선적인 삶을 살게 된 두 번째 이유는 병자호란 이후 청나라와 강화를 한 것이다. 아래의 인용문을 살펴보면 이에 대한 강대연의 분노를 짐작할 수 있다.

> 병자년(1636)에 청나라와 강화하게 되자 이에 개연히 탄식하며 다음과 같이 말하였다. "우리나라처럼 당당한 예의의 나라가 어찌 오랑캐에게 굴복하여 차마 성하의 맹세를 하는가?" 이로부터 그 뒤로는 전혀 세상에 뜻을 두지 않았다. 두어 간 암자를 엮어 고반考槃의 장소로 삼고서는 '독선재獨善齋'라는 이름을 붙였다.[43]

---

42) 『孟子』, 「盡心上」, "古之人, 得志澤加於民, 不得志修身見於世, 窮則獨善其身, 達則兼善天下."

43) 姜大延, 『湖上世稿』, 卷1, 「行錄」, "丙子講和, 乃慨然歎曰, 以我堂堂禮義之邦, 屈於胡虜忍爲城下之盟, 耶, 自是之後, 頹然無意於當世, 構數架菴, 以爲考槃之所, 而命曰獨善齋."

그는 병자호란 이후로는 세상일에는 전혀 관심을 가지지 않고 '독선재'라는 재실을 지어 오로지 자신만의 도를 지키기 위해 노력하였다. 아래는 독선재에 관한 시 2수이다.

병이 많은 근래에 친구들이 드무니,   多病年來故舊稀
종일토록 초가집에 시비가 닫혀 있네.   茅茨盡日掩柴扉
달 돋고 바람 불어 맑은 생각 일어나고,   月到風來淸意味
솔개 날고 고기 뛰어 천기가 활발하네.   鳶飛魚躍活天機
석 자 오동나무 거문고 연주 소리 간간하고, 三尺桐琴彈衍衍
한 동이 국화 술에 얼얼하게 취하네.   一樽菊酒醉微微
임천에서 평생 삶이 분수에 만족하니,   終老林泉於分足
고관의 호걸들은 나를 기롱하지 말라.   靑雲豪士莫相譏

집 뒤에 회계산은 푸르고,   屋後稽山碧
창 앞의 경호강은 깊구나.   牕前鏡水深
성인의 말씀엔 부끄럽지만,   自慙仁智樂
터 잡고 집 지음은 무슨 마음이런고?   卜築又何心[44]

제1수 4구를 보면, 『시경』에 "솔개는 하늘 높이 날고 물고기는 못에서 뛰논다"[45]라고 한 것과 같이 이곳이야말로 자연의 이치가 섭리대로 흘러가고, 도가 크게 밝혀지는 곳임을 말하고 있다. 특히 본인은 임천에서 평생 분수에 맞게 살 것이니, 고관 호걸들은 나를 우습게 보지 말라고 말하고 있다. 이는 자신이 독선적 삶을 살면서 도를 부지하는 것이 더 현명한 일임을 노래한 것이다. 제2수에서는 『논어』 「옹야」에서 공자가 인자仁者와 지자智者가 산과

---

44) 上同, 「獨善齋」.
45) 『詩經』, 「大雅·旱麓」, "鳶飛戾天, 魚躍于淵."

물을 좋아함46)에 대해 말한 부분을 언급하였다. 즉 자신의 은거가 성인의 말에는 부끄럽지만, 속세를 끊고 유유자적하게 살려는 의지를 드러낸 것이다.

강대연은 철저하게 은거하며 독선적 삶을 살고자 하였지만, 지인들은 그의 능력이 출중했던 것을 알았기에 끊임없이 시를 보내며 벼슬을 권유하였다.

독선재 안에 은둔한 강경호여!	獨善齋中姜鏡湖
종일토록 책 보며 어리석은 자처럼 앉아 있네.	看書終日坐如愚
......	......
독 속의 보물은 값을 기다려야 하니,	韞櫝奇珍應待價
다행히 명군을 만나면 팔 수 있으리.	幸逢明主倘能沽47)

위의 시는 노형필이 강대연에게 벼슬을 권유하는 시의 일부이다. 1구와 2구는 현실정치에 참여하지 않고 공부만 하는 강대연을 어리석은 자라고 희롱하고 있다. 마지막 구는『논어』에서 자공이 "여기에 아름다운 옥이 있다고 할 때, 이것을 상자 속에 그냥 보관해 두어야 합니까, 아니면 좋은 값을 받고 팔아야 합니까?"라고 묻자, 공자가 "팔아야지, 팔아야지. 나는 제값을 주고 살 사람을 기다리고 있다"48)라고 한 고사를 인용하였다. 즉 우리 현명한 임금께서 그대의 실력과 인품을 알고 마땅한 자리를 주실 것이니, 이제 공부는 그만하고 정치하러 한양으로 올라오라고 권유하고 있다. 아래는 위의 시에 대한 강대연의 화답시이다.

다행히 명군을 만나 강호에서 노니니,	幸逢明主放江湖

---

46) 『論語』, 「雍也」, "知者樂水, 仁者樂山, 知者動, 仁者靜, 知者樂, 仁者壽."
47) 姜大延, 『湖上世稿』, 卷1, 「附原韻」.
48) 『論語』, 「子罕」, "子貢曰, 有美玉於斯, 韞櫝而藏諸, 求善賈而沽諸, 子曰, 沽之哉, 沽之哉, 我待賈者也."

어리석은 자는 늙을수록 더 어리석음을 알겠네.	自覺愚夫老益愚
……	……
옥을 감추어 둔다고? 시원찮은 자질이,	韞玉云乎誠砡質
값을 기다림이 아니네. 살 사람 없으니.	吾非待價世無沽[49]

그는 철저하게 출사를 거절한다. 1구와 2구에서는 노형필의 시에 대한
반어법이 드러난다. 특히 '명주明主'라는 표현이 재미있다. 명군을 만나서
강호에서 노닌다는 표현은 어진 임금이었다면 내가 출사를 했겠지만, 그렇지
않기 때문에 강호에서 놀고 있다고 반어법으로 거절의 의사를 드러낸 것이다.
나아가 늙으면 늙을수록 더욱 어리석어진다고 했지만, 실은 은거하는 삶이
현명한 판단임을 표현하고 있다. 핵심 시구는 마지막 구이다. 상자 속에
보관할 만한 옥도 아닌 재주를 가지고서 무슨 정치를 할 수 있겠냐고 반문하였
다. 그러나 이에 대한 속뜻은 자신의 정치적 이상을 펼치게 도와줄 어진
임금이 없는 현실에 대한 비판의식을 드러낸 것이다. 그러므로 자연에서
낚시하고 술 마시며 남은 생애를 보내고자 한 것이다.

다음은 정백창이 강대연에게 출사를 권유하며 준 시이다.

궁전에 현명한 임금과 충직한 신하가 만나서	殿陞風雲會
나라에 덕화가 펼쳐지네.	家邦德化宣
소보와 허유를 못 숨어 있게 했건만,	無令巢許隱
요의 들판에 유일 현자 있네.	堯野有遺賢[50]

1구의 '풍운회風雲會'라는 것은 『주역』에 "구름은 용을 따르고 바람은 범을

---

49) 姜大延, 『湖上世稿』, 卷1, 「和呈盧亨弼 雲堤」.
50) 上同, 「附原韻」.

따른다"51)라고 하였는데, 즉 현명한 임금과 충직한 신하가 서로 만나는 것을 뜻한다. 정백창은 광해군 시절 폐모론으로 인해 삭직되어 은둔생활을 하다가 인조반정 이후 다시 벼슬을 한 인물이다. 1구와 2구는 광해군 때와 달리 지금 인조는 현명한 군주여서 충직한 신하를 잘 알아보고 나라에 덕이 가득한 세상이 왔다고 한다. 3구에서는 소보와 허유같이 은거하는 선비들을 모두 조정에 불러 정치를 펼치게 했다고 언급하였다. 4구의 '요의 들판'은 인조가 어진 정치를 펴고 있는 나라를 비유하였다. 그러므로 그대와 같은 현자가 강호에 있을 것이 아니라 한양으로 올라와 우리 조정에 힘을 보태라고 권유하고 있다. 이에 대한 강대연의 화답시이다.

오랫동안 어부와 나무꾼으로 지내다 늙어서,	久任漁樵老
본래 계책 펼치기엔 소활할 뿐이오	本疎計策宣
명군이 위에 계실 때의 경제 책임은,	明時經濟責
조정에 가득한 청렴한 현자가 할 일이오	廊廟滿淸賢52)

1구에서는 오랫동안 어부와 나무꾼으로 살았던 내가 무슨 재주가 있겠냐고 반문하고 있다. 조정에는 현명한 임금과 현자들이 많으니, 나라를 다스리는 일은 그대들의 책임이라고 하여 출사를 거절하고 있다. 그는 겉으로 자신을 낮추며 평범하게 거절을 한 듯 보이지만, 그가 이렇게까지 벼슬자리에 나아가려고 하지 않았던 것은 다른 특별한 이유가 있어 보인다.

마음속에서는 세상일을 잊고서,	心中忘世事
노에 의지해 다시 한가히 조네.	倚棹復開眠

---

51) 『周易』, 乾卦 「文言」, "雲從龍, 風從虎."
52) 姜大延, 『湖上世稿』, 卷1, 「答鄭相公 百昌」.

| 만약 도를 실행할 수 있었다면, | 若使行其道 |
| 응당 저 배를 띄우지 않았으리. | 不應泛彼船[53] |

이 시는 임포林逋가 그려져 있는 그림에 쓴 시이다. 임포는 북송의 처사로 은거하면서 매화를 심고 학을 길러 '매처학자梅妻鶴子'라고 불렸다. 강대연은 임포가 그려져 있는 그림에 시를 지으면서 출사에 대한 자기 뜻을 밝혔다. 1구와 2구에서는 세상일을 잊고 은거하려는 의지가 엿보인다. 3구와 4구를 살펴보면, 자신이 만약 정치에 나가 도를 실행할 수 있었다면 은거라는 배를 타지 않았을 것이라고 하였다. 이는 지금 내가 정치를 한다고 한들 자신의 정치적 이상이 펼쳐질 수 있을 만한 곳이 아님을 피력하고 있다. 이는 그의 조정에 대한 비판의식이 크게 담겨 있는 것이다. 비판의식이 담겨 있는 아래의 시를 더 살펴보자.

외로운 오동 배양한 지 오랜 세월인데,	培養孤桐歲月深
줄기와 가지 무성히 천 길이나 솟았다네.	幹枝奏奏聳千尋
단산의 상서로운 봉황은 소식이 없는데,	丹山瑞鳳無消息
가을바람에 잎 지고 늦은 비 스산하네.	葉落秋風暮雨陰[54]

뜰 안에 오동나무에 대한 시이다. 『시경』에 "봉황이 울어대니, 저 높은 산이로다. 오동이 나서 자라니, 저 볕 바른 언덕이로다. 무성한 오동나무에 봉황의 울음소리 평화롭네"[55]라고 하였는데, 이는 주나라 문왕이 성덕을 베풀자, 봉황이 기산 아래 오동나무에 날아와 울었던 고사를 뜻한다. 자신

53) 上同,「題林逋圖」.
54) 上同,「庭梧」.
55) 『詩經』,「大雅・卷阿」, "鳳凰鳴矣, 于彼高岡, 梧桐生矣, 于彼朝陽, 奏奏萋萋, 雝雝喈喈."

역시 오동나무를 심은 지가 오랜 세월이 지났는데도 봉황이 날아온다는 단산엔 소식이 없다. 만약 임금의 정치가 덕스럽게 펼쳐졌다면 오동나무에 봉황새가 날아올 것이나, 가을바람이 불고 차가운 비만 내리면서 스산한 계절을 표현하고 있다. 이는 현 임금과 조정에 대한 비판의식을 시에 은유적으로 담아낸 것이다.

푸른 도롱이에 초립 쓰고 노에 기대 보니,	綠笠靑蓑倚棹看
비단 비늘로 헤엄치며 어지러이 꽃을 이루네.	錦鱗游泳浪花團
만경 넓은 물에 풍파가 인다고 말하지 말라.	莫言萬頃風波涌
그래도 세도가 기구하여 어려운 것보단 낫다네.	猶勝崎嶇世道難56)

어부라는 시 3수 중 제2수이다. 1구에 푸른 도롱이를 쓴 어부는 자신을 뜻한다. 핵심이 되는 시구는 3구와 4구이다. 만경이나 되는 물에 노를 저으며 한가로이 살고 있는데, 풍파가 일면 물결의 잔잔함이 사라지고 배는 흔들리고 만다. 그러나 지금 세도가 떨어지고 어려운 상황보다도 현재 은거하는 삶이 훨씬 나음을 노래하였다. 이는 자연과 합일하여 유유자적한 삶을 살겠다는 의지가 잘 드러나 있으며, 도가 추락해 버린 지금의 세상을 넌지시 비판하였다.

다음은 강대연이 형 강대수에게 보낸 시이다.

회계산 고사리가 자라기 시작하고,	稽岀薇初長
감호의 쏘가리 또한 살쪄 있네요	鑑湖鱖亦肥
채미와 조어를 감히 하지 못하고,	采漁俱不敢
머무르며 돌아오시길 기다립니다.	留待賦田歸57)

---

56) 姜大延, 『湖上世稿』, 卷1, 「漁父」.
57) 上同, 「上伯兄寒沙先生」.

1구의 회계산은 강대연이 사는 집 뒤에 있는 산이다. 2구의 감호는 경호강이다. 강대연은 형에게 정치는 그만하고 함께 고사리 캐고 낚시하며 살자고 시를 보내었다. 강대수와 강대적은 모두 관직 생활을 했지만, 강대연은 벼슬에 나가지 않았다. 이는 형제간에 출처관이 달랐기 때문이다. 아래는 강대연이 보낸 시에 대한 강대수의 화답시이다.

정치는 소공·두예에 부끄러우나,	政愧歌召杜
뜻은 부귀에 두고 있지 않다네.	志不在輕肥
스스로 호산의 흥취는 있었지만,	自有湖山興
군주 걱정에 감히 못 돌아가네.	憂君不敢歸58)

소공召公은 주周나라 무왕武王을 도운 열 사람의 공신 중 한 사람이고, 두예杜預는 오吳나라를 평정한 서진西晉의 정치가이다. 강대수는 이들에 비해 정치 실력이 부끄럽고, 부귀에도 뜻을 두고 있지는 않으나, 임금을 돕겠다는 의지가 강하다. 사랑하는 동생과 함께 자연에서 남은 삶을 즐기고 싶지만, 임금 걱정에 도저히 내려갈 수 없다고 표현하였다. 이는 어떤 순간에도 임금과 함께하겠다는 충직한 신하의 모습이 잘 드러난다.

여기서 강대수의 출처관에 대해 논하지 않을 수 없다. 강대수는 「독미자편 유감讀微子篇有感」59)이라는 시를 남겼는데, 그의 출처관이 잘 드러난다. 이 시에서는 기자에 대해 칭송하고 있는데, 기자는 주紂에게 욕을 당했지만, 무왕이 주紂를 벌하고 그를 조선후朝鮮侯에 봉하여 우리나라를 하夏와 같이 만들었다고 하였다.60) 이는 자신이 광해군 때 핍박을 받았던 것과 동일시하고

---

58) 上同, 「附次韻」.
59) 姜大遂, 『寒沙集』, 卷2, 「讀微子篇有感」.
60) 上同, "聖化夏蠻夷, 八條於今傳."

있으며, 기자와 같이 후세에 업적을 남기고자 하였다. 자신의 정치적 이상을 펼치기 위해서는 출사에 대한 욕구를 버릴 수 없었다.[61]

다음은 강대연의 출처관이 드러나는 시를 살펴보자.

남의 생각에 아당함은 군자가 아니고,	阿意非君子
남의 마음을 알아줌이 바로 친구라네.	知心是故人
그대는 어떤가? 세상일을 모두 잊고,	何如忘世事
서로 더불어 강가에서 만년을 보냄이.	相與老江濱

관직에 있을 적엔 도를 행함이 귀하고,	居官行道貴
세속을 거스름엔 내 한 몸 지킴이 어렵다네.	忤俗保身難
두어 간 되는 초가 재실 속에서,	數架茅齋裏
어슬렁거리며 넉넉하게 여유 부린 다네.	盤旋綽有寬[62]

위의 시는 강대연이 오한담에게 준 시 중 2수이다. 제1수에는 세상의 일을 모두 잊고 은거하며 오한담과 함께 강가에서 유유자적하게 지내려는 뜻이 엿보인다. 제2수에는 그의 출처관과 관련하여 도학자의 모습이 잘 드러나 있음을 볼 수 있다. 1구와 2구를 살펴보면 남명의 출처관과 유사하다. 김우옹의 「남명선생행장」에 "남명선생은 『성리대전』을 읽다가 '이윤伊尹의 뜻을 가지고 안연顔淵의 학문을 배워, 세상에 나가서는 행함이 있어야 하고 물러나 처해서는 지킴이 있어야 하니, 대장부는 마땅히 이와 같아야 한다'라는 허형許衡의 말에 이르러 망연자실하여 비로소 고인의 이른바 위기지학에 힘썼다"[63]는 말이 있다. 즉, 강대연은 자신이 만약 관직에 나갔다면 반드시

---

61) 강성두, 「한사 강대수 연구」(경상국립대학교 석사학위논문, 2002), 49~50면.
62) 姜大延, 『湖上世稿』, 卷1, 「贈吳寒潭」.
63) 金宇顒, 『東岡集』, 卷17, 「南冥先生行狀」, "讀性理大全, 至魯齋許氏語, 有曰, 志伊尹之

도를 행함이 있어야 하고, 물러나 있다면 수신修身하여 도를 잘 지키기 위해 노력해야 한다는 뜻을 표현하였다. 앞서 강대연은 자신의 도가 임금과 뜻이 합치될 수 없었음을 알았기 때문에 홀로 독선재를 지어 은거하였다고 언급하였다. 이러한 점은 율곡栗谷 이이李珥(1536~1584)가 도학자에 대한 기준을 내리면서 '이치를 궁구하고 마음을 바르게 하는 것을 선택하여, 도에 의해서 나아가고 물러나는 것을 도학64)이라고 하였는데, 이러한 기준에서 살펴본다면 강대연을 진정한 도학자라고 이를 만하다. 나아가 형제간이지만 강대수와는 다른 출처관을 보여 준 사실이기도 하다.

다음은 강대연의 춘추대의春秋大義 정신이 드러난 시를 살펴보자. 주지하듯 1636년 병자호란이 일어나고 인조가 청에 항복을 결정하자, 동계 정온은 칼로 자신의 배를 찔러 자결하고자 하였지만 뜻을 이루지 못하였다. 이후 사직하고 거창 모리로 내려와 은거하였다. 이러한 정온의 절개는 많은 후대 선비들의 추앙을 받았다. 강대연은 정온이 살던 모리를 찾아서 시 4수를 남겼는데, 아래와 같다.

정신은 가을 서릿발과 같이 차갑고,	精神凜秋霜
의리는 태양의 광명과 같이 밝도다.	義理炳日光
배를 찌르고 모리로 돌아오셨으니,	刮腹歸某里
만고토록 홀로 강상을 부지하셨네.	萬古獨扶綱65)

제1수는 정온에 대한 추앙이 잘 드러난다. 그의 정신은 가을 서릿발과

志, 學顔淵之學, 出則有爲, 處則有守, 丈夫當如此, 先生於是惕然警發, 憫然自失, 始悟從前所趣之非, 而古人所謂爲己之學者蓋如此也."
64) 李珥, 『栗谷全書』, 卷28, 「經筵日記」, "擇其窮理正心, 以道出處者, 目之以道學."
65) 姜大延, 『湖上世稿』, 卷1, 「過某里有感」.

같이 차갑고, 의리는 태양과 같이 밝다고 노래하였다. 이런 강한 정신과 의리를 가진 정온이야말로 이 나라에서 유학의 도를 홀로 붙잡고 있는 인물이라 칭송하고 있다.

머리 들어 멀리 신주를 바라보니,	翹首望神州
오랑캐 먼지 넘쳐서 그치지 않네.	胡塵漲不休
모리 한 구역이 세상을 밝히고,	一區明世界
모리 꽃잎이 춘추대의를 징험한다네.	花葉驗春秋[66]

제2수는 모리에 대한 칭송을 노래하였다. 오랑캐에게 무릎을 꿇은 이 나라는 오랑캐의 먼지가 가득하여 신주를 모시기에도 부끄러운 곳이건만, 모리만이 조선 땅에서 세상에서 가장 밝은 곳이 되었음을 노래하고 있다. 나아가 모리의 꽃과 잎마저도 춘추대의를 징험하고 있음을 드러내었다. 이는 명나라를 저버리고 청나라에 항복한 것에 대한 분개를 잘 표현한 것이다.

옛날 삼한 땅 천리 가운데,	千里舊三韓
특별히 높은 모리 산자락.	特高某里巒
편안함을 추구하여 의를 잊는 자는,	偸安忘義者
응당 고개 들기 부끄러우리.	應愧擧頭看[67]

제3수는 대명 의리를 잊은 조정에 대한 비판의식이 잘 드러난다. 1구와 2구는 삼한 땅에서 정온이 거처했던 모리의 의리가 가장 높음을 표현하였다. 그러므로 목숨을 부지하기 위해 대의를 저버린 조정의 신하들과 임금에게

---

66) 上同.
67) 上同.

고개를 들기 부끄러울 것이라고 비판하였다. 나아가 평생을 의리를 지키며 살았던 정온을 더욱 존숭하고 있다.

바다를 건너온 동제의 선비,	蹈海東齊士
성을 등진 북쪽 땅의 임금.	背城北地王
선생이 돌아와 은둔한 지조는,	先生歸遯志
천년토록 일월과 빛을 다툴 만하네.	千載可爭光68)

제4수는 다시 한 번 정온의 절개를 칭송하고 있다. 동제東齊는 춘추 주周나라 때 제齊나라가 동쪽에 있다 하여 제나라를 이렇게 불렀다. 제는 공자의 춘추대의와 맹자의 의義가 녹아 있는 지역이다. 또 강한 절개를 가졌다고 인정받았던 노중련 역시 제나라 사람이다. 그런 정신을 이어받은 선비가 정온임을 1구에서 강조하고 있다. 2구는 인조가 남한산성에서 싸운 것을 말한다. 정치의 뜻을 접고 모리에 은거한 정온의 지조는 천년이 지나도 일월과 빛을 다툴 수 있을 만큼 밝다고 노래하고 있다.

다음은 강대연이 노중련의 절개를 칭송한 시이다.

칠국이 합종연횡하던 세상에는,	七國從橫世
주나라 기강이 사라져 떨쳐지지 못했네.	周綱泯不振
그래도 우리 노 선생 같은 분 계셔서,	猶有魯先生
한마디 말로 도리어 진나라에 대항했네.	一言卻帝秦69)

노중련은 전국시대 제나라 고사高士이다. 그가 조趙나라에서 떠돌 때, 진秦

---

68) 上同.
69) 上同, 「讀魯仲連傳」.

나라 군대가 조나라 수도 감단邯鄲을 포위하였다. 위왕魏王이 신원연新垣衍을 한단으로 보내어, 진나라 임금을 천자로 섬기면 군대를 철수시킬 것이라 하였다. 이에 노중련은 "저 진나라는 예의를 버리고 적의 머리를 베어 오는 것을 으뜸으로 여기는 나라이며, 그 선비들에게 권모술수를 쓰도록 하고, 그 백성들을 노예처럼 부리고 있으니, 진나라 왕이 제멋대로 하여 천자가 되고 나아가 천하에 정사를 다스린다면, 나는 동해를 밟고 죽을 것이다. 차마 그들의 백성이 될 수가 없다"라고 한 고사70)가 유명하다. 이후 많은 학자가 자신의 절개를 노중련에 비유하곤 하였다.

강대연 역시 노중련에 대한 시를 쓰면서 그의 절개를 읊조렸다. 즉 노중련의 말 한마디로 진나라에 대항할 수 있었던 것처럼 우리 조선도 청나라에 대항할 수 있는 강인한 정신을 가져야 함을 표현하였다. 공자가 『춘추』를 지은 것에 대해 공양고公羊高는 "군자가 어찌하여 『춘추』를 지으셨는가? 난세를 다스리고 정도에 되돌아가게 하는 것은 『춘추』보다 가까운 것이 없다"71)라고 하였다. 이처럼 강대연 역시 현실에 대한 비판의식과 함께 정도正道의 세상을 지향하고자 한 것이다. 그런 춘추대의정신이 시에 녹아 있었음을 확인할 수 있었다.

요컨대, 강대연은 평생을 은거하는 삶을 살고자 하였다. 많은 사람의 출사 권유에도 불구하고 모두 뿌리치고 강호에서 유유자적한 삶을 살겠다는 의지를 피력하였다. 그는 오장에게도 인정받았을 만큼, 뛰어난 실력을 갖추고 있어 충분히 출사할 수 있었던 환경이었다. 다구나 큰형인 강대수는 정인홍의 제자임에도 불구하고 인조반정 이후로 벼슬자리를 이어나갔다. 그러나 강대연이 벼슬자리에 나아가지 않았던 것은 현실정치에 대한 비판의식이 있었기

---

70) 司馬遷, 『史記』, 卷83, 「魯仲連列傳」, "彼秦者, 棄禮義而上首功之國也, 權使其士, 虜使其民, 彼即肆然而爲帝, 過而爲政於天下, 則連有蹈東海而死耳, 吾不忍爲之民也."
71) 『春秋公羊傳』, 哀公 14년조, "君子, 曷爲爲春秋, 撥亂世, 反諸正, 莫近於春秋."

때문이다. 섬길 만한 임금이 아니어서 자신의 정치적 이상이 실현되지 않을 것으로 생각한 것이다. 또 병자호란 이후로 철저하게 은거하는 삶을 살면서 정온과 노중련의 절개를 칭송하면서 춘추대의를 드러내었으며, 모리가 조선 땅에서 가장 밝은 곳이라 하기도 하였다. 이는 대명 의리를 지키지 못한 조정에 비판의식을 드러냄과 동시에 혼란한 정치판에 나서기보다는 독선獨善, 즉 홀로 재실에 앉아 도를 부지하겠다는 의지가 강함을 알 수 있었으며, 남명의 출처관과 유사한 양상을 보여 주었다. 또한, 강대수와는 다른 출처관을 보여 준 사실이기도 하였다. 인조반정 이후 몰락했던 북인이 은거하던 모습과 유사하다고도 할 수 있겠다.

2) 구도의 의지와 존심양성 추구

강대연은 독선적 삶을 지향하면서 도를 부지하기 위해 끊임없이 노력하였다. 그런 의지를 시에 투영시켜 자기 생각을 남기곤 하였다. 그는 산에 올라 도道에 대한 성찰적 자세와 하늘이 명한 성性의 소중함을 노래하였다. 아래의 시를 살펴보자.

오도산이 우리 도를 전하여 하늘에 닿았으니,	山傳吾道極于天
풀 덮인 오솔길 가에 말이 나가지 못하네.	茅塞蹊邊馬不前
기이한 경관은 참으로 오르는 곳마다 있으니,	奇觀正在登登處
유람하는 사람이 중도에 돌아감을 비웃노라.	堪笑遊人半道旋

오르고 올라도 산은 다하지 않고,	登登山不盡
굽이굽이 길은 돌수록 그윽하네.	曲曲路轉幽
노력하여 걸음걸음 나가노라면,	努力步步進
어느덧 산 정상에 도달하리라.	忽然到上頭72)

위의 시는 강대연이 합천의 오도산吾道山에 올라 쓴 시 2수이다. 오도산이란 곳에 올라 도를 찾고자 하는 뜻이 잘 담겨 있다. 오도산이라는 이름에서 알 수 있듯이, 강대연은 오도산을 유학자가 실천해야 할 도道에 비유한 듯하다. 제1수의 1구는 오도산이 우리 도를 잘 전하여 하늘 끝에 닿았음을 칭송하였다. 4구는 최종 목표까지 오르지 못하고 끝내 포기하는 사람들에 대한 비판이 담겨있다. 제2수는 도道에 대한 강대연의 생각을 잘 표현하였다. 산山이란 도道는 높고 길이 험해서 끊임없이 올라가도 나아갈 수 없을 듯 그윽하다. 그러나 끊임없이 노력한다면 정상에 도착할 수 있다고 하였다. 이는 『중용』에 "남이 한 번에 잘할 수 있는 일이면 나는 백 번을 할 것이며, 남이 열 번에 잘할 수 있는 일이면 나는 천 번을 할 것이다"[73]라는 대목을 떠오르게 한다. 즉 유학자가 도를 실천하고 학문을 완성하기 위해서는 중도에 포기해서는 안 되고 끊임없이 노력해야 한다는 자세에 대해 강조한 것이다. 다음은 강대연이 산에 올라 시대에 대한 한탄과 리理 중심적 사고 지향에 대해 읊은 시를 살펴보자.

산봉우리 짙은 안개 옷을 얼룩 적시는데,	峯頭宿霧濕衣班
하늘가에 홀로 서서 세상을 내려다본다.	獨立天邊頫世間
태고적 순풍은 어디서부터 불어올까?	太古淳風何處吹
요순시대의 옛 물건은 단지 청산뿐이네.	唐虞舊物但靑山
방장산에 신선이 있다지만,	方丈云有仙
지금 와 보니 신선이 없네.	今來不見仙
죽고 사는 데는 오직 천리天理가 있으니,	死生惟天理

---

72) 姜大延, 『湖上世稿』, 卷1, 「登吾道山」.
73) 『中庸』 20章, "人一能之, 己百之, 人十能之, 己千之."

비로소 세상에 신선이 없음을 믿겠네.   始信世無仙[74]

위의 시는 강대연이 지리산에 올라 쓴 2수이다. 제1수는 지리산에 대한 칭송이다. 그는 여느 선비들처럼 지리산에 올라 태평성대한 시대를 꿈꾼 듯하다. 그가 꿈꾼 세상은 요순이 다스리는 나라다. 그러나 모두 사라지고 오직 산만이 우뚝하게 자리를 지키고 있다. 그는 요순의 순풍이 남아 있는 산에 올라 그 흥취를 느낀 것이다. 요순과 같은 임금을 만났더라면 한양에 올라가 자신의 정치적 이상을 펼칠 수도 있었을 것인데, 그렇지 못함을 탄식한 듯하다. 요컨대, 그는 지리산을 유람하며 자연경관만을 본 것이 아니라, 오랜 역사를 살피며 자아 성찰적 자세를 보여 주고 있다.

제2수는 하늘이 명한 리理가 중요함을 말하고 있다. 지리산 청학동은 최치원으로 설명할 수 있는데, 그는 '지리산 쌍계사에서 노닐었다'라고 전할 뿐 이곳에 살지는 않았다. 그런데도 조선시대 문인들은 지리산에서 최치원을 찾았다.[75] 그들이 최치원을 찾은 이유는 여러 가지가 있을 수 있겠지만, 신선이라는 전지전능한 존재에 대한 막연한 믿음과 그에게서 진리를 찾고자 한 것이다. 그러나 결국 중요한 것은 자신에게서 그 이치를 구하고 깨닫는 것이다. 그것은 바로 하늘이 명한 리理이다. 강대연은 신선이라는 최치원을 찾아 지리산 청학동에 왔건만, 그의 흔적은 없다고 말하고 있다. 즉 오직 하늘이 명한 리理만이 진정한 도道임을 노래한 것이다.

요컨대, 강대연은 산에 올라 자신에 대한 성찰적 자세와 구도求道에 대한 소망을 간절히 표현하고 있음을 알 수 있었다. 때로는 역사 인물을 언급하며

---

74) 姜大延, 『湖上世稿』, 卷1, 「登方丈山」.
75) 강정화, 「조선조 문인의 지리산 청학동 유람과 공간인식」, 『장서각』 36집(한국학중앙연구원, 2016), 128~129면.

그 의미를 되새기기도 하고 현실을 비판하기도 하였다. 이러한 강대연의 산에 대한 인식은 남명의 산수유람과 유사하다고 할 수 있다. 남명은 지리산에 유람한 후『유두류록遊頭流錄』[76])을 남겼는데, 이를 살펴보면 남명은 단순히 산수를 즐기는 차원이나 시야를 확대하는 차원에 머물지 않았고, 산수유람을 통해 자신의 심성을 수양하려는 자세를 가졌다. 나아가 산수를 통해 역사를 보고 현실을 살폈다. 이러한 점에서 남명과 강대연 모두 은거하면서 도를 부지하겠다는 생각을 확고히 하고 있던 처사였기 때문에, 성리학적 수양론에 중점을 두어 실천 주의적 자세를 유람을 통해 드러내었다고 할 수 있다.[77])

강대연은 구도求道정신에 있어 가장 중요한 덕목을 '존심양성存心養性'으로 보았다. 다음 시를 살펴보자.

도가 사람을 멀리함이 아니라 사람이 도를 멀리하며,	道不遠人人遠道
마음이 세속을 어김이 아니라 세속이 마음을 어기네.	心非違俗俗違心
만약 존심양성하는 참된 공부가 독실할 수만 있다면,	若能存養眞工篤
어찌 분분하게 외물이 침범하겠는가!	豈有紛紜外物侵[78])

위의 시는 오한담에게 준 시이다. 1구와 2구는 유학자는 구도정신을 항상 견지해야 하며, 세속의 헛된 것에 마음이 흔들리면 안 됨을 표현하였다. 3구와 4구를 살펴보면 '존심양성存心養性'하면 외물이 들어오는 일이 없을 것이라고 하였다. '존심양성'이란 말은 본래의 마음을 보존하고 본연의 성을 기른다는 뜻으로『맹자』에 "그 마음을 다하는 자는 그 성을 아니, 그 성을

---

76) 曹植,『南冥集』, 卷2,「遊頭流錄」참조
77) 최석기,「남명의 산수유람에 대하여―『유두류록』을 중심으로―」,『남명학연구원총서』 1권(남명학연구원, 2006), 322~328면.
78) 姜大延,『湖上世稿』, 卷1,「贈吳寒潭 晦伯」.

알면 하늘을 알게 된다. 그 마음을 보존하여 그 성을 기름은 하늘을 섬기는 것이다"[79]라고 한 데서 비롯하였다. 즉 하늘로부터 내려받은 순한 천성을 가장 중요하게 여기는 것이다. 그렇게 된다면 선한 마음이 유지가 되어 어떠한 외물의 유혹도 받지 않는다고 강조한다. 그러므로 강대연은 성性을 잘 설명한 『중용』을 가장 가까이해야 할 책으로 생각하였다.

참된 공부는 항상 정밀히 수련치 못할까 근심이니,	眞工常患未精修
군자는 먼저 성명을 따라서 찾아야 하리라.	君子先從性命求
박잡한 천 마디 말이 다만 힘을 낭비하게 하니,	博雜千言徒費力
『중용』 책 한 권이 모든 공부의 근원이 되리라.	中庸一部是原頭[80]

위의 시는 오한담에게 「독서잠」을 지어 준 것이다. 『중용』 1장에서 "하늘이 명한 것을 성이라 한다"(天命之謂性)라고 하였는데, 즉 참된 공부의 핵심은 성명을 따라서 선한 본성을 찾고 회복하는 것이라고 하였다. 그러므로 4구에서 『중용』 책 한 권이 모든 공부의 근원이 됨을 강하게 표현하고 있다.

앞쪽 시내에는 봄이 이미 깊어서,	前川春已深
꽃과 버들 점차 가볍고 무성하네.	花柳轉輕陰
꼭 한가롭게 지낼 뜻을 뺏으려는 건 아니지만,	不必偸閒意
리理 보려는 마음 응당 있어야 하네.	還應玩理心[81]

위의 시는 봄 구경하며 오한담에게 장난삼아 준 시이다. 봄꽃 놀이를 하고 있음에도 우주만물의 근원인 리理를 회복하려는 의지가 엿보인다. 이는 『중용』

---

79) 『孟子』, 「盡心上」, "盡其心者, 知其性也, 知其性, 則知天矣. 存其心, 養其性, 所以事天也."
80) 姜大延, 『湖上世稿』, 卷1, 「讀書愼言二箴 贈吳寒潭」.
81) 上同, 「賞春戲 贈吳寒潭」.

1장의 주자 주에 "큰 근본은 하늘이 명한 성性이다. 천하의 이치가 모두 이로 말미암아 나오니, 도의 체이다. 달도達道는 성을 따름을 이른다. 천하와 고금에 함께 행하는 것이니 도의 용이다. 이것은 성정의 덕을 말하여 도를 떠나서는 안 된다는 뜻을 밝힌 것이다"82)라고 하였다. 즉 어떠한 순간에도 도를 떠나서는 안 되고, 하늘이 명한 이치를 정확하게 살펴야 한다는 점을 강조하고 있다.

원천이 활발함에 물 흐름이 맑으며,	源活水流淸
뿌리가 서려 있어 나무가 무성하네.	根盤木向榮
만약에 심지가 바르기를 바란다면,	若要心地正
먼저 하늘이 명한 성의 밝음을 길러야지.	先養性天明83)

위의 시는 물의 원천에 대한 시를 쓴 것이다. 이 시를 읽으면 주자가 남긴 「관서유감」84)이 떠오른다. '원천'은 곧 물이 샘솟는 근원이고, '활수'는 살아 있는 물이다. 원천에서 활수가 지속적으로 흘러오기 때문에 연못의 물이 항상 맑을 수 있다. 이는 인간의 마음속에서 양심이 항상 움트기 때문에 그 마음에 천리가 유행할 수 있다고 하였다. 원천에서 양심이 지속적으로 나와 확충시켜 나간다면, 마음이 천리로 가득 차게 된다는 말이다.85) 그러므로 3구와 4구에서 마음이 바르기를 바란다면 하늘이 명한 성性을 기르고 회복하여 양심을 채워 나가야 함을 표현하였다.

---

82) 『中庸』1章, 朱子註, "大本者, 天命之性. 天下之理, 皆由此出, 道之體也. 達道者, 循性之謂. 天下古今之所共由, 道之用也. 此言性情之德, 以明道不可離之意."

83) 姜大延, 『湖上世稿』, 卷1, 「贈吳寒潭」.

84) 朱熹, 『晦庵集』, 卷2, 「觀書有感」, "半畝方塘一鑑開, 天光雲影共徘徊, 問渠那得共如許, 爲有源頭活水來."

85) 정우락, 「주자시의 문학적 수용과 문화적 응용―「관서유감」을 중심으로」, 『퇴계학과 유교문화』 제57집(경북대학교 퇴계연구소, 2014), 371~372면.

요컨대, 강대연은 혼란한 세상 속에서 도를 부지하려는 유학자였다. 이런 삶의 일면이 시에 녹아 있었다. 산에 올라 자아 성찰과 현실을 바라보며 구도 정신을 견지하고자 하고, 하늘이 명한 리理가 소중한 것임을 읊조리기도 하였다. 또 『중용』을 가까이에 두고서 '존심양성'을 가장 중요한 공부로 보았다. 마음을 보존하고 성을 기르는 단계가 완성되면 원천에서 활수가 쏟아져 나온다. 그렇게 양심이 마음에 가득해져서 천리가 유행할 수 있는 이치를 소중하게 여겼다. 이는 어지럽고 혼란한 세상 속에서 홀로 도를 부지하며, 하늘이 명한 리理를 보존하고 지키기 위한 노력의 일환이었다. 이러한 점에서 인조반정 이후 은거하는 북인의 전형적인 모습을 보여 주는 한 사례라고 할 수 있겠다.

4. 나오며

이상으로 산청 정곡리에 살았던 경호 강대연의 생애와 시를 살펴보았다. 그는 전형적인 처사라고 할 수 있다. 수많은 벼슬자리를 권유받았지만, 모두 거절하고 독선재獨善齋를 짓고서 자신이 지키는 도가 유일한 도임을 강조하였다. 또한 『중용』을 가장 중요한 책으로 생각하였고, '존심양성存心養性' 공부에 전념하였다는 사실을 확인할 수 있었다.

그가 처사로 살게 된 이유는 광해군 때 아버지와 형의 옥고와 스승이자 장인인 오장의 죽음이 원인이었다. 어린 나이에 가족들이 입었던 화를 목격했던 경험은 출사하는 데 큰 두려움으로 작용하였을 것이다. 두 번째, 인조가 명나라를 저버리고 청나라에 항복한 것이다. 이에 그는 정온의 모리를 찾아 춘추대의를 읊곤 했다. 그가 노래한 춘추대의 의미는 이미 이 조정이 대명 의리의 명분을 잃었다고 비판했음을 반증하기도 한다. 그러므로 자신이 정치에 참여해 보았자 정치적 이상을 펼치기가 어려울 것으로 판단하였고, 당파 싸움에 휘말리기 싫은 것도 있었을 것이며, 섬길 만한 임금이 아니면 나아가지 않는다는 철칙을 지킨 것이다. 이러한 점은 전형적인 도학자의 모습으로서, 인조 이후로도 관료 생활을 이어나갔던 강대수와는 다른 길을 걸었음을 보여 준다. 그러나 강대연은 가만히 자연에서 은거만 한 것이 아니라, 서계서 원의 원임을 맡으면서 지역 내 남명학파로서의 역할을 충실히 수행하기 위해 노력하였다. 그가 남긴 시의 특징은 독선적 삶에 바탕을 두고서 도道를 부지하고 성性을 보존하기 위해 치열한 노력을 담았다고 말할 수 있다. 이러한 점은 남명이 출사하지 않고 제자양성과 실천적인 학문에만 힘쓰면서 관료 학자들과는 다른 길을 걸었던 점과 유사하다.

강대연의 후손들은 이후 산청 정곡리에 세거하면서 많은 학자를 배출하였 는데, 모두 남명학파의 범주에 들어간다고 할 수 있다. 이후 19세기에 들어와 선조들의 문집을 묶어 『호상세고』라는 책을 만들어 산청지역의 학술을 진작 시켰던 사실도 확인하였다.

강대연이 남긴 시문이 적기 때문에 그의 정신세계를 완벽하게 파악하기는 어려운 부분이 있었다. 또 강대연에 관한 연구가 미진했던 것은 강대수라는 큰 인물의 동생이기 때문에 가려진 측면도 없지 않다고 느껴진다. 그러나 지금까지 논의한 부분으로도 산청지역을 대표하는 지식인이라 평가하기에 충분하다고 생각한다. 앞으로도 산청 정곡리의 진양강씨 문중에 관한 연구가 본격적으로 시작되길 기대한다.

∥ 이 글은 『남명학연구』 72집(경상국립대학교 남명학연구소, 2021)에 수록되었 던 것이다.

제8장 묵재 김돈의 남명학 계승 양상

구 경 아

1. 머리말

산청지역 법물리의 상산김씨는 630년을 한 지역에서 세거해 오면서 이 지역의 사상·학문·문학을 주도하는 위상을 갖추며 오늘날까지 이어 가고 있다. 특히 상산김씨 가학에 큰 영향력을 끼친 인물로는 남명南冥 조식曺植을 빼놓을 수 없다. 남명의 문인으로는 남명의 사위였던 김행金行을 비롯하여 대하재大瑕齋 김경근金景謹(1559~1597), 존양재存養齋 김응규金應奎(1581~1648), 둔재遁齋 김복문金復文(1590~1629), 유청幼淸 김확金確(1615~1690), 괴정槐亭 김상급金尙岌(1621~1686), 소산小山 김석金碩(1627~1680), 묵재默齋 김돈金墪(1702~1770) 등이 남명을 특별히 존모하여 사숙한 인물이다. 이 가운데 김돈은 1764년 어은漁隱 박정신朴挺新(1705~1769)·괴와槐窩 하대관河大觀(1698~1776)과 함께 남명의 문인록인『산해사우연원록』을 교정하고, 그 발문을 지었다. 김돈의 이와 같은 행적은 후손 상우당尙友堂 김이표金履杓·단계端磎 김인섭金麟燮·물천勿川 김진호金鎭祜 등 19세기~20세기의 법물리 상산김씨를 주도하는 인물들에게도 큰 영향을 끼쳤다.

단계 김인섭·물천 김진호 등 19세기 상산김씨 문중 인물에 대한 연구가 학계에서 활발하게 진행되고 있다. 반면, 김돈에 대한 개별 연구는 신승훈 교수의 「묵재 김돈의 문학세계—한사寒士의 지조志操와 정취情趣—」[1]에서 김돈의 시 세계를 밝힌 연구를 제외하고는 김돈이 문인록을 교정했다는 사실만을 언급하고 있을 뿐이다. 이에 본 논문에서는 김돈의 문집『묵재문집』 속 시문을 통해 김돈이 가지고 있던 남명에 대한 존모 의식과 계승 양상을 살펴보고자 한다.

『묵재문집』은 김돈의 증손 상우당尙友堂 김이표金履杓(1812~1881)가 유문을 수집하고, 김창섭金昌燮이 정서하여 간행한 것이다.[2] 2권 1책으로 구성되어 있는데, 후손 김인섭金麟燮이 1878년에 지은 서문을 비롯하여 권1에는 시 169수, 권2에는 편지 3편·서문 3편·기문 2편·발문 2편·제문 5편·잡저 2편으로 이루어져 있다. 김인섭의 서문을 살펴보면, 이 문집은 김돈의 증손인 상우당 김이표의 부탁으로 김돈과 그의 조부 소산小山 김석金碩의 유문을 교정하였다는 내용으로 보아 이 서문이 지어진 1878년경에 문집이 간행되었을 것으로 추정된다. 그런데 문집을 간행하면서, 묘도문자나 만시·제문 등이 수습되지 않아 김돈의 사승연원, 교유 등을 살필 수 있는 자료가 거의 실리지 않았다. 이에 여타 제현들의 자료를 통해 김돈의 교유 등을 추가하여 김돈의 삶을 추적해 보았다.

---

1) 신승훈, 「默齋 金燉의 文學世界—寒士의 志操와 情趣—」, 『남명학연구』 제60집(경상대학교 경남문화연구원, 2018).
2) 金履杓, 『尙友堂集』, 「家藏先稿詩文抄序」.

2. 묵재 김돈의 삶과 남명학 계승 양상

1) 묵재 김돈의 가계와 삶

상산김씨商山金氏 단성 입향조인 김후金後(1365~1397)는 자가 각부覺夫, 호가 단구재丹丘齋·은악재隱樂齋이다. 음서로 출사하여 군기시직장軍器寺直長·시강원경력侍講院經歷 등을 역임하였다. 그런 와중에 1389년 문과에 급제하여 보문각직제학寶文閣直提學을 지냈다. 김후는 조정이 혼란스러워지자 어버이의 봉양을 핑계로 김해부사金海府使로 나갔다. 김후의 부인은 안동장씨安東張氏 전서典書 장강張綱의 딸이었는데, 김후의 나이 28세가 되던 1392년에 고려가 망하자 부인의 고향인 단성丹城으로 이거하였다.

김후가 단성으로 이거한 지 지금 630년의 시간이 흘렀다. 한 지역에서 한 가문이 630년 동안 세거를 했다는 사실만으로도 이 가문의 위상을 보여주는 실상이라고 할 수 있다. 630년 동안 이 문중에서는 과거급제자는 물론 문인·학자들이 대거 배출되었다. 1884년 단성향교에서 단성지역 출신의 역대 소과·대과 급제자의 명단을 정리하여 『단성연계안丹城蓮桂案』을 작성하였다. 직암直菴 권재규權在奎(1835~1893)가 지은 「연계안서蓮桂案序」를 살펴보면, 소과 합격자 83인, 문과급제자도 33인이다. 단성의 상산김씨에 대한 기록은 택재澤齋 류잠柳潛(1880~1951)이 1934년 이후에 편찬한 「단구성원丹邱姓苑」3)에서도 확인할 수 있는데, 상산김씨 단성 입향조 김후를 비롯해 단계

---

3) 류잠의 자는 晦敷이고, 본관은 진주이다. 勿川 金鎭祜·俛宇 郭鍾錫·心齋 曺兢燮 등에게 수학하였고, 西岡 柳遠重(1861~1943)·晦峯 河謙鎭(1870~1946)·栢村 河鳳壽(1867~1939)·夷川 南昌熙(1875~1945)·復齋 趙庸肅(1867~1929)·陶村 許𣎴(1884~1950) 등과 교유하였다. 1934년 단성의 白馬山 아래로 이거하여 三璧堂을 짓고 지냈는데, 단성에서 지내면서 이 지역의 名賢·達士에 대한 유적이 사라질 것을 걱정하며 단성지역에 세거하는 각 성씨별 주요 인물들을 기록한 것이 「丹邱姓苑」이다.(柳潛, 『澤齋集』, 권5, 「行狀」[李憲柱 撰] 참고)

김인섭의 아들 김수로金壽老(1859~1936)까지 모두 56인의 상산김씨 인물을 기록하고 있다. 이상의 기록들을 통해 상산김씨 가문이 단성에서 점유한 위상을 가늠할 수 있을 것이다. 김후의 후손 가운데 특히 김돈의 선대를 위주로 살펴보고자 한다.

김후의 아들 김장金張(1384~1428)은 1423년 문과에 급제하여 사간원좌정언·예문관교리·시교 등을 역임하였다. 이 관직은 비록 6품직이었으나 모두 청요직으로, 매우 영예로운 자리였다.

김장의 세 아들 김극용金克用·김이용金利用·김정용金貞用이 모두 문과에 급제하였다. 그중 셋째 아들인 김정용은 1466년에 문과에 급제하여 승문원박사 등을 지냈다. 김정용의 후손이 선조를 이어 단성에 세거하였다.

김정용의 맏아들 김광려金光礪는 진사이고, 차남 김광범金光範은 생원이다. 김광려의 아들 김달생金達生은 자는 통직通直, 호는 수정당水晶堂이다. 유일遺逸로 천거되어 예문관한림藝文館翰林·경산현령慶山縣令·사헌부장령司憲府掌令 등을 지냈다. 김달생은 아들이 없어 4촌인 김익돈金益敦의 넷째 아들 김준金浚(1524~?)을 계후자繼後子로 들였다.

김준의 자는 청원淸源이고, 호는 삼족재三足齋이다. 1558년 진사시에 합격하였다. 김준의 형제는 삼매당三梅堂 김하金澶·눌민재訥敏齋 김람金灠·만각재晩覺齋 김숙金潚·양한재養閒齋 김곤金滾 등 5명인데, 김익돈의 형 김수돈金守敦의 세 아들 삼청당三淸堂 김징金澄·급고재汲古齋 김담金湛·삼휴당三休堂 김렴金濂 등과 함께 모두 8명이 문과 및 진사시에 합격하거나 문장과 행실로 세상에 알려져 '김씨팔군자金氏八君子'로 불렸다.

김준은 회재晦齋 이언적李彦迪을 종유하였는데, 이언적은 김준을 '존경하는 벗'(畏友)으로 대우하였다.[4] 김준의 아들은 김경눌金景訥·김경인金景訒·김경근金景謹인데, 임진왜란 때 남명학파로서 창의에 동참하였다.

김경눌(1550~?)의 자는 이민而敏이고, 1583년에 무과에 급제하였다. 선전관
宣傳官・무안현감務安縣監 등을 지냈다. 임진왜란 때 초유사招諭使 김성일金誠
一의 막료幕僚로 있으면서, 김수金睟와 곽재우郭再祐를 화해시켜 전공을 세우
는 데 큰 역할을 하였다. 선전관이었을 때는 대단한 문장력으로 왕에게 인정을
받았다.[5] 김경인(1556~1641)의 자는 이면而勉, 호는 임천林泉이다. 임진왜란
때 곽재우의 휘하에서 활약하였다. 1603년 무과에 급제하였으며, 훈련원판관
訓鍊院判官을 역임하였다.

김경근(1559~1597)의 자는 이신而信이고, 호는 대하재大瑕齋이다. 임진왜란
이 일어나자 조카 김응호金應虎와 함께 창의倡義하였고, 뒤에는 선대 유서遺書
를 받들고 성주로 피난하였다. 이때 석담石潭 이윤우李潤雨・완정浣亭 이언영
李彦英과 종유하였다. 정유재란이 일어났을 때 왜적이 단성과 진주를 오가면
서 갓 만든 분묘墳墓를 불 지르고 발굴한다는 소식을 듣고 옛날 살던 곳으로
성묘를 가다가 삼가三嘉에서 왜적에게 죽임을 당하였다. 당시 왜적은 김경근
의 강개함에 감복해 시체를 묻고 표석을 세우고 "은殷나라의 백이伯夷 같은
분이요, 송宋나라의 문천상文天祥 같은 분이다"라고 제문을 지어 제를 지냈다.
난리가 끝난 후 노파蘆坡 이흘李屹이 이것을 발견해 본가에 알려 선영으로
이장했다. 조카 김응익金應翼을 후사로 삼았으며, 고종조에 사헌부감찰司憲府
監察에 추증되었다.

김경근의 종손從孫인 소산小山 김석金碩이 지은 「유사遺事」에서 "처음에
각재覺齋 하항河沆 선생 문하에서 배우면서 『소학』을 강론하고 의례를 질문하
였으며, 남명선생의 문하에 가지 못했던 것을 한탄하였다. 사호思湖 오장吳長・
지족당知足堂 박명부朴明榑와 도의지교를 맺고 또 고을 사람인 죽각竹閣 이광

4) 李憲柱, 『進窩文集』, 권8, 「三足齋金公墓碣銘」.
5) 金麟燮, 『端磎集』, 「務安公墓碣銘」.

우李光友 · 일신당日新堂 이천경李天慶 · 병은病隱 도경효都敬孝 · 오월당梧月堂 이유함李惟誠 등과 교유하였다. 학문은 경서와 사서를 위주로 하여 고금을 고증하였고, 의론이 유창하고 풍골이 늠름하여 여러 벗들이 모두 존경하고 무서워했으며, 조정에서도 그의 문장과 의로운 행실이 세상에 추중을 받고 있다는 소식을 듣고 지평으로 임명하려고 했으나 중간에 헐뜯고 방해하는 자가 있어 끝내 이루지 못했던 것이다"6)라고 하였다. 이와 같은 대하재의 행실과 학문은 그의 종손從孫 소산小山 김석金碩으로 이어졌다.

김석(1627~1680)의 자는 계정季晶, 호는 소산小山이다. 1660년 생원시에 합격하였다. 경전을 보다가 선악이 거꾸로 되고 정사가 혼돈된 것을 보고 「사정도邪正圖」를 벽에 걸어 두고 마음을 가다듬고 몸단속을 했다. 사창제도社倉制度를 만들어 선비를 양성하는 법을 마련하기도 하였다. 아들은 김상덕金尙德 · 김상해金尙諧 · 김상화金尙和이다.

선사께서 떠나신 지 이미 오래니	先師沒已遠
누가 다시 다양한 문로를 정해 줄까.	誰復定多門
밤길에 하늘에는 달이 비추지 않고	夜路天無月
물길 오르내리려 해도 근원이 말랐네.	沿洄水渴源
시서를 새로 배우고 외우는데	詩書新學誦
의표는 옛 소나무에 남아 있네.	儀標古松存
속세의 시끌시끌한 일들	塵世囂囂事
정령께선 혹여 번거롭지 않으리.	精靈倘不煩7)

---

6) 金景謹, 『大暇齋先生實記』, 권3, 「遺事」[金碩 撰], "己未生初學于覺齋河先生沆之門講論 小學證質儀禮, 嘗恨不及南冥曺先生之門. 與吳思湖長朴知足堂明榑結道義之交, 又與鄕人 李竹閣光友李日新堂天慶都病隱敬孝李梧月堂惟誠相追隨. 其學出入經史證據古今論議, 英 發風霜凜烈諸友皆敬而畏之, 朝廷聞其文章行義爲世推重擬以持平而爲人言所詆毀未果."
7) 金碩, 『小山集』, 권1, 「次洗心亭韻」.

위 시는 김석이 지은 「차세심정운次洗心亭韻」이다. 남명을 선사先師로 표현하는가 하면, 밤하늘의 달과 같은 존재이자 배를 띄울 물과 같은 존재라고 설명하였다. 남명이 세상을 떠난 뒤 이 세상은 암흑이 되어 버렸고, 손발을 둘 수 없는 그런 지경이 되었다는 것을 말하고 있는데, 다시 말하면 남명이 살아 있었던 당대를 흠모하며 그리워한다는 것을 보여 주는 것이다. 김돈은 김경근－김석으로 이어지는 남명 사숙인으로서의 가학적 토대에서 성장하였다.

김돈의 자는 백후伯厚, 호는 묵재默齋이고, 본관은 상산商山이다. 시조 김수金需로부터는 23세손이고, 단성 입향조인 단구선생丹邱先生 김후金後의 11세손이다. 김돈의 생애와 관련해서는 성재性齋 허전許傳이 남긴 「진사묵옹김공갈음기進士默翁金公碣陰記」[8]와 족후손族後孫인 단계端磎 김인섭金麟燮이 남긴 「족조성균진사묵옹공유사族祖成均進士默翁公遺事」[9]가 남아 있다. 그러나 이 두 글 모두 생애와 가계에 대해 짧게만 기록하고 있어 김돈의 삶 전반을 살펴보기에는 부족하다. 그럼에도 남아 있는 자료들을 통해 김돈의 이력을 살펴보면 다음과 같다.

김돈의 생부는 김상해金尙諧이고, 모친은 진양류씨晉陽柳氏인데, 숙부 김상화金尙和의 계후자로 입적하였다. 김돈은 40대에 묵동默洞에 서재 묵재默齋를 지어 놓고 후진을 양성하는 데 힘을 기울였으며, 1753년 52세의 나이로 진사시에 합격하였고, 1761년에는 중구일重九日에는 구일제九日製에 참석하기도 하였다.[10] 1764년에는 덕천서원에서 『남명문집별집』을 교정하였다. 이듬해 1765년에는 박내오朴來吾를 비롯하여 산청의 사우士友들과 함께 안의安義의 삼동三洞을 유람하며 일두一蠹 정여창鄭汝昌·퇴계退溪 이황李滉의 유적지를

---

8) 許傳, 『性齋集』, 권26, 「進士默翁金公碣陰記」.
9) 金麟燮, 『端磎集』, 권14, 「族祖成均進士默翁公遺事」.
10) 金墪, 『默齋文集』, 권1, 「辛巳九月廷試后九日製自上親臨觀光排律四十韻」.

묵재 김돈 가계도

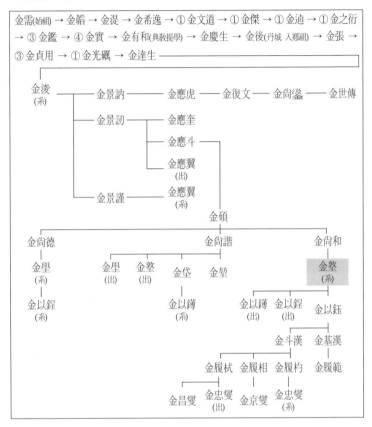

金需(始祖) → 金鞱 → 金湜 → 金希逸 → ① 金文道 → ① 金傑 → ① 金逈 → ① 金之衍
→ ③ 金鑑 → ④ 金實 → 金有和(典敎提學) → 金慶生 → 金後(丹城 入鄕祖) → 金張 →
③ 金貞用 → ① 金光礪 → 金達生

金浚(系)
　┬── 金景訥 ── 金應虎 ── 金復文 ── 金尙鎣 ── 金世傳
　├── 金景訒 ┬── 金應奎
　│　　　　├── 金應斗
　│　　　　└── 金應翼(出)
　└── 金景謹 ── 金應翼(系)

金碩
┬── 金尙德
│　└── 金塈(系)
│　　└── 金以鋥(系)
├── 金尙諧
│　┬── 金塈(出)
│　├── 金墊(出)
│　├── 金佺
│　│　└── 金以鑄(系)
│　└── 金堁
└── 金尙和
　└── 金墊(系)

金以鑄(出)　金以鋥(出)　金以鈺
　　　　　　　　金斗漢　金基漢
金履栻　金履相　金履柏　金履範
金昌爕　金忠爕(出)　金京爕　金忠爕(系)

답사하기도 하였다.

　김인섭에 의하면 "성리학에 대해 깊은 연구를 하고, 문장학文章學에도
매우 능했으나 남이 알아주기를 바라지 않고 명성과 권세를 피하는 것으로
몸을 지키는 절도로 삼았다"라고 평한 것을 보면, 김돈은 성균관에서 유학을
했지만 김돈은 벼슬에 뜻을 두지 않은 듯하다. 허전은 "선대의 뜻을 잘 계승했
으며, 문학과 행의行誼가 남보다 훌륭했다.…… 의관을 정제하고 책을 대하여
성명性命의 이치를 깊이 연구하고 남이 알아주는 것을 바라지 않았으며 명성

名聲과 위세威勢도 피하였다"라고 표현하여, 김돈의 출사에 대한 의지를 그리 드러내지 않았다고 표현하고 있다. 그러면서도 "후학을 가르치면서도 반드시 돈독히 행行하라고 격려하였다"라고 하는 데서 앎에 있어서 실천을 중시하고 있음을 알 수 있다.

김돈의 교유에 관해서는 제현들과 수창한 시와 여타 제현들의 문집을 찾아 추정해 보았다. 김돈의 교유인으로 가장 먼저 거론할 수 있는 인물은 어은漁隱 박정신朴挺新(1705~1769)과 겸재謙齋 하홍도河弘度의 증손인 괴와愧窩 하대관河大觀(1698~1776)이다. 두 사람은 김돈과 함께 1764년 덕천서원에서 『남명집별집』을 함께 교정한 인물이기도 한데, 교정하던 당시 김돈이 지은 시에서 두 사람에 대해 "한 갈래 향기로운 마음들 한결같아서, 기대하지 않았건만 노년에 다행히 만났네"(一炷香心一片心, 不期霜髮幸相尋), "간담을 토해 내니 고검이 두 자루요, 아양곡 연주하니 지음이 두 명이도다"(肝膽吐來雙古釰, 峩洋彈出兩知音)[11]라고 표현한 것을 살펴보면, 세 사람의 친밀한 교분은 오래전부터 이어져 왔다는 것을 알 수 있다.

천 봉우리에는 비단이 밝게 비추고	千峯錦照耀
만 골짜기에는 옥이 어지러이 흐르네.	萬壑玉紛流
바위 사이에 오솔길로 돌아가니	巖間歸路細
숲 아래에 작은 암자 그윽하도다.	林下小庵幽
백발이 된 친구가 찾아왔는데	故人來白髮
신선 같은 이 단성에서 왔도다.	仙子自丹邱
은혜로운 흥취를 품평하는 게	題品慈恩興
어찌 이 좋은 유람만 하리오	何如此勝遊[12]

11) 金墪, 『默齋文集』, 권1, 「德川敬義堂唱酬錄」.
12) 朴泰茂, 『西溪集』, 권2, 「重遊頭流」 18수 중 7번째 시.

서계西溪 박태무朴泰茂(1677~1756)는 69세인 1745년에 지리산을 유람하고 18수의 시를 남겼는데, 그것이 「중유두류重遊頭流」이다. 위 시는 박태무가 지리산을 유람하던 가운데 불장암佛莊庵에서 김돈이 찾아온 것을 기뻐하며 지은 것이다. 박태무는 박정신朴挺新의 부친이다. 김돈과 박정신의 교의交誼를 살펴보면 박정신의 부친 박태무에 대해서도 부자와 같은 긴밀한 유대관계가 있었을 것으로 추정된다.

니계尼溪 박내오朴來吾(1713~1785)는 산청山淸의 사월리沙月里에 거주하였다. 『니계집尼溪集』에는 1765년 박내오가 김돈과 함께 안의安義의 삼동三洞을 유람하는 기록이 나온다.[13] 이 유람은 김돈이 박내오에게 먼저 제안을 하였고, 동행할 인물들에게 직접 연락을 취하는 등 김돈이 매우 적극적으로 준비한 유람이었다. 박내오는 삼동의 각 명소마다 김돈이 시를 지으면 그에 차운한 것 등을 직접 기록하여 남겨 두었다. 박내오는 교외僑窩 성섭成涉(1718~1788)이 꼽은 '영남3고사嶺南3高士' 중 한 명이며, 퇴계의 성학性學을 전수했으며, 남명의 심기心機를 터득한 인물로 평가를 받는다.[14]

대대로 이어온 덕과 문장 누구나 아니	世德文章衆所知
내 거기에 중언부언 할 필요가 없네.	不須容我疊床爲
청산의 도끼날 같은 무덤은 어떤 땅인가	靑山若斧是何土
백발에 흉금 논하려 해도 이미 늦었네.	白首論襟已後時
성대의 명성 사마방목에 남겨져 있는데	聖代名留司馬榜
신령한 곳의 흥 끊어져 원숭이 시를 듣네.	靈區興斷聽猿詩
몹시도 가련토다 한 집안에 세 무덤 생겼으니	劇憐同室成三殯

---

13) 朴來吾, 『尼溪集』, 권11, 「遊三洞錄」.

14) 전병철, 「尼溪 朴來吾의 隱逸的 處世와 山水 遊覽」, 『남명학연구』 제60집(경상대학교 경남문화연구원, 2018), 108~109면 참조.

이승에선 그래도 효성 우애 자애가 온전하기를.　　　泉下猶全孝友慈15)

위 시는 박내오가 김돈의 죽음을 애도하며 지은 「만김상사백휘[돈]挽金上舍伯厚[墪]」이다. 김돈의 가문이야 자신이 더 말할 것 없이 대대로 덕성과 문장으로 유명하다는 것을 보여 주고 있다. 그런데 지금 김돈이 세상을 떠나 자신의 속마음을 털어놓을 수 있는 사람이 없어진 것을 안타까워하였다. 김돈의 활약으로 진사시에 합격한 것을 거론한 한편 자신과 함께 삼동三洞을 유람하면서 지었던 시를 거론하면서 생전에 교유했던 모습을 회상하며 슬픔을 드러낸 작품이다.

『묵재문집』에서도 김돈이 삼동을 유람하고 지은 시 「삼동기행[을유]三洞紀行[乙酉]」 30여 수가 실려 있는데, 당시 함께 유람한 인물로 상계霜溪 권위權煒 (1708~1786) 등이 있었다. 권위의 자는 상중象仲, 호는 상계霜溪, 부친은 권필수權必隨이다. 본관은 안동이고, 산청에 거주하였다. 1750년 진사시에 합격하였으며, 1775년 덕천서원 원장을 맡았다.16)

유아한 공의 성품 동남에서 손꼽히는데　　　惟公儒雅數東南
과거장의 글 솜씨를 누가 따를 수 있으랴.　　翰墨場中孰並驂
김씨 집안 문장은 아홉에 하나가 빠지고　　　金氏文章贏滿九
단성의 사마 합격자 셋을 이루어 좋구나.　　　丹丘司馬好成三
책 등 켜고 율사에서 함께 경쇠 소리 듣고　　書燈栗寺同聽磬
서일 비추는 총대에서 다투어 감을 받았네.　　瑞日葱臺競受柑
인간세상 모든 일이 이제는 끝나 버렸으니　　萬事人間今已矣
줄줄 흐르는 늙은이의 눈물 감당키 어렵네.　　垂垂老淚正難堪17)

---

15) 朴來吾, 『尼溪集』, 권2, 「挽金上舍伯厚[墪]」.
16) 德川書院, 『德川書院誌』, 「院任錄下」.
17) 權煒, 『霜溪集』, 권3, 「挽金伯厚」.

위 시는 권위가 김돈의 죽음을 애도하며 지은 「만김백후挽金伯厚」이다. 시를 살펴보면, 김돈의 인품과 문장력에 대해 인정을 하고 있음을 알 수 있다. 김돈은 '김씨팔군자'의 후손임을 밝히고, 이어 김돈이 사마시에 합격하면서 권위의 당대에 단성의 사마시 합격자가 세 명이었음을 말하고 있다. 여기서의 세 명은 1750년에 진사시에 합격한 권위와 조명유趙明有(1711~?)[18], 1753년에 진사시에 합격한 김돈을 말하는 듯하다. 이들 세 사람이 단성의 율사栗寺에서 함께 공부하였고, 서총대瑞葱臺에서 치러진 친림시親臨試에서 경쟁을 했던 일 등을 회상하고 있다.

김돈은 지방의 수령 및 관리들과도 교유하고 있었는데, 대표적인 인물이 바로 채응일蔡膺一(1686~1765)이다. 채응일은 번암樊巖 채제공蔡濟恭의 부친으로 단성현감으로 부임했었는데, 1762년 채응일이 단성의 적벽赤壁에서 선유船遊를 할 때 동참하며 시를 주고받았다.[19] 또한 채응일의 선정에 감사하는 시를 올리기도 하였다.[20]

이상으로 김돈의 삶과 교유에 대해 간략하게 살펴보았다. 김돈은 혁혁한 선대의 가학을 계승하여 진사시에 합격하였다. 그의 목적이 출사에 있었던 것은 아니지만, 그의 교유 인물들은 같은 산청이라는 지역에서 함께 수학한 인물들과 계속해서 교유하고 있었다. 그 대표적인 예가 권위·조명유 및 후진으로서는 진사 하진백河鎭伯(1741~1807) 등을 거론할 수 있다.[21] 남명학파의 일원과 끈끈한 연대를 이어 가고 있는데, 함께 활동한 박정신·하대관

---

18) 조명유의 본관은 林川이고, 단성에 거주하였다. 부친은 通德郎 趙正采이다.(『崇禎三庚午式年司馬榜目』참조)

19) 金墪, 『默齋文集』, 권1, 「敬次蔡侯[膺一]赤壁船遊韻」;「又次蔡侯簡送韻」;「拜呈蔡使君梅閣」.

20) 金墪, 『默齋文集』, 권1, 「拜呈蔡使君梅閣」.

21) 하진백에 관해서는 金墪, 『묵재문집』권1, 「次河進士子榲[鎭伯]初度日韻[三絶]」에서 확인할 수 있다.

등과 친밀하게 지냈다. 또한 단성현감으로 부임한 채응일과 영남 삼현사 중 한 명인 박내오와의 교유 역시 주목해야 할 부분이다.

2) 김돈의 남명학 계승 양상

(1) 시살적厮殺的 수양 자세 지향

김돈은 40대에 묵동에 서실을 지어 놓고 후생들을 가르쳤는데, 그때 후생들을 가르침에 있어서 김돈의 마음가짐을 살펴보면 그의 학문 성향을 엿볼 수 있다.

①

묵동의 그윽한 곳에 새로 서당 지었는데	新築書堂默洞幽
서실을 지은 건 자신을 위해서가 아니네.	經營非是爲身謀
새로 생긴 속잎 배워 새 덕 기르고자 하니	願學新心養新德
세월이 헛되이 흘러가게 내버려 두지 말라.	莫將時月任虛流

②

삼가 묵동의 서재가 벌써 완성되고 나니	恭默書齋已告成
동남지역 재자들이 일시에 함께 이르네.	東南才子一時竝
독서하며 가장 먼저 선현의 뜻 궁구하고	讀書先究先賢志
도를 구하는 것 맹자의 가르침 따라야지.	求道當從亞聖郎
정씨는 맹자의 학문을 능히 전해 주었는데	程氏能傳孟氏學
후세 사람들 송인의 발목에도 못 미치네.	后人無若宋人輕
진유가 배출된 일 예나 지금이나 없건만	眞儒輩出無今古
그 당시 전적 불태운 진시황을 비웃노라.	可笑當年焚籍嬴[22]

---

22) 金㙽, 『默齋文集』, 권1, 「新築默齋述懷五首」.

①과 ②는 김돈이 학문을 강론하고 후생을 양성하기 위해 묵재를 완성하고 지은 시이다. 모두 5수인데, 그 가운데 제4수와 제5수이다. ①의 제3구에서 묵재를 지은 이유에 대해 밝혀 놓았다. 북송의 장횡거張橫渠가 지은 시 「파초芭蕉」에서 "파초의 속잎이 다 자라 새 가지를 펼치면, 새로 말려 올라오는 새잎이 이미 벌써 뒤따라 나오네. 원컨대 새로 올라오는 속잎을 배워 새로운 덕을 기르고, 새로 돋는 새잎을 따라 새로운 앎을 일으키려네"[23]라는 구절을 인용하였는데, '일일신日日新'의 덕성을 높이는 공부를 하기 위해 이 서실을 지은 것이라고 하였다. 일일신은 단 하루도 쉼이 없어야 하기 때문에 학문을 하는 데 있어 세월을 헛되이 보내서는 안 된다는 경계를 함께하고 있는 것이다. 그렇다면 일일신하기 위해서는 어떠한 노력을 해야 하는가. ②에서 김돈은 이 묵재를 찾아오는 재자才子들에게 가장 먼저 선현先賢의 뜻을 궁구해야 한다고 주장하였는데, 그 가운데서도 특히 맹자의 '구방심求放心'을 중시하였다. 김돈은 놓아 둔 마음을 찾는 것을 배우는 사람들이 가장 먼저 궁구해야 한다고 하였는데, 바로 이 구방심의 자세가 일일신을 위한 노력이라는 의미임을 알 수 있다. 한편 김돈은 정자가 전수한 학문 역시 맹자의 '구방심'으로 보았으며, 정자 이후 후세 사람들 중에 제대로 '구방심'을 하는 인물이 없음을 안타깝게 생각하였다.

학문하는 요체는 놓은 마음 거두는 것	學問之要求放心
우리 속의 닭과 개를 오히려 찾아보네.	圈中鷄犬尚招尋
선생께서 반복하며 밝게 드리운 가르침을	先生反復昭垂訓
후학들은 정녕 약처럼 공경히 새겨야 하네.	后學丁寧敬佩醫
안타깝네 상서로운 촛불로 긴 밤 없건만	堪嗟瑞燭無長夜

---

23) 芭蕉心盡展新枝, 新卷新心暗已隨. 願學新心養新德, 旋隨新葉起新知.

누가 알까 쇠방울에 위대한 소리 있는 줄.　　　　　　誰識金鈴有大音

오늘 얼룩덕룩한 『산해연원록』을 보면서　　　　　　今日班班山海錄

외람되게 철인들이 전수한 법을 논하네.　　　　　　猥論群哲法傳欽[24]

위 김돈이 지은 「덕천경의당창수록德川敬義堂唱酬錄」이다. 김돈은 이 시를 짓게 된 경위에 대해 "당시 『남명선생문집』의 중간본을 교정하는 일로 덕천서원에 있었는데, 박정신朴挺新·하대관河大觀(1698~1776)도 교정하는 일에 참여하고 있었다. 여가를 틈타 운을 뽑아 서로 화답하였다"라고 부주附註로 설명하였다. 즉 시를 지은 시기는 1764년경으로 간주된다. 시는 모두 4수로 이루어져 있는데 그 가운데 제1수이다.

여기에서 김돈은 이날 모인 세 사람과 함께 『산해사우연원록』을 보면서 남명이 제자들에게, 제자들이 다음 제자들에게 서로 전한 남명학의 본지를 이야기하였다. 김돈은 남명이 남긴 가르침을 '구방심求放心'으로 요약하였고, 구방심을 병을 치료하는 약처럼 가슴에 새겨야 한다고 주장하였다. 구방심은 앞서 묵재에서 학문을 강론할 때 강조했던 덕목으로, 구방심을 할 수 있는 방법으로 제시한 것은 남명이 늘 차고 다니며 자신을 각성했던 쇠방울 즉 성성자惺惺子를 거론하며 항상 깨어 있는 상태를 유지하는 '성성법惺惺法'을 이야기하였다. 김돈은 앞서 송대 성리학자 이후로 구방심을 제대로 하는 인물이 없다고 한탄하였으나, 이 시에서는 남명이 이를 제대로 실천하였다고 평가하였다. 묵재의 서당을 지은 뒤 12년이 지난 시점에서 김돈은 맹자에서 정자로 이어져 온 학문 연원이 남명에게 계승된 것이라고 간주한 것이다.

너와 내가 생긴 이래 이치를 묵묵히 탐구하니　　　　　　物我形來理默探

---

24) 金墪, 『默齋文集』, 권1, 「德川敬義堂唱酬錄」 第1首.

위태로운 인심 은미한 도심의 싸움 한창 무르익었네.	危微方寸戰方酣
의마意馬를 어렵사리 쫓아내 공을 한 번 세웠는데	難歐意馬功收一
누가 정원情猿을 포박하여 매번 승첩을 아뢸까.	誰縛情猿捷奏三
동서를 막는 데도 오히려 겨를이 없는데	捍禦東西猶未暇
폐한 동굴에서 그저 헛된 담화를 하네.	蕩殘營窟只空談
더불어 같이 살 수 없다는 맹세를 보라	看他不與俱生誓
그런 뒤에 대용을 들은 증참曾參을 알게 되리라.	然后方知大勇參25)

위 시는 김돈이 60세에 지은 것으로 그의 심학에 대해 밝힌 시이다. 조금의 낌새라도 있다면 남김없이 모조리 죽여 없애 섬멸하고자 하는 남명의 시살적 廝殺的 수양 방법이 그대로 드러나는 내용이다. 40대에 서실을 운영하였고, 50대에 진사시에 합격하였으면서도, 60세의 김돈은 여전히 마음을 다잡는 공부에 몰두하였다. 인심과 도심이 자아自我 안에서 갈등하고 있는 와중에 마구잡이로 일어나는 생각(意馬)을 겨우 한 번 쫓아냈지만 산만하여 통제하기 어려운 마음(情猿)을 제어하기가 쉽지 않다고 토로하였다. 의마意馬와 정원情猿과는 원수처럼 함께 살 수 없다는 각오로 임해야만 증자曾子의 대용大勇을 이해할 수 있을 것이라고 하였다. 증자의 대용이란『맹자』「공손추상」에서 맹자가 부동심不動心의 방법으로 용기勇氣에 관해 논한 대목이 있는데, 거기에서 증자는 공자로부터 대용에 관해 가르침을 들은 적이 있다고 하면서 "자신을 돌아보아 올바를 경우에는 비록 수천수만 명이라도 나는 가서 대적할 것이다"(自反而縮, 雖千萬人, 吾往矣)라고 한 것을 말한다. 사심私心을 섬멸하고 오직 공적이고 바른 마음을 갖기 위한 노력은 60세가 되어도 끊임없이 이어지고 있음을 볼 수 있다. 단계 김인섭은 이 시를 두고 "성벽을 굳게 쌓고

---

25) 金墪,『默齋文集』, 권1,「偶吟」.

들판의 곡식을 치워서 곧장 나아가 싸워 죽이게 하고 강건하고 용감하게 스스로를 극복하여 죽은 뒤에야 마치는 의지를 지금까지도 상상해 볼 수 있다"라고 하면서, 이 시를 『묵재문집』의 압권壓卷이라고 평가하였다.26)

이상으로 김돈의 학문 자세를 살펴보았다. 김돈은 사심私心이 생기는 단초에서부터 섬멸하고자 한 남명의 시살적 수양 자세를 따르고 있다. 이를 통해 놓아둔 마음을 찾는 '구방심'을 남명이 실천한 수양 자세의 핵심으로 이해하였다. 이를 위해 항상 깨어 있는 '성성법'을 거론하였다. 김돈은 서당을 열어 후학을 양성할 당시에는 송대 성리학자 이후에 구방심을 제대로 실천하는 인물이 없다고 여겼다. 그러나 12년이 지나 『산해사우연원록』을 교정할 당시에는 맹자와 정자로 이어지는 학문 연원을 남명이 계승했다고 생각하였다.

(2) 『산해사우연원록』 교정을 통한 남명학파 결집

남명학파에 있어 김돈의 위상은 『남명집별집』의 중간을 위한 교정으로 참여하여 『산해사우연원록』을 교정한 것에서 살펴볼 수 있다. 남명의 문집을 개판·개정한 그 배경에는 주지하다시피 남명의 노장적 면모를 보여 주는 문건과 구암 이정과의 절교 등 남명의 명망을 훼손할 만한 문건들을 산삭하거나 순화하는 작업, 인조정변으로 역적으로 몰린 내암 정인홍과 관련된 문건의 삭제의 여부 등에 대해 논란이 계속해서 이어졌다. 내암 정인홍은 남명 사후에 남명을 추숭하는 데 가장 앞장섰던 인물이다. 내암은 남명을 추숭하는 과정에서 특히 문묘종사의 문제에 당면해서는 퇴계의 남명에 대한 언급이 가장 큰 걸림돌이라고 생각하여 퇴계를 비판하기에 이르렀다. 이것이 남명학파

---

26) 金麟燮, 『端磎集』, 권9, 「默翁文集序」, "在年踰六十, 嘗有詩云, 物我形來理默探, 危微方寸戰方酣, 看佗不與俱生誓, 然後方知大勇參, 其堅壁淸野, 進敎厮殺, 剛勇自克, 斃而後已之意, 至今可想見矣."

침체의 단초라고 할 수 있다. 그 뒤 계해정변으로 내암이 실각하면서 남명학파
는 가장 큰 타격을 받을 수밖에 없었다. 1728년 이인좌와 연대하여 무신란을
일으켰던 정희량鄭希良·조성좌曹聖佐 등이 각각 안음과 합천에 살았던 내암
의 문인 동계 정온과 도촌 조응인의 후손이라는 점에서 이 지역은 또다시
50년 동안 정거停擧되는 처지에 놓이면서 남명학파는 노론과 퇴계학파로
뿔뿔이 흩어지는 결과를 낳고 말았다. 이렇게 남명학파의 산궤散潰 지경에
이르렀을 때 한편에서는 남명학파를 응집시키려는 노력이 있었다. 그 일련의
활동이 바로 남명의 문묘종사를 위한 소청疏請과 『남명집』을 이정釐正하여
출간하는 것이었다.27)

　　남명의 사우록은 모두 4종이 있다. 첫 번째 『산해사우연원록』은 무민당
박인(1583~1640)이 1636년에 편찬한 것으로, 9권 4책의 필사본이다. 하홍도河
弘度와 조임도趙任道(1585~1664)가 1640년에 발문을 지었다. 그러나 이 책은
박인의 생전에 간행되지 못하였다가, 1700년에 『남명선생별집』이란 이름으
로 제목을 바꾸고 개편하여 초간한 것이다. 이 책에는 남명의 종유인 24명과
문인 50명을 수록하고 있다. 두 번째 『남명선생별집』의 사우록이다. 이는
1764년에 묵재 김돈과 어은 박정신, 괴와 하대관이 주도하여 만든 것으로,
『남명선생별집』 가운데 권2에서 권9까지 수록된 『사우록』이다.28) 세 번째
『산해연원록』은 남명의 후손인 부암復菴 조원순曹垣淳(1850~1903)이 편집한
것으로, 기존의 연원록에서 빠진 인물을 많이 보충하고 있다. 네 번째는
『덕천사우연원록』으로, 6권 2책의 연활자본이다. 이 책은 담헌澹軒 하우선河
禹善(1894~1975) 등이 1960년에 간행한 것인데, 이 책에는 종유인 52명, 문인

---

27) 이상필, 「18世紀 江右地域 南冥學派의 分布와 動向」, 『남명의 학문과 남명학파』(경인문
　　화사, 2020), 436~437·448~451면 참조.
28) 김윤수, 「『南冥集』의 冊板과 印本의 系統」, 경상대학교 남명학연구소, 『남명학연구』
　　제2집(1992), 226~227면 참조.

135명, 사숙인 162명이 등재되어 있다.

김돈은 바로 두 번째 『남명선생별집』의 사우록을 정리하고 간행할 때 어은 박정신·괴와 하대관과 함께 교정에 참여하였다.

세 사람의 마음이 곧 한 사람의 마음	三人心是一人心
한밤중 희미한 등불로 함께 찾아왔네.	午夜殘燈共討尋
지사志士의 마음은 서제막급으로 돌아갔고	志士情懷歸噬嗌
부유腐儒의 사업은 귀뚜라미 소리에 들어가네.	腐儒事業入蛩吟
『연원록』 속 학맥의 전수를 보았더니	淵源錄裏看傳脈
경의당 문 앞에 선생의 음성 희미해졌네.	敬義門前闃暖音
험하기만 한 세도가 진정 두려워할 만하니.	多險世途誠可怕
남은 인생 각자 신칙하며 서로 공경 지켜야하네.	餘年各勅胥持欽

위 김돈이 지은 「덕천경의당창수록德川敬義堂唱酬錄」의 제2수이다. 김돈은 이 시에서 『산해사우연원록』을 교정하며 남명학의 전수 과정을 살펴본 것을 이야기하고 있다. 교정에 참여한 세 사람이 한밤중에 경의당에 모여 이야기하는 장면에 이어서, 남명 문하의 뜻있는 선비들의 행적은 돌이킬 수 없는 상황(噬臍莫及)으로 돌아갔다고 하였다. 이는 단순히 남명과의 시대가 멀어졌고, 남명의 가르침을 직접 들은 제자들과 그의 재전 제자들이 세상을 떠난 것을 이야기한 것에 그친 것이 아니다. 당대 남명의 수제들이 모두 세상을 떠났고, 계해정변과 무신란을 겪은 동안 남명학파가 궤산되어 남명의 학문을 제대로 전달할 인물이 없음을 시사한 것이다. 4구의 부유腐儒는 이 자리에 모인 세 사람을 지칭하는 겸사로 쓰였다. 부유의 사업이란 문집을 교정하는 일을 말하는 것으로, 교정의 일이 늦가을까지 계속 이어지고 있음을 뜻한다. 『연원록』의 제자들의 양상을 살펴보니, 제자들의 계승이 끊어지고 있어 덕천

서원에서 전해지던 남명의 가르침이 중단된 상황을 나타내고 있다. 상황이 이렇게 된 것은 험난한 세월을 지내왔기 때문이니, 오직 삼가며 경敬을 지켜야 한다고 권면하는 내용이다.

선생의 위대함을 묻는다면	若問先生大
모름지기 경의문을 보아라.	須看敬義門
곧장 이락의 학맥 탐구하더니	直探伊洛脈
곁으로 회재와 퇴계의 원류를 이었네.	傍接晦陶源
산해의 은미한 말씀 잃었지만	山海微言喪
천지 사이에 호연한 기상 남아 있네.	乾坤浩氣存
어두운 길을 사람들은 오히려 달려가니	昏衢人向走
남긴 가르침 더욱더 근심스럽네.	遺緖劇愁煩

이 시는 김돈의 「8월에 『산해사우연원록』 일로 덕천서원에 머물면서 세심정 운에 차운하다」(八月以師友錄事留德院次洗心亭韻)이다. 제목에서 알 수 있듯이 김돈이 『산해사우연원록』을 간행하는 일로 덕천서원에 있으면서 지은 것이다. 여기에서 김돈은 남명의 학문을 '경의敬義' 두 글자로 요약하였다. 또한 남명의 학문을 정호·정이의 송대 성리학의 정맥을 이었다고 하였으며, 그 학문이 회재 이언적·퇴계 이황과 비슷한 선상에 올리고자 하는 의도로 보인다. 나아가 『산해사우연원록』에 회재와 퇴계를 올리는 문제에 대해 긍정하는 부분으로 볼 수 있다. 그런 한편 남명학파는 쇠락해져 스승의 은미한 가르침을 이어갈 제자가 없음을 안타깝게 생각하였다. 이에 혼란한 시대를 나아갈 방향을 제시해 줄 사람이 없어 남명이 남긴 정신과 학문을 전수하는 것이 더욱 근심스럽다는 내용이다.

다음 인용문은 김돈이 남긴 「남명선생사우록중간발」의 전문이다. 이 글은

『남명문집별집』에 수록된 발문과는 글자의 출입이 있으나, 『묵재문집』에 수록된 글을 위주로 김돈의 입상을 살펴보고자 한다.

① 삼가 살펴보건대, 남명선생의 『신해연원록』은 바로 무민당无憫堂 박 선생(朴絪)이 모아서 기록한 것인데, 간송硐松 조임도趙任道·임곡林谷 임진부林眞怤·겸재謙齋 하홍도河弘度 세 선생이 함께 간여한 것이다. 네 군자의 연원이 있는 학문과 해박한 지식은 실마리를 독실하게 좇아 후학들을 인도하였으며 또 노선생이 살았던 시대와 멀지 않으니, 사실事實을 널리 수집하고 언행을 천양闡揚하는 것이 진실로 그 지극함을 다하지 않음이 없다. 안타깝도다. 사업을 마치지도 않았는데 박 선생이 갑자기 세상을 떠나 여기저기 잔편들이 묵은 책보자기에 묻힌 채 오랜 세월이 지나갔다. 『신해연원록』을 간행하기로 도모하여 그릇되거나 잘못된 부분을 두루 살피고 누락된 부분을 보충했는데, 편집과 간행이 원만하고 권질은 이루어졌다지만 도리어 학 다리를 잘라서 오리 다리를 잇는 비통함이 없을 수 없을 따름이다. 이 책이 불행하게도 때를 만나지 못한 것이 심하도다. 아, 이 책의 불행은 제현들의 불행이다.

② 지금 이 책을 살펴보니 연보 속에서 일을 서술한 순서와 서로 뒤섞인 것이 있고, 「유사」 가운데 행적을 기록한 허실虛實이 서로 덮여 있기도 하다. 그 익호諡號·재호齋號·직함職銜·명휘名諱가 뒤섞여 가지런하지 않아 지우고 고친 곳도 있고, 또 문세文勢와 자의字義가 부연하거나 빠지거나 잘못되었거나 분명하지 않아 그 이치를 통하지 않는 곳도 있어, 장차 박 선생이 전대를 이어 후대로 전하는 신필信筆을 근원도 없고 상고한 것도 없는 것으로 귀결되게 하고 노사魯史의 삼시三豕의 오류가 자못 많아 부질없이 후생들이 사문에 반감을 일으키게 되니, 비단 제현과 사문의 불행일 뿐만이 아니라 박 선생의 불행이 되니, 어찌하겠는가.

③ 아, 당시 눈으로 보고 알 수 있는 것으로는 각재覺齋 하 선생(河沆)의 실록만 한 것이 없었는데 전쟁 통에 유실되었고, 그가 세상을 떠난 뒤에 듣고 알 수 있는 것으로는 또한 박 선생의 기록만 한 것이 없는데 또한 적전을 얻지 못하였다. 그러니

그 뜻이 각재의 부족한 실수를 보완한다면 이 책이 전해지고 전해지지 않는 것이 또한 시대의 운수에 관계가 있어서 그런 것인가. 하겸재가 박 선생을 제사지내는 글에 "겨우 한 책을 만들었으나 논정하지는 못하였다"라고 하였으니, 어찌 이 책의 불행에 대해 중안證案으로 삼아서 탄식한 것이 아니겠는가.

④ 이 때문에 우리 당의 식견이 있는 사람들이 이 점을 답답하게 여겨서 바로잡고자 한 것이 오래되었다. 해를 넘어 경진년(1760) 도내의 여러 군자들이 일제히 논의하고 결정하여 내가 박정신 군과 함께 외람되이 일을 맡았다. 신사년(1761) 가을 성주의 사림 이석승李錫升 등이 또 동강東岡 김 선생의 실적實蹟이 갖추어지지 않았다고 하여 김 선생의 본손 김문수金文粹 군에게 글을 보내 가르쳐 주었고, 일을 주관하기를 기약하였다. 이에 김성탁金聖鐸·하필청河必淸·이운서李雲瑞 세 군자의 고증을 두루 찾고 제현들의 문집 속에서 바로잡아 질정하였다. 편집이 거의 완성되었으나 흉년에 재력이 약해 책 전체를 새기지 못하고 이전에 나온 간목에다 바르고 고쳤는데, 더러 두 줄로 쓰기도 하고, 행간 사이에 쓰기도 하여 한결같지 않으니, 이 책이 비록 다행히 완성되었다고 해도 오히려 불행하다고 말하는 것이 또한 마땅할 것이다. ······ 29)

---

29) 金㙇, 『默齋文集』, 권2, 「南冥先生師友錄重刊跋」, "謹按南冥老先生山海淵源錄, 乃无悶堂朴先生之所輯錄, 而趙礪松林林谷河謙齋三先生之同照管者也. 四君子淵源之學博雅之識, 篤追緖餘, 牖迪來后, 而且去老先生之世不遠, 則其裒輯事實闡揚言行者, 固無所不用其極而. 惜乎. 業未卒, 而朴先生遽爾捐世, 殘編短藁, 埋沒塵綑, 而歲久年深. 因謀鋟榟, 泛看註誤, 浪補磻漏, 刊編雖圓, 卷帙雖成, 而抑不無鳥續鶴斷之悲則已矣. 此編之不幸而不遇之甚也, 噫此編之不幸. 諸賢之不幸也. 今觀此書有若年譜中敍事之上下交錯焉, 有如遺事中記蹟之虛實相蒙焉. 厥或有謚號齋號職銜名諱之錯亂不齊, 塗抹有改焉, 厥亦有文勢字義之或衍或漏或註或讌, 不通其理, 爲將使朴先生繼往傳后之信筆, 歸之於無源無稽 而頗多魯史三豕之訛, 空起后生之感於斯文, 則非但諸賢斯文之不幸, 其爲朴先生之不幸也, 爲如何哉. 噫, 當其時, 見以知之者, 莫如覺齋河先生之實錄, 而見失於兵燹, 后其世, 聞而知之者, 又莫如朴先生之信墨, 而亦未得嫡傳. 其義補覺齋不保之失, 則此書之傳不傳, 抑有關於世數而然耶. 河謙齋祭朴先生文僅曰成而未及論定云者, 其豈非證案於此書之不幸而慨然者乎. 用是吾黨之有識者, 鬱抑於此, 而竊欲釐正者, 久矣. 越歲庚辰, 道內僉君子, 齊議敦定, 不佞與朴君挺朳, 共忝冒幹事. 辛巳秋星州土林李錫升等, 又以東岡金先生實蹟未該, 文論來抵先生之本孫金君文粹, 銳意鞭隋, 克期敦事, 於是焉. 旁搜金公聖鐸河公必淸李公雲瑞三君子之考證, 讐校於諸賢文集中而就正焉. 編幾成就, 而歲儉力殘, 不能全帙

①에서는 무민당 박인의『산해연원록』의 간행 경위에 대해 밝히고 있다.
『산해연원록』은 박인이 조임도·임진부·하홍도와 함께 편찬한 것인데, 간
행을 하기도 전에 박인이 세상을 떠나 책이 제대로 완성되지 못한 것을
안타까워하였다. ②에서는『산해연원록』의 오류에 대해 거론하였다. 이 책에
「유사」의 내용에 대한 오류, 익호謐號·재호齋號·직함職銜·명휘名諱 등 글
자에 대한 오류가 있음을 지적하였고, ③에서는 각재 하항이 지은 제문을
거론하면서『산해연원록』이 제대로 논정論定을 거치지 못하고 간행된 것을
이야기하였다. 이상의 ①·②·③은 김돈 당대에『산해연원록』을 교정해야
하는 배경에 대해 설명한 것이다.

④에서는 김돈이 공의公議에 따라 박정신 등과 교정을 맡게 되었음을 밝히
고 있다. 아울러 이번 교정에는 동강東岡 김우옹金宇顒의 후손인 김문수의
의견이 반영되었으며, 김성탁·하필청·이운서의 고증을 거치는 등 교정의
과정을 이야기하였다. 그런데 이번의 중간은 재력의 부족으로 책 전체를
판각하지 못하고, 이전의 간목에서 수정할 부분을 바르고 고쳤다고 하였다.
그래서 두 줄로 쓰거나 행간 사이에 쓰기도 하여 통일된 형식을 갖추지
못한 실정을 이야기하였다.

김돈의 발문을 보면 어떤 오류를 어떻게 바로잡았는지에 대한 구체적인
언급은 나오지 않는다. 그런데 함께 교정에 참여한 박정신이 쓴 발문을 살펴보
면 몇 가지 구체적인 교정 내용을 살펴볼 수 있다. 앞서 김돈의 교유 인물
가운데 박정신의 부친 박태무를 거론했었다. 박태무는 양정재養正齋 하덕망河
德望(1664~1743)에게 편지를 보내어『남명집』과『산해사우연원록』의 개정을
논한 적이 있다. 특히 박태무는『남명집』가운데서 반드시 이정釐正해야

付劃, 因舊刊塗改, 而或雙書之, 或間書之, 不一其例, 則此書雖曰幸成, 而猶謂之不幸也,
亦宜哉."

할 부분으로, 덕계 오건과 약포 정탁에게 보낸 편지(與子强子精書)와 구암 이정 집안의 묘문 즉 남명이 구암의 부친 이담李湛을 위해 쓴 신도비문을 수록하는 것에 대해 한강 정구 등의 반대에도 불구하고 정인홍이 공의公議를 따르지 않고 자신의 고집대로 선택하여 수록한 점, 『사우록』은 무민당 박인 등이 찬술한 것인데 선현의 휘자諱字를 잘못 쓴 부분, 남명이 두류산을 유람한 연도에 오류가 있는 점, 구암 이정이 사우 사이에 수록되어 있는 점, 퇴계의 「서조남명유두류록후書曹南冥遊頭流錄後」를 원집의 해당 부분 뒤에 싣지 않은 점들을 거론하였다.30) 박태무의 아들 박정신이 지은 「남명선생별집교정발南冥先生別集校正跋」을 보면, 이번 교정의 주목적은 국조國朝의 연기年紀가 헷갈린 부분, 선사先師의 휘자를 잘못 쓴 곳, 노선생이 산을 유람한 시기가 뒤죽박죽 된 부분, 제현들의 유사 가운데 타당하지 않은 부분 등은 매우 중요한 문제이므로 옛 판본에 따라 상호 비교하여 고증하고 오류마다 개정하지 않을 수 없었으며, 「유사」 가운데 타당하지 않은 부분은 모두 삭제한 것31)인데, 이러한 내용은 박태무가 사우록 가운데서 지적한 문제점과 일치하는 점이 있다.

이상의 기록들을 정리하면, 이번 별집의 사우록 교정의 주목적은 무민당의

---

30) 朴泰茂, 『西溪集』, 권2, 「與河養正齋」, "不得不釐正者而言之, 與德溪藥圃書及龜巖家墓文, 已有先輩去取相反之論, 而特因仁弘爭執之堅, 遂有不循公議, 顚倒登梓, 而士林迄于今因仍苟且, 不圖其改, 豈不爲大可寒心哉, 師友錄卽無閔諸公所撰述, 而裒輯之際, 或失照檢, 先賢諱字之誤換, 先生山遊年條之訛舛, 亦或有之, 且龜巖先生之載錄於師友間者, 亦甚無義, 此等處皆後人之不滿意者, 而且退陶先生所著遊山錄跋, 不載於元集右錄之下, 此則當日仁弘之所爲也."
이상필, 「18世紀 江右地域 南冥學派의 分布와 動向」, 『남명의 학문과 남명학파』(경인문화사, 2020), 569～570면; 오이환, 「『山海師友淵源錄』의 출판」, 『南冥學研究論叢』 제2집(남명학연구원, 1992) 참조
31) 曹植, 『南冥先生別集』, 「南冥先生別集跋」[朴挺新 撰], "處若國朝年紀之眩錄, 先師諱字之誤書, 老先生山遊歲月之錯載, 且至諸賢狀略遺事中, 或有未穩處……遂與丹丘金君塾, 尋行數墨, 凡於年紀眩錄, 諱字誤書, 歲月錯載, 大關緊, 不可以仍舊處罔不參互考證, 逐訛改正, 至如遺事中未穩處, 俱刪去."

연원록의 내용을 크게 수정하지 않고, 오자와 연보의 오류를 교정하고, 유사의 내용을 바로잡는 것에 있었다. 내용을 더 첨가하거나 문인 및 사숙인을 더 발굴하는 등의 성과는 거두지 못했으나, 남명학파를 결집하여 침체된 남명학파의 분위기를 쇄신하는 데 기여를 했다고 할 수 있다.

①

사문이 불행하여 천년 뒤에야	斯文不幸後千載
숲 아래 맑은 바람 한 줄기 전해지네.	林下淸風一脈傳
주정의 공부는 경의에 달려 있고	主靜工夫居敬義
안정의 사업은 산천대축괘를 뽑아야지.	安貞事業筮山天
연원이 넓고 넓어 사우 관계 논하고	淵源浩浩論師友
단서가 끝없이 이어져 성현을 강구하네.	端緖綿綿講聖賢
어떻게 후생이 위로 찾아갈 수 있을까	那得後生尋上去
바른길 찾는 나침반이 유편에 남아 있네.	指南正路在遺篇

②

산해 선생 유문이 존재할 수 있었던 건	山海遺文賴獨存
내 묵재 증조부가 연원록을 기록해서네.	曾吾默祖錄淵源
지금처럼 중간하는 일에 가 보지 못하니	如今未赴重刊役
감격과 부끄러움이 지손에게 깊이 파고드네.	感愧交深有志孫[32]

위 시는 김돈의 증손인 상우당尙友堂 김이표金履杓(1812~1881)가 지은 시로, 1855년 『남명집』 유집을 중간하는 일로 덕천서원에 가려다 눈으로 가지 못한 심정을 토로한 것이다. 제1수는 송대의 성리학이 남명에게 이어진 것을 이야기하고 있다. 남명의 학문 요체는 '경의敬義'로 요약하였으며, 남명이

---

32) 金履杓, 『尙友堂集』, 「乙卯正月以南冥先生遺集重刊事 擬赴德川院 遇雪未果 仍吟感懷」.

당대를 살아가는 방법으로 『주역』 대축괘大畜卦의 가르침 즉, 세상을 나아가지 않고 강건하고 독실하게 수양하는 학자의 자세를 취하였음을 이야기하였다. 남명이 이룩한 학문의 연원이 바로 유집遺集에 남아 있다고 하였다.

제2수에서는 남명의 학문 연원을 살펴볼 수 있는 유문이 남을 수 있었던 것은 바로 김이표의 증조부 묵재 김돈의 활약이 있었기 때문에 가능했다고 이야기하였다. 그런데 지금 남명의 유집을 중간하는 일에 가 볼 수 없으니, 후손으로서의 안타까움을 드러내고 있다. 이 시는 묵재 김돈이 남명의 사우록을 교정한 일에 대한 자긍심을 드러내고 있는 것이다. 김돈의 학문과 활약은 이렇게 그의 증손 김이표뿐만 아니라, 족손 김인섭·김진호 등 문중의 후속 세대에게 남명학파로서의 긍지와 영향을 끼쳤다.

3. 맺음말

법물리 상산김씨는 630년을 세거해 오면서 이 지역의 사상·학문·문학을 주도하는 위상을 갖추며 오늘날까지 이어 가고 있다. 남명 조식의 문인으로 남명의 사위였던 김행을 비롯하여 대하재 김경근(1559~1597), 존양재 김응규(1581~1648), 둔재 김복문(1590~1629), 유청 김확(1615~1690), 괴정 김상급(1621~1686), 소산 김석(1627~1680) 등이 김돈의 앞 시대에서 확고한 남명학파의 위상을 다지며 남명의 사숙인으로서 활약을 해 왔다.

이러한 가학적 연원을 바탕으로 단성지역에서 살았던 김돈의 선대 가계와 그의 삶을 간략하게 살펴보았다. 이어 일일신과 구방심을 통해 사심의 낌새가 나타나기만 해도 그것을 섬멸하고자 한 남명의 사실적 수양 자세를 계승하고 『산해사우연원록』의 교정을 통해 남명학파를 결집시키고 침체된 남명학파의 분위기를 쇄신하기 위해 노력하는 등 두 가지 측면에서 김돈의 남명학 계승 양상을 살펴보았다.

김돈은 사림의 공의에 의해 『남명문집별집』의 사우록을 교정하는 데 주도적인 역할을 하였다. 이 사우록이 무민당 박인의 『산해연원록』에서 오류를 바로잡는 등의 교정을 거치고 내용의 측면에서 큰 차이는 없었지만, 계해정변 이후 18세기 무신란을 치른 뒤 정치적 탄압으로 침체되었던 남명학파를 다시 결집시키는 데 일조를 했다는 점에서 큰 의의를 가진다.

향후에도 『남명집』을 개정하고, 문인록을 정리하는 등 남명의 추숭 사업은 계속 이어졌다. 법물리 상산김씨 문중에서 퇴계학파화와 근기남인화가 진행되는 와중에도 그들은 남명학파라는 가학적 연원을 견지하였고, 그 선대 특히 김돈이 사우록을 교정한 것을 매우 자랑스럽게 생각하였다. 김돈의 행적은 후손 상우당 김이표·단계 김인섭·물천 김진호 등 19세기~20세기의 법물리 상산김씨를 주도하는 인물들에게도 큰 영향을 끼쳤다.

‖ 이 글은 『남명학연구』 72집(경상국립대학교 남명학연구소, 2021)에 수록되었던 것이다.

제9장 월연 이도추의 남명학 계승양상과 방외시

윤 호 진

1. 머리말

월연月淵 이도추李道樞는 그의 절친한 벗 면우俛宇 곽종석郭鍾錫과 같은 학자라 할 수 없지만, 그의 학행과 문학은 높은 평가를 받았다. 병자년丙子年 (1936) 납월臘月에 쓴 「월연집서月淵集序」에서 회봉晦峰 하겸진河謙鎭은 "공은 은거隱居하며 행실을 이루었고, 문사文詞가 많이 있었는데 글을 지음에 더욱 시에 장기가 있었다"[1]라고 하였는데, 이 말은 이도추의 생애와 행적을 잘 압축 평가한 것으로 보인다.

그는 일찍이 벼슬길을 단념하고 고향에 은거하며, 고향의 대선배이자 스승인 남명의 행적과 사상을 본받고자 하였으며, 이를 실천하고자 하였다. 그는 남명이 덕산에 은거하였던 것과 같이 덕산과 가까운 고향 남사에 은거하면서 효제충신의 훌륭한 덕목을 몸소 실천하였다. 하겸진이 '은거행성隱居行成'이라 한 것은 바로 이러한 측면을 말하는 것이다.

그는 은거하면서 학문에 몰두하기보다는 문사에 힘을 기울였고, 특히 이곳

---

1) 河謙鎭, 「月淵集序」, "公隱居行成, 菀有文詞, 其爲文尤長於詩."

저곳 유람을 다니며 시를 많이 지었다. 하겸진도 「월연집서」에서 문사가 뛰어났는데, 그 중에서 시에 더욱 특장이 있었다고 하였다. 그가 벗들과 금강산을 유람하며 연주담連珠潭에 이르러 지은 시에서 "시가 이루어지면 하루 종일 붓을 휘둘러 글을 써서, 우리 사람들의 끝이 없는 근심을 모두 씻어 버렸네"[2]라 읊은 바 있다. 이 내용을 통해서 이도추가 왜 시를 많이 지었고, 또 잘 지었던가에 대한 일말의 해답을 얻을 수 있다. 그는 시로 세속의 근심을 씻어 내고 풀어내었던 것이다.

이도추의 생애와 학문은 남명의 영향이 컸던 것으로 보인다. 그는 남명처럼 은거하며 실천을 위주로 하는 삶을 살았고, 그의 학문은 남명의 정신을 계승하고자 하는 학문성향을 보이고 있다. 여러 선현들 가운데 유독 남명에 대해 숭앙하는 뜻을 가지고 있으며, 그가 남긴 문집이나 행적을 보며 이를 본받고자 하였다.

그는 특히 남명이 속세를 떠나 물외에서 유유자적한 삶을 살았던 것을 그대로 본받았고, 이에 대한 수많은 생각은 그의 시에 드러나 있다. 그의 시 가운데에는 특히 물외, 세외, 상외로 대표되는 방외에 대한 인식과 형상이 많으며, 이러한 것은 선유, 방호로 대표되는 신선세계에 대한 인식과 형상 가운데에도 많이 남아 있다.

이 글에서는 그의 문집인 『월연집』을 중심으로 그의 삶과 학문, 그리고 이러한 것을 바탕으로 특색 있게 드러난 한시를 고찰하고자 한다. 즉 이도추의 한시 가운데 핵심적인 것이라 할 수 있는 물외시와 신선시의 구체적 양상과 그 저작 배경, 그리고 그것의 구체적 내용과 특징은 무엇인지에 대해 살펴보고자 한다.

---

2) 李道樞, 『月淵集』, 권1, "詩成盡日揮毫去, 寫盡吾人無限愁."

2. 생애와 남명학 계승양상

1) 생애와 학문성향

월연 이도추는 『월연집』 9권 5책을 남기고 있다. 문집이 간행된 경위를 보면, 손자 이병화李炳和가 지은 「월연집발月淵集跋」에서 "급문及門의 제자諸 子들이 서로 모의하기를, '선생의 유저가 지금까지도 세상에 알려지지 않았으니, 우리들의 수치이다'라고 하고, 상자를 내어 잘 등사하였다. 이미 또 현안玄晏(皇甫謐의 호)과 같은 여러 사람들이 다듬고 깎아서 시와 문 모두 9권을 인쇄에 부친다"[3]라고 한 바 있다.

『월연집』의 내용을 살피자면, 1~4권에 그가 지은 시, 5~6권에 그가 지은 문, 7권에 금강산 기행문인 「동유기행東遊紀行」, 그리고 권8~9에 잡저로 「심의조해深衣條解」, 행장, 제문 등이 수록되어 있다. 여기에 수록된 행장, 제문 등은 이도추의 저작으로 5, 6권에 들어간 것과 함께 묶어도 무방한 것들이다.

이처럼 『월연집』에는 시문이 많은 편이지만, 그의 문집에는 생애를 알 수 있는 이른바 부록문자가 없어 그가 한평생 어떤 삶을 살았는지에 대해 정리한 글을 찾아볼 수 없다. 그에 관한 전기 자료가 없기 때문에 자세히 알기 어려우나 몇몇 자료를 통해 간략히 그의 생애를 살펴보면 다음과 같다.

그의 생년은 허응許應이 편한 성재性齋 허전許傳(1797~1886)의 문인록門人錄 『냉천급문록冷泉及門錄』에 보이는데, 이것에 의하면 "이조헌묘무신생李朝憲廟戊申生"이라 하였으니, 그는 1848년에 태어났음을 알 수 있다. 몰년은 이병화李炳和가 쓴 「월연집발」에 "월연선생기몰지십유오년月淵先生旣沒之十有五

---

3) 李道樞, 『月淵集』(李炳和, 「月淵集跋」), "及門諸子相與謀曰, 先生遺著之至今未公于世, 吾黨羞也. 於是發篋緒膽, 旣又從玄晏諸氏, 而裁刪之, 付諸活印, 詩若文都爲九卷."

年"이란 기록이 있어 이도추가 몰한 지 15년 뒤에 『월연집』이 나왔음을 알 수 있다. 그런데 손자 병화炳和의 발문에 의하면, '유조곤돈납월상순柔兆困敦臘月上旬', 즉 병자년(1936) 섣달에 『월연집』이 간행된 것을 알 수 있다. 따라서 이도추의 몰년은 1922년이라는 것을 확인할 수 있으니, 그는 향년 75세를 일기로 돌아갔음을 알 수 있다.

그의 자는 경유敬維, 호는 월연月淵이며, 관향은 성주星州이다. 초년에 누구에게 배웠는지 자세히 알 수 없으나, 『냉천급문록』에 올라 있는 것으로 보아 허전許傳의 제자가 되었던 것은 분명해 보인다. 『냉천급문록』에는 그가 홍안군興安君 이제李濟의 후예로 매월당梅月堂 이하생李賀生의 9세손인 성범聖範의 아들이라 하였다.[4]

『진양속지晉陽續誌』에서도 "이도추의 자는 경유이고, 호는 월연으로, 남천南川 도묵道默의 아우이다"[5]라 하여 남천 이도묵의 아우임을 밝혔는데, 이도복李道復이 지은 「만월연족형 도추挽月淵族兄 道樞」라는 만사에서는 "남천과 월연은 난형난제로서, 세상에는 우열에 관한 평이 있는데, 이도추가 낫다는 말을 들었네"[6]라고 하여, 형 이도묵보다 아우 이도추가 뛰어나다고 하였다.

그의 성품과 학문하는 자세에 대해서는 월담月潭 하용표河龍杓가 「제월연이장 도추 문祭月淵李丈 道樞 文」에서 "그 사람은 졸렬한 성품을 지켜서 곧은 바탕을 가지게 되었고, 잃어버린 마음을 찾아서 날로 새로워졌다. 대개 공이 이른 나이 때부터 오로지 도를 즐거워하면서 가난한 것을 즐기고, 옛사람을 사모하면서 지금 시대를 마음 아파하였다"[7]라고 한 바 있다.

---

4) 許應, 『冷泉及門錄』, "李道樞, 字敬維, 星山人. 興安君濟后, 梅月堂賀生九世孫聖範子, 李朝憲廟戊申生, 居晉州沙月."

5) 『晉陽續誌』, 卷5, 增補, 「儒行」, "李道樞, 字敬維, 號月淵, 南川道默弟."

6) 李道復, 『厚山集』, 卷2, 「挽月淵族兄 道樞」, "南川與月淵, 難弟亦難兄. 世有甲乙評, 月翁得樞衡."

7) 河龍杓, 『月潭遺稿』, 卷2, 「祭月淵李丈 道樞 文」, "其人守拙性而貞質, 求放心而日新,

이병화李炳和도 「월연집발」에서 "선생에 대해 가만히 생각해 보니, 일찍부터 크고 깊은 뜻을 안고 있었는데, 만년에 다욱 각고의 노력을 하였다. 강론하는 것은 수제치평에 관한 것이었고, 탐구하는 바는 천인성명에 관한 것이었다. 그런데 끝내는 비틀비틀 가라앉아 세상에 그 재능을 펴지 못하였다. 그러나 그 유서가 잘 전해져오니 누군들 진중하게 오랫동안 전할 것을 생각하지 않을 것인가?"8)라고 하였다.

이도추의 학문은 수제치평에 관한 것과 천인성명에 관한 것이었다고 하였으나, 세상은 그가 뜻을 펴기에 맞지 않아 뛰어난 재능을 펴지 못하였으므로, 이에 관한 것은 그리 일컬을 만한 것이 없다는 것이다.

그리고 후산厚山 이도복李道復은 또 그의 학문에 대해 "환한 얼굴로 육기六氣를 온축하고, 배에 가득히 오경五經을 저장하였네. 덕을 쌓은 것이 드러나 문장이 되고, 마음을 논함에 정밀한 이치가 드러났네. 하나의 커다란 흥회는, 천하의 마음을 품었네. 세상이 쇠하여 시험하지는 못했지만, 죽을 때까지 아름다운 이름 보전했네"9)라고 하였다.

그의 학문적 온축과 이를 바탕으로 한 행실 등은 그가 학자로서 대성할 자질은 있었으나, 세상이 쇠하여 뜻을 이루지 못하였다고 안타까워하였다. 이에 대해서는 제남濟南 하경락河經洛도 「제월연이공문祭月淵李公文」에서 다음과 같이 말하였다.

사람들이 공을 일컫는 것이 흔히 문사에 있다. 행실이 돈독하게 잘 다스려진 일에

蓋自公之早歲, 惟樂道而安貧, 緊慕古而傷今."

8) 李道樞, 『月淵集』(李炳和, 「月淵集跋」), "竊念先生, 早抱宏邃, 晩益刻勵, 所講者, 修齊治平, 所究者, 天人性命, 卒之坎坷沈淪, 未得展施於世, 然惟其遺緒之淑傳, 有足以啓後學於方來, 則其孰不珍重而思所以壽久乎."

9) 李道復, 『厚山集』, 권2, 「挽月淵族兄 道樞」, "粹面蘊六氣, 滿腹笥五經. 蓄德著爲文, 論心見理精. 一箇大胷襟, 包得天下情. 世竆嗟未試, 沒身保令名."

대해서는 누가 알랴? 사람들이 공을 일컫는 것이 흔히 견해에 있다. 학문이 실용에
이르지 않는다면 무슨 소용이 있는가? 믿을 만하도다, 선생이여! 본이 있고 말이
있도다. 넓으면서도 택함이 있고, 뒤섞여 있으면서도 빠짐이 없다.[10]

사람들은 그가 문사에 능하다고 하지만 행실이 뛰어나고, 생각은 있다고
해도 실행하지 않으면 무슨 소용이 있겠느냐고 하며, 이도추가 문사와 행실,
생각과 실천에 있어 모두 뛰어나다고 하였다.

이상에서처럼 그는 학문과 이를 실천함에 있어 뛰어난 면모를 보였으나,
시대를 타고 나지 못하여 그것을 세상에 발휘하지 못하였다는 것이다. 하지만
그의 시문은 오히려 이 때문에 더욱 이름이 나게 되었다고 할 수 있다. 하경락
은 또 「월연집성차제우운月淵集成次諸友韻」이라는 시에서 다음과 같이 말한
바 있다.

사수泗水 가의 인문이 영남을 뒤흔드니,	泗上人文動嶠林,
선생의 학문은 깊고 정밀하게 드러나네.	先生問學發精深.
차가운 골짜기에 남긴 시에서 옛 뜻을 알고,	冷洞留詩知古意,
금강산에서 함께 다니며 진심을 보았네.	金剛聯袂見眞心.
대아大雅의 새로운 시편이 지금 서안書案에 있으니,	大雅新篇今在案,
소산小山에 밝은 달 뜰 때 몇 번이나 거문고를 탔나?	小山明月幾携琴.
부엉이 울고 귀신이 우는 곳 어느 세상인가?	鵂鳴鬼嘯嗟何世,
이 늙은이는 책 안에서 찾는 것이 마땅하네.	此老端宜卷裡尋.[11]

이처럼 그는 학문에도 깊었지만, 시문에 더욱 능하였다고 하였는데, 『진양

---

10) 河經洛, 『濟南集』, 卷6, 「祭月淵李公文」, "人之稱公, 多在文辭, 行治之篤, 其孰能知. 人
之稱公, 多在見解, 學不致用, 亦何所貴. 允矣先生, 有本有末. 博而能擇, 混浩無斁."
11) 河經洛, 『濟南集』, 卷2, 「月淵集成次諸友韻」.

속지』에서도 그가 "어려서부터 총명하였고, 자라서는 문장이 간결하고 시는 더욱 평담충원平淡沖遠하였다. 그래서 그가 지은 평소의 여러 작품들은 인구에 회자되었다"[12]고 하여, 그가 시문에 능한 것으로 평하였다.

시문 가운데에는 특히 「동유기행」이 이름을 떨쳤던 것이다. 그의 생애를 대표하는 「동유기행」은 계미년 5월 11일에 출발하여 동년 7월 3일까지 곽종석郭鍾錫(1846~1919; 號는 俛宇, 字는 鳴遠), 박규호朴圭浩(1850~1930; 호는 沙村, 자는 贊汝), 하용제河龍濟(1854~1919; 호는 蕉坡 혹은 約軒, 자는 殷巨)와 더불어 금강산부터 동해 바다까지를 기행하고 지은 기행문이다. 이는 59일간에 걸친 긴 유람 기간 동안 2,960리의 긴 여정을 오가며 당시의 상황과 심경을 기록한 것이다. 『월연집』권7 전체가 「동유기행」으로 꾸며져 있다.

즉 「동유기행」은 그의 물외 감상의 극치를 이룬 것이라 할 수 있다. 그런데 그가 이처럼 물외 속외에 뜻을 두게 되었던 것은 그의 생애와 환경에 의한 것이지만, 남명의 영향도 컸던 것으로 보인다. 그가 산자수명한 곳을 찾아다니며 음상하였던 것은 남명이 세속에 뜻을 두지 않고 물외에 노닐었던 것과 맥을 같이하는 것이다.

2) 남명학 계승양상

이도추가 태어나 평생을 살던 곳은 지역적으로 남명이 만년에 들어가 자리를 잡고 은거하며 제자들을 길렀던 산천재山天齋와 가까운 곳이다. 이도추는 그의 절친한 벗 곽종석이 퇴계의 학맥을 이은 한주寒洲 이진상李震相의 제자가 되었던 것과는 달리 학문을 길을 가지 않았다. 곽종석은 학문을 위해 고향을 떠났고, 타향에서 퇴계의 학맥을 이었다. 하지만 이도추는 평생 고향을

---

12) 『晉陽續誌』, 卷5, 增補, 「儒行」, "自幼聰明, 及長文章簡潔, 詩尤平淡沖遠, 其風騷諸作, 膾炙人口, 有文集."

떠나지 않았고, 객지에 나가 학문을 하는 것보다는 고향에 남아 고향의 대학자 남명의 정신을 배우며 살았다.

이도추가 퇴계를 사모하여 「의춘도중宜春途中」이라는 시를 짓고, 그 주에 "가례동嘉禮洞에 퇴계선생退溪先生의 석각石刻으로 '가례동천嘉禮洞天'이란 넉 자와 '맑은 바람이 얼굴을 스치니, 백세 동안 겁 많은 사람을 깨우치네. 주저주저 여러 번 머리 돌리며, 크게 탄식을 한 번 하네'라는 시가 있다"13)라 한 것을 볼 수 있다.

하지만 이것에는 남명을 존숭하는 것과 같이 퇴계를 존숭하는 뜻이 크게 드러나 있지는 않다. 퇴계의 자취가 있는 청량산을 바라보고 지은 「망청량산望淸凉山」이라는 작품에서는 이도추의 퇴계에 대한 인식이 남명과는 크게 다르다는 것을 알 수 있다.

그는 「망청량산望淸凉山」에서 퇴계에 대한 언급은 전혀 하지 않고, 다만 청량산을 금강산이라 하는 세상의 평가에 관심을 보여 "산령山靈이 나에게 응당 유감이 없을 것이니, 옛날 금강산을 실컷 본 사람이라네"14)라 하고, 그 주에 "세상에서 칭하기를, 청량산을 소금강이라 한다"(世稱淸凉爲小金剛)라 하고 있음을 볼 수 있다. 자신이 금강산 다녀온 것을 은근히 자랑하고, 청량산이 금강산처럼 경치가 좋다는 것에 대해서만 은연중에 말하였다.

이는 이도추가 남명의 유적지에 대해 깊은 관심을 가지고, 그곳에서 남명의 정신을 배우려 하였던 점과는 크게 다른 것이다. 그는 남명과 마찬가지로 이론적 학문의 세계에 빠지지 않았고, 세속을 떠나 은거하며 옛 성인의 가르침을 행동으로 옮기는 실천적 공부에 종사하였다. 이도추가 남명의 학문을

---

13) 李道樞, 『月淵集』, 卷2, 「宜春途中」, "嘉禮洞有退溪先生石刻嘉禮洞天'四字, 淸風來拂面, 百世起懦頑. 躊躇屢回首, 喟然一長嘆."

14) 李道樞, 『月淵集』, 卷2, 「望淸凉山」, "山靈於我應無憾, 伊昔金剛壯觀人."

계승한 뚜렷한 점은 바로 이러한 측면에 있다.

이도추가 남명을 숭앙했던 마음은 「용호정龍湖亭」이란 시에 잘 드러나 있다. 이 시는 용호정의 주인이었던 이온李榲의 효성에 대해 노래한 것이다. 이 시를 짓게 된 직접적인 배경은 그 주에서 "효자 이온의 집이 가난하여 상제를 지냄에 조석으로 상식上食할 방법이 없었다. 하루는 크게 천둥과 번개가 앞들에서 치더니, 문득 하늘에서 금궤가 내려왔는데, 그 안에 쌀이 가득하였다. 이온이 그것을 가져다가 상식으로 올렸다. 삼 년이 지난 뒤에 또 천둥과 번개가 치더니 궤짝이 어디로 갔는지 알 수가 없었다"[15]라고 한 데에 잘 소개되어 있다.

오백 년 동안 하늘의 해와 같이 밝은 일,	五百年來天日明,
용호정이 어찌 우연히 이루어졌겠는가?	龍湖亭豈偶然成.
이륜을 지키려 한 마음 절실하여 나그네 감동하고,	彝衷自切遊人感,
길이 복을 받을 효자의 성실한 마음을 비로소 아네.	錫類方知孝子誠.
우르르 꽝 천둥소리 치며 구름 속에서 궤짝이,	隱隱霆聲雲裏櫃,
푸르고 푸른 풀 우거진 앞들에 비처럼 내리네.	萋萋草色雨前坪.
청컨대 글씨조차 닳아 버린 우뚝한 비 보게나,	請看沒字碑猶屹,
만 길 높이 솟은 산과 함께 높이를 다투네.	爭與三山萬丈橫.[16]

이 시는 1차적으로는 이온의 효성에 하늘이 감동하여 쌀이 담긴 궤짝을 내려준 기적을 노래한 것이다. 하지만 그 주의 뒷부분에는 "남명선생이 행장을 지었는데, 그곳에 '상제가 그 효성에 감복하여 하얀 쌀을 보내왔네'(帝眷于誠, 齎送玉粒)라고 하였다. 옛날에는 사당을 세웠는데, 지금은 정자가 그 남은

15) 李道樞, 『月淵集』, 卷1, 「龍湖亭」, "孝子李榲家貧, 居喪無以供朝夕上食. 一日大雷電前坪, 忽降金匱, 米滿其中, 榲得以供上食. 三年後, 又雷電, 不知匱處."
16) 李道樞, 『月淵集』, 卷1, 「龍湖亭」.

터에 있다"17)라는 주가 달려 있는 것을 볼 수 있다.

하늘을 감동시켜 기적을 낳게 한 이온의 효성에 대해 이도추가 이처럼 노래한 배경에는 남명의 언급이 있는 것이다. 남명은 이온의 생애를 정리하고 용호정에 얽힌 고사를 두 줄로 간략히 이야기하였는데, 이도추는 이것을 부연하여 풀이하고 노래한 것이라 할 수 있다. 그가 이 시를 지어 읊은 일도 결국은 남명이 이온에 대해 행장을 짓고 그의 효성에 얽힌 신이한 이야기를 간략히 언급한 사실에 기초하여, 그 내용을 자세히 설명하였던 것이다.

그가 남명에 대해 관심을 가졌던 일은 강병주姜炳周의『두산거사문집斗山居士文集』권卷1에 실려 있는「남명집중간사동이월연편방하남사우과둔동南冥集重刊事同李月淵遍訪河南士友過遯洞」이라는 시를 통해서도 살필 수 있는데, 이 시는 두산거사가 이도추와 함께『남명집』을 중간하는 일로 하남의 사우들을 두루 방문하였던 일을 읊은 것이다.

아마도『남명집』을 중간하면서 재원을 확보하기 위한 행보였을 것으로 보인다. 강병주는 이 시에서 사람들을 만나『남명집』을 중간하는 일에 대해 입을 떼기 어려워하는 마음을 드러내었는데, 이 시를 통해서 이도추가 그 어려운 일을 강병주와 함께 마다하지 않고 하였던 것을 미루어 알 수 있다.18)

이도추가 남명을 숭앙하였던 자취는 산천재에 관련된 여러 편의 시문 가운데에도 잘 드러나 있다.「산천재답벽한정山天齋答碧寒亭」이란 글에서는『남명집』을 편찬하는 과정에서 편년을 새로 만들었으니 연보를 폐기하자는 의견에 대해 반대하는 뜻을 드러내었다.19) 이도추는『주자연보』의 예를 들어

---

17) 李道樞,『月淵集』,卷1,「龍湖亭」,"南冥先生作行狀有曰,帝眷于誠,齎送玉粒. 舊有立祠, 今亭在其遺址."

18) 姜炳周,『斗山居士文集』,卷1,「南冥集重刊事同李月淵遍訪河南士友過遯洞」,"往刼河南 不忍言, 堪憐無告我元元."

19) 李道樞,『月淵集』,卷6,「山天齋答碧寒亭」,"來諭中編年新成, 欲廢置年譜云者, 實愚昧 之所未曉也. 鄙等謹按朱子年譜重刊釐正者, 凡九度而繼有係年, 錄實記之作, 豈後來諸賢,

편년이 있더라도 연보를 없애서는 안 된다는 뜻을 밝혔다.

다음의 「산천재견고매신월 이문집교정사회다사이수월山天齋見古梅新月 以文集校正事會多士已數月」이라는 긴 제목의 시에서도 제목에서 알 수 있는 바와 같이 『남명집』의 교정 일로 인근의 여러 선비들과 이미 여러 달 모임을 가졌던 일을 노래하였다.

하늘의 마음은 섣달에도 꽃을 피워서,　　　　　天心窮臘花曾開,
신선이 약속한 맑은 밤에 달이 다시 떠오네.　　仙約淸宵月復來.
당년에 이곳에서 높은 소리로 책을 읽었을 제,　當年此下高聲讀,
요순 때 잔을 읍하고 양보하던 것 보는 것 같네.　如見唐虞揖讓杯.[20]

이도추는 몇 달간 지속되는 『남명집』 편찬사업의 어려움을 시에서 토로하였고, 이러한 가운데에서도 남명을 존숭하는 마음을 남명의 시구를 빌려 표현하고 있다. 그는 마지막 구절에 대해 "선생시운先生詩云, 주점소매하朱點小梅下, 고성독제요高聲讀帝堯"라고 주를 달아 그것이 남명의 「우음偶吟」이란 시에서 나온 것임을 밝히고 있는 것이다.

이처럼 남명을 존숭하였던 마음은 그가 산천재에서 지은 여러 편의 시에도 잘 드러나 있다. 그는 「숙산천재화박광원 상태宿山天齋和朴光遠 尙台」라는 시의 3, 4구에서 "마루에 기대어 겨울에 매화나무를 마주하니, 누가 알랴? 쓸쓸한 가운데 일어나는 생각을"[21]이라고 하였는데, '한매寒梅樹'는 바로

賢於李果齋魏了翁而然耶? 若如來論, 則朱子所歎昔所未遑今不得復作前所未安後不能復正云者, 固爲無理之語, 而文定舊本, 終不得改正而止也, 是豈惟理是從之謂乎. 大抵舊本年譜出於先, 先生苦心精力, 至今後學之欽慕, 顧如何而但其時新經兵燹, 諸家文集, 亦未盡出, 其有疏漏, 理勢然也. 今日所以有此編輯者, 亦係年實紀之義例也, 若責以自多己見, 蔑視前賢, 則斂膂之言, 亦過矣. 竊意中間浮說煽動, 熒惑明聽, 致有此也, 豈勝慨然, 若斂膂布告道內, 使有識君子發大論而更整之, 則鄙等亦何敢違焉, 惟斂膂之裁諒焉."

20) 李道樞, 『月淵集』, 卷2, 「山天齋見古梅新月 以文集校正事會多士已數月」.

산천재 앞에 있는 매화이며, 이것은 남명이 산천재를 짓고 심었다는 이른바 남명매인 것이다.

「산천재증별조중근 삼절山天齋贈別曹仲謹 三絶」[22)]이라는 작품에도 겉으로 뚜렷이 드러나 있지는 않으나, 남명을 사모하는 마음을 은근히 드러내고 있음을 볼 수 있고 「만하이곡 인수挽河梨谷 仁壽」란 시에서는 하인수가 죽었을 때 그를 회상하고 산천재에서 함께 학문에 대해 강론하던 것을 생각하면서 "옛날 산천재의 밤을 생각하니, 등불 켜고 깊은 밤에 태극도를 보았네. 태극도설의 중요하고 묘한 곳을, 구절구절마다 나를 불러 물어봤지"[23)]라고 하였다.

이처럼 이도추는 남명에 대해 숭앙하는 마음을 여러 곳에서 드러내 보이고 있는데, 『남명집』을 읽고 쓴 「봉열남명선생문집작奉閱南冥先生文集作」이라는 시에도 이러한 마음이 잘 드러나 있음을 볼 수 있다.

사문의 일 가운데 하나는 금근金根을 경계하는 것이니,	斯文一役戒金根,
평이하지만 모름지기 도가 있는 바를 알 수 있으리.	平易須知道所存.
장차 조용히 대롱으로 엿보는 것은 괜찮지마는,	且可從容窺管見,
어찌 입과 뺨을 번거롭게 하여 흠을 찾으랴?	寧煩輔頰索瘢痕.
지금처럼 이교異敎가 삿된 길에서 날뛰는 때에는,	如今異敎騰邪徑,
이 진전眞詮에 의지하여 본원으로 거슬러 올라가리.	賴此眞詮遡本源.
아득한 밤 산방山房에서 생각에 잠긴 지 오래건만,	遙夜山房凝想久,
외로운 회포 잠은 오지 않고 슬퍼 아무 말도 없네.	孤懷耿耿悄無言.[24)]

---

21) 李道樞, 『月淵集』, 卷2,「宿山天齋和朴光遠 尙台」,"憑軒且對寒梅樹, 誰識寥寥簡裏思."
22) 李道樞, 『月淵集』, 卷2,「山天齋贈別曹仲謹 三絶」.
23) 李道樞, 『月淵集』, 卷3,「挽河梨谷 仁壽」,"念昔天齋夜, 燈深極圖窺. 圖說要妙處, 句句呼敬維."
24) 李道樞, 『月淵集』, 卷2,「奉閱南冥先生文集作」.

이도추가 살던 시기는 일제와 서구의 열강이 각종의 신식무기와 기독교 등을 앞세워 조선의 굳게 잠긴 빗장을 풀려고 하던 때였다. 따라서 나라도 위험에 처하였지만, 유교가 새로운 이교의 도전에 직면해 있었다. 이러한 때에 그는 남명의 글과 그 글에 담긴 정신이 이러한 난국을 지켜 줄 것이라 여겼다. 남명의 학문을 통해 유학의 본원에 이를 수 있다는 신념 때문이었다.

이처럼 남명을 사모하고, 그의 학문을 배우려던 이도추의 모습은 하용수河龍秀(殷浩)에게 지어 준 「서운정기棲雲亭記」라는 글에 잘 드러나 있다.

> 두류산의 남쪽에 백운동白雲洞이라는 곳이 있다. 산의 기운이 아름답고 고우며, 수석水石이 매우 맑은데, 남명부자南冥夫子께서 일찍이 유상遊賞하면서 시를 지었던 곳이니, 대개 그 뛰어난 산수를 사랑해서이다. 하은호河殷浩가 남사南泗에서 이 골짜기로 옮겨 와서 살면서 시냇가 사는 곳에 집을 짓고 서운정棲雲亭이라 하고, 나에게 한마디 말을 구하였다. 내가 서운동이 무슨 뜻인가를 물으니, 은호가 말하기를, "백운동에 산다는 뜻이다"라고 하였다. 내가 말하기를, "백운동에 살면서 뛰어난 산수를 즐기는 사람은 마땅히 명옹冥翁이 남긴 자취를 더듬어야 하고, 명옹이 사랑한 바를 사랑해야 한다. 비록 그러하나 명옹이 산수를 사랑한 것이 어찌 한갓 산수만 사랑한 것이겠는가? 반드시 사랑하는 바의 까닭이 있었을 것이니, 그대는 힘쓸지어다"라고 하였다.[25]

남명은 언제인지는 정확히 알 수 없으나 백운동에 간 적이 있으며, 그곳에서 「유백운동遊白雲洞」이란 시를 지은 바 있다. 남명이 백운동을 사랑하였던 것에 대해서는 박지서朴旨瑞가 지은 「도구대기陶邱臺記」를 통해서도 살필

---

25) 李道樞, 『月淵集』, 卷8, 「棲雲亭記」, "頭流之南曰, 白雲洞. 山氣佳麗, 水石淸絶, 南冥夫子嘗遊賞而有詩焉, 蓋愛其山水之勝也. 河君殷浩自南泗移居于是洞, 構數椽于所居溪傍, 名曰棲雲亭. 求余一言, 余問棲雲何意. 殷浩曰, '以居雲洞也.' 余曰, '居雲洞而有山水之勝者, 宜其撫冥翁之遺躅, 愛冥翁之所愛也. 雖然冥翁之愛, 豈徒爾哉, 必有所以愛者存焉爾, 子其勉諸.'"

수 있다. 천석泉石의 경치는 별로 뛰어나지 않으나 임곡林谷이 깊어서 은자가 살 만한 곳이며, 남명선생이 일찍이 세 번 이 골짜기에 들어왔었는데, 그 깊고 그윽한 것을 사랑해서라고 하였다.26)

위의 글은 하용수라는 사람이 이도추와 같은 마을인 남사에 살다가 백운동으로 이사를 가서 그곳에 서운정이라는 정자를 지어 놓고 그 기문을 부탁하자 이에 대해 기문을 쓴 것이다. 그런데 이 기문에는 남명에 대한 그와 하용수의 존숭의 뜻이 넘쳐난다. 남명을 남명부자라는 극존칭으로 일컬었을 뿐만 아니라, 명옹이라는 애칭도 쓰고 있었다.

무엇보다도 하용수에게 남명이 백운동을 사랑하던 그 마음을 잊지 말고, 힘쓰라는 것이다. 남명이 백운동을 사랑하였던 것은 그 산수가 청절하였기 때문만이 아니고, 남명이 그곳에 노닐었기 때문이었다. 따라서 이도추는 하용수에게 남명의 산수유상의 한 정신을 이어받을 것을 권면한 것이다.

그는 이처럼 남명의 유적 가운데에서도 백운동을 높이 평가하였는데, 다음의 「백운동구석각남명선생장구지소팔자白雲洞口石刻南冥先生杖屨之所八字」란 시는 백운동 입구에 있는 글씨를 보고 읊은 시이다.

골짜기에 들어가니 선생의 기침소리 들리는 듯한데,	入洞依然警欬聽,
명옹의 높은 자취 일찍이 이곳에도 남았네.	冥翁高躅此曾經.
지금 옛일은 구름과 함께 자취 없이 사라지고,	至今事與雲俱白,
끊임없이 봄은 돌아와 산은 다시 푸르렀네.	無限春回山更青.
아름다운 경치 열린 뒤 천고의 신비를 간직했고,	眞境開來千古祕,
남은 생애를 환기하니 일시에 정신이 번쩍 드네.	餘生喚起一時醒.
바위에 새겨진 글씨는 시냇가에서 빛나는데,	終看石字輝幽澗,

---

26) 朴旨瑞, 『訥庵文集』, 卷4, 「陶邱臺記」, "白雲洞……泉石別無絶勝奇觀, 而洞壑極深邃, 峰回谷抱林深路轉, 宜乎爲隱者之盤旋, 南冥先生甞三入是洞, 蓋愛其深且幽也."

근원을 궁구하는 일 노력하여 쉬지 않으리.　　　　　努力窮源且莫停.27)

　이 시는 백운동 입구에 새겨진 '남명선생장구지소南冥先生杖屨之所'라는 여덟 글자를 보고 지은 시이다. 그가 백운동에 들어서서 남명의 기침소리가 들려오는 듯하여 깜짝 놀란다는 표현을 통하여 그가 얼마나 남명을 그리는 마음이 깊었던가를 짐작할 수 있다. 이러한 마음은 남명의 자취가 있는 곳이라는 글씨를 통하여 더욱 고조되었던 것이다.

　옛날에 남명이 이곳에 와서 산수를 즐기며 시를 짓던 일은 지금 자취를 찾을 수 없지만, 산수는 그때 그대로인 것이다. 남명이 산수를 즐기던 그 마음을 생각하며 자신의 생애를 돌아보니 남은 생애를 어떻게 살아야 할지를 번쩍 깨닫게 되었음을 노래하였다. 그것은 다름 아니라, 남명이 그랬듯이 궁원 즉 근원을 캐는 학문을 쉬지 않고 하겠다는 다짐으로 이어진다.

　이러한 마음은 「차백운동십이곡운次白雲洞十二曲韻」28)이라는 시의 마지막 작품인 12번째 시 「은하탄銀河灘」이라는 작품에 잘 드러나 있다.

희기가 하늘을 나는 밝은 달과 같은데,　　　　　皎如飛明鏡,
밝고 도는 것이 저 높은 구름과 같도다.　　　　　昭回倬彼雲.
원컨대 명옹冥翁의 뒤를 좇아서,　　　　　願從冥翁後,
마음을 씻고 천군天君을 기르리라.　　　　　澡心養天君.29)

　이 시의 제목은 남명이 일찍이 덕산에 들어와 살게 된 심회를 피력한

---

27) 李道樞, 『月淵集』, 卷2, 「白雲洞口石刻南冥先生杖屨之所八字」.
28) 이 시는 河兼洛의 시를 차운한 것으로 보인다. 하겸락의 문집 『思軒遺集』 卷1에 「白雲洞十二曲」이 실려 있고, 趙性家의 『月皐集』 卷3에도 「次白雲洞十二曲韻」이 수록되어 있다.
29) 李道樞, 『月淵集』, 卷1, 「次白雲洞十二曲韻」.

「덕산복거德山卜居」라는 시의 "은하십리끽유여銀河十里喫猶餘"라는 구절에서 나온 것임을 알 수 있다. 3, 4구에서는 남명을 사모하며, 남명과 같이 산수에 깃들어 살며 마음을 수양하는 공부를 하고자 하는 뜻을 드러내고 있다.

이도추는 이처럼 남명의 유적지, 남명의 강학처, 남명의 문집 등 남명과 관련된 많은 것을 통하여, 남명을 사모하고 본받고자 하는 마음을 드러내고 있는데, 이는 그의 삶의 지향을 남명의 그것에 맞추고자 했던 생각이 현실에서 구현된 것이라 하겠다.

3. 방외시의 범주와 내용

1) 물외지향적 시세계의 내용과 성격

(1) 상외象外, 세외시世外詩의 경우

남명은 세상을 등지고 자연에 묻혀 만년을 보낼 곳을 찾아 헤맨 끝에 지금의 덕산에 자리 잡았다. 이도추는 태어난 곳이 그곳과 가까웠으므로 세상에 나아갈 마음만 접으면 바로 남명이 노닐었던 물외의 세계에 있게 되는 것이다. 그는 남명이 그랬듯이 일찍 벼슬에 나아갈 뜻을 포기하고 자연에 묻혀 살아가고자 했다.

이처럼 속세와 유리된 자신만의 세계를 이도추는 상외, 세외, 물외, 속외라 불렀으니, 모두 방외라는 뜻과 같다. 그는 이에 대해 「차운회주종질석춘전용정자次韻晦周宗姪惜春專用情字」라는 시에서 상외라는 용어를 써서 다음과 같이 노래하였다.

봄을 만나면 모두 봄을 아쉬워하는 마음뿐이니,　　　　逢春皆有惜春情,
이것은 물아일체의 마음이 혼융된 것이라네.　　　　此是渾融物我情.
한 몸에서 인의 단서를 채우고 기르는 곳에서,　　　　一體仁端充養地,
네 계절의 아름다운 흥이 아련히 일어나네.　　　　四時佳興藹然情.
책 가운데의 진리는 남겨 놓는 법이 없지만,　　　　卷中眞諦無餘法,
상외에 실컷 노니 절로 마음에 맞는다.　　　　象外優遊自適情.
일어나 거문고 소리 들으니 소리가 더욱 절실하니,　　　　起聽瑤絃聲更切,
맑은 시내에 비친 밝은 달에 마음이 더욱 끌리네.　　　　玉溪明月獨凝情.30)

봄을 만나 즐거워하다가 봄이 감을 아쉬워하는 것, 이것이 바로 물아일체의
정이 혼융된 것이라 하였다. 속세를 떠나 자연과 어우러진 삶의 대표적 모습이
라 본 것이다. 이 시에서 이도추는 이것을 상외라 하였고, "상외에 실컷
노니 절로 마음에 맞는다"(象外優遊自適情)라 하여, 상외에서 노는 것이 자신의
마음에 맞는다고 하였다.

이도추가 이처럼 상외에서 노닐고자 하는 마음은 곧 속세를 초월하고자
했던 생각이 바탕이 되었는데, 이러한 마음은 마을의 뒷산인 니구산에 올라
읊은 「등니구산登尼邱山」이란 시에 잘 드러나 있다.

편벽된 땅에 무슨 연유로 이 산이 있었던가?　　　　僻壤何緣有此山,
길이 아침저녁으로 천년 전의 일 회고하네.　　　　永懷千載暮朝間.
좋은 날 이곳에 오르는 것 게으르지 않아야 하니,　　　　不須勝日登臨倦,
하물며 다시 깊은 봄에 경물이 한가할 때랴?　　　　況復深春景物閒.
깨끗한 맑은 강은 옥거울보다 환하고,　　　　晶晶澄江排玉鑑,
겹겹의 먼 메 뿌리는 연기에 둘러싸였네.　　　　重重遠岫點煙鬟.

---

30) 李道樞, 『月淵集』, 卷3, 「次韻晦周宗姪惜春專用情字」.

초연히 상외에서 외로운 흥을 거두며,　　　　　　　　超然象外收孤興,

속세를 굽어보며 한 번 웃고 돌아오네.　　　　　　　俯視塵寰一笑還.[31]

이도추는 이 시에서 니구산尼邱山에 올라 속세에 대한 초월적 의지를 갖게
되고, 이에 따라 속세를 바라보며 미소 짓는 자신의 모습을 드러내었다.
속세에 대한 한 번의 미소는 바로 속세의 부귀와 영화를 우습게 여기는
것을 의미한다. 즉 속세의 가치를 초월하고 상외의 흥을 즐기는 자신의 모습을
드러낸 것이다.

이 시에서 노래한 상외에서의 세속에 대한 초월적 감정은 대원암이라는
절에 여러 벗들과 함께 놀러 갔을 때의 심회를 읊은 「여제우유대원암與諸友遊
大源菴」이라는 시에서 단순히 속세와 떨어진 것이 아니라, 속세를 대표하는
종교와 학문을 초월한 것으로 인식되어 있다.

길은 향기로운 숲을 끼고 도는데,　　　　　　　　　路挾香林轉,

바람을 타고 저녁 경쇠소리 들려온다.　　　　　　　風飄晚磬聞.

붉은 누대는 멀리 골짜기에 임하였고,　　　　　　　丹樓迥臨壑,

흰 옷 입은 스님이 웃으며 맞이하네.　　　　　　　白衲笑迎門.

꿈은 여기저기 시내에 뜬 달에 맴돌고,　　　　　　夢繞千溪月,

마음은 탑상 위의 구름에 탁 트이네.　　　　　　　襟開一榻雲.

기쁜 마음이 상외에 있는 것과 한가지이니,　　　　欣然同象外,

유학이니 불교니 구분할 게 무엇 있으랴?　　　　　儒釋更何分.[32]

여기에서 유교와 불교가 무슨 구분이 있겠는가 라고 한 것은 유석儒釋을

---

31) 李道樞, 『月淵集』, 卷1, 「登尼邱山」.

32) 李道樞, 『月淵集』, 卷1, 「與諸友遊大源菴」.

모두 포용하는 것인데, 이것은 속세에서는 불가능한 일이다. 하지만 상외에서는 얼마든지 가능한 일이라 이렇게 읊은 것이다. 물론 대원암이라는 절에서 읊은 것이라서 찬불교적 생각이 작용한 것이라 할 수 있지만, 속세의 절에서는 이러한 생각이 들지는 않았을 것이다. 대원암이 바로 상외, 즉 세속 밖에 있다는 생각 때문에 이 같은 대담한 발상을 한 것이다.

이도추는 이상과 같이 상외라는 말로 속세 밖에 대한 관심을 표명하였는데, 이와는 뜻은 같지만 말은 다른 세외世外라는 용어에 담아 표현한 것도 볼 수 있다. 다음 「차박찬여저농 십사운次朴瓚汝諸農 十事韻」33)이라는 시의 첫 번째 작품인 「간전墾田」이라는 시에 이러한 생각이 드러나 있다.

한 봉우리 구름 낀 산이 세상 밖에 멀리 솟았는데,　　一抹雲山世外遙,
숲을 헤치고 비로소 푸른 하늘을 볼 수 있었네.　　披林始可見靑霄.
바위 사이의 흙을 한 자쯤 파다 보니,　　斸來寸尺巖間土,
아침 내내 저녁 내내 시간 가는 줄 모르네.　　暮暮朝朝暮又朝.34)

이 시는 제목에 드러난 바와 같이 감자농사를 짓는 일 열 가지에 대해 읊은 것으로, 밭을 일구는 것에서부터 수확하는 일까지를 단계별로 노래하였다. 나머지 아홉 수는 「치사治莎」, 「소희燒燼」, 「번경翻耕」, 「조무造畝」, 「파종播種」, 「절초折草」, 「배옹培擁」, 「수채收採」이다. 이도추가 농사짓는 일을 시로 읊은 것은 많지 않으나, 이런 시들을 보면 그가 농사짓는 일을 관념적으로만 이해한 것이 아니라, 상당히 구체적으로 체험적으로 익힌 것으로 보인다.

이 시에서는 구름 낀 산에 있는 밭을 세외에 멀리 있다고 하였다. 그곳이 얼마나 우거진 수풀 속에 있는 것인가는 숲을 헤쳐야 비로소 푸른 하늘을

---

33) 이 시는 朴圭浩의 『沙村集』에 보이지 않는다.
34) 李道樞, 『月淵集』, 卷2, 「次朴瓚汝諸農 十事韻」.

볼 수 있다는 2구를 통하여 알 수 있다. 3, 4구에서는 바위틈의 땅을 아침저녁 쉴 새 없이 파서 개간하는 일을 읊었다.

이 시는 결국 세상과 떨어져 살아가는 하나의 방편으로 감자를 심기 위해 개간하는 첫 단계를 읊었는데, 밭으로 만들 곳을 세상 밖에 멀리 있는 곳이라 하였던 것이다. 곽종석이 지은 것을 따라서 읊은 「화곽명원유교삼십영和郭鳴遠幽僑三十詠」35)이라는 시의 세 번째 작품인 「역리櫟籬」라는 시를 보면 여기에 도 세외에 대한 인식이 드러나 있음을 볼 수 있다.

산의 개암나무처럼 반드시 시로 읊음으로써,	未必山榛可詠詩,
서쪽의 미인에 대한 그리움을 노래할 것은 아니라네.	西方有美只勞思.
깎아지른 절벽에 여기저기 있는 나무 많이 의지가 되니,	窮崖散木還多賴,
함께 세상을 마치는 날까지 세외의 교의를 맺었으면.	共守終年世外宜.

상수리나무를 집 둘레에 심어 울타리로 삼은 것을 읊은 내용이다. 서방에 있는 아름다운 사람에 대한 그리움을 개암나무를 매개로 읊은 『시경』의 시에서처럼 상수리나무가 시인의 음영의 대상이 될 만한 나무는 아니지만, 집 주변 여기저기에 심어 놓고 보니 의지가 많이 되어, 평생 세외의 교의를 맺었으면 좋겠다는 뜻을 드러내었다.

위의 시에서 그는 산속에 들어와도 서방의 미인에 대한 생각을 떨칠 수 없음을 말하고, 절벽의 나무에게 자신과 함께 세상 밖의 교의交誼를 죽는 날까지 이어 가기를 바라는 마음을 읊었다. 이 시는 결국 상수리나무라는 쓸모없는 나무를 심어 놓고 그를 벗 삼아 평생을 살겠다는 뜻을 밝힌 것이다.

---

35) 이 작품은 곽면우의 것을 화운한 것으로 되어 있는데, 정작 『면우집』에는 이 시가 실려 있지 않고, 다만 스승 이진상이 이 시에 대해 편지에서 언급한 내용이 있다. 그리고 鄭奎榮의 『韓齋集』 卷3에 「賡和俛宇幽僑三十詠」라는 시가 있다.

이도추는 「화곽명원유교삼십영和郭鳴遠幽僑三十詠」이라는 연작시의 여섯 번째 「약립篛笠」이라는 작품에서도 물외物外에 대한 생각을 피력하였다.

따비밭에 김매고 돌아오는 길에는 수심도 없는데,	鋤畬歸路不愁遙,
이슬비가 바람에 빗겨 여기저기 날리네.	細雨斜風一任飄.
어찌 세상의 먼지가 얼굴을 때리게 하리오?	肯使塵埃來撲面,
꿋꿋한 물외의 외로운 표상에 의지하리.	亭亭物外倚孤標.

이 시에서는 밭에서 김매고 돌아오자니 세상의 근심을 모두 잊었는데, 만약 혹시라도 세상의 근심이 일어나면 바람 맞으며 의연히 서 있는 외로운 나무를 표상으로 의지하여 세상일을 잊어버리겠노라고 다짐한 것이다. 앞의 시와 이 시는 모두 세상과 떨어져 자연에 묻혀 지내며 세상일을 잊고자 하는 다짐을 노래한 것이다.

이 밖에 다른 시들의 소제목 「운서雲棲」, 「간음澗飮」, 「송등松燈」, 「유혜榆鞋」, 「우전于田」, 「지시之市」, 「곽치钁菑」, 「서포鋤圃」, 「절초折草」, 「절목折木」, 「종저種藷」, 「습상拾橡」, 「찬송餐松」, 「취속炊粟」, 「위독餵犢」, 「과잠課蠶」, 「척험陟險」, 「내한耐寒」, 「간서看書」, 「아시峨詩」, 「인화隣和」, 「객희客稀」, 「선학善謔」, 「방음放飮」, 「몽향夢鄕」, 「회우懷友」[36]를 보면, 그가 이미 물외의 삶을 즐기고 있음을 확인할 수 있다.

(2) 물외시의 경우

이도추는 남명을 사모하고 그의 유적을 방문하고, 그의 문집을 간행하는 일을 맡아서 하였는데, 특히 그는 남명이 세속을 떠나 지리산 덕산에 은거하였

---

36) 李道樞, 『月淵集』, 卷1, 「和郭鳴遠幽僑三十詠」.

던 일을 본받으려는 마음이 컸던 것으로 보인다. 이러한 마음을 상외象外, 속외俗外라는 용어로 표현하기도 하였지만, 이도추는 그 어느 것보다도 물외라는 말을 가장 많이 애용하였다. 물외라는 표현이 그의 시 가운데 수적인 면에서 단연 압도적으로 많은 것을 볼 수 있다.

그가 남명의 유적지인 백운동을 벗들과 놀면서 지은 시에도 물외라는 말을 통해서 자연을 벗 삼아 지내고자 했던 평생의 뜻이 잘 드러나 있다. 다음의 「치수언백운동수석지승 금행부가무일유 수동지묘동 호김주서 종우 여해소게우도구대致受言白雲洞水石之勝 今行不可無一遊 遂同至妙洞 呼金周胥 宗宇 與偕少憩于陶邱臺」라는 매우 긴 제목을 가진 시를 통해서 그러한 마음을 엿볼 수 있다.

지리산 아래 덕천강은 깊고 물고기는 살찌는데,	山下江深魚老肥,
도구옹陶丘翁의 유적이 아직도 빛을 발하고 있네.	陶翁遺躅尙精輝.
바둑을 찬 것이 어찌 짚신을 가진 것만 하겠는가?	佩棋何似携芒屩,
물외에서 내 마음은 이미 기심을 잃어버렸네.	物外吾心已息機.[37]

제목을 통하여 보면, 그의 절친한 벗 김치수金致受(이름은 鎭祜)가 남사 자신의 집을 방문하고, 이번 방문길에 남사와 가까운 백운동에서 한 번 놀지 않을 수 없다고 하며 김주서金周胥(이름은 宗宇)를 불러 그와 함께 도구대陶邱臺에서 잠시 쉬며 지은 시이다.

도구는 남명의 제자로 이제신李濟臣의 호인데, 도구대는 그가 은거하던 곳이라 한다. 백운동 상류에 있는 입덕문入德門 위에 도구대가 있다. 이도추는 이 시의 첫 구의 끝에 "용도구옹시用陶邱翁詩"라는 주를 달아 이 구절이

---

37) 李道樞, 『月淵集』, 卷1, 「致受言白雲洞水石之勝今行不可無一遊遂同至妙洞呼金周胥 宗宇 與偕少憩于陶邱臺」.

도구의 시구를 사용하였음을 밝혔다. 도구의 자취가 있는 곳에서 도구의 시구를 떠올리며 그것을 이용하여 시를 지었던 것이다.

세 번째 구절은 신발을 잃어버린 일을 읊었는데, 이는 스스로 붙인 주석에서 "나는 마침 신발이 망가져서 가게 사람의 한 짝을 얻어서 손으로 들고 갔다"[38)] 라고 하여, 당시의 사정을 알 수 있다.

이도추는 이 시에서 이제신의 유적을 찾아 이제신을 그리며 지었는데, 이제신이 남명의 정신을 이어받은 제자였기 때문일 것이다. 그런데 그는 이 시의 맨 끝 구절에서 물외에서 내 마음은 이미 기심을 잃어버렸다고 하였다. 즉 산수에 깃들고 보니 속세의 마음, 즉 입신출세와 부귀공명 등 세속의 가치를 추구할 마음이 없어졌다는 것이다.

이처럼 이도추가 속세를 떠나 산수를 지향하던 뜻은 남명의 정신세계와 맞닿아 있음을 볼 수 있는데, 다음의 「화곽명원유교삼십영和郭鳴遠幽僑三十詠」 이라는 시의 7, 8번째 작품인 「간산看山」과 「청수聽水」라는 작품을 통하여 이러한 사실을 극명하게 인식할 수 있다.

구름과 노을의 상쾌한 기운 가랑비로 바뀌는데,	雲霞爽氣轉霏微,
머리 돌려 속세를 돌아보니 꿈인 양 아련하네.	回首塵寰一夢依.
하루 종일 말없이 마주보고 있는 것은,	盡日無言相對處,
정신이 녹아들어 나의 형체가 없는 듯이 느껴지네.	神融還覺此形非.
인간세상에 어느 때나 시끄러운 일 없어질까?	人間何日息號嘩,
다투어 지름길을 향하여 수고롭게 일만 하네.	競向要津役役勞.
나는 차가운 물이 바위 구멍에서 울리는 것 사랑하니,	我愛寒淙鳴石竇,

---

38) 李道樞, 『月淵集』, 卷1, 「致受言白雲洞水石之勝 今行不可無一遊 遂同至妙洞 呼金周胥 宗宇 與偕少憩于陶邱臺」, "余適履弊, 得店人隻履, 手自持去."

가슴속에 쌓였던 온갖 근심이 모두 씻겨 가네.　　　　　　胸中瀉盡百憂騷.

　　그런데 이 시는 「간산」, 「청수」라는 제목에서 볼 수 있는 바와 같이 남명이
산수를 말하던 것과 닮아 있는 것을 볼 수 있다. 이 두 시는 남명이 일찍이
「유두류록遊頭流錄」에서 "간수간산看水看山, 간인간세看人看世"라고 한 내용
가운데 앞의 것을 각각 하나의 제목으로 삼아 시를 지은 것이라 할 수 있다.
　　다음의 시는 남명이 물외에 유유자적하던 것을 본받으려 한 이도추가
「관전천포어觀前川捕魚」라는 시를 지어 자연을 관조하며 살아가는 모습을
물외에 한적하게 지내는 것으로 표현한 것이다.

소년의 의기가 높고 가을 시내는 비었는데,	少年意氣秋川空,
노는 고기는 솥 가운데 있을 거라 자랑하네.	自詑游魚在釜中.
서로 손을 잡고 푸른 물굽이를 굽어보니,	相將携手俯碧灣,
웃으며 잉어가 동서로 다니는 것 가리키네.	笑指丙穴西復東.
옷과 모자를 벗어서 버드나무 가지에 걸고,	脫却衣巾掛柳梢,
몸을 뒤집어 여뀌를 찾아 손에 넣네.	翻身入手搜蓼茳.
물고기는 놀라서 바위 아래 깊은 곳에 숨고,	魚兒驚竄石底深,
수면은 번쩍번쩍 미풍에 물결이 이네.	水面粼粼生微風.
멍하니 서로 돌아보며 하수를 못하는데,	茫然相顧不下手,
얕은 여울을 향해 근심하는 마음아 깊네.	却向淺瀨憂心忡.
나는 홀로 형체를 잊고 낚시터 위에 앉아,	我獨忘形坐磯上,
시원한 즐거움이 물고기와 한가지이네.	沕乎樂與魚兒同.
물고기는 떼를 지어 내 앞에서 장난하고,	魚兒稍稍戲我前,
지느러미도 활발하게 천기가 녹아들었네.	鬐尾潑潑天機融.
장자의 호량濠梁에서의 홍취를 방해하지 말지니,	未妨莊生濠梁趣,
아득히 물외에서 노는 재미 끝이 없다네.	窈然物外遊無窮.39)

이 시는 제목처럼 앞의 시내에서 물고기를 잡는 것을 보며 지은 시이지만, 물고기를 잡는 것을 보며 그 즐거움을 노래한 것이 아니라, 자연에 묻혀 살아가는 즐거움을 노래하였다.

이도추는 이처럼 생활 속에서 물외에서의 노닒을 실현하고 있는데, 벗들과의 교제 가운데에도 이러한 마음이 표현되고 있다. 이도추가 강봉호姜俸鎬라는 인물과 시를 주고받으며 지은 「강백원 봉호 투시소작시 보운각기 이수姜伯元 俸鎬 投示所作詩 步韻却寄 二首」라는 시의 첫 번째 작품에 이러한 마음이 잘 드러나 있다.

행지行止는 모름지기 하늘의 뜻을 듣는 것이 필요한데,	行止須要一聽天,
단지 장마와 갬이 나의 앞에 있을 것을 본다네.	祇看潦霽在吾前.
이미 물외의 연하에 노닐고자 하는 병이 깊어,	已深物外煙霞癖,
인간세상에서 초목의 나이 동안 헛되이 늙었네.	虛老人間草木年.
학을 짝하여 산으로 돌아가 한가로이 달을 즐기고,	伴鶴還山閒弄月,
용을 불러 골짜기로 들어가 밭을 갈 수 있으리.	呼龍趁峽可耕田.
그대의 도움으로 무릉도원의 길을 다시 찾으니,	憑君更覓桃源路,
돛배 하나로 구곡의 내를 따라 도네.	一棹沿回九曲川.

이 시는 강봉호가 시를 보내오자 그 시에 보운步韻하여 다시 보낸 시이다. 이도추는 이 시에서 물외의 연하煙霞에서 노닐고자 하는 병이 깊었다고 하였다. 즉 속세를 떠나 물외를 지향하는 그의 마음을 읽을 수 있다. 그는 마지막 구절에 "내시'단원명춘동작반, 황매산하기단천'來詩'但願明春同作伴, 黃梅山下沂丹川'"이라는 주석을 달았다. 강봉호가 내년 봄에 함께 황매산 아래의 단천에서 뱃놀이를 하자는 제의에 대해 긍정적 대답을 한 것이다.

---

39) 李道樞, 『月淵集』, 卷1, 「觀前川捕魚」.

악연정이라는 정자에서 밤에 이야기를 하며 벗의 시에 수창한 「악연정야화수조중근岳淵亭夜話酬曺仲謹」이라는 시에서도 "이미 물외에서 연하煙霞를 즐기는 것이 병이 되어서, 산 속에 버려져서 풀과 나무처럼 늙어가고 있네"[40]라고 하여, 위의 시와 거의 비슷한 표현을 하고 있음을 볼 수 있다. 「숙로정회화宿鷺亭會話」라는 시에서는 다음과 같이 읊었다.

평생 동안 잠 못 이루며 물외의 마음을 가졌는데,　　　耿耿平生物外心,
늘그막에 무슨 행운으로 여기에 오르게 되었나?　　　殘年何幸此登臨.
강에 가득한 풍월을 그대와 함께 즐기니,　　　滿江風月卿同趣,
오묘한 이치를 붙들고 부질없이 읊조리지 마오　　　莫把玄機浪費吟.[41]

이도추는 자신이 평생 동안 물외에서 살고자 하는 마음을 가졌는데, 비록 만년이기는 하지만 숙로정宿鷺亭에 오르게 된 일은 생각지도 않았던 행운이었다고 했다. 이렇게 좋은 곳에 왔으니, 당나라의 유명한 기녀 현기玄機와 같이 아름다운 기녀를 끼고 시를 읊조리는 일조차 낭비라고 하였다. 그가 이처럼 물외에 노닐고자 한 마음은 「차이도정 재찬 여제명승 유집산사지작次李都正宰鑽 與諸名勝 遊集山舍之作」이라는 시에도 잘 드러나 있다.

술 마시고 시를 읊는 풍류는 관현의 음악을 넘어서,　　　觴詠風流超管絃,
애오라지 난정蘭亭의 즐거움을 동년들에게 말하네.　　　蘭亭聊可語同年.
마음속은 깨끗한 채 차가운 못에 임하였고,　　　衿懷淨灑臨寒沼,
봄뜻이 아득한 것을 두견에게 묻는다.　　　春意微茫問杜鵑.
물외에서 응당 머물며 세월을 한가하게 보내고,　　　物外應留閒日月,

---

40) 李道樞, 『月淵集』, 卷2, 「岳淵亭夜話酬曺仲謹」, "已成物外煙霞癖, 堪遺山中草木年."
41) 李道樞, 『月淵集』, 卷4, 「宿鷺亭會話」.

눈앞에는 한없이 구름과 연기가 변한다.　　　　　　　眼前無限變雲煙.

고개를 숙이고 높은 자취를 따를 수 없음을 한하고,　　低回恨未攀高躅,

꽃다운 먼지를 어루만질 생각을 하니 마음이 어둡네.　撫想芳塵只黯然.[42]

위 시에서는 산사에서의 즐거움을 노래하였다. 이도추는 이 시에서 아름다운 경치를 보면서 마음이 깨끗해진다고 하며, 이러한 봄뜻을 두견에게 묻는다고 하였다. 이처럼 물외에서 느끼는 즐거움을 한가하게 머물며 즐기고자 하였다.

여러 벗들과 고산정孤山亭에서 놀았던 회포를 읊은 「여정치중 용기 노시언 □□제우공유고산정與鄭致仲 庸基 盧時彦□□諸友共遊孤山亭」이라는 시에서도 "물외物外에서 백년을 지내니 세상일 식었는데, 인간세상 어느 곳에서 취한 혼을 깰까?"[43]라 하여, 인간세상에서는 그 어느 곳에서도 취한 정신을 맑게 해 줄 곳이 없지만, 물에서는 백년의 세상일을 잊어버린다고 하였다. 「옥류동玉流洞」이란 시에서는 "물외에서 소요하면 감상하는 일 충분하여, 부생에서 하루 동안 정에 따라 즐긴다"[44]라고 하였다. 이러한 작품은 이도추의 문집에서 수없이 찾아볼 수 있다.

평생 동안 물외에 평소의 마음 머무르며,　　　　　　百年物外留心素,

인간세상에서 취하여 붉게 되는 것 비웃는다.　　　　一笑人間發醉紅.[45]

조용한 물외에서 어리석고 졸렬한 것 달게 여기니,　從容物外甘癡拙,

---

42) 李道樞, 『月淵集』, 卷1, 「次李都正 宰鑽 與諸名勝遊集山舍之作」.

43) 李道樞, 『月淵集』, 卷1, 「與鄭致仲 庸基 盧時彦□□諸友共遊孤山亭」, "物外百年塵事息, 人間何處醉魂醒."

44) 李道樞, 『月淵集』, 卷1, 「玉流洞」, "物外逍遙淸賞足, 浮生一日任情娛."

45) 李道樞, 『月淵集』, 卷1, 「下雙溪作」.

인간세상에서 멋대로 웃고 우는 것 잃어버렸네.　　　　　　失得人間任笑啼.[46)]

초연히 물외에서 외로운 흥을 거두어들이니,　　　　　　超然物外收孤興,
무한한 구름과 연기가 눈에 삼삼하게 들어오네.　　　　　　無限雲煙入眼森.[47)]

길을 가다가 큰 바위 위에 이르니,　　　　　　行至大巖上,
여유롭게 물외의 마음이 생겨나네.　　　　　　悠然物外心.[48)]

물외에 잠겨서 집을 짓고 사는 사람은,　　　　　　沈冥物外巢居子,
가슴속에 의義와 이利를 잊은 전쟁에 이긴 병사라네.　　　　　　義利胸中戰勝兵.[49)]

나무하는 늙은이 스스로 도끼를 빛나게 갈아,　　　　　　樵翁自是爛斧子,
소나무 집에서 물외에서 노닐 것을 기약한다.　　　　　　松偓相期物外遊.[50)]

이 밖에도 더욱 많은 작품에서 이도추는 물외의 감정을 노래하였다. 「여박
문견휴주 왕곽연대 감창경일 임별호운상수與朴文見携酒 往廓然臺 酣暢竟日 臨
別呼韻相酬」라는 시에서는 자연에서 벗과 술을 마시고 시를 짓는 풍류를
읊었다.

친구는 봉래섬의 나그네 되니,　　　　　　故人蓬島客,
깃털 수레가 나는 소리 들려온다.　　　　　　羽駕自飛音.
속세 가운데서 꿈꾸던 것 한 번 웃으며,　　　　　　一笑塵中夢,

---

46) 李道樞, 『月淵集』, 卷2, 「曹國見□□葺其先大人新亭要余記其事因次其韻」.
47) 李道樞, 『月淵集』, 卷2, 「晩登嘯詠臺」.
48) 李道樞, 『月淵集』, 卷3, 「涔寂中許泰見 𧩙 來訪要與一日暢敍 遂携手入集賢山 至大巖精
　　舍 候端谿金丈 歸路誦朱夫子山北紀行 仍次其首章韻」.
49) 李道樞, 『月淵集』, 卷4, 「宿朴振五 熙邦 峴樵亭」.
50) 李道樞, 『月淵集』, 卷4, 「次權道敏 斗熙 把淸亭韻」.

서로 맞이하며 물외에서 읊조리네.   相邀物外吟.

　이 시는 박문견朴文見이라는 사람과 곽연대廓然臺에서 술을 마시며 놀다가
작별을 할 즈음에 지은 시이다. 이 시에 대해서는 "문견文見이 최근에 동래東萊
에서 돌아와, 창원昌原의 비령飛嶺에서 지은 시를 읊었는데, 매우 아름답다"51)
란 내용의 주가 들어가 있다.

　그런데 다음 시들은 모두 도인의 기질이 다분한 사람들이 물외에 놀던
일을 시로 읊은 것으로「동곽명원 종석 용림피서 분운득의자 명원선왕이서상
요오형제급촌중제우 다종지 영일상영어청음 흥진이귀同郭鳴遠 鍾錫 龍林避暑
分韻得意字 鳴遠先往以書相要吾兄弟及村中諸友 多從之 永日觴詠於淸陰 興盡而歸」
라는 긴 제목을 가진 것인데, 용림이라는 곳에서 피서하는 느낌을 "훨훨
날듯이 높이 올라 물외에서 노니, 양쪽 겨드랑이에서 근질근질 날개가 돋는
듯하네"52)라고 하여 마치 신선세계에라도 오르는 듯한 느낌을 표현한 것을
볼 수 있다.

　「도정암진渡鼎巖津」이라는 시에서는 정암진을 건너며 임진왜란 때 그곳에
서 왜적을 물리친 곽재우가 만년에 신선술을 배웠다는 사실을 "원컨대 정암진
으로 쫓아가 단약을 만들어, 세상을 마칠 때 물외에서 실컷 노닐었으면"53)이
라고 노래하였다. 단순히 노래하였다기보다는 그를 쫓아 신선이 되어 물외에
서 실컷 노닐고 싶다고 소망을 밝혔다.

　「수최형권 삼수酬崔衡權 三首」라는 시 세 수 가운데 세 번째 작품에서,

---

51) 李道樞, 『月淵集』, 卷3, 「與朴文見携酒往廓然臺 酣暢竟日 臨別呼韻相酬」, "文見近自東
　　萊還, 誦昌原飛嶺詩, 甚佳."
52) 李道樞, 『月淵集』, 卷1, 「同郭鳴遠 鍾錫 龍林避暑分韻得意字 鳴遠先往以書相要吾兄弟
　　及村中諸友 多從之 永日觴詠於淸陰 興盡而歸」, "飄然高擧物外遊, 兩腋習習風生翅."
53) 李道樞, 『月淵集』, 卷1, 「渡鼎巖津」, "願從巖鼎成丹去, 竟歲長遊物外春."

그는 최형권에 대해 "물외에서 실컷 놀아 진실로 신선인데, 술동이 앞에서는 어린아이를 배우네"[54]라 하여, 술동이 앞에서는 어린아이 같은 최형권이 물외에서 노닐 때는 진짜 신선과 같다고 하였다. 아니 물외에서 실컷 놀다 보니 술잔 앞에서 어린아이와 같다고 하였다. 어쨌든 둘의 인과 관계를 설명하기는 어렵겠지만, 그가 세속의 사람과 다르게 신선의 풍모를 풍기는 점을 노래한 것이다.

이상에서처럼 이도추는 많은 작품의 시 가운데에서 상외, 속외, 그리고 물외에서 노니는 방외지향적인 자신의 모습과 방외에 대한 생각을 피력하였는데, 이는 속세를 벗어나고자 했던 마음이 컸던 것이다. 속세를 벗어나는 마음은 또한 다음의 신선지향적인 시세계에도 잘 드러나 있다.

2) 신선지향적 시세계의 내용과 성격

(1) 선유시의 경우

이도추의 신선시는 남명의 영향이 컸던 것으로 보인다. 남명이 물외지향적인 삶을 살았다고 인식하고 이를 본받았으며, 자신이 추구하던 세외의 세상을 신선과 관련시켜 노래하고 있음을 이를 통해 확인할 수 있기 때문이다. 그런데 그는 일반적인 신선시 혹은 유선시가 속세와는 전혀 다른 공간인 신선세계를 노래하였던 것과는 달리, 자신이 머물고 있는 물외의 공간이 바로 신선세계라고 생각하였다.

이도추의 신선시는 곧 세속을 벗어나고자 했으나 완전히 벗어날 수 없었던 현실과 신선이 결합된 것이라 할 수 있다. 그는 특히 남명의 유적 가운데에서도 백운동에 집착하였는데, 그 까닭은 백운동이 선속 일체의 경지에 이를

---

54) 李道樞, 『月淵集』, 卷4, 「酬崔衡權 三首」, "遨遊物外是眞仙, 肯向樽前學少年."

수 있는 곳이라 여겼기 때문이다.

골짜기에 들어가니 구름은 하얗고,	入洞雲隨白,
참된 인연이 이 가운데 있구나.	眞緣在此中.
붉은 소매를 들어 허공에 날리니,	飄空霞袂擧,
훨훨 하늘을 나는 신선과 같네.	超忽羽仙同.

잠시 목욕하는 소용돌이치는 곳이고,	俄從浴渦處,
문득 극도의 양기가 일어나는 때라네.	忽起劇乾時.
신선의 음악이 시끄럽게 연주되고,	仙樂轟然奏,
시뿐시뿐 춤추며 느릿느릿 돌아가네.	婆娑舞翾遲.

까맣게 깊어서 감춰진 것 예측할 수 없는데,	黝深藏不測,
골짜기의 중간은 호수보다도 크도다.	墾肚大於湖.
여덟아홉 채의 신선들이 사는 집은,	一八九仙館,
양의 수염으로 만든 붓으로 그릴 수 있으리.	羊鬚可按圖.

나는 신선이 사는 세계로 가고자 하여,	我欲乘淸去,
아득한 은하수를 까치발을 뜨고 바라보네.	迢迢霄漢躋.
하늘나라 아가씨 직녀가 운금雲錦을 빨면서,	天娥濯雲錦,
한 번 웃고는 외로운 자리에 기대네.	一笑倚孤棲.

물은 예로부터 벼랑을 감돌아 흐르고,	水嚙雲根古,
산은 옥색의 아름다움을 머금고 있네.	山含玉色佳.
여러 신선들이 둥그렇게 둘러앉으니,	群仙圓一座,
맑은 생각은 무애의 경지에 들어가네.	淸想入無涯.

꽃은 밝게 피니 물은 역시 물인데,   花明水哉水,

꽃이 피니 봄은 또 봄이 되었네.   花發春復春.

골짜기에는 온통 온화한 기운인데,   洞天渾和氣,

신선의 꿈이 진세에서 어지럽네.   仙夢迷香塵.[55]

이상의 시는 모두 「차백운동십이곡운次白雲洞十二曲韻」의 시들로 차례로 「심진대尋眞臺」, 「진로폭振鷺瀑」, 「용추龍湫」, 「백련도白練渡」, 「반타석盤陀石」, 「백화계百花溪」를 읊은 것이다. 이 시들을 통해 알 수 있는 바와 같이 전체 12수 가운데 정확하게 절반인 6수를 신선과 관련시켜 읊었다.

「심진대尋眞臺」에서는 벗들이 모여 옷자락을 날리며 춤을 추는 모습이 신선과 같다고 하였다. 「진로폭振鷺瀑」에서는 폭포소리를 신선의 음악이 연주되는 것에 비겼다. 「용추龍湫」에서는 그 주변에 사는 몇몇 인가를 신선들이 묵는 여관이라 하였다. 「백련도白練渡」에서는 물가에서 빨래하는 아가씨를 은하수의 직녀라고 생각하였다. 「반타석盤陀石」에서는 그 위에 빙 둘러 앉은 사람들을 여러 신선들이라 하였다. 「백화계百花溪」에서는 그곳에서 꾸는 꿈을 신선의 꿈이라 하였다.

이상과 같이 이도추가 생각하기에 백운동은 남명의 자취가 깃든 곳이기도 하지만, 신선이 사는 곳이라 여겼다. 뿐만 아니라 그곳에서 빨래하는 아가씨, 그리고 그곳에서 노는 자신과 벗들을 모두 신선이라 하였다. 이것은 천상의 신선세계가 따로 있다고 생각하는 것과 달리 백운동을 신선세계라 인식한 것이다.

이도추가 백운동을 신선이 사는 곳이라 인식한 내면에는 백운동의 산수가 너무 깨끗하고 아름답기 때문이었다. 인간세상에 있는 것 치고는 너무 깨끗하

---

55) 李道樞, 『月淵集』, 卷1, 「次白雲洞十二曲韻」, 1-11.

였기에 그렇게 말한 것이다. 따라서 백운동보다 더 뛰어난 경치를 자랑하는 금강산을 방문하고 그가 지은 시들에서도 이러한 인식을 볼 수 있다. 그는 「선유동제영仙遊洞諸詠」이라는 시에서도 자신이 놀고 있는 곳을 신선세계로 인식하고 있다.

천공의 신비하고 교묘한 것 흉내 내기 어려운데,　　　天工神巧妙難摸,
만 섬의 밝은 구슬 골짜기에서 쏟아져 내려오네.　　　萬斛明珠倒壑輪.
오랜 세월 이기伊祈가 던져 버리고 간 뒤로는,　　　千載伊祈投去後,
파사波斯의 저자에서 세상 사람들 다투어 달려가리.　　　波斯市上世爭趨.

위의 시는 「선유동제영」의 세 번째 「분주담噴珠潭」이라는 작품이다. 작자는 선유동의 분주담에 쏟아져 내리는 물방울을 신이 만들어 놓은 구슬이라 인식하고 있다. 이러한 인식은 남명이 「유두류록」에서 신응사 옆의 계곡 바위에 앉아 쏟아지는 물에 제사를 지내고 "수토이기벽水吐伊祈璧, 산농청제안山濃靑帝顔"이라고 읊었던 것과 맥락을 같이하는 것이라 볼 수 있다.

남명이 쏟아지는 시냇물을 만곡의 구슬에 비유하고 이를 주재하는 신을 이기라 했던 것처럼, 이 시에서도 선유동을 속세와는 다른 곳으로 인식하고 있음을 볼 수 있는데, 다음 시에서는 이러한 관념에서 더욱 발전하여 자신도 선유동을 신선이 있는 곳으로 인식하고 있음을 살필 수 있다.

진선眞仙이 웃으며 맞이하고 현문玄門을 여는데,　　　眞仙笑迓玄門開,
피곤한 나그네 푸른 등자를 붙들고 돌아오네.　　　倦客躋攀碧磴回.
혹시라도 속세의 자취가 묻어올까 두려워서,　　　或恐塵蹤多逼仄,
일부러 뇌고雷鼓를 울려 새로 온 사람 환영하네.　　　故將雷鼓作新來.

비도 안 오는데 어찌 무지개는 골짜기에 걸쳤나?   不雨何虹峽裏橫,

신선은 지팡이 하나로 뚝딱 다리를 만들었네.   仙翁一杖幻橋成.

어찌하면 미불米芾이 서화書畵를 그리던 기운을 얻어,   爭似米家書畵氣,

너른 물결에서 달을 꿰어 더욱 분명히 할까?   滄溟貫月更分明.56)

이 시는 「선유동제영」의 두 번째 「고암鼓巖」, 네 번째 「수홍암垂虹巖」이라는 작품으로, 각각 고암과 수홍암이란 두 바위를 읊은 것이다. 앞의 시에서는 첫 번째 구절에서 진선眞仙이라 하였고, 뒤의 시에서는 두 번째 구절에서 선옹仙翁이라 하였다.

그가 뛰어난 승경을 단순히 경치가 아름다운 곳이라 하지 않고, 마치 신선이 있는 곳으로 인식한 예의 극치는 금강산을 유람하면서 묘사한 내용을 통해서 볼 수 있다. 그는 금강산으로 가는 길에 보았던 고성의 삼일포와 사선정에 대한 생각을 드러내었다.57)

---

56) 李道樞, 『月淵集』, 卷4, 「仙遊洞諸詠」.

57) 李道樞, 『月淵集』, 卷7, 雜著, 「東遊紀行」, "所謂永郎諸仙, 庶幾遇之, 眞世外奇緣也. 沿洄至中島, 登四仙亭, 蓋永郎述郎安詳南石行四仙, 遊此浦三日, 故名亭與浦也. 亭上所見與舟中無異, 撫想仙躅, 雲海茫茫, 回顧窮寶, 浮生如夢, 自不禁樂極之悲, 軒揭崔簡易詩一絶其曰, '靑峯六六歛螺蛾, 白鳥雙雙弄鏡波'者, 信然而下句'三日仙遊猶不再, 十洲佳處始知多'者, 語雖高而似有未盡於玆湖也. 噫! 無仙則已, 若有仙而有遊, 則豈有佳於此湖哉! 蓋仙本無係戀之情, 而超乎溟涬之外, 以萬紀爲一朝者也. 今乃繾綣於此遊, 一日二日而至於三日之久, 則可見一湖之佳, 反有多於十洲矣. 又安知所謂十洲者, 不外乎嶺東諸勝而玆湖之爲其一者歟. 遂次其韻曰, 永郎一顧風流好, 三日眞緣萬古多. 吟訖復登舟至丹書巖, 巖題四仙姓名, 而卽其手畫云, 今宛然可見. 噫! 四仙者果何如人哉. 其眞化羽而昇者歟, 特遇湖而淸者歟, 今遊此者吾亦四人, 而遇湖則一也, 獨不得爲四仙乎. 始知夫昔之四仙, 卽吾今日之四人, 而後之視今, 猶今之視昔, 則吾輩之爲四仙, 亦無愧矣. 然則吾輩亦題此姓名可乎, 曰否否. 所貴乎仙者, 以其遊於物表, 更無斯世之念焉耳. 彼區區於石畫眩耀俗眼者, 亦淺之爲仙矣. 又何豔焉, 遂扣枻而去, 俄而泊西岸, 回顧湖中諸島, 面面可愛, 且四仙埋香碑, 在湖東云, 而浮蹤難淹, 未暇歷遍, 今又轉向他矣. 其可已乎, 恨未得眞化之羽, 翺翔此間, 以窮遐紀, 而片時之遊, 又不及三日, 則於是乎反有愧於四仙者多矣. 雖然玆遊也, 以神不以形神之所遊湖, 於是吾將歸臥於方丈之南, 草屋之中, 每靜到忘形, 時知吾神之必遊此, 而不返也. 然則玆遊也, 蓋將終吾身無斁矣, 亦何嘗片時之可恨而四仙之可愧也哉. 臨行僧南指湖邊蒼壁曰, 此間有四仙所題詩, 可歷覽乎. 卽自其巓緣巨石以下至其處, 仰見

이처럼 신선에 대한 깊은 생각은 사선정四仙亭에 올라서는 영랑永郎 등
사선四仙은 옛날의 사선이고, 자신을 포함한 네 사람은 지금의 사선이라고
생각하는 데에까지 이르렀다. 이 같은 신선놀음은 그곳에서 만난 한 소녀를
보고 신선이라 생각하는 데에서도 알 수 있다.[58]

금강산을 유람하며 쓴 글 이곳저곳에 아름다운 경치를 만나면 그곳이
바로 신선세계라고 말하는 것을 볼 수 있는데, 「화박찬여하은거금강십오영和
朴瓚汝河殷巨金剛十五詠」이란 시에도 그러한 인식이 곳곳에서 드러나고 있다.
다음은 일종의 유희에 가까운 작품인데, 금강산에 대한 여러 인식 가운데
신선세계로 인식한 것을 볼 수 있다.

금강산에서는 유독 신선을 사모할 뿐만 아니라,	金剛不獨慕神仙,
별도로 금강산에서는 생각도 현묘해진다네.	別有金剛思妙玄.
현묘하고 현묘한 것을 어찌 잊으랴?	妙妙玄玄何可忘.
오랫동안 고개 돌려 생각해 보아도 눈앞에 어른거리네.	長時回首尙依然.[59]

이 시는 금강산에 대해 「문금강聞金剛」, 「모금강慕金剛」, 「향금강向金剛」,

巖面陡絶處, 果胡草題數篇詩, 而字畫多蘇, 且泐依俙不可辨然, 蓋非飛仙實難著手豈好事
者, 爲之飛梯, 而故作眩人之事乎, 是未可知也."

58) 李道樞, 『月淵集』, 卷7, 雜著, 「東遊紀行」, "二十五日朝飯後, 將向鏡浦臺,……且夫雪岸
迤迤, 銀海茫茫, 客袂乘寒, 紅炎自失, 仙軿歸空, 碧雲無從, 蓋此亦永郎諸仙舊遊地也. 觀
板上題詠多云云. 題板最上頭, 揭肅廟御詩, 金字煌煌, 其下揭大作一篇賦, 乃栗谷九歲時
作也. 文字浩汗峻偉, 已是老宿鉅手段也. 彷徨臺上不忍遽去. 鳴遠曰, 如許勝處可做一場
仙夢, 遂就枕而臥, 殷巨次之, 余與瓚汝, 下臺入湖邊一草屋, 有一少女, 顔色嬋妍, 獨處室
中, 瓚汝進曰, 可借一明席乎, 女曰席安用之, 瓚汝曰, 將布臺上, 做仙夢矣, 女曰此室亦甚
好, 不妨一眠, 余笑曰, 娘非天女, 恐累仙夢客矣. 女粲然曰, 安知其非也, 獨客無眞緣耳.
遂擲一蒲席于前, 吾二人持去, 連藉而臥, 未幾鳴遠殷巨先起攪吾兩人睡也, 何昏憊之甚耶.
余欠伸而起曰, 一眠未成, 何遽相逼? 鳴遠曰, 君無仙分故耳. 吾則已做一夢, 與永郎諸仙,
遨遊於海岱之間, 興盡而返矣. 余曰, 夢仙不如眞仙, 吾兩人則俄者身遊白蕚綠華家有無限
好風流, 臨別贈此瑤席, 故方來假眠耳. 於是二人且疑且信, 殷巨尤豔慕不已."

59) 李道樞, 『月淵集』, 卷4, 「和朴瓚汝河殷巨金剛十五詠」.

「망금강望金剛」, 「입금강入金剛」, 「유금강遊金剛」, 「유금강留金剛」, 「영금강詠金剛」, 「출금강出金剛」, 「별금강別金剛」, 「고금강顧金剛」, 「회금강懷金剛」, 「설금강說金剛」, 「몽금강夢金剛」, 「화금강畵金剛」처럼 다양한 제목으로 시를 지은 것 가운데 「고금강顧金剛」이다. 이 시에서는 금강산을 떠나와 그곳에서 노닐던 일을 회고한 느낌을 읊은 것인데, 그 금강산에서 느낀 현묘한 생각을 돌아보고 돌아보아도 잊을 수 없다는 것이다.

금강산은 이처럼 불가사의한 매력을 지닌 것인데, 이러한 생각을 갖기에 앞서 그는 금강산에서는 신선을 사모하게 된다고 하였다. 그만큼 금강산과 신선세계가 가깝다는 것인데, 금강산도 결국 인간세상의 한 부분이라는 점을 생각하면 그의 신선세계는 여전히 인간세상에 바탕을 두고 있는 것임을 알 수 있다.

신선의 세계 곧 세외는 인간세상과 따로 있는 신선의 세계가 따로 있는 것이 아니라 이 땅에 있는 것이다. 선속일체라고 할까 이도추의 경우 선과 속 둘은 서로 분리되어 있지 않다. 이것은 이도추의 신선과 신선세계에 대한 인식의 특징 가운데 하나라고 할 것이다.

(2) 방호시의 경우

방호方壺는 별천지別天地를 달리 이르는 말이다. 별천지는 곧 인간세상과 다른 곳으로 신선들이 사는 세계를 말한다. 이도추는 그의 시집 곳곳에서 신선과 신선세계에 대해 노래하였는데, 이러한 신선세계는 방호라는 용어로도 많이 표현되고 있음을 볼 수 있다.

이도추는 「사상사조가 송박찬여하은거부경성 겸회곽명원沙上四鳥歌 送朴瓚汝河殷巨赴京城 兼懷郭鳴遠」이라는 시에서 자신의 집이 있는 남사에서 「사조가四鳥歌」를 지어 박찬여朴瓚汝(朴圭浩), 하은거河殷巨(河龍濟)가 경성으로 가는 것을 송별하였는데, 겸하여 곽명원도 그리워하는 뜻을 담았다.

그는 이 시의 1, 2구절에서 남사 가의 네 마리 새가 서로 따르며 떨어지지 않는다고 하였다. 여기의 사조四鳥는 바로 자신과 금강산을 함께 유람한 세 사람, 즉 박규호朴圭浩, 하용제河龍濟, 곽종석郭鍾錫임을 알 수 있다. 자신들 네 사람이 어울려 지내는 일을 말한 것이다.

7, 8구에서는 "서쪽으로 방호의 세계를 떨치고, 동쪽으로는 부상의 가지를 뺐었다"(西拂方壺天, 東掠扶桑枝)[60]라고 하였다. 이는 다름이 아니라, 함께 지리산에 올랐던 일과 금강산 유람을 했던 것을 말한다.

이처럼 이도추는 벗과 함께 올랐던 지리산을 방호천方壺天이라고 하였는데, 「극선회로 부고야숙계정 이수克善回路 復顧夜宿溪亭 二首」라는 시의 첫 번째 작품에서는 자신이 있는 곳을 방호라 하고 있음을 볼 수 있다.

빙빙 돌던 들의 학은 깊은 구름으로 들어가고,	盤回野鶴入雲深,
방호의 수많은 골짜기 숲을 지나가 버리네.	掠過方壺萬壑林.
일부러 물가의 두 마리 백조를 쫓아 버리고,	故逐沙洲雙白鳥,
함께 푸른 하늘을 그리는 마음을 높이 드러내네.	同將遐擧碧霄心.[61]

이 시는 극선克善이 돌아가는 길에 자신이 머무는 거처에 들린 것을 비유적으로 표현한 말이다. 자신이 머물고 있는 곳을 방호라 한 것은 바로 만학천봉의 깊숙한 곳이기 때문이었다. 이처럼 그는 속세와 떨어져 있는 곳을 방호, 즉 신선세계라 하였다. 이러한 인식은 지리산을 읊은 「천왕봉분운 득래자天王峯分韻 得來字」라는 시에도 잘 드러나 있다.

---

60) 李道樞, 『月淵集』, 卷1, 「沙上四鳥歌送朴瓚汝河殷巨赴京城兼懷郭鳴遠」.
61) 李道樞, 『月淵集』, 卷3, 「克善回路 復顧夜宿溪亭 二首」.

나는 본래 궁벽하고 외진 곳에서 생장하여,　　　　我本生長窮湫隈,
보는 눈이 좁고 좁아 어린아이에게도 부끄럽네.　　眼孔窄窄羞童孩.
오히려 가슴속에는 만 길의 기개가 있어서,　　　　猶有胸中萬丈氣,
때때로 호흡하면 천둥이 치듯 크게 울린다네.　　　時從呼吸鳴如雷.
멀리 두류산을 바라보니 하늘 끝에 닿았고,　　　　遙望頭流極天際,
맹세코 속세의 먼지를 그곳에 올라 털어보리라.　　誓將揮于超浮埃.
함께 노닐던 곳 하물며 여러 명승임에랴,　　　　同遊況復諸名勝,
찬연히 보배를 차고 구슬을 휴대하였네.　　　　爛然寶佩携瓊瑰.
문을 나서며 앞길이 먼 것을 한 번 웃으니,　　　　出門一笑前路遠,
길을 가니 시내와 봉우리 수천 번 돌고 도네.　　　行度溪巒千轉回.
그윽한 꽃과 기이한 풀은 모두 영험스런 약이고,　幽花異草俱靈藥,
늙어서 자빠진 나무도 모두 기이한 목재라네.　　　老樹顚木皆奇材.
평생 동안 궁벽한 골짜기엔 물어볼 사람 없으니,　百年窮谷無人問,
절로 살고 죽음에 무슨 영화와 슬픔이 있으랴?　　自生自死何榮哀.
한 발자국으로부터 천 리의 잘못이 생기니,　　　　一足之差千里謬,
숲 사이의 오솔길은 믿을 것이 못된다네.　　　　林間線路難爲媒.
구름이 짙은 하늘 밑은 대낮에도 어둡고,　　　　霧爛天低晝日黑,
음침한 비가 부슬부슬 골짜기에 내리네.　　　　陰雨濛濛峽中來.
마른 가지를 잡으려 하니 마음은 두렵기만 하고,　欲攀枯枝魂却懷,
비로소 우뚝한 산을 지나자니 마음은 꺾이듯 하네.　纔過絶巘心如摧.
바위 아래에서 잠을 자는 것을 마다하지 않고,　　不辭巖底寄夜宿,
아침에 숲에 덮인 눈꽃이 걷혀서 기쁘네.　　　　朝來稍喜林霏開.
천왕봉 바라보니 진면목을 드러내었고,　　　　望裏天王露眞面,
가고 가다 또 쉬며 푸른 눈동자를 옮긴다.　　　行行且止靑眸擡.
거대한 신령이 거센 바람을 문득 보내오니,　　　巨靈忽送長風駕,
나풀나풀 신선의 옷이 공중에서 날리네.　　　　飄飄羽衣騰空廻.
이것은 신선세계의 제일가는 봉우리이니,　　　　此是方壺第一峯,

아아, 대단하도다. 어찌 그리도 장엄한가? 　嗚呼噫嘻何壯哉.
위로는 하늘과의 거리가 한 자도 되지 않고, 　上距一天不盈尺,
아래로는 사해를 바라보기 마치 술잔같이 하네. 　下視四海纔傾杯.
극도로 높은 곳 자연을 모두 밝게 보니, 　極處自然明撥盡,
일월대日月臺와 같이 높고 높아 눈이 번쩍 뜨이네. 　眼開高高日月臺.
일월대는 높고 높아 비교할 바가 없으니, 　日月臺高高無比,
만팔천 년이 지나도 무너지지 않는다네. 　萬八千年也不頹.
내가 머리가 세도록 끝까지 기록을 하여서, 　我欲晞髮窮遐紀,
여러 신선과 함께 금술잔으로 술을 마시려 하네. 　要與群仙酌金罍.
때때로 저 자하색의 구름을 타고 가서, 　有時乘彼霭雲去,
아침에 영주를 거쳐 저녁에는 봉래에 이르네. 　朝涉瀛洲暮蓬萊.
머리 돌려 하계를 바라보며 길게 탄식하니, 　回首下界一長歎,
아득한 먼지가 온 세상을 덮었구나. 　渺渺狂塵迷九垓.[62]

　천왕봉에 올라 지은 시인데, 여기에서 이도추는 천왕봉을 올라 흉금을
씻어 버리고자 했던 숙원을 푼 것, 천왕봉 위의 눈꽃 등과 같은 신비한 경치,
하늘과 한자도 떨어져 있지 않다고 한 하늘 높이 우뚝 솟은 천왕봉의 위용을
읊고는 마치 신선세계에 온 듯한 생각에 사로잡힌 자신의 모습을 읊었다.
여기에서도 자신이 있는 곳과는 다른 곳이 신선세계가 아니라, 자신이 있는
곳을 신선세계라 여겼다.
　이처럼 자신이 있는 곳을 신선이 사는 곳이고, 자신이 마치 신선인 것처럼
읊은 시는 일상의 생활에서 읊은 시에서도 드러난다. 그는 망추정望楸亭이라
는 곳에서 니계尼溪 박공이 남긴 유집을 김치수, 박찬여와 함께 교정을 하다가
밤중에 함께 읊은 시 「망추정여김치수박찬여 동교니계박공유집 야간공음

---

62) 李道樞, 『月淵集』, 卷1, 「天王峯分韻得來字」.

이수望楸亭與金致受朴瓚汝 同校尼溪朴公遺集 夜間共吟 二首」에서 다음과 같이
말하였다.

> 인간세상에 진결眞訣을 남긴 스승이 없는데,　　　眞訣人間久乏師,
> 그대의 날개를 붙들고 홀로 나는 때라.　　　　　攀君腋羽獨飛時.
> 푸른 퉁소 방호方壺의 달에 불어 통하는데,　　　碧簫吹徹方壺月,
> 다시 운감雲龕의 옥자玉字의 기이함을 토론한다.　更討雲龕玉字奇.[63]

　이 시는 두 수 가운데 첫 번째 작품인데, 이 시의 맨 뒤에는 "경여치수화우산
천재頃與致受會于山天齋"라는 주석이 있는 것으로 보아, 김진호와는 산천재에
서 이 모임에 앞서 한 번 모인 적이 있음을 알 수 있다. 그런데 운감雲龕에
있는 아름다운 글자의 기이함을 다시 토론한다는 마지막 구절은 니계尼溪의
문집에 대한 인식을 보여 주는 것인데, 마치 인간세상에 있는 진결이라 생각한
것이다. 마치 신선세계에 있으면서 인간세상에 진결이 될 내용을 교정하는
세 사람도 결국 신선이라는 의미이다. 그래서 들려오는 피리소리도 예사롭지
않고, 방호의 달에게까지 통한다고 하였다. 방호는 신선들이 사는 곳이고,
방호의 달은 그 신선세계에 뜨는 달이다.
　이 시는 결국 세상에 진결이 될 만한 좋은 내용의 문집을 인간세상과는
멀리 떨어져 있는 산천재에서 신선세상에나 비출 것 같은 달빛을 바라보며,
그 안에서 있는 자신들이 마치 신선이나 된 듯한 생각에 젖어 지은 것이다.
이도추가 묘사한 신선세계는 결국 인간세상에 지나지 않는 것이다. 그의
신선세계에 대한 생각은 이처럼 인간세상을 넘어서지 않는 특징이 방호시를
읊는 데에서도 나타나고 있음을 볼 수 있다. 다음의 시는 「관서유가화제우

---

　63) 李道樞, 『月淵集』, 卷2, 「望楸亭與金致受朴瓚汝 同校尼溪朴公遺集 夜間共吟 二首」.

사수觀書有暇和諸友 四首」라는 시의 네 수 가운데 세 번째 작품이다.

봄 산에 비 지나자 경치가 더욱 아름다운데,	春山雨過景添佳,
모든 사물이 변화하여 생겨나는구나.	化化生生物物皆.
감상하는 말은 모름지기 운부군옥에서 나오고,	勝賞須從群玉府,
부질없는 영화는 속세를 돌아보며 웃는다.	浮榮回笑軟塵街.
하얀 머리로 이치를 궁구하며 침잠하는 밤에,	絲毛理到沈潛夜,
숯불에 얼음 녹듯 마음이 녹는 적막한 물가라네.	氷炭胸消寂寞涯.
신선세계의 자하주를 올리려고 하니,	且進方壺霞酒綠,
그대와 함께 한 번 취하여 그윽한 마음 그려볼까.	同君一醉寫幽懷.[64]

이 시에서는 자신이 마시는 술을 신선의 술로 인식하고 있는 것이다. 깊은 산에 봄이 찾아와 만물이 소생하는 즈음에 그곳에서 벗들과 함께 책을 보던 여가에 지은 시이다. 이도추는 이처럼 벗들과 함께 공부하여 시를 읊조리자니 마음속 회포가 눈 녹듯 사라진다고 한 것으로 보아 함께 공부하던 일을 마치 인간세상을 벗어난 것으로 생각하였고, 여기에 더하여 술이 나오자 이 술을 신선의 술로 인식하고 있음을 볼 수 있다.

그는 이처럼 자신이 머물고 있는 깊은 산속을 신선세계로 생각하였다. 「차재종질회운회갑운次再從姪晦雲回甲韻」이라는 시의 첫 구에서는 세속의 가치를 떠나 자연에 묻혀 신선처럼 살고 있는 사람을 칭송하는 말에서도 이러한 생각이 드러나 있음을 볼 수 있다.

방호의 골짜기 속에 살 곳을 정하니,	方壺洞裏卜淸緣,
아름다운 풀을 씹으며 목숨을 늘릴 수 있으리.	瑤草啖來壽可延.

---

64) 李道樞, 『月淵集』, 卷2, 「觀書有暇和諸友 四首」.

겁해劫海의 파란波瀾은 옛 꿈을 어지럽히고,　　　　劫海波瀾迷舊夢,
신선 고향의 해와 달은 더욱 새롭네.　　　　　　　仙鄕日月更新年.
꽃으로 수놓은 비단은 휘장을 감싸고,　　　　　　花椒美錦圍屛帳,
새는 맑은 소리로 음악을 연주하네.　　　　　　　鳥弄淸音奏管絃.
자하주紫霞酒 술잔에 실컷 취하도록 배를 술로 채우고,　剩醉霞觴春滿腹,
환한 얼굴 지금부터 영원히 허물없으리.　　　　　韶顔自此永無愆.[65]

방호동은 다른 곳이 아니라, 자신의 재종질로 회갑을 맞은 화운晦雲이라는 사람이 머무는 공간이다. 그 공간에서 자신의 재종질이 요초를 먹으며 살아 이처럼 장수하여 환갑을 맞이했다는 것이다. 그리고 그가 사는 마음을 선향이라 하였다. 이도추가 말하는 방호의 골짜기도 결국 인간세상이고, 선향도 속세의 한 부분인 것이다.

그는 또 허남려許南黎, 김치수金致受, 조중근曹仲謹과 함께 악연정岳淵亭 앞의 고개에 올라 지은 「동허남려김치수급조중근 긍섭 등악연정전령同許南黎金致受及曹仲謹 兢燮 登岳淵亭前嶺」이라는 시에서도 신선에 관한 생각을 드러내었다.

방호에는 신선의 짝도 많아서,　　　　　　方壺仙侶足,
아득히 높은 누대에 살기를 좋아하네.　　　縹緲好樓居.
하루 종일 산 빛은 푸르고　　　　　　　　盡日山光翠,
하늘에 닿은 비 기운은 뿌리네.　　　　　　連天雨氣噓.
숲은 맑은데 한가히 잠자는 학이 있고　　　林淸閒夢鶴,
물은 넓은데 기심을 잊은 물고기가 논다.　水豁淡忘魚.
사람이 속세와 멀어 한 번 웃노라니,　　　一笑人寰遠,

---

65) 李道樞, 『月淵集』, 卷4, 「次再從姪晦雲回甲韻」.

초연히 태허를 밟고 있는 것 같네.　　　　　　　　　　　超然躡太虛.66)

　자신이 사는 곳을 방호라 하고, 자신의 벗들을 선려라 하였다. 뿐만 아니라 그곳에 있는 학과 기심을 잊은 물고기도 속세의 것과는 다르게 묘사되었고, 이러한 가운데 살아가는 사람 곧 자신은 마치 태허 곧 신선세계를 밟고 있는 듯한 느낌을 노래하였다. 이러한 시들을 통하여 그가 현실을 신선세계로 인식한 특징적인 것을 확인해 볼 수 있다. 이 밖에도 다음의 많은 시에서 이러한 것을 찾아볼 수 있다.

　　막힌 길에서 어찌 완적阮籍에게 돌아갈까?　　　　窮道何須回阮籍,
　　방호方壺에서 애오라지 부구를 잡을 수 있네.　　　方壺聊可挹浮邱.67)

　　방호 위에 아득히 뜬 밤의 달,　　　　　　　　　方壺遙夜月,
　　옥 같은 이슬이 미미하게 뿌리네.　　　　　　　　玉溢灑霏微.68)

　　붉은 봉황은 어느 곳으로 돌아가는가?　　　　　朱鳳歸何處,
　　방호에는 다른 세계가 있는데.　　　　　　　　　方壺別有天.69)

　첫 번째 시는 「정운필정극선조태긍안경원 효진 제로우장입대원과여계정 류숙야화鄭雲弼鄭克善趙泰兢安敬元 孝鎭 諸老友將入大源過余溪亭留宿夜話」이고, 두 번째 시는 「차조성서 석로 생조운次曹聖瑞 錫魯 生朝韻」이고, 세 번째 시는

---

66) 李道樞, 『月淵集』, 卷2, 「同許南黎金致受及曹仲謹 兢燮 登岳淵亭前韻」.
67) 李道樞, 『月淵集』, 卷3, 「鄭雲弼鄭克善趙泰兢安敬元 孝鎭 諸老友將入大源過余溪亭留宿夜話」.
68) 李道樞, 『月淵集』, 卷2, 「次曹聖瑞 錫魯 生朝韻」.
69) 李道樞, 『月淵集』, 卷4, 「次亡友鄭亭櫓舒嘯亭重建韻」.

「차망우정형로서소정중건운次亡友鄭亨櫓舒嘯亭重建韻」이다. 이 시들은 모두 벗들과 만나는 곳, 또 지인의 생일을 맞은 곳의 달, 환갑을 맞은 벗이 있는 곳 등 모두 자신의 주변 지역을 모두 신선세계라 한 것이다. 다음의 「차하숙여 한철 수일운 이수次河淑汝 漢徹 晬日韻 二首」라는 시의 첫 번째 작품에서도 하한철河漢徹의 생일에 모인 벗들을 신선이라 하고 있음을 볼 수 있다.

어젯밤 방호에 여러 신선이 모였는데,　　　　　　昨夜方壺集衆仙,
그대가 하계에 인연이 있음을 애석히 여긴다.　　　　憐君下界有眞緣.
이미 이름자가 신선의 명부에 편입이 되어,　　　　　已將名字編瑤籍,
무한한 세월 동안 인간세계에서 놀 수 있다네.　　　遊戲人間無限年.[70)]

　　이러한 인식은 벗이 죽었을 때 지은 만시에서도 잘 드러난다. 하인수의 만사인 「만하이곡 인수挽河梨谷 仁壽」의 중간에서도 "방호는 기화요초에 덮여 있는데, 세모에 그윽한 기약에 의탁했네. 이 사이에서 넉넉하게 노는 즐거움 은, 분명하게 홀로 절로 알리라"[71)]라고 하였다.
　　하인수가 죽어서 간 곳을 신선세계로 인식하고 있으며, 죽은 것을 그곳에서 의탁해 살 것을 기약했다고 하였다. 그런데 이곳의 즐거움을 홀로 알 것이라 하였다. 이를 통해서도 신선세계는 인간세상과는 다른 곳이라는 인식을 볼 수 있다.

---

70) 李道樞, 『月淵集』, 卷3, 「次河淑汝 漢徹 晬日韻 二首」.
71) 李道樞, 『月淵集』, 卷3, 「挽河梨谷 仁壽」, "方壺瑤草沒, 歲暮託幽期. 此間優遊樂, 囂獨 自知."

4. 맺음말

이 글에서는 이도추의 생애와 한시를 살펴보았다. 그의 생애를 정리한 전기 자료가 전하는 것이 없으나, 몇몇 문헌을 참고하여 간략한 생평을 구성하였고, 그의 평생의 득의처가 무엇인가를 살펴보았다. 그는 당시의 진주 남사에서 태어나 평생을 그 인근에서 살았다. 일찍 과거를 포기하고 주변의 산수를 음상하고, 때로는 벗들과 멀리 유람을 나서기도 하였다. 곽종석, 하용제, 박규호 등과 함께 금강산을 유람하였던 것이 대표적이라 할 수 있다.

그가 학문적인 저술이나 논쟁 자료가 전혀 없는 것은 아니지만, 학자로서 학문에 몰두하기보다는 문사에 많은 힘을 기울였고, 특히 시를 짓는 데에 특장이 있었다. 그래서 그는 주변의 사물과 인사에 대해 시를 읊기도 하고, 여행을 다닐 때의 여정과 감회를 시를 짓기도 하였다. 하지만 그의 학문 성향 가운데 가장 두드러진 것은 남명학을 계승한 측면이며, 이러한 성향은 그가 남긴 시문 가운데 많이 드러나 보인다.

그의 시 가운데에는 특히 자연에 묻혀 세상과 떨어져 지내는 즐거움과 그 양상을 읊은 시들이 많이 있는데, 이러한 것은 크게 두 가지로 드러난다. 하나는 물외, 세외, 상외로 나타나 보이는 물외시이며, 다른 하나는 유선, 방호로 나타나 보이는 신선시이다. 이들은 모두 자신이 몸담고 있는 세상과는 다른 세상을 읊은 방외적인 것이다.

그가 이처럼 방외의 세계를 지향하며, 넓은 의미의 방외시를 지었던 까닭은 많은 사람이 지적하였던 바와 같이 자신이 처하였던 세상에서는 자신이 꿈꾸며 준비했던 일을 실현하기 어려웠기 때문이었던 것으로 보인다. 그래서 그는 속세와 절연된 물외의 세계를 노래하였던 것이다.

하지만 이들 시의 내용을 들여다보면 진짜 세상과는 다른 별세계를 다룬 것이 아니고, 그가 사는 공간을 그저 방외로 인식한 것이며, 신선세계로 인식한 것도 인간세계와는 다른 가상의 세계에서 관념적 유희를 즐기는 여느 유선시와는 다른 것이라 하겠다.

‖ 이 글은 『남명학연구』 32집(경상국립대학교 남명학연구소, 2011)에 수록되었던 것이다.

사단법인 남명학연구원은

남명 조식 선생의 학문과 사상을 연구하고, 그것의 현대적 가치를 조명하기 위해 1986년 발족되었다. 1988년 9월 전문학술지 『남명학연구논총』을 창간하여 발행하다가 2009년 3월에는 『남명학』으로 제호를 바꾸었고, 2021년 『남명학』 25집을 출간하였다. 또한 한국전통문화의 근간인 선비문화를 진흥하기 위해 2004년 4월 교양잡지 『선비문화』를 발행하기 시작하여 현재 38호에 이르렀다. 그동안 매년 학술대회를 개최하면서 관련 연구를 촉진하고, 선진적인 학술연구 성과를 축적하였다. 현재 10여 명의 고문연구위원 및 상임연구위원과 70여 명의 연구위원이 연구활동에 종사하고 있으며 수백여 명의 회원이 연구원의 사업을 지원하고 있다.

필진 소개(게재순)

박소희(영남대학교 민족문화연구소 연구원)

허권수(경상국립대학교 명예교수)

정진상(경상국립대학교 교수)

김준형(경상국립대학교 명예교수)

채광수(영남대학교 민족문화연구소 연구교수)

민혜영(경상국립대학교 강사)

주강수(경상국립대학교 남명학연구소 연구원)

구경아(한국국학진흥원 전임연구원)

윤호진(경상국립대학교 교수)

예문서원의 책들

원전총서

박세당의 노자(新註道德經) 박세당 지음, 김학목 옮김, 312쪽, 13,000원
율곡 이이의 노자(醇言) 이이 지음, 김학목 옮김, 152쪽, 8,000원
홍석주의 노자(訂老) 홍석주 지음, 김학목 옮김, 320쪽, 14,000원
북계자의(北溪字義) 陳淳 지음, 김충열 감수, 김영민 옮김, 295쪽, 12,000원
주자가례(朱子家禮) 朱熹 지음, 임민혁 옮김, 496쪽, 20,000원
서경잡기(西京雜記) 劉歆 지음, 葛洪 엮음, 김장환 옮김, 416쪽, 18,000원
열선전(列仙傳) 劉向 지음, 김장환 옮김, 392쪽, 15,000원
열녀전(列女傳) 劉向 지음, 이숙인 옮김, 447쪽, 16,000원
선가귀감(禪家龜鑑) 청허휴정 지음, 박재양·배규범 옮김, 584쪽, 23,000원
공자성적도(孔子聖蹟圖) 김기주·황지원·이기훈 역주, 254쪽, 10,000원
천지서상지(天地瑞祥志) 김용천·최현화 역주, 384쪽, 20,000원
참동고(參同攷) 徐命庸 지음, 이봉호 역주, 384쪽, 23,000원
박세당의 장자, 남화경주해산보 내편(南華經註解刪補 內篇) 박세당 지음, 전현미 역주, 560쪽, 39,000원
초원담노(椒園談老) 이충익 지음, 김윤경 옮김, 248쪽, 20,000원
여암 신경준의 장자(文章準則 莊子選) 申景濬 지음, 김남형 역주, 232쪽, 20,000원
소학질서(小學疾書) 이익 지음, 김경남 역주, 384쪽, 35,000원

퇴계원전총서

고경중마방(古鏡重磨方) ―퇴계 선생의 마음공부 이황 편저, 박상주 역해, 204쪽, 12,000원
활인심방(活人心方) ―퇴계 선생의 마음으로 하는 몸공부 이황 편저, 이윤희 역해, 308쪽, 16,000원
이자수어(李子粹語) 퇴계 이황 지음, 성호 이익·순암 안정복 엮음, 이광호 옮김, 512쪽, 30,000원

연구총서

논쟁으로 보는 중국철학 중국철학연구회 지음, 352쪽, 8,000원
논쟁으로 보는 한국철학 한국철학사상연구회 지음, 326쪽, 10,000원
중국철학과 인식의 문제(中國古代哲學問題發展史) 方立天 지음, 이기훈 옮김, 208쪽, 6,000원
중국철학과 인성의 문제(中國古代哲學問題發展史) 方立天 지음, 박경환 옮김, 191쪽, 6,800원
역사 속의 중국철학 중국철학회 지음, 448쪽, 15,000원
공자의 철학(孔孟荀哲學) 蔡仁厚 지음, 천병돈 옮김, 240쪽, 8,500원
맹자의 철학(孔孟荀哲學) 蔡仁厚 지음, 천병돈 옮김, 224쪽, 8,000원
순자의 철학(孔孟荀哲學) 蔡仁厚 지음, 천병돈 옮김, 272쪽, 10,000원
유학은 어떻게 현실과 만났는가 ―선진 유학과 한대 경학 박원재 지음, 218쪽, 7,500원
역사 속에 살아있는 중국 사상(中國歷史に生きる思想) 시게자와 도시로 지음, 이혜경 옮김, 272쪽, 10,000원
덕치, 인치, 법치 ―노자, 공자, 한비자의 정치 사상 신동준 지음, 488쪽, 20,000원
리의 철학(中國哲學範疇精髓叢書―理) 張立文 주편, 안유경 옮김, 524쪽, 25,000원
기의 철학(中國哲學範疇精髓叢書―氣) 張立文 주편, 김교빈 외 옮김, 572쪽, 27,000원
동양 천문사상, 하늘의 역사 김일권 지음, 480쪽, 24,000원
동양 천문사상, 인간의 역사 김일권 지음, 544쪽, 27,000원
공부론 임수무 외 지음, 544쪽, 27,000원
유학사상과 생태학(Confucianism and Ecology) Mary Evelyn Tucker·John Berthrong 엮음, 오정선 옮김, 448쪽, 27,000원
공자曰, 공자는 이렇게 말했다 안재호 지음, 232쪽, 12,000원
중국중세철학사(Geschichte der Mittelalterischen Chinesischen Philosophie) Alfred Forke 지음, 최해숙 옮김, 568쪽, 40,000원
북송 초기의 삼교회통론 김경수 지음, 352쪽, 26,000원
죽간·목간·백서, 중국 고대 간백자료의 세계 1 이승률 지음, 576쪽, 40,000원
중국근대철학사(Geschichte der Neueren Chinesischen Philosophie) Alfred Forke 지음, 최해숙 옮김, 936쪽, 65,000원
리학 심학 논쟁, 연원과 전개 그리고 득실을 논하다 황갑연 지음, 416쪽, 32,000원
진래 교수의 유학과 현대사회 陳來 지음, 강진석 옮김, 440쪽, 35,000원
상서학사 ―『상서』에 관한 2천여 년의 해석사 劉起釪 지음, 이은호 옮김, 912쪽, 70,000원
장립문 교수의 화합철학론 장립문 지음 / 홍원식·임해순 옮김, 704쪽, 60,000원
왕양명과 칼 바르트 ―유교와 그리스도교의 대화 김흡영 지음, 368쪽, 33,000원
세계의 철학자들, 철학과 세계를 논하다 ―제24회 북경 세계철학대회 대표철학자 25인 사전 인터뷰 李念 主編 / 오현중 옮김, 536쪽, 33,000원

강의총서

김충열 교수의 노자강의 김충열 지음, 434쪽, 20,000원
김충열 교수의 중용대학강의 김충열 지음, 448쪽, 23,000원
모종삼 교수의 중국철학강의 牟宗三 지음, 김병채 외 옮김, 320쪽, 19,000원
송석구 교수의 율곡철학 강의 송석구 지음, 312쪽, 29,000원
송석구 교수의 불교와 유교 강의 송석구 지음, 440쪽, 39,000원

역학총서

주역철학사 (周易研究史) 廖名春・康學偉・梁韋弦 지음, 심경호 옮김, 944쪽, 45,000원
송재국 교수의 주역 풀이 송재국 지음, 380쪽, 10,000원
송재국 교수의 역학담론 -하늘의 빛 正易, 땅의 소리 周易 송재국 지음, 536쪽, 32,000원
소강절의 선천역학 高懷民 지음, 곽신환 옮김, 368쪽, 23,000원
다산 정약용의『주역사전』, 기호학으로 읽다 방인 지음, 704쪽, 50,000원
주역과 성인, 문화상징으로 읽다 정병석 지음, 440쪽, 40,000원
주역과 과학 신정원 지음, 344쪽, 30,000원
주역, 운명과 부조리 그리고 의지를 말하다 주광호 지음, 352쪽, 30,000원
다산 정약용의 역학서언, 주역의 해석사를 다시 쓰다 -고금의 역학사를 종단하고 동서 철학의 경계를 횡단하다 방인 지음, 736쪽, 65,000원
정현의 주역 林忠軍 지음, 손흥철, 임해순 옮김, 880쪽, 56,000원
주역의 기호학-퍼스 기호학으로 보는 괘의 재현과 관계 박연규 지음, 352쪽, 32,000원

한국철학총서

조선 유학의 학파들 한국사상사연구회 편저, 688쪽, 24,000원
조선유학의 개념들 한국사상사연구회 지음, 648쪽, 26,000원
유교개혁사상과 이병헌 금장태 지음, 336쪽, 17,000원
쉽게 읽는 퇴계의 성학십도 최재목 지음, 152쪽, 7,000원
홍대용의 실학과 18세기 북학사상 김문용 지음, 288쪽, 12,000원
남명 조식의 학문과 선비정신 김충열 지음, 512쪽, 26,000원
명재 윤증의 학문연원과 가학 충남대학교 유학연구소 편, 320쪽, 17,000원
조선유학의 주역사상 금장태 지음, 320쪽, 16,000원
심경부주와 조선유학 홍원식 외 지음, 328쪽, 20,000원
퇴계가 우리에게 이윤희 지음, 368쪽, 18,000원
조선의 유학자들, 켄타우로스를 상상하며 理와 氣를 논하다 이향준 지음, 400쪽, 25,000원
퇴계 이황의 철학 윤사순 지음, 320쪽, 24,000원
조선유학과 소강절 철학 곽신환 지음, 416쪽, 32,000원
되짚어 본 한국사상사 최영성 지음, 632쪽, 47,000원
한국 성리학 속의 심학 김세정 지음, 400쪽, 32,000원
동도관의 변화로 본 한국 근대철학 홍원식 지음, 320쪽, 27,000원
선비, 인을 품고 의를 걷다 한국국학진흥원 연구부 엮음, 352쪽, 27,000원
실학은 實學인가 서영이 지음, 264쪽, 25,000원
선사시대 고인돌의 성좌에 새겨진 한국의 고대철학 윤병렬 지음, 600쪽, 53,000원
사단칠정론으로 본 조선 성리학의 전개 홍원식 외 지음, 424쪽, 40,000원
국역 주자문록 -고봉 기대승이 엮은 주자의 문집 기대승 엮음, 김근호・김태년・남지만・전병욱・홍성민 옮김, 768쪽, 67,000원
최한기의 기학과 실학의 철학 김용헌 지음, 560쪽, 42,000원

성리총서

송명성리학 (宋明理學) 陳來 지음, 안재호 옮김, 590쪽, 17,000원
주희의 철학 (朱熹哲學研究) 陳來 지음, 이종란 외 옮김, 544쪽, 22,000원
양명 철학 (有無之境─王陽明哲學的精神) 陳來 지음, 전병욱 옮김, 752쪽, 30,000원
정명도의 철학 (程明道思想研究) 張德麟 지음, 박상리・이경남・정성희 옮김, 272쪽, 15,000원
송명유학사상사 (宋明時代儒學思想の研究) 구스모토 마사쓰구(楠本正繼) 지음, 김병화・이혜경 옮김, 602쪽, 30,000원
북송도학사 (道學の形成) 쓰치다 겐지로(土田健次郎) 지음, 성현창 옮김, 640쪽, 3,200원
성리학의 개념들 (理學範疇系統) 蒙培元 지음, 홍원식・황지원・이기훈・이상호 옮김, 880쪽, 45,000원
역사 속의 성리학 (Neo-Confucianism in History) Peter K. Bol 지음, 김영민 옮김, 488쪽, 28,000원
주자어류선집 (朱子語類抄) 미우라 구니오(三浦國雄) 지음, 이승연 옮김, 504쪽, 30,000원
역학과 주자학 -역학은 어떻게 주자학을 만들었는가? 주광호 지음, 520쪽, 48,000원

불교(카르마)총서

유식무경, 유식 불교에서의 인식과 존재 한자경 지음, 208쪽, 7,000원
박성배 교수의 불교철학강의: 깨침과 깨달음 박성배 지음, 윤원철 옮김, 313쪽, 9,800원
불교 철학의 전개, 인도에서 한국까지 한자경 지음, 252쪽, 9,000원
인물로 보는 한국의 불교사상 한국불교원전연구회 지음, 388쪽, 20,000원
은정희 교수의 대승기신론 강의 은정희 지음, 184쪽, 10,000원
비구니와 한국 문학 이향순 지음, 320쪽, 16,000원
불교철학과 현대윤리의 만남 한자경 지음, 304쪽, 18,000원
유식삼심송과 유식불교 김명우 지음, 280쪽, 17,000원
유식불교,『유식이십론』을 읽다 효도 가즈오 지음, 김명우・이상우 옮김, 288쪽, 18,000원
불교인식론 S. R. Bhatt & Anu Mehrotra 지음, 권서용・원철・유리 옮김, 288쪽, 22,000원
불교에서의 죽음 이후, 중음세계와 육도윤회 허암 지음, 232쪽, 17,000원
선사상사 강의 오가와 다카시(小川隆) 지음, 이승연 옮김, 232쪽, 20,000원
깨져야 깨친다 -불교학자 박성배 교수와 제자 심리학자 황경열 교수의 편지글 박성배・황경열 지음, 640쪽, 50,000원

동양문화산책

주역산책(易學漫步) 朱伯崑 외 지음, 김학권 옮김, 260쪽, 7,800원
동양을 위하여, 동양을 넘어서 홍원식 외 지음, 264쪽, 8,000원
서원, 한국사상의 숨결을 찾아서 안동대학교 안동문화연구소 지음, 344쪽, 10,000원
안동 풍수 기행, 와혈의 땅과 인물 이완규 지음, 256쪽, 7,500원
안동 풍수 기행, 돌혈의 땅과 인물 이완규 지음, 328쪽, 9,500원
영양 주실마을 안동대학교 안동문화연구소 지음, 332쪽, 9,800원
예천 금당실·맛질 마을 —정감록이 꼽은 길지 안동대학교 안동문화연구소 지음, 284쪽, 10,000원
터를 안고 仁을 펴다 —퇴계가 굽어보는 하계마을 안동대학교 안동문화연구소 지음, 360쪽, 13,000원
안동 가일 마을 —풍산들가에 의연히 서다 안동대학교 안동문화연구소 지음, 344쪽, 13,000원
중국 속에 일떠서는 한민족 —한겨레신문 차한필 기자의 중국 동포사회 리포트 차한필 지음, 336쪽, 15,000원
신간도견문록 박진관 글·사진, 504쪽, 20,000원
선양과 세습 사라 알란 지음, 오만종 옮김, 318쪽, 17,000원
문경 산북의 마을들 —서중리, 대상리, 대하리, 김룡리 안동대학교 안동문화연구소 지음, 376쪽, 18,000원
안동 원촌마을 —선비들의 이상향 안동대학교 안동문화연구소 지음, 288쪽, 16,000원
안동 부포마을 —물 위로 되살려 낸 천년의 영화 안동대학교 안동문화연구소 지음, 440쪽, 23,000원
독립운동의 큰 울림, 안동 전통마을 김희곤 지음, 384쪽, 26,000원
학봉 김성일, 충군애민의 삶을 살다 한국국학진흥원 기획, 김미영 지음, 144쪽, 12,000원

중국철학총서

공자의 인, 타자의 윤리로 다시 읽다 伍曉明 지음, 임해순·홍린 옮김, 536쪽, 50,000원
중국사상, 국학의 관점에서 읽다 彭富春 지음, 홍원식·김기주 옮김, 584쪽, 55,000원
유가철학, 감정으로 이성을 말하다 蒙培元 지음, 주광호, 임병식, 홍린 옮김, 800쪽, 70,000원
중국유학의 정신 郭齊勇 지음, 고성애 옮김, 672쪽, 40,000원

중국학총서

중국문화정신 張岱年·程宜山 지음, 장윤수·한영·반창화 옮김, 544쪽, 50,000원
중국, 문화강국을 꿈꾸다 許嘉璐 지음, 홍린 옮김, 536쪽, 33,000원

노장총서

不二 사상으로 읽는 노자 —서양철학자의 노자 읽기 이찬훈 지음, 304쪽, 12,000원
김항배 교수의 노자철학 이해 김항배 지음, 280쪽, 15,000원
서양, 도교를 만나다 J. J. Clarke 지음, 조현숙 옮김, 472쪽, 36,000원
중국 도교사 —신선을 꿈꾼 사람들의 이야기 牟鍾鑒 지음, 이봉호 옮김, 352쪽, 28,000원
노장철학과 현대사상 정세근 지음, 384쪽, 36,000원
도가철학과 위진현학 정세근 지음, 464쪽, 43,000원
장자와 곽상의 철학 康中乾 지음, 황지원, 정무 옮김, 736쪽, 45,000원

남명학연구총서

남명사상의 재조명 남명학연구원 엮음, 384쪽, 22,000원
남명학파 연구의 신지평 남명학연구원 엮음, 448쪽, 26,000원
덕계 오건과 수우당 최영경 남명학연구원 엮음, 400쪽, 24,000원
내암 정인홍 남명학연구원 엮음, 448쪽, 27,000원
한강 정구 남명학연구원 엮음, 560쪽, 32,000원
동강 김우옹 남명학연구원 엮음, 360쪽, 26,000원
망우당 곽재우 남명학연구원 엮음, 440쪽, 33,000원
부사 성여신 남명학연구원 엮음, 352쪽, 28,000원
약포 정탁 남명학연구원 엮음, 320쪽, 28,000원
죽유 오운 남명학연구원 엮음, 368쪽, 35,000원
합천지역의 남명학파 남명학연구원 엮음, 400쪽, 38,000원

예문동양사상연구원총서

한국의 사상가 10人—원효 예문동양사상연구원/고영섭 편저, 572쪽, 23,000원
한국의 사상가 10人—지눌 예문동양사상연구원/이덕진 편저, 644쪽, 26,000원
한국의 사상가 10人—퇴계 이황 예문동양사상연구원/윤사순 편저, 464쪽, 20,000원
한국의 사상가 10人—율곡 이이 예문동양사상연구원/황의동 편저, 600쪽, 25,000원
한국의 사상가 10人—하곡 정제두 예문동양사상연구원/김교빈 편저, 432쪽, 22,000원
한국의 사상가 10人—다산 정약용 예문동양사상연구원/박홍식 편저, 572쪽, 29,000원
한국의 사상가 10人—수운 최제우 예문동양사상연구원/오문환 편저, 464쪽, 23,000원

인물사상총서

한주 이진상의 생애와 사상 홍원식 지음, 288쪽, 15,000원
범부 김정설의 국민윤리론 우기정 지음, 280쪽, 20,000원